Para Ed
Villiams,
un escritor utópico.

Un amigo

[firma]
2015

- "El Titanic de la Izquierda"
- "Voluntad general" casi rousseauniana *

- 'teatralidad ideológica.
- Chávez; 'caricatura peronista'
- 'neoindigenismo'

The fall of the presidents! P313

- 'la devaluación oficial de la democracia'

* This was a
reference to
marxist
guerillas

TAREA POLÍTICA
Ensayos políticos 1980-2000

Ed SV.
Mexico City /Xalapa
2013

colección andanzas

Obras de Enrique Krauze
en Tusquets Editores

ANDANZAS

Siglo de caudillos.
Biografía política de México (1810-1910)
VI Premio Comillas

Biografía del poder.
Caudillos de la Revolución mexicana (1910-1940)

La presidencia imperial.
Ascenso y caída del sistema político mexicano (1940-1996)

Caudillos culturales en la Revolución mexicana

Mexicanos eminentes

FÁBULA

La historia cuenta

ENRIQUE KRAUZE
TAREA POLÍTICA
Ensayos políticos 1980-2000

Edición de Fernando García Ramírez

1ª edición en México: mayo de 2000

Las fotografías de esta edición son obra de Jorge Vértiz/Clío (p. 22),
Eloy Valtierra/Cuartoscuro (p. 90), Gustavo Guevara/CTM (p. 192),
Francisco Olvera/*La Jornada* (p. 268), Pedro Valtierra/Cuartoscuro
(p. 316 y 426), Tomás Martínez/Cuartoscuro (p. 352) y Carlos Mamahua
(p. 400), a quienes agradecemos su autorización para reproducirlas.
Diseño de la colección: Guillemot-Navares
Reservados todos los derechos de esta edición para:
© Tusquets Editores México, S.A. de C.V.
Edgar Allan Poe 91, Polanco, 11560 México, D.F.
Tel. 281 50 40   Fax. 281 55 92
ISBN: 968-7723-96-3
Fotocomposición: Quinta del Agua Ediciones, S.A. de C.V.
Aniceto Ortega 822, Del Valle, 03100 México, D.F.
Impresión: Litográfica Ingramex S.A. de C.V.
Centeno #162, México, D.F.
Impreso en México/*Printed in Mexico*

Índice

III. Los estertores del sistema

IV. Albores de la democracia

VIII. Chiapas, redención o democracia

Para mis hijos León y Daniel,
por su futuro

Prólogo

Este libro es la bitácora de un trabajo cívico. Comenzó hace casi veinte años, con un llamado por una «democracia sin adjetivos», ha continuado hasta el día de hoy, en el umbral de la prueba de fuego que serán las elecciones del próximo 2 de julio, y seguirá mañana, porque la construcción de un orden democrático es una tarea en esencia interminable.

No parecía serlo hace dos décadas. No luchábamos contra un Leviatán sino contra el «Ogro filantrópico», ese extraño animal político creado por los mexicanos, tan parecido a sí mismo y tan distinto a todos los partidos del pavoroso siglo XX. No era, después de todo, un engendro totalitario similar al Partido Comunista en la URSS o en China, porque no ejercía el terror ideológico. Y a despecho de su carácter corporativista, tampoco era propiamente fascista, entre otras cosas por su distancia de la casta militar. Octavio Paz intentó escudriñar su naturaleza histórica y nos dejó páginas memorables al respecto. Quienes lo acompañábamos en esa trinchera de la libertad que fue la revista *Vuelta* optamos por un enfoque complementario: buscar vías inmediatas, asequibles, prácticas para terminar con el reinado del sistema político mexicano y proponer una vuelta –en el doble sentido del término: cambio y regreso– al ideal maderista.

Se veía posible pero también remoto en aquellos años. Obreros, campesinos, sectores populares, diputados, senadores, ministros de la corte, gobernadores, presidentes municipales, militares, obispos, intelectuales, periodistas, profesionistas, empresarios, universitarios, comunicadores, casi todos –en mayor o menor medida– seguían obediente y provechosamente supeditados a la presidencia imperial. Pero los descalabros económicos hacían ver la necesidad de poner diques inmediatos al poder casi omnímodo de los presidentes. La prédica liberal de Cosío Villegas en los años sesenta y setenta comenzaba a florecer en el desierto: el poder absoluto –nos recordaba una y otra vez– corrompe absolutamente. El país reclamaba un cambio en el ejercicio de ese poder: limitarlo, redistribuirlo, verificarlo, vigilarlo, criticarlo. Ese cambio era la democracia.

Llegará tal vez el día en que se escriba la historia de nuestra construcción democrática. Ahora sería prematura porque a despecho de los pasos tangibles que hemos dado aún falta un trecho largo, muy largo por recorrer. Aquella futura historia referirá seguramente la incidencia de múltiples factores y actores, internos y externos. Dará cuenta, por ejemplo, de la ceguera, la pasividad y la soberbia de la clase en el poder, atrincherada en un legado que no supo reformar, asida a sus privilegios y ciega a las transformaciones políticas que con toda claridad ocurrían en el mundo. Mostrará el efecto que los reflectores internacionales tuvieron sobre la tenebra mexicana, exhibiéndola tal cual era: una madeja de complicidades, una edición mexicana de la *cosa nostra*, una transferencia de la esfera familiar a la vida pública. Ponderará la larga trayectoria democrática del Partido de Acción Nacional (PAN) y realzará la maduración histórica de una izquierda que se atrevió a renunciar a sus antiguos mitos y dogmas revolucionarios para buscar el poder por la vía de las urnas. Hablará, en fin, de la contribución de varias organizaciones cívicas y algunos individuos con coraje cívico. Contendrá eso y más, pero en este momento de la vida de México no necesitamos una historia de la democracia: necesitamos la democracia.

Si la jornada del próximo 2 de julio adolece de cualquiera de los vicios que manchaban las elecciones típicas en los tiempos dorados del sistema, la democracia mexicana sufrirá un descalabro mayúsculo que nos alineará en esa zona gris de riesgo histórico en la que están ahora Perú, Venezuela y Ecuador. Parece difícil que ocurra. Las elecciones en este sexenio han sido notablemente limpias. El Instituto Federal Electoral se ha ganado, en pocos años, la confianza de los ciudadanos. Ha habido escasos conflictos postelectorales y los triunfos legítimos de la oposición en los ámbitos ejecutivos y legislativos se han respetado a lo largo y ancho del territorio.

Pero aún suponiendo que las elecciones sean limpias, pacíficas, equitativas e irrefutables, las tareas democráticas pendientes son muchas y abrumadoras. La primera corresponde a los contendientes y partidos que resulten derrotados, aunque sea por un voto: el difícil arte de saber perder. Sin él, no habrá concordia posible. El PAN y el Partido de la Revolucionario Institucional (PRI) han aprendido la elemental lección en niveles estatales, y se han percatado de que la democracia es un plebiscito cotidiano cuyos vaivenes son sinónimo de vitalidad pública. Ahora falta ver si esos partidos y el Partido de la Revolución Democrática (PRD) admiten en buena lid la derrota y asumen con generosidad la victoria.

14

El siguiente escollo será el interregno de julio a diciembre, esa tierra política de nadie que en los viejos tiempos del sistema representaba el riesgo de una compleja diarquía. Los caprichos del rey viejo llegaron a desquiciar de mil formas al monarca nuevo, que en un ritual previsible debía sacrificar a aquél en el momento mismo de la unción. Toda esa parafernalia azteca debe quedar atrás. En el ámbito del ejecutivo, el último semestre del sexenio de Zedillo debe cuidar al período completo de su sucesor, evitando los golpes bruscos de timón. Pero es sobre todo el Poder Legislativo, que entrará en funciones el 1º de septiembre, quien deberá marcar la pauta de responsabilidad.

Aunque la actual legislatura ha distado mucho de aquellas somnolientas cámaras en las que los diputados o senadores calentaban la banca en espera de un puesto en el Ejecutivo, levantaban sus índices aprobatorios o, en el mejor de los casos, se probaban en los artilugios de la más gastada oratoria, lo cierto es que su desempeño, a los ojos de la opinión pública, ha dejado mucho que desear. En una democracia normal, los representantes viven la tensión cotidiana entre dos lealtades y compromisos, no por fuerza compatibles: su partido y sus electores o, en algunos casos, su partido y su conciencia. Se trata de un equilibrio difícil e inestable, pero necesario. Por desgracia, a pesar de empeños meritorios (poco publicitados quizá, debido a una prensa perezosa o a una deficiente política de comunicación) los diputados y senadores mexicanos no han mostrado tener voz y voto propios. Tampoco han probado mayormente su inteligencia, iniciativa y creatividad. Los representantes han perdido horas, meses y años en querellas inútiles o frívolas, deliberando sobre sus diferencias ideológicas o saldando cuentas personales y dejando a un lado problemas urgentísimos –reformas laborales, cambios en el sector energético, temas de seguridad, cimientos al Estado de derecho– que afectan la vida de cien millones de mexicanos. La reelección puede y debe ser la norma en la próxima legislatura, el premio al trabajo bien hecho, pero los legisladores tienen que ganarla ante la opinión pública, probar que no son meros apéndices del Ejecutivo o de su partido sino auténticos representantes de sus electores.

Entre las tareas pendientes ninguna más urgente que la reforma del Poder Judicial. Al margen de algunos avances, la triste verdad es que ese poder no ha levantado cabeza desde hace casi un siglo y medio, cuando los liberales de la Reforma lo ejercieron con la fuerza y la independencia que el porfirismo y la Revolución les arrebató. Curiosamente, en tiempos porfirianos, los jueces de niveles menores a los de la Suprema Corte eran más eficaces, independientes y respetados que ahora. Con la Revolución –que en tantos sentidos fue un embate contra la herencia liberal– ocurrió un cambio cultural profundo: la justicia «emigró» de su ámbito propio al del Poder Ejecutivo, se adjetivó volviéndose «justicia social», concepto que para todos los efectos prácticos implicaba una disminución del carácter original y conmutativo de la justicia –castigo al ofensor, reparación al ofendido– en favor de su carácter distributivo. ¿Y quién era la instancia decisoria de esa distribución de los panes? El Estado revolucionario, es decir, el gobierno, es decir, el PRI, es decir, el señor presidente. Esta distorsión antidemocrática de la justicia arraigó profundamente porque a su vez correspondía a una antigua mentalidad tanto prehispánica como virreinal, pero hay que señalar que aún en tiempos coloniales había instituciones, entre ellas la Audiencia o el Juicio de Residencia –para no hablar de poderes paralelos, como la Iglesia– que imponían límites y contrapesos al poder, delegado y temporal, de los virreyes. En el México de hoy, la ciudadanía reclama antes que nada, antes que el pan mismo, el respeto a la vida y éste no puede esperar al éxito eventual de un programa económico, cualquiera que sea, que supuestamente disuada a los agresores de su práctica delictiva y los encarrile por la senda del trabajo honrado. Con el creciente imperio de las drogas y el terrible ejemplo de Colombia ante nuestros ojos, necesitamos dignificar y fortalecer a nuestro Poder Judicial. Otras sociedades lo han logrado. En Italia, el Poder Ejecutivo ha sido con frecuencia inestable, corrupto e ineficaz, pero la sociedad y la economía avanzan gracias a la solidez de un sistema judicial que cuenta con el apoyo y el crédito de la población. Cuando en México tengamos un juez convertido en un héroe público –como Garzón en España– entonces comenzaremos a saber lo que es tener –volver a tener– un Poder Judicial digno de ese nombre.

La libertad de expresión que ahora se ejerce en los diarios y revistas, en la radio y aún la televisión, es absolutamente incomparable con la muy tenue y medrosa que se practicaba hace apenas una década. El Poder Ejecutivo ha dejado de ser, en buena medida, el cliente al que todos buscan e invocan, y por cuyo favor son capaces de matar o morir. El nuevo cliente, la nueva fuente de autoridad y legitimidad no está arriba, en la cúspide de la pirámide, sino abajo, en la plaza: es el público ciudadano, radioescucha, televidente, lector y elector. No obstante, estamos lejos aún de contar con medios de comunicación verdaderamente modernos. Un sector de la prensa sigue siendo meramente comercial: un vehículo de sus dueños para atraer anuncios. No resistirá la prueba del tiempo. Otro conjunto de periódicos y revistas tienen un carácter doctrinario y atienden a un público ideológicamente cautivo: no le dan la verdad sino *su* verdad, la «verdad» parcial y denunciatoria que quieren oír. Resistirá mejor la prueba del tiempo, pero ya acusa una limitación: el público, por más prejuiciado que esté, o por más golpeado que se sienta, prefiere la verdad al maquillaje, así sea el más piadoso. Otra zona del periodismo es más moderna y profesional, pero le falta imaginación en la búsqueda de la noticia, horizonte intelectual y calidad literaria. Por lo demás, México enfrenta un problema crónico: hay muchos periódicos pero pocos lectores.

La radio ha hecho bien su papel. Por muchos años pareció el patito feo de los medios, un aparato relegado por el auge de la revolución audiovisual. Pero su portabilidad, flexibilidad y precio la mantuvieron a flote. En términos políticos, la radio vió su nicho y lo ocupó: fue y sigue siendo un ágora del ama de casa, el taxista, el tendero o la empleada. Su densidad noticiosa y crítica ha sido mayor que la de la televisión lo mismo que su apoyo a las deliberaciones libres y a los debates interactivos con el público. Cuando la televisión despertó a la necesidad de una programación democrática era tarde: había perdido décadas sirviendo al celoso patrón de los Pinos pero no al público. La cobertura internacional era francamente buena lo mismo que la factura profesional de los programas, pero en lo relativo a la vida política nacional se toleraba la censura, se incurría en la autocensura y, a veces, en la simple y llana mentira. Aquel proteccionismo informativo convivía difícilmente con la apertura general de los medios en el mundo. Tenía que topar con sus límites. Hoy la televisión lucha con programaciones variadas por conquistar esa frágil y preciada esencia: la credibilidad. Y debe hacerlo pronto, porque una revolución libertaria sin precedentes está en marcha: la conversación de todos con todos por internet.

La tarea, en suma, es larga todavía, pero ha habido avances políticos notables. Las instituciones, la legislación y las prácticas electorales logran una creciente respetabilidad. Hay progresos reales también en la distribución espacial y funcional del poder. El Poder Ejecutivo está más acotado y vigilado que antes. Las libertades cívicas se han mantenido y aún enriquecido. Sólo en tiempo de los liberales de la Reforma o de Madero habíamos gozado de un clima similar de libertad de expresión. Un extranjero perspicaz que haya visitado México en los años setenta no reconocería al país actual. Es algo que los mexicanos, tan propensos al lamento apocalíptico, olvidamos a menudo. La masa crítica crece en todos los ámbitos, aún en los más conservadores. Si bien nuestra transición a los primeros estadios de la democracia no ha sido de terciopelo, tampoco ha sido especialmente cruenta.

Pero hay serios peligros en el horizonte. El tránsito hacia un auténtico estado de derecho tardará en producirse debido a varios factores

–uno de ellos la falta de voluntad política por parte del medroso Legislativo–, pero debido sobre todo al aterrador imperio del narcotráfico. (Sin una legalización global de las drogas, el problema fatalmente se ahondará.) Otro problema mayúsculo es la persistencia de las «revoluciones blandas» en la sierra de Chiapas o los campus universitarios: se trata de movilizaciones –secuestros temporales de calles, plazas, instituciones, edificios, ocupación de territorios– que se detienen al borde de la violencia, provocándola para generar una espiral que conduzca –por más anacrónico que parezca– a la revolución de verdad, esa que ya promueven abiertamente los guerrilleros encapuchados de diversas denominaciones en el país. Naturalmente, estos movimientos de la izquierda revolucionaria tienen el efecto de despertar al otro anacrónico monstruo de nuestra historia: la tentación militarista y dictatorial de la cual, a juzgar por el reciente malestar en la zona andina, ninguno de los países latinoamericanos está a salvo. La salida en Chiapas o en Guerrero, en Hidalgo o la Universidad Nacional Autónoma de México (UNAM) es la democracia, el imperio de la mayoría que respeta a la minoría en un marco no coactivo y de absoluta libertad de expresión, pero a los violentos de ambos extremos la democracia les parece una alternativa insípida: poco gloriosa para unos, poco eficaz para otros.

Y es que, en el fondo, lo que ha cambiado poco es la cultura política, esa matriz de ideas y creencias, a menudo inconcientes, que permean y norman nuestra vida cotidiana de manera más profunda que las leyes, las prácticas o las instituciones. Allí falta tanto por hacer. ¿Cómo se enseña el hábito ético de escuchar? Sin ese tiempo de atención que damos al interlocutor para fundamentar sus ideas no podemos confrontar nuestra verdad con la suya y nos condenamos al solipsismo. ¿Cómo prohijar el valor de la tolerancia? Sin ella propendemos a descalificar, anatematizar y hasta suprimir al adversario, en lugar de ver nuestra diferencia con él como un enriquecimiento de lo diverso y lo plural. ¿Cómo introducir un mínimo de civilidad en nuestra vida diaria? Sin ella tomarán carta de naturalización los múltiples mecanismos de coacción y violencia que, amparados en las libertades cívicas, se ejercen ahora mismo en nuestro país. ¿Cómo inducir en los lectores, sobre todo en los jóvenes, el sentido crítico elemental que les permita detectar a tiempo las distorsiones ideológicas? Sin ese sentido de la realidad los atraerá como un imán el fanatismo. ¿Cómo purificar, en fin, esa noble palabra, democracia, para que signifique lo que ha sido desde los griegos y no se adultere con fines bastardos por demagogos o guerrilleros? Nada de esto es fácil, menos aún cuando comienzan a cundir entre nosotros conceptos «alternativos» de democracia que en el fondo no son más que una tardía reedición de la «voluntad general» rousseauneana: somos una minoría numérica pero representamos a la *verdadera* mayoría (aunque la mayoría se exprese en contra nuestra).

La tarea recogida en este libro –ensayos y artículos de tema político escritos entre 1980 y 2000, de los cuales la mitad procede en parte de *Por una democracia sin adjetivos* (1986), *Textos heréticos* (1992) y *Tiempo contado* (1996) y la otra de revistas y periódicos como *Vuelta, Letras Libres, Time, Proceso, El País, Reforma, El Norte* y *La Jornada*–, ha querido contribuir a esa mutación de fondo en la vida de México. Su división es primero temática y, dentro de cada rubro, cronológica.

Incluye ocho apartados: sobre la naturaleza monárquica del antiguo régimen, propuestas sobre una democracia efectiva, crónicas sobre los últimos años del sistema y los primeros pasos de nuestra democracia, discusiones en torno a dos piezas claves de la vida cívica –la prensa y los intelectuales– y secciones críticas sobre tres protagonistas colectivos de izquierda –la partidaria, la universitaria y la guerrillera en Chiapas– sin cuya participación moderna y responsable toda construcción democrática será imposible.

«Tenemos un tiempo limitado –pensé en 1983–, el de nuestras vidas». Parecía infinito entonces. No lo era, por supuesto. ¿Cuánto tiempo pasará realmente para que los mexicanos podamos estar seguros de haber consolidado un orden democrático? Las violencias cotidianas, el desgarramiento del tejido social, la desmoralización, la condición de las mayorías empobrecidas nos abruman a veces y nos precipitan en la desesperanza. Pero si la Historia enseña algo es el poder de recuperación de los pueblos. México debe recobrar la concordia, no una paz monocorde ni una quimérica coalición entre las fuerzas políticas sino ese contrato tácito de respeto que alguna vez nos vinculó y que se perdió entre escándalos de corrupción, estallidos guerrilleros y asesinatos políticos. Y algo más: un acto colectivo de prudencia, un acuerdo mínimo, definitivo y realista sobre nuestro lugar y papel en el mundo. No habrá golpes de fortuna, mutaciones globales ni hombres providenciales que puedan devolvernos aquella mutua consideración y esta claridad de propósito –aunque un liderazgo firme, claro y responsable ayudaría. El camino es largo y sí, se hace al andar. Pero una cosa es segura: la democracia es el único modo de recorrerlo.

Abril, 2000

I
Monarquía sexenal

Silla presidencial.

El timón y la tormenta*

México vive una de las crisis económicas más severas de su historia. No es, por supuesto, la primera vez que estamos en un brete, y recordarlo no deja de ser un consuelo. Hay en la memoria una moraleja implícita: si salimos de aquéllas, saldremos de ésta. En 1882, presionado por la caída de los precios de la plata, el presidente Manuel González puso en circulación la fugaz moneda de níquel, lo que provocó la suspicacia pública, le acarreó la impopularidad y por poco le cuesta la vida. En 1907, Limantour sorteó a medias una crisis financiera de tal magnitud, que algunos historiadores la consideran un antecedente fundamental de la Revolución. Entre 1913 y 1916 se dieron en México hechos que recuerdan un poco los de estos últimos meses: fuga de divisas a cuentas en Estados Unidos, devaluación vertiginosa de la moneda (el «bilimbique»), alza en los precios de los productos básicos, incautación bancaria. Las razones de urgencia ante la aguda crisis nacional que adujo Luis Cabrera contra los representantes del antiguo régimen bancario parecen prodigiosamente actuales: «Lo que hizo el Gobierno del presidente Carranza lo hubiera hecho cualquier gobierno del mundo en similares circunstancias».

Un suceso análogo más cercano ocurrió en el año 1926. Llegaba a su fin el quinquenio de la abundancia. La obra de la Secretaría de Educación, orgullo del régimen, se había realizado, en buena medida, con los ingresos petroleros de 1921. Todos los renglones de la economía marchaban de modo ascendente. Calles se propuso entonces cambiar la faz del país en cuatro años y orquestó una suerte de NEP [Nueva Política Económica] mexicana: funda el Banco de México, el Banco de Crédito Agrícola, la Comisión Nacional de Caminos y la de Irrigación, Escuelas Centrales Agrícolas, etcétera. Por desgracia, factores ex-

* Septiembre, 1982.

ternos –como la baja de los ingresos petroleros y argentíferos– detienen el ambicioso, aunque no desmesurado, plan que habían llevado a cabo Calles, Pani y Gómez Morin. De pronto, el país entra en una crisis de la que no saldrá cabalmente sino hasta el *New Deal:* bracerismo, desempleo, cierre de empresas, paros, huelgas, moratoria en la deuda externa. Mientras las relaciones con Estados Unidos llegan al borde de la ruptura, Calles desata la guerra cristera. En 1928 Dwight Morrow aparece para arreglar «*the small business*» (México). Nuestra relativa autarquía nos defiende un tanto del derrumbe de 1929 pero la depresión persiste, con matices, hasta que en 1933 nos levanta el repunte de la plata.

La era del patrón oro no terminó con las convulsiones. Cárdenas mantuvo el peso sobrevaluado y financió buena parte de su programa social mediante el famoso sobregiro contra el Banco de México. A raíz de la expropiación petrolera sufrimos inflación, fuga creciente de divisas y una disminución de las reservas hasta que, oportunamente, la segunda guerra mundial nos rescató de la crisis. En 1946, Alemán introdujo un ambicioso plan de inversiones públicas que casi duplica el gasto entre 1946 y 1948. Como ahora, la cara oscura del crecimiento fue la reducción en la reserva, la fuga de capitales y la devaluación. 1954 y 1976 son los dos capítulos siguientes en la historia de un problema esencial: gastar el dinero que no se tiene. De cada crisis nos ha rescatado, en cierta medida, el azar: el petróleo en 1921, la plata en el 33, la guerra en el 39. En 1976 el petróleo parecía, de nueva cuenta, la salvación, pero esta vez la salvación definitiva: era ahora nuestro pasaporte seguro a la modernidad.

Todas estas encrucijadas fueron, en su momento, graves y riesgosas, tanto como la actual en términos relativos internos, aunque quizá no en términos cualitativos y absolutos. Por primera vez, la crisis mexicana se inscribe profundamente en el entramado internacional al grado de hacer temblar a los bancos más importantes del mundo. Y por primera vez, a pesar de nuestra importante renta petrolera, los números son espeluznantes: una devaluación de veintidós a setenta pesos por dólar en seis meses y una inflación que pasará del quince por ciento en 1973 a un posible –y temible– cien por ciento este año. La deuda estimada supera los ochenta millones de dólares y es –todos lo sabemos– la más alta del mundo. En fin, en 1981 nuestro crecimiento había alcanzado el nueve por ciento; en 1982 será nulo. Pero lo decisivo es que también, por primera vez en nuestra historia, alguien más importante que el Fondo Monetario Internacional parece habernos cerrado el crédito: la Providencia. Estamos obligados a buscar en nosotros mismos, por nosotros mismos, la solución de nuestra crisis.

Es imposible saber ahora si las decisiones anunciadas el 1º de septiembre [el anuncio de la nacionalización de la banca] serán la palanca que el país requiere para superar la crisis económica. Pero lo cierto es que la exaltación, los momentos de solidaridad, los instantes en que la fe encarna, pueden empañar el examen lúcido del problema en sus raíces, desarrollo y consecuencias. Hay muchos ejemplos históricos en los que el fervor oprime la inteligencia. Uno entre muchos: en la República de Weimar, en 1922, el celo nacionalista ocultó, con enormes costos, la dimensión verdadera de la bancarrota económica. De ahí que sea necesario, para *pensar* la crisis, hacer una distinción fundamental y dividirla en dos etapas: antes y después de la exaltación, antes y después del 1º de septiembre. La mejor guía es el propio Informe: fue el método que empleó el presidente para explicar, primero, su versión de la historia y después para variar su cauce.

Legítima defensa

«Soy responsable del timón pero no de la tormenta», dijo el presidente López Portillo. Su Informe fue la bitácora de un timonel que no admite su parte en el naufragio, y que atribuye las desgracias a los ingobernables elementos y al motín de los «sacadólares». La caída del precio del petróleo y el incremento en las tasas de interés fueron factores determinantes en el problema. Pudo haber agregado uno: la manga ancha de la banca internacional. Por otra parte, la ira apenas contenida con que el presidente reveló las cifras de la fuga de capitales no podía estar más justificada: catorce mil millones de dólares en cuentas al extranjero; treinta mil millones en propiedades inmuebles, de los cuales ocho mil quinientos son por concepto de enganches. Si a esas sumas se adicionan doce mil millones de mex-dólares se alcanzan las dos terceras partes de la deuda política. Aunque este motín –cosa que se olvida– no tuvo conexión directa ni causal con la deuda, fue un capítulo lamentable. Lo que México vivió este sexenio no fue un saqueo: fue una deserción nacional.

Igualmente razonable fue su exposición de la cara positiva de su periodo. Algún día, si los mexicanos logramos construir la democracia a la que mayoritariamente aspiramos, quizá López Portillo será recordado como el presidente de la reforma política. A diferencia de sus dos antecesores, deja su cargo con las manos limpias de sangre. No habrá fechas de muerte en su calendario: ni 2 de octubre ni 10 de junio. No se olvidarán tampoco los aspectos positivos de su gestión económica y social, cifras y datos alentadores: primaria para todos los niños, expansión en los servicios médicos, dotación de agua, energía, transporte público, 4,258,000 nuevos empleos, incremento del sesenta por ciento en la producción de granos y oleaginosas (Sistema Alimentario Mexicano).

La política económica del régimen –dijo el presidente– empleó el ingreso petrolero para acelerar el ritmo de nuestro desarrollo: no crecer entonces –afirmó– habría sido una cobardía, una estupidez; no había otro modo de cimentar con celeridad nuestra planta industrial y acrecentar el empleo; el tiempo histórico no ha sido propicio para México: había que remontarlo. Ahora, dijo, gracias a este plan totalizador «tenemos infraestructura, tenemos capacidad organizada y un lugar preponderante en el mercado comercial y financiero del mundo». Y crecimos a una tasa sesenta por ciento superior al promedio mundial, veinte por ciento más alta que la media de los países subdesarrollados y del doble en relación con el Primer Mundo. En el discurso presidencial, la inversión y el crecimiento no sólo aparecen como la cara positiva de la crisis sino como una realidad que, en cierto modo y en un nivel histórico más amplio, la desmienten.

Aun sin compartir las premisas del presidente, hay que aceptar que si el proyecto fracasó no fue por un manejo a espaldas del público. No fueron muchas las voces que se unieron a Heberto Castillo en sus lúgubres y continuas premoniciones. En la prensa, en las Cámaras, en coloquios y mesas redondas, en las Ligas y Colegios Profesionales, en corrillos y cafés, tirios y troyanos, izquierdas y derechas incurrieron, en mayor o menor medida, en la típica psicología petrolera, la «petromanía». Las cifras, los pronósticos, las reservas y hasta el cuadro internacional eran propicios. La ruleta de la historia apuntaba hacia México. Ser prudente o desconfiado parecía entonces –como todavía le parece al presidente– signo de cobardía y torpeza. Todos fuimos víctimas o cómplices de la alucinación y esto atenúa en parte la responsabilidad del timonel. El proyecto petrolero pudo ser o no –a mi juicio lo fue– un error histórico, pero el presidente lo adoptó y ejerció abierta y consistentemente con sus fines declarados.

El motín de los metecos

Hay otra pálida vertiente de justificación que López Portillo no empleó. No es un argumento político sino psicológico y cultural: el presidente no pudo haber previsto la sumisión de un importante sector de nuestra burguesía pública y privada a la voluntad de Estados Unidos. Un vistazo a su biografía aclara muchas cosas. López Portillo proviene de una vieja familia criolla, arraigada en la tradición española, ajena y recelosa del mundo sajón. Pertenece a una generación que nace después de la Revolución y su despertar político ocurre durante el cardenismo. Estas son sus circunstancias y su horizonte. Esta situación explica su temple crítico y su nostalgia revolucionaria. El México de su juventud es un México hosco, cerrado y orgulloso. La camada de López Portillo admira fervorosamente a los muralistas, simpatiza con el lombardismo, lee con avidez la novela de la Revolución mexicana y mira con recelo cualquier elitismo o cosmopolitismo artístico o cultural. Viven en un museo de figuras revolucionarias, pero en un museo viviente. Consideran reaccionario el trabajo técnico de la generación de 1915 y la ven como herencia del callismo. Conciben la etapa cardenista como una vuelta al origen de la Revolución. Aislados por la guerra, la incuria o el simple desinterés, no miran a Europa ni a Estados Unidos. Su ideal de viajeros es la América hispánica, de ahí el célebre viaje de Echeverría y López Portillo a Chile. La inmigración española los influye, pero no tanto como a otras generaciones más jóvenes. López Portillo se acerca a Manuel Pedroso y, según ha explicado varias veces, se vuelve hegeliano. Nada de esto le hace perder el horizonte mexicano y cardenista. Los más jóvenes, los que lo seguían en la Facultad de Derecho, menos marcados por el cardenismo que por la segunda guerra, se vincularán de modo más abierto y cosmopolita a los transterrados españoles, y terminarán por configurar su temple e ideología en el París de 1950.

Este superficial bosquejo explica, quizás, el desencuentro múltiple y natural de este criollo mexicano y cardenista con el *American way of life*. Es el presidente que restablece los vínculos diplomáticos con España, el autor de un *Quetzalcóatl*, el primer mandatario que vindica a Cortés y la Malinche en un Informe presidencial. Se comprende la rabia y el desprecio que –como todo mexicano con un mínimo sentido de solidaridad y raigambre– debió de sentir ante la dolarización cultural del país. Hay un capítulo divertido y doloroso en *La tormenta* de José Vasconcelos, «Metecos en Yankeelandia», que retrata puntualmente la actitud de miles de mexicanos en este sexenio. Estoy seguro de que López Portillo lo habría hecho suyo:

«Los atenienses crearon la palabra meteco para designar a todo género de coloniales y extranjeros que llegaban a la metrópoli a sumarse a sus costumbres, imitar sus gustos, pero sin producir valor alguno original que pudiese enriquecer la cultura.

»A toda la multitud de políticos ladrones, funcionarios sin escrúpulos y aun ricachones ingenuos de distintas partes de México... se les veía en los lugares más costosos, haciendo papel de primos, compartiendo las extravagancias más vulgares a fin de parecer enterados y muy convencidos de que se daban la gran vida, porque en la fonda más cara les servían –según criterio de tamaño– aceitunas gruesas e insípidas, o rebanadas de tomate, enormes, pero con un mal aceite de comer, al lado. Y todo engullido con tragos de gusto estrambótico; café con leche «helado» o té con hielo.

»El meteco de Europa, el rastacuero, aprende por lo menos a comer. Y es raro que se deje engañar en materia de vinos; se civiliza exteriormente. Nuestros metecos de Yankeelandia se descivilizan porque todo el refinamiento que podían adquirir en ciudades cultas como Guadalajara o México, se les vuelve ritmo de jazz y gesto de danza negroide así que han pasado un par de meses en los bailaderos de California.

»Pedirá el meteco un vino caro, porque ve que es caro, pero no tiene preparado el gusto para gozarlo; esa preparación se obtiene a través de una vida metódica, intensa, civilizada.

»Y es que su temperamento no es de señor que ante todo procura asegurarse soberanía, protegerse la dignidad, sino de siervo.»

Vasconcelos se refería a unos cuantos, mientras que López Portillo podría señalar unas cuantas decenas de miles. La frase perfecta la oí alguna vez de la amiga de una amiga mía:

–¿Por qué tienes casa en El Paso?

– Por si el país te falla.

Como muchos otros mexicanos de pasaporte que viajaban a Houston semanalmente y consumían desde la pasta de dientes hasta el abrigo de mink en Estados Unidos, que querían ser norteamericanos en todo menos en el origen de sus fortunas, esta señora quizás ahora entienda el riesgo de fallarle a un país. El juego era muy cómodo: vivir entre México y Estados Unidos, con las ventajas de ambos países y sin sus desventajas.

Cada mexicano tuvo la alternativa ética de apostar por el país. Esta opción otorga un margen de justificación al timonel. Un margen, nada más. La política económica de un país no puede fincarse en la psicología de un presidente. Al regalar prácticamente dólares, el régimen propició el motín. Bastaba el ajuste de paridad y su desconexión del índice de precios para evitar que Yankeelandia fuese negocio. Los metecos no atentan contra su propio bolsillo.

«Soy el pararrayos, y está bien», dijo alguna vez López Portillo, admitiendo tácitamente su parte de culpa. Esta sinceridad, que por momentos llegó a ser una frase autolesiva, pudo provocar un vacío de poder, sin embargo llegó a granjearle la simpatía popular al presidente. El Informe, por el contrario, fue un despliegue de autoafirmación: «No hemos pecado –dijo categórico– ni como gobierno ni como país, y no tenemos por qué hacer actos de contrición». Sus lágrimas hicieron ese acto de contrición por él. No hubo en todo el Informe una frase autocrítica. Una admisión generosa, valiente, segura de que los errores del timonel eran la alternativa humana, quizá no política. Pero valía la pena intentarla.

No es posible tapar el sol con un dedo. El gobierno carga con una gran responsabilidad histórica en esta crisis. A las causas externas e internas que con precisión y justicia apuntó el presidente, habría que agregar la mala planeación económica. Era natural, si se quiere, que el gobierno se negara a seguir, al pie de la letra, las voces disonantes; no lo era el recoger siquiera en parte las ideas de quienes lo criticaban, e introducir un adarme de sobriedad y mesura en su proyecto. Más grave fue el desatender los ejemplos internacionales que anunciaban los peligros. En el desastre iraní se vio más la locura de las huestes de Alá que la reacción contra la corrupta y deforme modernización que petrolizó el sha. Por algunos expertos mexicanos se sabía que Noruega –país con una larga tradición democrática y un manejo eficiente de su economía– padecía graves trastornos causados por el banquete del petróleo: inflación de dos dígitos, caída de las exportaciones manufactureras, etcétera. Se conocía el caso de Nigeria y Argelia. Se insistió, no sin soberbia, que México evitaría la «venezolanización». México, pensaron los planificadores, sería la excepción. Aquí no habría intoxicación monetaria. En el sexenio de la planificación, la historia los desmintió.

Hay cuando menos cuatro críticas generales que se pueden hacer al plan totalizador de López Portillo: la improductividad de las inversiones, su origen crediticio, el ritmo con que se ejercieron y el rubro al que se aplicaron. El plan y el Informe comparten un fetichismo de la inversión y el crecimiento como fines en sí mismos. Es obvio que crecer, invertir y emplear son metas deseables, pero el problema es cualitativo: *cómo, a qué precio, para qué.*

La productividad no es un criterio que se utilice comúnmente. Debería serlo. La fe proverbial en lo grande, en lo piramidal, en lo gigantesco, se detiene poco o nada en la rentabilidad. ¿Cómo está el flujo de caja en esos barriles sin fondo que son Pemex y la Comisión Federal de Electricidad? Deuda –para extraer petróleo– para pagar la deuda –para extraer petróleo… El que las inversiones sean tangibles y se queden en México es un buen criterio de terratenientes, no de administradores. Había alternativas de inversión distintas y mucho más productivas.

Si el gasto público se financia con impuestos no es necesariamente inflacionario. Este régimen hizo una apuesta temeraria: escogió financiarse con deuda externa y basó sus presupuestos en el *boom* petrolero. Cometió exactamente el mismo error que el grupo industrial Alfa, de Monterrey. Como se sabe, alentados por la Alianza para la Producción, los empresarios regiomontanos comenzaron a comprar empresas al por mayor. No discriminaban. Adquirían fábricas de cuchillos, empacadoras, plásticos… Su límite era la Sección Amarilla del Directorio. Pagaban generosamente, sin demasiado regateo. Para administrar las fábricas contrataron cientos (o miles) de especialistas graduados en universidades norteamericanas, dueños de un currículo vasto y una experiencia nula. Los anticuados empresarios familiares cedían el paso a «una nueva generación» de tecnócratas con sueldos y oficinas portentosos. El dinero para la construcción de la enorme pirámide venía de bancos extranjeros. De pronto, el gran emporio se vino abajo. ¿Las pérfidas tasas de interés? No: la simple y llana improductividad. La desmesura. La Alianza para la Producción fue una alianza de faraones.

Otro rasgo criticable fue la celeridad, las marchas forzadas. En 1976 había alguna justificación para crecer con inflación. El riesgo del estancamiento era demasiado alto. Pero hay un mundo de diferencia entre crecer al seis o al ocho por ciento. Lo que es razonable a un ritmo, puede ser desquiciante a otro. El gasoducto fue un caso típico. Terminó haciéndose sin orden ni concierto, con enormes distorsiones y con importaciones costosas. En general, no fueron pocas las voces que, desde distintas posiciones, aconsejaron al presidente disminuir el sobrecalentamiento de la economía. Nunca las escuchó a pesar de que su propio plan preveía un periodo de consolidación.

El «pero» mayor es el destino de la inversión. ¿Por qué no se pensó en canalizarla, siquiera en parte, hacia el México pobre, con una oferta pertinente a sus necesidades o incluso premiándolo con dinero en efectivo? ¿Qué gana el México marginal con el crecimiento de las inversiones gubernamentales en Laguna Verde? Gana una redención futura, simbólica y quizás imposible. Toda una corriente internacional de economistas y ecologistas sostiene desde hace tiempo la necesidad de replantear las premisas culturales y antropológicas de la planeación económica. Pero en México, fuera del importante libro de Gabriel Zaid *El progreso improductivo* y de algunas ideas de Leopoldo Solís y Enrique González Pedrero, la vía sigue siendo el crecimiento triunfalista del sector moderno que, con el corazón en la mano, espera que el sector tradicional lo alcance. El proyecto de López Portillo incluía: ferrocarriles, acero, energía nuclear, petróleo, petroquímica. La modernización total de un sexenio. Nunca se pensó en el destrozo ecológico, por ejemplo, el dramático trastorno ocurrido en Tabasco.

El régimen incurrió también en golpes de timón inadecuados. ¿Por qué no introdujo, de tiempo atrás, un mayor deslizamiento en la moneda? Si una premisa fundamental del plan era el precio del petróleo, ¿por qué, si éste se modificó, no se modificó el plan? ¿Por qué no se cerraron las grandes tiendas de autoservicio que no distinguían entre la paridad y el índice de precios? ¿Por qué, sobre todo, no se detuvo a tiempo la hemorragia de los dólares? ¿Por qué se tomó «sobre las rodillas» la decisión del 30-20-10?

Curiosas devaluaciones del régimen. Devaluaciones desvirtuadas. Devaluaciones-reevaluaciones. En Francia, Mitterrand devalúa diez por ciento el franco, y arriesga su gestión y su futuro. En Estados Unidos, Reagan se rinde a los legisladores que le obligan a modificar su política fiscal. Pero en México, donde una función primordial del «Poder» Legislativo es controlar el gasto público, no hay quien limite al Ejecutivo. La Revolución hecha gobierno no puede aceptar derrotas: ni un presidente municipal de la oposición ni un capricho de la ley de la oferta y la demanda.

Olvido del otro México

Desde cierta altura todas las pirámides del mundo, incluso las de Keops y Marina Nacional, parecen «minucias». No lo son. En esto, López Portillo resultó más discípulo de Alemán que de Cárdenas. Instintivamente si se quiere, no sin ambigüedad o contradicción. Cárdenas quiso un México justo, plural, apegado a la tierra y a sus frutos, un país de individuos dignos. Alemán prohijó la meta de un país urbano, progresista, industrial, cosmopolita y, sobre todo, triunfalista. Como presidente, Cárdenas vivió entre dos extremos: el alma en el terruño, la mente y la lucha en la ciudad. Pero su ideal profundo era quizás el de un país como el que en 1940 pintó Gonzalo Robles: «Modesto pero equilibrado, sano y feliz, que viviera por tercias partes de su agricultura, de su industria y de su minería».

31

El gran vuelco de la historia mexicana, la verdadera pérdida del paso, ocurrió en 1946. En ese año México comenzó a desandar. Nadie como Frank Tannenbaum entendió la apuesta equivocada de aquel régimen, la creación de una casta –una alianza– urbana de empresarios, burócratas y –hay que decirlo– obreros, que prosperarían a costa del México rural. Sus ideas fueron anatematizadas por derechas e izquierdas. Pero este amigo de Cárdenas, que amó, recorrió y estudió México como muy pocos mexicanos, tenía buena parte de razón. Al propio Cárdenas le faltó claridad para ver la contradicción entre los dos Méxicos. Su largo silencio habla, quizá, más de su perplejidad intelectual que de su prudencia política. Pero su filosofía moral es la que Tannenbaum resume en las siguientes líneas, publicadas en plena borrachera neoporfirista (1950), una filosofía ajena a todos los presidentes desde Alemán hasta López Portillo:

«Excepto los artículos industriales a bajo precio, vestidos, zapatos, herramientas y servicios, las cosas que la ciudad tiene que ofrecer son de poca importancia para las gentes del campo.

»Económicamente, el abismo entre la población urbana y la rural continúa abierto, y acaso el problema es tan serio como era antes, aunque se halla encubierto por el esfuerzo general de reconstrucción del programa revolucionario. Vendrá un día, sin embargo, en que la Revolución estará superada y el cisma interno se revelará con claridad y seguirá siendo tan irremediable en sustancia como antes era.

»El programa propuesto, de una inversión a gran escala para equipo de capital, como base para el desarrollo de una sociedad industrial, sólo puede realizarse sobre la hipótesis de un gravamen de costo mayor que el que el país puede soportar. Si el Gobierno mexicano desea confrontar el problema básico –el de encontrar medios de vida para su población rápidamente creciente– tendrá que arbitrar un programa alternativo, más en consonancia con las realidades mexicanas; un programa que pueda llevarse a cabo con mayor libertad y menor dependencia que la exigida por préstamos e inversiones extranjeras.

»Reconozco que ello puede dar la impresión de una política de desesperanza, pero a menos que se ponga en juego un programa alternativo de esa naturaleza, las condiciones en México pueden ser lamentables de aquí a una generación. Muchos mexicanos, y algunos aunque no todos los economistas profesionales, rechazarían esta conclusión. Sería infinitamente mejor para México, sin embargo, que volviera sus ojos a Suiza o Dinamarca, como modelo, más bien que a Estados Unidos y tratase de hallar la solución, sobre una base local, parroquial, en miles de pequeñas comunidades adaptando a ellas todo cuanto la ciencia y la técnica moderna pueden ofrecer para que puedan satisfacer las necesidades de una pequeña colectividad, sin hacerlas cada vez más dependientes de un mercado nacional. No constituye ventaja alguna inundar estas pequeñas localidades con productos deficientes, de manufacturas que trabajan a elevado costo, cuando pueden hacer la mayor parte de las cosas que necesitan en sus propios pueblos y en los de las cercanías, con sus propias manos, con sus propias técnicas, y hacer productos sólidos, hermosos y útiles. Nada se consigue destruyendo la comunidad rural mexicana. Es la cosa mejor que México posee; allí está su fortaleza y su resistencia. La Revolución probó hasta la saciedad dicho aserto.

»Lo que México necesita es enriquecer sus comunidades locales para lograr una producción agrícola cada vez más amplia, y aumentar la variedad y calidad de los bienes producidos por las artesanías locales, en cantidad suficiente para las necesidades domésticas y, además, para la exportación. *México necesita realmente una filosofía de cosas pequeñas.* La escuela rural mexicana fue eso en sus principios, y sobre tales cimientos deben continuar levantándose las nuevas estructuras.

»Yo mismo tengo que confesar con pena que México ha perdido en gran parte el entusiasmo y la fe; el país está invadido por una tónica de cinismo, especialmente en las ciudades, donde tiene que arrancar el impulso primero para un programa de esta naturaleza. La gente de las ciudades, especialmente en la capital de México, y en particular los empleados del Gobierno que viven en ella, querrían hacer las cosas de otro modo. Pretenden hacer grandes planes, conseguir enormes sumas de capital extranjero, organizar grandes industrias, descubrir la fórmula mágica que conduzca a la industrialización y tener una economía nacional servida por un mercado nacional a cualquier costo, aunque en lo íntimo de sus corazones sospechen que esto es, en lo fundamental, un sueño, imposible de realizar por la falta de adecuados recursos. Pero el afán de grandezas les ha invadido, y quieren copiar y hacer planes para lo imposible, aunque el México amado por ellos se sacrifique a su noción de progreso.

»Nada hay en esta propuesta que venga a negar la necesidad y la posibilidad del desarrollo industrial en México. La extensión y el carácter de semejante expansión económica sólo pueden ser revelados, sin embargo, por el tiempo y por la experiencia. Un sistema industrial es un problema de crecimiento, y no puede improvisarse. Sólo la experiencia mostrará lo que puede hacerse en un país con recursos limitados, capital insuficiente, falta de experiencia industrial y del sexto sentido que sólo viene con el tiempo, para no referirnos a los inconvenientes que encierra una población cuyas tradiciones, hábitos y actitudes distan mucho, psicológicamente hablando, de los de mano de obra manufacturera. Queda por probar que todos estos obstáculos pueden ser superados de la noche a la mañana por la intervención del Gobierno, y también que dicha intervención no será en sí misma un impedimento para la rápida industrialización de México.

»No se trata de argüir aquí contra la política actual. Nos limitamos a señalar el hecho de que su virtualidad está en tela de juicio, y su eficiencia tiene que probarse. Aunque lo logre, aun suponiendo las mejores condiciones, no podrán o no querrán atender las necesidades generales del país si se persigue el logro de un industrialismo en el sentido de crear un gran mercado interno y una gran industria de exportación. Si se procediera juiciosamente, la industria mexicana sería aceptada como suplemento de una economía agrícola, y el acento descansaría sobre la energía maravillosa y la capacidad cohesiva de la comunidad rural. Se usaría la colectividad del campo en su plena extensión, vigorizándola con la técnica y la destreza de la ciencia moderna en su aplicación a pequeños sectores. México, estoy convencido, puede alcanzar su desarrollo cultural y económico más pleno sólo adoptando una política consustancial a su verdadero genio: el robustecimiento de la comunidad local. Cualquier plan que destruya la vitalidad de la comunidad rural mexicana tendrá trágicas consecuencias y repetirá el caso de los tugurios de la primera época industrialista, sin cumplir la promesa de una producción incrementada que procure ocupación y sustento a los cincuenta o sesenta millones de mexicanos que habrá a fines de siglo si continúa el ritmo actual de crecimiento demográfico, como probablemente ocurrirá durante las dos generaciones inmediatas.»

Hasta aquí Tannenbaum. No se ha cumplido aún enteramente su profecía. Todavía no se escribe la última palabra sobre nuestra difícil industrialización. Quizá Tannenbaum fue demasiado pesimista. Quizá nazca un nuevo impulso de actividad en el empresario privado y público que nos permita dar el gran paso adelante. Creo que el consejo de equilibrio, pertinencia, coherencia y sobriedad de Tannenbaum sigue vigente y es el que pide la mayoría del pueblo mexicano. El alemanismo y sus sucedáneos históricos corregidos –ya sea de izquierda o derecha– comparten dos cosas: una fe absoluta en el «Progreso» y una absoluta incapacidad de poder ofrecerlo al México rural, al México antiguo que no tiene representantes sindicales, cuentas de ahorros, hipotecas bancarias, al México no piramidado. Como todos los regímenes a partir de 1940, el de López Portillo ha tenido poco que ofrecer al México marginal además de perdón y lágrimas.

La corrupción fueron todos

Hasta aquí las fallas son intelectuales: de comprensión, previsión, claridad y prudencia. Pero el timonel incurrió también en una responsabilidad moral: no detuvo la corrupción. Una sola vez mencionó en el Informe haberla «combatido hasta el escándalo». Esta parquedad revela, por omisión, la realidad: en este sexenio la corrupción creció en proporción alarmante.

Si alguna caída histórica ha sufrido México es la de la corrupción. Nadie recuerda ahora la moral republicana de los liberales que predicaban no con la palabra sino con el ejemplo. De Porfirio Díaz pueden decirse muchas cosas, pero no que fuera corrupto. Cierto, dio negocios y prebendas a los Científicos y prohijó una bárbara acumulación y un saqueo despiadado con la Ley de Baldíos. Pero lo hacía, al menos en parte, por las mismas razones ideológicas que guiaron a los liberales en la política de desamortización.

La era revolucionaria fue el siguiente paso atrás. Es sabido que los carrancistas eran llamados «consusuñaslistas». El apodo refiere claramente a la avidez presupuestívora de aquella clase media en el poder. El periodo carrancista es defendible por su política internacional e interna, pero no por su limpieza. Los sonorenses empezaron bien y acabaron mal. Por testimonio de algunos miembros de la generación de 1915, sé que durante los primeros años de De la Huerta y Obregón no hubo corrupción directa –uso de fondos públicos–. Con todo, el historiador alemán Hans Werner Tobler ha documentado hasta la saciedad el gozoso reparto de haciendas que prohijó la Revolución. ¿Fue corrupción o botín de guerra? Durante el callismo, el Banco de México y, sobre todo, el Banco Nacional de Crédito Agrícola comenzaron a extender préstamos de favor a los nuevos dueños de la casa, comenzando por Calles, Obregón, Amaro y compañía. La frívola corrupción en el maximato presagió la del alemanismo. Cárdenas y –casi– todo su gabinete entraron y salieron limpios. Ávila Camacho fue un presidente caballero con un hermano que no lo fue tanto, pero el gran viraje lo dio el régimen siguiente. En punto a corrupción, como en otras cosas, el alemanismo fue una vuelta al porfirismo. En 1948 una caterva de neocientíficos sacaba, como en 1905, jugosas concesiones al Ejecutivo.

La novedad histórica fue que además de sacar concesiones para hacer pesos, sacaba pesos para hacer más pesos. Con todo, se trataba de un dinero que pocas veces salía del país y que casi siempre se invirtió en empresas productivas.

El ejemplo prosperó de modo creciente en cada sexenio, con excepción parcial del de Ruiz Cortines. Cada seis años salía del esforzado servicio público una camada con dinero suficiente para becar hasta sus tataranietos. Esta *manía* se fue expandiendo cuantitativamente pero no alcanzó, hasta 1970, un ritmo exponencial. El sexenio de Echeverría presenció un nuevo «salto cualitativo» en nuestra regresión moral. Entre 1970 y 1976 ya no sólo robaban en grande el funcionario y sus adláteres, sino el oscuro contador de la más oscura empresa estatal. Toda una clase política adoptó el fácil, rápido y cómodo sistema de enriquecimiento: tómelo, es suyo. El país como tajada. «La Revolución le hacía justicia» ya no sólo a unos cuantos, sino a unas cuantas decenas de miles, entre los cuales no faltaban hijos predilectos de la burguesía privada que no soñaban ya con el negocio propio, sino con un puesto más jugoso en prestigio, poder y dinero.

Pero aquel dinero se quedaba todavía en México. No eran muchos los que depositaban sus centavos en el extranjero. Al principio del periodo actual se encarceló a unos cuantos pero después, con la euforia petrolera, se quitó el dedo del renglón. La corrupción dolarizada se generalizó. ¿Quién no sabe de las fortunas que sacaron del país algunos funcionarios públicos? La propia y extensa familia de López Portillo no dio precisamente, en los puestos públicos que ocupó, cátedra de austeridad. La prensa internacional publicó nombres y datos, pero aparte de algún coscorrón y uno que otro jalón de orejas, el presidente no movió un dedo.

El «agradecimiento» de mil dólares que Nancy Reagan dio a una inocua revista japonesa le valió el puesto a Richard Allen. Por abrir una cuenta de menos de mil dólares en el extranjero, la esposa de Itzhak Rabin casi le arruina la carrera política a su marido. Los diamantes de Bokassa hundieron a Giscard d'Estaing. Pero México es inmune a esas «minucias». Aquí un funcionario es un jeque.

«Ni México ni ningún otro país tiene recursos para nutrir y resistir indefinidamente a la especulación», dijo el presidente en el Informe. Con la misma justicia pudo haber repetido la frase rematando con la palabra «corrupción». Los saqueadores fueron tanto públicos –el dinero ajeno a la bolsa y al extranjero– como privados –el dinero propio al extranjero–. Todo México lo sabía. Aún es tiempo de que el presidente López Portillo corrija este error y se castigue a los culpables. Lo que hace treinta y cinco años escribió Cosío Villegas sobre la corrupción es verdad ahora más que nunca: «ha sido la deshonestidad de los gobernantes revolucionarios, más que ninguna otra causa, la que ha tronchado la vida misma de la Revolución Mexicana».

Un sexenio de tres meses

Nunca dudé de la sinceridad del presidente ni de la coherencia interna de sus actos. No es un hombre de doblez. No es –como Echeverría– un político a la mexicana, y quizá tampoco un político a secas. Pero sus desplantes de fuerza, sus despliegues atléticos y sus exabruptos parecían sugerir cierta fisura. Repensando sus pensamientos y observando sus actos, me hice una imagen biográfica y generacional que busca comprender antes que juzgar su responsabilidad en la crisis. Su mayor acierto sexenal fue, en el fondo, de orden moral: no mató, no persiguió, gobernó pacíficamente y llevó a cabo la reforma política. En su faraonismo petrolero hay tal vez la proyección de un carácter que busca compensaciones desmesuradas e instantáneas, pero aquí su responsabilidad es compartida: es un rasgo común a todos los presidentes desde Alemán a nuestros días. Quizá tenga sus orígenes en los ensueños imperiales de la Colonia, o antes aún, en los aztecas. López Portillo encarnó de nuevo esa malhadada vocación de grandeza, pero no la inventó. Pensé, en suma, que es un hombre complejo en quien confluyen, no siempre de modo armonioso, ríos de identidad e historia. Pero me convencí de que, a pesar de todo, su imagen histórica no estuvo nunca en peligro de caer en los abismos de sus antecesores. El pueblo no perdonó a Calles y a Díaz Ordaz porque no salieron limpios de sangre. «Esa gente buena del pueblo que todavía aplaude y saluda cuando pasa el presidente», creyó en él, de modo espontáneo, aún antes del Informe.

Le faltó firmeza en el manejo de la crisis, al menos desde la caída de los precios petroleros. Una cosa es la cólera y otra la firmeza: sus reacciones inquietaron, no convencieron. Más tarde, el presidente no midió su fuerza e incurrió en la depresión y la autodevaluación. Sin estar acorralado por la historia, imaginó estarlo. No apreció a tiempo que en México, desde que es México, el presidente tiene un poder inmanente similar al de la Virgen de Guadalupe. Olvidó sus aciertos, sintió quizá que todo el edificio de grandeza se podía desmoronar, temió el veredicto de la posteridad en sus descendientes, y por momentos, muchos pensaron que perdía el timón.

Debió de sentirse solo como tantas veces dijo. La realidad es que no lo estaba tanto. En las elecciones del 4 de julio no vio más que un «hermoso espectáculo». Fue algo mejor y distinto: la expresión democrática del pueblo. En la calle, a pesar de la crisis, la vida seguía, aunque la clase media y la trabajadora sentían frustración, tristeza y desconcierto. Hubo algunas señales de pánico. No muchas ni generalizadas. Alguien le prescribió una medicina eficaz e instantánea para él y para el país, un despertar mágico que convirtiese el pasado inmediato en una pesadilla atroz y superada. Un solo golpe de timón lo arreglaría todo. Un sexenio de tres meses comenzaría el 1º de septiembre, en el cual el país se reconstruiría y la figura histórica del presidente alcanzaría la gloria que todos los presidentes, absolutamente todos, anhelan. La gloria histórica, la Presidencia perpetua.

De haber prevalecido la humildad y la inteligencia, no la pasión, el presidente habría decretado *mucho antes* medidas pertinentes de auténtico realismo, sensibilidad e incluso de fuerza. Se habría contenido la hemorragia de la desnacionalización. Se habría pagado en parte la deuda y evitado el descrédito financiero internacional. Pero ya pasadas las elecciones, a tres meses del cambio de poderes, su deber histórico era *aliviar el tránsito* hacia el 1º de diciembre. Esa era la tradición mexicana. Cárdenas, popular en 1938, se tragó la píldora de su relativa y fugaz impopularidad un año después: designó un presidente moderado y contrario a sus más íntimas convicciones y lo protegió hasta el final. A partir de esa renuncia al «Cardenato», Cárdenas guardó un silencio que no le restó influencia y que engrandece su figura sobre todos los presidentes mexicanos. Rehusarse a convertirse en Jefe Máximo, no sólo en el periodo presidencial siguiente sino en el traslape con el destapado, ha sido una constante del sistema. Cuando Echeverría fue a la Universidad Nicolaíta y guardó un minuto de silencio por los muertos de Tlatelolco, Díaz Ordaz no movió un dedo a pesar del consejo en contra de García Barragán. Por testimonio de López Portillo se sabe que, en circunstancias similares a las de estos meses, y *con la carta del petróleo*, Echeverría se plegó a algunas condiciones expresas de López Portillo.

¿Las medidas del 1º de septiembre rompen la tradición? Seguramente sí. Aliviar el tránsito, y aun encauzarlo, no habría implicado inmovilidad o silencio sino prudencia y firmeza, alas y plomo. Era necesario que el presidente señalara el motín de los «sacadólares» y diese las cifras terribles que dio. Pero para esa reivindicación fundamental habría bastado el control de cambios –si bien con modalidades adecuadas a nuestra circunstancia– y un vasto proceso judicial, por la vía fiscal –en su caso– o la responsabilidad civil, contra «sacadólares» públicos y privados. De haber sido consistente con la tradición de estafeta presidencial, López Portillo habría limitado su última comparecencia a una firme, valiente y efectiva vindicación nacional sin «sobrecalentar» la política y la economía.

Reparado en principio el agravio nacional y cerradas las válvulas de escape, lo urgente habría sido tomar medidas que preparasen el terreno para la austeridad que tendrá que venir si los mexicanos queremos seguir viviendo de cara al mundo y en un régimen de libertad. De haber sido fiel a la tradición, el presidente habría renunciado a «la fácil tentación populista» –la frase es suya–. Y, lo que es decisivo, se habría rehusado a levantar expectativas económicas y políticas que el gobierno futuro –ya sin la carta petrolera– no podrá cumplir sin una cuota mayor de sufrimiento e impopularidad.

El campo nunca fue su campo

Nadie ama a sus acreedores, pero en México ha habido razones que acrecientan el rencor hacia los banqueros. A fines de los treinta presionaron para reformar la estricta Ley del Banco de México de 1936 e introducir procedimientos crediticios que provocarían la inflación y con ello su enriquecimiento. Todo el mundo sabe cómo estos barones apoyaban prioritariamente sus propios negocios en detrimento de los pequeños ahorradores y empresarios. Nadie les conoció el más leve acto de beneficio social. Hacían negocios fabulosos con los gastos de representación. Practicaron –igual que los jeques políticos– la gozosa dolarización. Usaron y abusaron de una publicidad repugnante basada en una palabra repugnante: *todo (todo* con el poder de su firma; *todo* un océano de posibilidades; *todo* cabe en un Plancomer). Despreciaron casi *todo* lo que tuviese que ver con la educación y la cultura. ¿Dónde hay *una* carretera donada por un banquero? ¿Dónde *una* institución mexicana parecida a la Rockefeller? Con *todo,* ¿se justificaba económicamente, tal como se hizo, la estatización?

Imposible saberlo a corto plazo. Aisladas de su contexto político, las medidas que presentó el nuevo director del Banco de México, Carlos Tello, son *en teoría* maravillosas y lo serán en la práctica si no convierten a la banca –como es más que probable– en un sector subsidiado. ¿Quién puede criticar el incremento a los ahorradores que percibían un ridículo 4.5 por ciento, el destierro de las caprichosas comisiones, el apoyo a los deudores hipotecarios? El meollo está en el costo. ¿Cuánto costarán estas medidas? Hay quien calcula que la banca requerirá decenas de miles de millones de pesos como subsidio anual para cumplirlas. No se ve otra forma de obtenerlos más que echando a andar la maquinita que imprime billetes, lo cual provocará una mayor inflación. Y como todo el mundo sabe –menos los teólogos que la orquestaron–, la inflación la pagan los verdaderamente pobres.

Otro riesgo económico posible es la politización del crédito. La banca privada tenía muchos defectos pero no el de ineficiencia. Un sistema efectivo de tamices disminuía las posibilidades de error o corrupción. Esto podría cambiar con el dedazo y la ineptitud. Quizás, habrá también un fenómeno de relativa «anomia» en los funcionarios bancarios intermedios: el cambio de estatus de un burócrata privado que se siente empresario y practica la competencia con otros bancos, a un burócrata público centralizado. Con todo, estos riesgos no son fatales. El gobierno ha sido mejor banquero que industrial: allí están Somex, Nafinsa, Banco Internacional y, desde luego, el Banco de México para probarlo. (Aunque también está la otra escuela; la del *Banrobas* y el *Bandidal*.)

Pequeña proposición: una posibilidad interesante para la banca nacionalizada sería convertirla en vanguardia de la descentralización administrativa. Mandar un banco a un estado, otro a una región o a un conjunto de municipios. Que el campo, también, sea su campo.

Psicodrama nacional

En la gran movilización política que siguió a la nacionalización de la banca, algunos profetas han visto una vuelta al origen del México verdadero. La verdad es un poco distinta: quien volvió a su origen no fue México sino el presidente López Portillo. Todo el país ha debido jugar un papel en este periplo personal. Hegel *dixit*: sólo lo Presidencial es real y lo real, Presidencial.

Con el cardenismo hay un cierto paralelo, aunque no exclusivo de ese periodo. Desde el 1° de septiembre México presenció la renovación de un pacto tan viejo como la Casa del Obrero Mundial entre dos entidades que reclaman para sí el monopolio exclusivo de la mexicanidad: el Estado y la gran pirámide sindical. Por otra parte, sin haber, como en 1938, un enemigo externo, presenciamos una renovada inducción vertical de nacionalismo. Este celo puede ser peligroso. Orwell decía que el patriotismo suele ser un acto defensivo. Una devoción. En cambio el nacionalismo es siempre voluntad de poder. Recuérdese que «*My country right or wrong*» ha sido la justificación de muchos y no muy remotos crímenes colectivos.

Aquí terminan los paralelos. Hay también muchas novedades ominosas. Un populismo que, como todo populismo, tiende al desenfreno demagógico, y lo que es más grave, un culto a la personalidad desconocido en México y ajeno a la adusta moral cardenista. Casi un peronismo. Los veinte millones de votos el 4 de julio fueron votos espontáneos y dan fe de un acto democrático. El millón de personas que concurrieron al Zócalo fueron en su mayoría acarreados y dan fe de un acto de populismo. Parecía que el presidente López Portillo buscase recuperar el tiempo perdido, como si estuviese en campaña. El destapado de sí mismo. Las medidas que tomó acrecientan su poder personal y el del grupo político que lo acompaña en este último trecho. Pero, desgraciadamente, se ha hecho un reparto generalizado –y quizá calculado– de expectativas para la clase media. Si el siguiente régimen no logra colmarlas, provocará suspiros por el anterior –y por el anterior al anterior–.

A nadie asusta la estatización del crédito en un país como Francia, donde existe toda suerte de contrapesos y vigías para su marcha eficiente y controlada. En Francia no hay riesgo de desembocar en un Estado corporativo o con tonalidades totalitarias, porque existen partidos vivos, representativos e independientes, porque hay un Poder Judicial ajeno al Ejecutivo, una prensa libre, plural y profesional e intelectuales no orgánicos. Hay, en suma, una sociedad civil con voz y voto, cuya principal vocación es la democracia. En México existe también una sociedad civil con esa misma vocación, pero no hay diques que contengan la irresistible inundación estatal. En México no hay opinión independiente porque el Estado ha integrado todos los disentimientos. Si hay un dogma común al intelectual, al diputado, al jurista ideológico en este país, es el dogma de la preeminencia ontológica del Estado sobre la sociedad civil: la *estatolatría*. El Estado patrimonialista *es* la nación. Así, aunque más de veinte millones de mexicanos voten, un estentóreo *yo* por parte del Estado provoca la inmediata caravana de la corte.

Nada de esto significa una defensa de la banca privada. Lo que ha ocurrido es hasta cierto punto natural: la burocracia madre absorbe burocracias afines. Lo que me preocupa es el avance del capitalismo burocrático centralizado. Y mucho más me preocupa el tono agresivo e intolerante del *nuevo* nacionalismo estatal. Es contrario a una vida pública y económica sana y responsable porque puede deprimir a la iniciativa individual y social de los mexicanos, porque puede favorecer una mentalidad becaria y servil, porque puede fortalecer al Estado a tal punto que, con un leve giro, anule las libertades.

Reconstrucción

El presidente tenía razón: hay que reconstruir el país, pero no en tres meses sino en una década o más. México deberá hacer frente a una deuda enorme, rehacer su crédito internacional, replantear el modelo de desarrollo teniendo en cuenta al sector tradicional y no piramidado (el verdadero México pobre), proponerse metas asequibles e igualitarias, trabajar con realismo, austeridad y eficacia. Quedan recursos humanos y materiales suficientes para crear ese México «modesto pero equilibrado, sano y feliz, que viviera por tercias partes de su agricultura, de su industria y de su minería».

A la condena nacional contra los «sacadólares» debería seguir –en buena lógica– una condena nacional contra los corruptos. La sociedad apoyaría con entusiasmo una amplia acción judicial contra los funcionarios enriquecidos. Es una curiosa paradoja que la Constitución otorgue fuero y protección a los jeques políticos: los artículos 108 al 114 provienen de la Constitución de 1824 y la de 1857, y todos son de clara inspiración sajona (para esto sí somos liberales). Nuestra Ley de Responsabilidades es más bien una ley de impunidad. Pero aun dentro del marco frágil de esos artículos cabe un juicio escrupuloso, amplio y rápido. (De paso no vendría mal una reforma a la Ley.)

Sería conveniente también desterrar del discurso y la conducta oficiales el populismo, el resentimiento, la satanización, la moralina «revanchista», violenta y polarizadora. La palabra clave es *positividad*. Ninguna iniciativa individual y social, ninguna creatividad y confianza prosperarán sin ella. El discurso negativo y prepotente provoca depresión y cinismo, no trabajo.

En política económica habría que aprender de pasados errores e introducir criterios, no de crecimiento sino de productividad: evitar el progreso improductivo, favorecer la oferta de bienes de capital baratos y pertinentes para el México más pobre. Este cambio en la oferta es fundamental, y no importa quién lo lleve a cabo: el Estado o la iniciativa privada. Lo importante es hacerlo.

A partir de un nuevo ciclo, el Estado tendría que intentar lo más difícil: construir sus propios límites y profundizar la reforma política. La lista de metas es larga: auténtica autonomía municipal y auténtico federalismo; una Cámara de Diputados donde los representantes ejerzan, así sea pálidamente, la independencia de los liberales de la Reforma y vigilen el gasto público (una lectura de *La República restaurada* ayudaría mucho); una prensa profesional, plural, que informe sobre los hechos, no los fabrique; medios de comunicación plurales que diviertan, instruyan, informen y se abstengan de procrear metecos; intelectuales que no confundan el homenaje y la protesta con el análisis y la crítica y que aprecien más la verdad que el dogma o la chamba. Un Poder Judicial –pieza clave– absolutamente independiente, que destierre la increíble manía del besamanos presidencial y sirva de auténtico vigía y valladar de la burocracia pública. Una presidencia firme, inteligente y conciliadora; un liderazgo ético que afirme la fe en México sin caer en la xenofobia y el enclaustramiento; que busque la igualdad efectiva y no simbólica; que ejerza un plebiscito cotidiano a todo lo largo del país. Un presidente que, sobre todas las cosas, gobierne, en verdad, con el ejemplo. Tradicionalmente, en México lo permisible para el presidente y su familia se vuelve permisible para la sociedad. El tono futuro debería ser de austeridad sin puritanismo.

Reencuentro

En 1946 Daniel Cosío Villegas escribió:

«México principiará por vagar sin rumbo, a la deriva, perdiendo un tiempo que no puede perder un país tan atrasado en su progreso, para concluir en confiar sus problemas mayores a la inspiración, la imitación y la sumisión a Estados Unidos, no sólo por vecino rico y poderoso, sino porque ha tenido un éxito que nosotros no hemos sabido alcanzar. A ese país llamaríamos en demanda de dinero, de adiestramiento técnico, de caminos para la cultura y el arte, de consejo político y concluiríamos por adoptar íntegra su tabla de valores, tan ajena a nuestra historia, a nuestra conveniencia y nuestro gusto. A la influencia norteamericana, ya de por sí avasalladora, se unirían la disimulada convicción de algunos, los francos intereses de otros, la indiferencia o el pesimismo de los más, para hacer posible el proceso del sacrificio de la nacionalidad, y lo que es más grave aún, de la seguridad, del dominio y de la dicha que consigue quien ha labrado su propio destino».

»Un sector de la burguesía pública y privada, acompañado y coreado por una porción de la clase media y auspiciado en bandeja por la política financiera y económica del régimen, iba en camino de cumplir la profecía. Pero la sumisión no fue nunca global ni mucho menos definitiva. En ocasiones –como en la vida académica– no fue siquiera sumisión sino un vínculo fructífero. Las mayorías mexicanas no sufren crisis de identidad ni se definen negativamente en oposición a lo norteamericano. México existe, positivamente, gracias a ellas.

»Por lo demás, la enorme deuda y las nuevas circunstancias económicas harán imposible el sacrificio de la nacionalidad: México no tendrá otra salida que alcanzar el «dominio y la dicha de quien labra su propio destino». Pero ni para ello, ni para afianzar la nacionalidad es necesario que el Estado crezca. La identidad mexicana es mucho más que los símbolos estatales, es un conjunto de valores éticos, religiosos, estéticos e intelectuales: es una cultura. No hay que protegerla sino de sus protectores.

»Lo que si hará falta es algo distinto: admitir que las tendencias políticas e ideológicas estatistas –vestidas con la piel de oveja del nacionalismo– han arrasado la identidad de pueblos enteros. Se puede disentir de la estatolatría que usurpa el nombre del socialismo y seguir creyendo en la posibilidad de una sociedad libre, justa y solidaria. En este sentido las palabras recientes de Jacek Kuron –antiguo dirigente del KOR y miembro distinguido del Sindicato Solidaridad, ahora preso– deberían servirnos hoy más que nunca como advertencia: «… la vida pública y la economía de Polonia estaban enfermas de muerte. La enfermedad era la administración centralizada, única ruta de organización de la actividad y la iniciativa social. Los actores del proceso social no tenían por tanto influencia en su desarrollo o sus demandas. Esta era la causa de la enfermedad.»

La zalamera corte de estatistas mexicanos haría bien en preguntarse por su propio papel: no representan la medicina sino la enfermedad.

Sobre el profundo subsuelo indígena, dos corrientes paralelas recorren el alma mexicana: la conservadora y la liberal. En el siglo XX nos alcanzó un nuevo y poderoso afluente: el de la justicia económica y social. ¿Cómo conciliarlos? Países sin densidad histórica como Estados Unidos y Argentina no tienen pasados por conciliar… porque no tienen pasados. Viven una perpetua adolescencia histórica, buscando quemar etapas, siempre de cara al futuro para alcanzarlo alguna vez y construirse, al fin, una filiación de la cual partir: un pasado.

Nosotros lo tenemos y en una crisis como ésta deberíamos volver naturalmente a él. Es nuestra fuente de sabiduría. Si sabemos reconocerlo, lo hallaremos hoy mismo en la calle, en la cultura e identidad de los millones de mexicanos que no tienen voz. Nada firme construiremos sin contar con ellos, sin escucharlos. De ahí que nuestra única alternativa de reconstrucción deba *partir* de la sociedad civil que atesora el pasado. De ahí que nuestra única opción histórica sea respetar y ejercer la libertad política, el derecho y, sobre todas las cosas, la democracia.

De pirámides y arquetipos*

Al acercarse el siglo XXI varios países reaccionan al imperativo de la modernidad cambiando formas de vida muchas veces antiguas y entrañables. China, por ejemplo, intenta a pasos agigantados y azarosos sus cuatro modernizaciones; pagando la cuota de desvirtuar sus culturas ancestrales, los países asiáticos que miran al Pacífico han expandido sus economías con tenacidad, audacia e imaginación; la India, saturada de población, con contrastes sociales y tensiones religiosas, ha emprendido con éxito reformas sorprendentes en sus sistemas agrícolas; por su parte, la vieja Europa reafirma en la autocrítica el secreto de la juventud y lo aplica a las formas de producción, de propiedad, y hasta a las ideologías consagradas; y así, mientras algunos países del Este liberalizan calladamente sus estructuras económicas, los del Cono Sur latinoamericano, con la excepción de Paraguay y Chile, han seguido la pauta ejemplar de España y han abierto sus estructuras políticas.

En este mapa dinámico hay zonas de depresión y conflicto. Si se dejan a un lado casos como los de Afganistán, Sudáfrica, Irlanda del Norte y otros puntos de Asia y África, las mayores sombras corresponden a dos zonas que cargan su historia a cuestas: el mundo árabe y la franja de la América hispánica comprendida entre los antiguos virreinatos de Perú y México. Por razones complejas, el entronque de nuestros países con la modernidad ha sido siempre difícil, pero los costos que supone ahora esta condición y los riesgos que presagia no tienen precedente. Mario Vargas Llosa ha expresado mejor que nadie esta revelación sobrecogedora: «No hay límites para el deterioro».

El caso de México es particularmente doloroso. Además de los recursos naturales, económicos y humanos no despreciables con que cuenta el país, el peculiar sistema político parecía facilitar –y durante algún tiempo lo propició de hecho– aquel entronque. La economía mexicana, para citar sólo un caso, llegó a ocupar el décimo sitio en Occidente y es seguro que de no mediar la desadministración de la abundancia hubiese mejorado su posición. Hoy México se debate en problemas que muy pocos, aun en sus más crueles pesadillas, previeron jamás. ¿Cómo, cuándo, por qué sobrevino el desastre? ¿A quiénes cabe atribuir la responsabilidad? ¿Qué hubiese podido evitarlo o menguarlo? ¿Cómo intentar ahora el inaplazable entronque? ¿Cuáles son, en este mundo vertiginoso, los cambios que corresponden a México, aquéllos que reanimen a la

* Junio, 1986.

nación y devuelvan la claridad a su horizonte histórico? Todas las respuestas posibles giran alrededor del cambio, no único pero sí fundamental, que generaría todos los cambios: la democracia.

Aunque sectores crecientes en todo el país comparten esta fe en la democracia, el México piramidado se niega a darle curso. Su resistencia es explicable: un México en el que el artículo 1º de la Constitución no fuese letra prácticamente muerta haría a un lado la vieja máxima de don Jesús Reyes Heroles –«en política la forma es fondo»– para adoptar en fondo y no en forma la vida republicana, representativa, democrática y federal; un México así desmontaría las estructuras que han terminado por oprimir la vida nacional. Pero sería inexacto e injusto atribuir la inmovilidad política de México sólo a la ambición o el maquiavelismo de una clase piramidada. Otro factor mental obstruye el cambio: la supervivencia del arquetipo novohispano en nuestra vida pública.

El historiador norteamericano Richard M. Morse fue el primero en demostrar cómo la política no adopta entre nosotros la forma de una plaza abierta donde los individuos ventilan concertadamente sus querellas, sino una suerte de arquitectura «hecha para durar», no para cambiar; una entidad jerarquizada coherente y orgánica en la que las voluntades del gobernante y la colectividad deben armonizarse en aras del interés de la felicidad ciudadana. Esta concepción del Estado –de clara inspiración neotomista– fue el modelo de Lucas Alamán, cuyo fondo adoptó Porfirio Díaz con formas liberales y finalmente consagró Venustiano Carranza en 1917:

«La democracia... es el gobierno de la razón alta, profunda y serena, que palpando las pulsaciones de la vida de la nación... busca fórmulas para establecer y conservar el equilibrio de sus fuerzas vitales, medidas salvadoras... reformas útiles para [despertar la] piedad... la liberación para los que sufren, la fraternidad. La democracia... no debe buscar la mayoría en compromisos de partidismo... sino en la representación de todas las clases y de todos los intereses legítimos.»

Ajenos al arquetipo novohispano, los liberales de la Reforma, Francisco I. Madero y unos cuantos epígonos en el siglo XX hubiesen podido admitir que había una vocación real de bien común en la frase de Carranza, pero sin dejar de señalar el equívoco fundamental de confundir la vocación y el desempeño de un gobierno con cuestiones distintas, como el procedimiento de elección de ese mismo gobierno, la forma y grado de participación popular en sus definiciones y decisiones y, en fin, los mecanismos para limitar, equilibrar, interpelar, recusar, modificar o aun anular su poder.

Una convicción típica del siglo XX reforzó entre nosotros el viejo arquetipo y arrojó una sospecha de mezquindad sobre el liberalismo democrático: el prestigio del Estado como palanca de modernización, igualdad y justicia. Ya sea en sus variantes occidentales –el Estado benefactor de Roosevelt, el empleador de Keynes, el planificador de los años sesenta– o en sus vertientes totalitarias, tanto fascistas como comunistas, la idea del fortalecimiento del Estado ejerció sobre las elites políticas e intelectuales de México una fascinación que, a pesar de las experiencias históricas en contrario, se ha prolongado hasta nuestros días. Este fortalecimiento, es cierto, se tradujo en beneficios tangibles de crecimiento y cohesión para el país por largos años. Tuvo y tiene, además, la particularidad notable de respetar las libertades cívicas. Pero ya en los años sesenta el esquema insinuaba la cercanía de sus límites, el riesgo de revertir sus progresos. El país se había ensimismado y, por momentos, petrificado. Había que abrirlo a la competencia política interna dando vida autónoma a los estados y a los municipios, a los partidos y las asociaciones cívicas, a los poderes y a los individuos, a la disidencia y la crítica. Había que reconocer los inmensos costos materiales y morales de aferrarnos al premoderno arquetipo que en la práctica corrompía, por igual, al Estado y la sociedad.

Las cosas persisten en su ser –decía Spinoza. Víctima de su propio éxito y su poder incontrastado, el Estado mexicano persistió en el mando pero fue perdiendo autoridad moral. Mientras tanto, también la realidad persistía acumulando agravios políticos, desequilibrios regionales y pasivos financieros. Por fin, la soberbia, la torpeza y la irresponsabilidad de dos regímenes sucesivos nos llevaron a la quiebra.

«El timón y la tormenta», escrito justo en septiembre de 1982, momento cumbre de confusión y demagogia, quiso deslindar responsabilidades y abrir ventanas a la esperanza. Era claro que México necesitaba imprimir más que nunca cambios radicales en sus formas de vida, pero para intentarlos el gobierno requería de una nueva legitimidad que sólo podía conferirle una auténtica reforma democrática. Era tiempo de volver, de una vez por todas, al legado político liberal.

Al arribar al poder en diciembre de 1982, el presidente Miguel de la Madrid heredó no sólo una inmensa hipoteca financiera sino otra más grave, política y moral. Muchos pensamos que para enfrentar con éxito la primera necesitaba eliminar la segunda. La única manera de hacerlo era iniciar un juicio contra su antecesor. El régimen siguió caminos distintos. Ha habido avances reales hacia dentro del sistema: el poder se ha despojado un poco de su aura sagrada, ha limitado su esfera de influencia, ha redistribuido mejor sus recursos, ha cuidado la elección de sus candidatos. Lo cierto, sin embargo, es que estos avances no han conmovido el alma pública ni podían hacerlo. Para lograr este milagro el régimen necesitaba aprovechar las oportunidades de democratización hacia afuera del sistema que se le han presentado en varias ocasiones. Las ha dejado escapar una a una. Tiene una nueva oportunidad en el caso de Chihuahua. El norte de México es el horizonte de un futuro mejor, la cuna de tiempos nuevos. ¿Tendrá el régimen la sabiduría y la humildad de reconocerlo?

El sistema político mexicano debe transitar hacia una democracia sin adjetivos, que comenzaría por el respeto escrupuloso al voto pero que implica otras cosas: la práctica de una tolerancia más cercana a la atención de las opiniones ajenas que a la repugnancia hacia ellas; el civilizado ejercicio de una crítica en la que la imaginación, la fundamentación y la lógica desplacen las reacciones viscerales, dogmáticas y autocomplacientes; la consideración de la variedad y la pluralidad como fines en sí mismos; la vigilancia atenta y regulada del poder junto a la posibilidad de orientarlo, limitarlo y llamarlo a cuentas; y en fin, la experiencia cotidiana –individual, colectiva, nacional– de labrar el destino propio con el propio esfuerzo.

Entendida así, la democracia es una forma de convivencia, no una utopía o un evangelio de salvación, ni siquiera un programa positivo de gobierno. Respira en espacios abiertos entre hombres libres que discuten, no entre hombres serviles que trepan; hombres liberados de sus arquetipos, no de sus sueños. La democracia no es una panacea. Pero para México es ya el único camino posible de reconciliación nacional.

Ecos porfirianos*

Al acercarse las elecciones de julio próximo, las bardas del país proclaman con insistencia: ¡PRI: 55 AÑOS DE PAZ SOCIAL! El transeúnte sin memoria histórica puede pensar que la frase no sólo es verdadera –lo ha sido hasta ahora– sino original. Lo cierto es que recicla un viejo tema porfiriano. La paz fue, junto al orden y el progreso, el mayor timbre de orgullo del porfiriato. Por desgracia, el paso de los años no

* Junio, 1985.

lo rejuveneció. Al despuntar el siglo XX, hasta los más cercanos colaboradores del régimen comprendieron que la paz sin democracia podía ser tan mortal como don Porfirio. «La paz» –dijo Francisco Bulnes en 1903– «está en las calles, en los casinos, en los teatros, en los templos, en los caminos públicos, en la diplomacia, pero no existe ya en las conciencias».

No sólo en nuestra paz, orden y progreso hay ecos porfirianos. También en otros rasgos del sistema político, como la centralización, la servidumbre de los poderes Legislativo y Judicial hacia el Ejecutivo, o la doma de los intelectuales. Al final de su vida, Vasconcelos sostenía que México vive un «porfirismo colectivo». No mentía: exageraba. La estructura del sistema y sus elementos democráticos –no reelección, movilidad política, libertad de expresión, entre otros– lo distinguen de aquella larga dictadura. Sin embargo, la analogía se ha vuelto persistente. Ya en los años cuarenta, Cosío Villegas hablaba del ostentoso neoporfirismo del nuevo proyecto nacional, aunque en su caso la analogía tenía motivaciones críticas. Nuestros ecos porfirianos son más premonitorios: como en 1908, muchos sentimos que México está llegando al fin de una etapa. ¿Hay alguna lección para nosotros en la historia de aquel año?

A principios de 1908 apareció la famosa entrevista Díaz-Creelman, en la que Díaz habló públicamente sobre el fin de su mandato –fin en su múltiple sentido: periodo cumplido, vejez, propósito, destino–. El contenido de la entrevista sorprendió a la opinión pública de entonces y ha intrigado a varias generaciones de historiadores. Don Porfirio, preocupado siempre de que alguien le «alborotara la caballada», no sólo la alborotó con sus declaraciones a Creelman: la liberó. Para algunos fue un acto supremo de hipocresía y perfidia; para otros, un tiro por la culata; unos más ven a los yanquis torciendo el brazo del dictador, y no falta quien la interprete como una simple y costosa tontería.

En términos psicológicos cabe una conjetura distinta. Don Porfirio sintió siempre, por encima de su hombro, la mirada escrutadora de la legitimidad democrática. Había recibido el poder «de manos de un ejército victorioso», pero de inmediato había convocado a elecciones. Una vez electo, su gobierno había abierto un paréntesis de paz, orden y progreso, pero siempre con el propósito teórico de cerrarlo con la democracia: «La nación» –confesó a Creelman– «se ha desarrollado y llama a la libertad».

La entrevista fue una múltiple variación sobre el tema de la legitimidad democrática. Porfirio Díaz no había podido esquivarla. Por excesivo que parezca, ante sí mismo había sido el garante, el depositario de la democracia, el patriarca que, «guiando y restringiendo las tendencias populares», había confiado en «desarrollar elementos de estabilidad y unidad en un pueblo naturalmente inteligente y sensible». Su gobierno no había sido un «durante» ni un «al cabo» sino un «mientras». En la entrevista es él mismo quien coloca su política a la defensiva: «Es una equivocación suponer que el *futuro* de la democracia en México haya peligrado por la permanencia en funciones de un presidente durante un largo periodo de tiempo... Hemos conservado la forma democrática y republicana de gobierno. Hemos preservado la teoría conservándola intacta».

Es él mismo quien se coloca, en lo personal, a la defensiva: «Puedo decir, con toda sinceridad, que el ejercicio del poder no ha corrompido mis ideales políticos, y creo que la democracia es el único principio de gobierno justo y verdadero, *aunque* en la práctica sólo sea posible para los pueblos desarrollados».

El cuidadoso «aunque» no le funciona. A los setenta y ocho años de edad, después de treinta y dos años casi ininterrumpidos en el poder, la mirada sobre el hombro lo obliga a definirse, a proyectar hacia afuera su ambigüedad interna:

«He esperado pacientemente el día en que el pueblo de la República mexicana estuviera preparado para escoger y cambiar sus gobernantes en cada elección sin peligro de revoluciones armadas y sin daño para el crédito y el progreso nacionales. ¡Creo que ese día ha llegado ya! Cualesquiera que sean las opiniones de mis amigos y partidarios, me retiraré del poder al terminar el actual periodo de gobierno y no serviré de nuevo. Daré la bienvenida a un partido de oposición en la República mexicana. Si aparece lo veré como un bien, no como un mal. Es suficiente para mí haber visto a México levantarse entre las naciones útiles y pacíficas. No tengo el menor deseo de continuar en la presidencia; esta nación está al fin lista para la vida de la libertad.»

Aunque es imposible saber hasta qué punto creía en sus propias palabras, lo notable es que Díaz concedía en público la imposibilidad de justificar, frente a sí mismo, su permanencia en el poder más que como una serie de casos de excepción. La entrevista no prueba la sinceridad de Díaz, pero sí la fuerza moral y política de las ideas democráticas. Fue la legitimidad democrática –antes que la edad– lo que llamó a cuentas a Díaz y, en cierta medida, lo dobló. Aquella ambigüedad exteriorizada –debo irme, dizque quiero irme, me quedo– atizó la Revolución, no la provocó: con entrevista o sin ella el reloj democrático hubiese seguido su marcha. De haber cumplido sus palabras, Porfirio Díaz tendría ahora más calles y estatuas que Benito Juárez.

La mayor lección de 1908 no está en lo que debe o no debe admitir en público nuestro «porfirismo colectivo», sino en ponderar la importancia política y moral de la legitimidad democrática. Oscilando, como en el porfiriato, entre dos legitimidades distintas –la carismática de los tlatoanis, virreyes, caudillos, cristalizada en la figura presidencial, y la *tradicional*, heredada del Estado patrimonial colonial fortalecido en la Constitución de 1917–, el México moderno ha descansado sólo formalmente en la legitimidad democrática, ha pospuesto una y otra vez el paso hacia una vida pública realmente abierta, plural y crítica. No podrá seguir haciéndolo por mucho tiempo más. Por una parte, el agravio histórico infligido a la nación por los tres últimos presidentes ha erosionado gravemente el aura presidencial. Por la otra, las fuentes de legitimidad tradicional sufren el embate de dos desprestigios: el de la ineficacia y el de la vejez. Conforme el siglo XX avanza hacia su fin, asiste a la quiebra del Estado, no sólo por los extremos opresivos que ha alcanzado en nuestro tiempo, sino como proveedor de bienestar material y social. En cuanto a la vejez, basta oír los discursos del PRI o ver las bardas. La Revolución fue un hecho fundamental en la historia mexicana, pero es ya un hecho lejano. Tenemos que aprender a pensar fuera de ella.

A partir de 1968, hay que admitirlo, México ha padecido un deterioro de la legitimidad política. Aunque el régimen de De la Madrid está lejos del despotismo de Díaz Ordaz, la demagogia echeverrista o la frívola irresponsabilidad de López Portillo, su seco estoicismo no ha podido revertir los rasgos más graves de la situación actual: la inmovilidad y el desánimo. Como el cometa Halley, que pasó en 1910 y pasará en 1986, así la Providencia –siempre generosa y desdeñada– vuelve a regalarnos, como al fin del porfiriato, una oportunidad, quizá terminal de madurez, responsabilidad y esperanza: la entrada a la plena legitimidad democrática. El gobierno tiene una sola forma de aprovechar esa oportunidad: cuidando la transparencia de las próximas elecciones en todos sus niveles, admitiendo, sin la ambigüedad que perdió a Porfirio Díaz, que «esta nación está al fin lista para la vida de la libertad».

Y el prinosaurio sigue ahí*

El pasado

El PRI es uno de los últimos dinosaurios políticos del siglo. Conocemos su historia, pero vale la pena repensarla. Nació en 1929 con el doble propósito de dar un elemento de legitimidad y ordenar civilizadamente la sucesión presidencial que los caudillos de la Revolución habían resuelto hasta entonces a balazos. Luego del magnicidio de Obregón, Calles incorporó al PRI a los militares sobrevivientes que, con las pistolas en la mesa, harían cola y esperarían su turno. El propio Calles encomendó al PRI la función de ganar (o robar o inventar) votos para el elegido. Por su parte, Cárdenas dio otra vuelta de tuerca: incorporó no sólo a los militares y a los burócratas sino también a las agrupaciones de campesinos y los sindicatos obreros.

Desde entonces, con algunas modificaciones más formales que de fondo, el acuerdo ha permanecido intacto en lo esencial. Cada seis años se celebra la ceremonia secreta en la que el presidente elige o, mejor dicho, unge a su heredero, que ejerce el poder de modo absoluto, sin dar cuentas a nadie, ni siquiera a los Poderes Legislativo y Judicial, cuya independencia es sólo formal. El nuevo presidente, a su vez, unge a los gobernadores de los estados y a no pocos senadores y diputados. Utilizando pródigamente los fondos del erario y mediante mil expedientes legales, extralegales e ilegales que van desde el convencimiento sincero y la persuasión hasta la coacción y el fraude; el aparato del PRI se encarga de asegurar que los votos de los supuestos electores coincidan con el voto del verdadero elector: el presidente de turno. «En México» –escribió hace seis años Gabriel Zaid– «no se consigue presupuesto en función de los votos que se consigan... se consiguen votos en función del presupuesto que se consiga... los políticos y funcionarios no le deben su posición a los electores de abajo sino al gran elector de arriba». Las operaciones de legitimación electoral rara vez fallan porque una parte importante de la población está en una situación cautiva. La vida económica de todos los burócratas –cuatro millones–, de buena parte de los campesinos –cuyas tierras (ejidos) pertenecían hasta hace poco al gobierno– y de la mayoría de los obreros –controlados por la Confederación de Trabajadores de México (CTM), columna vertebral del PRI– depende, directa o indirectamente, del go-

* Agosto, 1991.

52

bierno. Como ha visto Octavio Paz, no son pocas las similitudes entre este monstruo burocrático surgido de una revolución y otro dinosaurio, ése sí, en plena extinción: el Partido Comunista de la URSS. No es casual, en suma, que en sus sesenta y tres años el PRI haya perdido sólo una gubernatura.

Se trata, como decía Cosío Villegas, de una especie de monarquía patrimonial legitimada con formas democráticas y republicanas. Pero lo cierto es que el arreglo funcionó de modo admirable: libró a México de la anarquía y el militarismo latinoamericanos, respetó las libertades cívicas –México no conoce nada semejante al terrorismo de Estado–, creó un vasto sistema de seguridad social y, sobre todo, cuidó la autonomía de la esfera económica: dio amplias libertades al mercado, protegió a la industria más de lo necesario y propició un crecimiento sostenido por cuatro décadas.

El primer terremoto que cimbró el edificio corporativo ocurrió en 1968. La masacre de cientos de estudiantes mostró los límites del «milagro mexicano». Una nueva clase media se había desarrollado y reclamaba sus derechos políticos elementales. Así como había que abrir la economía a la libre competencia internacional, el sistema político debía abrirse también a la libre competencia de partidos y opiniones. Por desgracia, dos sucesivas administraciones populistas –Echeverría y López Portillo– prefirieron reafirmar el viejo modelo del partido integrador, invadir la esfera económica y convertir al Estado en empresario. El resultado fue la bancarrota.

Hasta 1982 la oposición en México había sido impotente. El quijotesco PAN soportó desde su fundación en 1939 varios fraudes en su contra. Un presidente de México llamaba a sus militantes «místicos del voto». La desmoralización del PAN llegó al extremo de retirarse en 1976 de la contienda presidencial para no ser visto como la «oposición leal» del PRI. Por su parte, la oposición de izquierda había intentado muchas veces –había sido orillada a intentar– la vía de las balas, más que la de los votos. En 1982 cambió todo eso. Ese año, buena parte de la sociedad midió los costos de obedecer al PRI. Comenzó a entender que el PRI no es un partido, sino el brazo electoral del gobierno; que la corrupción, la improductividad y el desperdicio son consustanciales al sistema de partido-gobierno; y que esos males sólo pueden combatirse con una doble reforma liberadora en la economía y la política.

El presente

Miguel de la Madrid inició la reforma económica mexicana que Salinas de Gortari ha profundizado con gran éxito. La mancha de ambos ha sido la política. Durante el régimen de De la Madrid siguieron los fraudes habituales que provocaron un repudio generalizado. Por su parte, Salinas ha declarado varias veces que nuestra *perestroika* debe venir antes que nuestra *glasnost*. Los procesos electorales recientes parecieran confirmar esa declaración. Con el gobierno como juez y parte, contando siempre con los generosos recursos del erario para sus campañas, el viejo PRI ha entrado en la etapa de la manipulación cibernética de las elecciones. Se podría escribir un tratado de *electoral fiction* sobre sus métodos para viciar el sufragio libre y secreto.

¿Qué pensaría el votante de una democracia del Primer Mundo si en el momento de sufragar descubriese en la puerta de la casilla a un individuo que le pide cuentas de su voto? El caso fue frecuente, por ejemplo, en las elecciones estatales del estado de Guanajuato en 1991. El PRI gastó en favor de su candidato los fondos públicos en una costosísima campaña y movilizó a los campesinos como ganado político: los transportó, los alimentó, los consintió, los convenció y, en su momento, seguramente los intimidó para que votaran por él. El candidato del PAN, Vicente Fox, un empresario independiente, hizo una buena campaña que, según sus cómputos, le dio el triunfo. Las autoridades dieron la victoria al PRI. La contienda en Guanajuato demuestra algo evidente: en México la alternancia del poder, aun a nivel local, no es difícil: es prácticamente imposible.

Personalmente, creo que en justa competencia con la oposición y sin irregularidades en ninguno de los pasos del sufragio, el PRI hubiese ganado, en efecto, buena parte de las elecciones para diputados y senadores y algunas gubernaturas, pero no las de San Luis Potosí, y menos la de Guanajuato. El buen desempeño del presidente Salinas en la esfera económica y de asistencia social a los mexicanos más necesitados hubiese sido y es un factor decisivo. Pero así como ocurrió, la victoria del prinosaurio parece más bien pírrica: desmoralizará a los militantes del PAN que siguen siendo tratados como «místicos del voto» y radicalizará a la izquierda, cuya tradición democrática es, digamos, reciente. Pero sobre todo ahondará el agravio del vasto sector moderno de la sociedad mexicana que se niega a plegarse a un régimen político caracterizado por la mentira, la simulación y el uso ilegal de la influencia y de las riquezas públicas con fines partidistas. Este sector insatisfecho no cree que la reforma política deba postergarse por la económica: al contrario cree que el éxito de ésta depende de aquélla. En todo caso, se niega a aceptar que el *tempo* y la naturaleza de ambas deba ser decisión discrecional del presidente.

El futuro

Esta franja amplísima de ciudadanos conscientes reclama la separación del PRI y el gobierno. Algunas ideas prácticas al respecto: poner un tope a los fondos de que disponen los partidos y nombrar una comisión de fiscalización para verificarlo, compuesta por una mayoría de diputados de oposición; sancionar penalmente cualquier otra transferencia del gobierno al PRI, ya sea en efectivo o en sus mil especies (habría que detallarlas); prohibir cualquier forma de coacción en la emisión del sufragio libre y secreto, incluida la «promoción del voto», los desayunos electorales, los acarreos forzosos, los acarreos no forzosos y todos los actos de «persuasión» colectiva que se verifiquen durante la semana –y desde luego el día– de las elecciones; prohibir el uso de los colores nacionales en las siglas de los partidos; legislar con detalle sobre la naturaleza y periodicidad de la propaganda partidaria por radio y televisión.

Además de estas medidas que atañen directamente a la relación entre el PRI y el gobierno, una auténtica reforma política requeriría muchos otros cambios que implican una cesión real, histórica de poder a cargo del sistema y en abono de la legalidad y la democracia. Devolver al Poder Judicial su jurisdicción en materias electorales sería uno de esos cambios. Hay varios más. Gabriel Zaid propuso no hace mucho la idea de que el presidente renuncie a «la propiedad privada de su puesto público», es decir, a la posibilidad de enriquecerse en el puesto: «La renuncia se formalizaría publicando una relación verificable de su patrimonio personal al entrar en funciones y el compromiso de publicar cada año sus declaraciones de ingresos a Hacienda y de modificación patrimonial a Contraloría, todo verificable por auditores públicos designados por los diputados de oposición». A esta idea –que, de aceptarse, tendría un efecto de moralización en cascada– habría que agregar ahora, incidentalmente, una propuesta sencilla para un hombre de la coherencia y responsabilidad de Salinas de Gortari: que el presidente desmienta públicamente a quienes propalan su reelección. Si el sufragio efectivo sigue siendo un ideal, lo único que nos falta para una inversión orwelliana de situaciones históricas es traicionar –como sugiere Fidel Velázquez– la segunda parte del lema maderista: «No reelección». Otro cambio, realmente estructural, sería afectar de una vez por todas el corazón del patronazgo priista: en la mayor parte del país, el régimen ejidal no ha sido más que un sistema de control político. Se necesita un Tratado de Libre Comercio –empezando por el libre comercio de la tierra– en el campo. Por último, para mostrar de inmediato la clara voluntad de reforma, y en vista de las irregularidades del proceso, las instancias competentes deberían anular, por lo menos, las elecciones en Guanajuato.

Se dice que los dirigentes del Partido Socialista Obrero Español (PSOE), al afianzarse en el poder, se dieron cuenta del riesgo de volverse un PRI y ayudaron a la oposición a crecer y consolidarse. A riesgo de ahondar los viejos agravios contra la dignidad cívica y las convicciones democráticas de muchos mexicanos, el régimen que quiere llevarnos al Primer Mundo, no tiene más salida que seguir la lección española. La oposición deberá también hacer su parte, sobre todo la izquierda, cuyo fundamentalismo doctrinario es más dinosáurico que el del PRI. En todo caso, el pasado y el presente tienen un mensaje para nuestro futuro: a fines del siglo XX, cuando en todo el mundo es la hora de la democracia, México no puede seguir gobernado por un monstruo antediluviano.

Cambiar el ritual*

Uno de los muchos usos políticos que tendrá que cambiar en el futuro inmediato es el Informe presidencial. Cambiar, no desaparecer. El ritual es muy antiguo. Antecede, desde luego, al sistema político mexicano, pero también a la Revolución, al porfiriato, a la República Restaurada, al Segundo Imperio y aún a la inestable república de mediados del XIX. El ritual es tan antiguo como el México independiente: lo inauguró Agustín de Iturbide. Es cierto que lo antiguo no es necesariamente venerable o útil, pero en este caso lo aconsejable es la conservación adaptada a los nuevos tiempos.

El cambio fundamental tiene que ver con el formato. El que utilizó Iturbide y siguió vigente durante buena parte del siglo XIX consistía en un discurso breve, dotado de pasión oratoria y ayuno en información. Don Porfirio –congruente con su tesis de «poca política, mucha administración» y con sus propias limitaciones para el género– desinfló los

* Septiembre, 1991.

56

elementos oratorios e infló el contenido administrativo hasta volverlo casi total. Por largos años la esencia política del Informe se redujo a dos palabras: «sin novedad». Como en tantas otras cosas, los gobiernos de la Revolución no modificaron los usos porfirianos. Cada secretario leía los informes de la Secretaría a su cargo y el presidente emitía el mensaje político. La tipología de los Informes ha dado parejas curiosas: los llorones, Victoriano Huerta y José López Portillo; los improvisadores, Huerta y Echeverría, pero el rico anecdotario abunda en incidentes, no en cambios formales. Es hora de introducirlos.

Ante todo, el nuevo formato debe tener una característica: la brevedad. El carácter exhaustivo de los Informes no tiene ningún sentido práctico ni político. La nación debe conocer y debatir todos los aspectos administrativos a través de las Cámaras y los medios de información, no oírlos pasivamente. A lo largo de las décadas, el Informe ha adquirido un cierto tono imperial, una disposición que se contrapone a los usos estrictamente republicanos y que, por tanto, debe desaparecer. El presidente ya no debe informar en México sobre «el estado que guardan los negocios en el reino». El mensaje del 1º de septiembre debe circunscribirse a la vida política interna y externa de la nación. Debe ser rico en política y nulo en administración.

Para lograr estos sencillos cambios en el formato y el sentido del Informe, no se requerirán arduas sesiones. Bastará un poco de sentido práctico y mucho de voluntad por aprender los usos republicanos, empolvados en México desde hace más de un siglo. Por desgracia, el comportamiento de la oposición cardenista durante el Informe no apunta, a mi juicio, en esa dirección. Para resaltar ante la opinión pública los elementos anacrónicos del Informe, la oposición podía haber optado por una protesta silenciosa y simbólica. La tensión en San Lázaro llegó a tal punto, que pudo haber revivido aquellas absurdas sesiones del maximato donde las diferencias se dirimían no con argumentos sino con balas. Se dirá que estuvimos lejos, que no hubo más golpes que los verbales. Pienso lo contrario: la sorpresiva irrupción del parlamentarismo en un régimen que legalmente no lo es, fue peligrosa y por tanto irresponsable.

Otro aspecto lamentable fue la cobertura televisiva. Millones de televidentes no vieron lo que los asistentes al recinto vimos. Grave error del gobierno, aún frente a sus propios intereses. Un presidente más sanguíneo hubiese actuado de modo distinto a De la Madrid. El público tenía derecho a ver su actitud frente a la interpelación y juzgar los hechos libremente. Dado el arraigo histórico del Informe, el veredicto seguramente le hubiera favorecido. Ahora, tras la censura, muchos televidentes o radioescuchas se enterarán de la verdad por la prensa escrita o la prensa de boca a boca y resentirán la censura. Nadie ganó con ella.

El primer acto constructivo de la histórica legislatura debería consistir en un análisis profundo del Informe. La opinión pública mexicana está deseosa de ver que sus representantes inicien un juego parlamentario de altura y respetuoso de las formas. A partir del 15 de agosto de 1991, San Lázaro no ha sido el escenario de una nueva práctica democrática. Nada que hayan hecho o dicho los legisladores se asemeja a las épocas luminosas de nuestra democracia. Sus actos no recuerdan a la República Restaurada, ni siquiera a las tormentosas pero fructíferas sesiones de la Convención de Aguascalientes, en las que no abundaban, como hoy, los diputados universitarios. La pasión democrática y la pasión por el poder son muy distintas.

La mano muerta del ejido*

México ha sido, y en gran medida sigue siendo, el país del «no se puede». Si alguien se atreve a poner en duda la eficacia, la pertinencia, la necesidad de cualquiera de las sacrosantas instituciones «emanadas» de la Constitución de 1917, la respuesta no es sólo «no se puede» sino «no se debe».

El cándido y pragmático ciudadano que duda del éxito histórico del ejido o de la educación que prescribe el artículo 3° o de las prohibiciones del 130 con respecto a la Iglesia y sus ministros o incluso de algunas disposiciones prosindicales (pero antiobreras) del artículo 123, es instantáneamente tachado de «reaccionario». ¿Cómo se atreve a poner en duda el legado de los héroes de 1917 que nos dieron patria? No se puede, no se debe.

Este necio conservadurismo en varias zonas de nuestra vida social nos ha colocado a la zaga del proceso de cambio que vive el mundo. Tomemos, por ejemplo, el problema agrario. No digamos en Polonia (donde la agricultura nunca dejó de ser privada) o en la propia Unión Soviética (donde una porción importante de los pocos alimentos que circulan provienen de cosechas privadas), pensemos en China que sigue instalada en el marxismo-leninismo. Pues bien, China ha alentado desde hace más de una década una radical modernización en el campo. La agricultura privada y el mercado que nunca desaparecieron del

* Octubre, 1991.

todo –como trágicamente ocurrió en la Unión Soviética–, han acentuado su presencia a expensas de la agricultura colectiva, planificada y estatizada. El resultado ha sido notable: a pesar de su inmensa población, China no tiene problemas de alimentación semejantes a los de los soviéticos. La clave fue la privatización del campo.

La mitología revolucionaria nos ha querido vender la imagen del ejido mexicano como una institución ejemplar, justa, equitativa, eficaz, revolucionaria. Los grandes ideales de la lucha armada se cristalizaban, en apariencia, en esa palabra mágica, «ejido», con sus nobles resonancias españolas e indígenas. En el ejido, según la leyenda, se hermanaban Zapata, Calles, Cárdenas y todos los grandes –y pequeños– caudillos de la Revolución. Sólo el ejido pudo librar al mexicano de la esclavitud de las haciendas. Sólo el ejido podrá llevarlo a su redención integral. Por eso no hay que cambiarlo: «no se puede», «no se debe».

Veamos, no la leyenda, sino la realidad. Para empezar, el ejido no fue un ideal zapatista. Si Zapata hubiese vivido para ver el uso político de los campesinos a raíz del cardenismo, hubiese seguido montado en su «Haz de oros» haciendo *su* revolución. El ideal zapatista era la pequeña propiedad, la parcela familiar, la autarquía con resonancias anarquistas, no la propiedad burocrático-estatal de la tierra, no la falsa propiedad en común de una tierra que no se puede escriturar, vender, hipotecar, heredar, sino la verdadera propiedad individual, única que despierta en el hombre la legítima ambición de producir, ganar, cuidar y acrecentar. Esta falla profunda del ejido, que convierte al Estado en un inmenso hacendado y a los campesinos en ganado político, fue señalada a tiempo (1930) por el mismísimo Plutarco Elías Calles.

Años después, Lázaro Cárdenas no sólo ignoró las críticas sensatas de su antiguo mentor sino que acentuó decisivamente el reparto agrario y la constitución de ejidos. Algunos de ellos fueron ejidos colectivos copiados de los *koljozes* soviéticos, que Vicente Lombardo Toledano –su consejero áulico– había visto «funcionar» en un viaje a la Unión Soviética en 1936. Curiosamente, en la época en que debido a la colectivización y la persecución morían quince millones de campesinos en la Unión Soviética, Lombardo había «visto» el gran auge alimenticio de ésta y quiso exportar esas fórmulas a México. Cárdenas, amigo siempre del socialismo, enemigo siempre de todo «anárquico» y «egoísta» individualismo, creyó a pie juntillas la versión de Lombardo. Los desastrosos resultados de este experimento se han prolongado hasta nuestros días, pero eran visibles y claros desde el momento mismo en que se implantaron.

Por desgracia, los hermanos siameses de la Revolución mexicana (el PRI y PRD) parecen no haberse enterado de ese fracaso ni de los aires liberales que recorren los campos del mundo. El secretario de Agricultura declaró no hace mucho que el ejido no debe ni puede desaparecer: «hay que hacerlo productivo». Lo que no se dice, lo que se oculta, es *cómo.*Y hay un solo *cómo:* privatizando.

Por su parte, el máximo jerarca del PRD acaba de señalar, en el más puro fundamentalismo revolucionario, que privatizar el ejido sería una medida política del gobierno con el fin de mantener la concentración de la riqueza en pocas manos.

La solución a los problemas del campo debe enfocarse por la vía de invertir más, organizar a los productores, desburocratizar la vida agraria y democratizar la vida interna de los ejidos. En este momento, es secundario discutir la tenencia de la tierra, pues las prioridades son otras. La privatización no la vemos sino como una medida política para reconstruir los latifundios, sea en manos de grandes empresas de las zonas más productivas, sea en manos de caciques locales en las zonas menos productivas.

Es difícil concentrar tantas mentiras en tan pocas líneas. El gobierno no puede echar a andar un proyecto que «concentre la riqueza en pocas manos» porque ese proyecto ya existe; es el ejido el que concentra la propiedad, no en pocas manos sino en una, la suya propia, la mano muerta del Estado. La inversión en el campo no se canalizará de modo honesto y productivo si no hay inversionistas y no habrá inversionistas si no hay propietarios. Los esquemas de inversión pública han fracasado y fracasarán: promoverán la burocratización y la corrupción, no la producción. ¿Desburocratizar la vida agraria? Suena bien, pero cómo lograrlo si al mismo tiempo se presupone la presencia estatal. ¿O es que se adoctrinará a los comisarios ejidales para que desde ahora sean buenos chicos y no exploten o roben?

«Democratizar la vida interna de los ejidos», otro hermoso ideal, difícil de alcanzar mientras el ejido siga dependiendo del gobierno, es decir, mientras el ejido siga siendo ejido. Equiparar la privatización con la reconstitución de los latifundios es asustar con «el petate del muerto». Entre la gran propiedad individual y el ejido estatal hay muchas variantes de propiedad privada. Por lo demás, si la gran propiedad privada es productiva, puede dar prosperidad al campesino y devolverle un horizonte que ha perdido. Sería imposible, por lo demás, que el régimen feudal de algunas haciendas del porfiriato se reconstituyera: la misma presión demográfica lo impediría.

Discutir (y modificar) el régimen de tenencia de la tierra, abolir el ejido, no es un asunto secundario en este momento del país: es una prioridad nacional. Es necesario liberar al campesino de su hacendado estatal, liberarlo de los capataces ejidales, liberarlo de sus falsos protectores en las muelles oficinas de la capital, liberarlo del indigno acarreo electoral, liberarlo de los intelectuales que lo utilizan como tema de sus bucólicos y paternalistas escritos. Liberados, dueños al fin de su tierra, podrán decidir por sí mismos su destino.

Ninguna explotación histórica del campesinado en México se iguala, en la práctica, a la que el estado patrimonial priista ha ejercido desde los años treinta. Es una situación anacrónica que sólo reproduce inmoralidad, postración y pobreza. Pero hay algo peor en la institución ejidal: la indigna condena que unos cuantos hombres imponen a otros a no crecer, a no tomar riesgos o decisiones, a no ser libres. Por eso el ejido es una vergüenza nacional. Por eso debe desaparecer. Se puede. Se debe.

Cinco libertades conculcadas*

No es exagerado afirmar que la Constitución de 1917 selló el destino del país en el siglo XX. La caja de Pandora se abrió en ese año en cinco vetas profundas de la vida mexicana. El efecto revolucionario de cada uno de esos cambios tardaría en hacerse notar. Como si fueran distintas bombas de tiempo, cada uno explotaría en diferentes momentos, con ritmos desiguales pero con resultados similares.

En el renglón agrario, a partir de 1917 México viviría una creciente tensión entre las nuevas disposiciones del artículo 27 y el viejo orden, que por todos los medios se resistía a morir. En 1936, Lázaro Cárdenas decidiría resolver el problema de modo radical: tomando al pie de la letra la Constitución, aboliría todas las haciendas y latifundios y repartiría entre los campesinos diecisiete millones de hectáreas. Esta reforma agraria sería uno de los fenómenos centrales del siglo XX mexicano. El reparto masivo lograría saciar muchas antiguas esperanzas de justicia pero a la postre resultaría costoso e improductivo. Su inconveniencia mayor era el mantenimiento de una tutela estatal sobre los campesinos que no se sentían dueños de sus parcelas por una razón sencilla: no lo eran. Un gran hacendado remplazaba a todos los antiguos: el Estado. La libertad del campesino era ilusoria.

* Noviembre, 1991.

La cuestión obrera rebasaría muy pronto los aspectos puramente legales de 1917 para convertirse en un tema político de la mayor importancia. Los generales revolucionarios, Obregón ante todo, habían comprendido desde 1915 la inmensa utilidad política de pactar con las organizaciones sindicales. Desde la década de los veinte (con el acceso al poder de los caudillos sonorenses), los gobiernos «emanados» de la Revolución mantendrían un vínculo simbiótico, que desde 1936 Cárdenas volvería francamente corporativo, con las organizaciones obreras. Los obreros se volverían apéndices dependientes del Estado: por un lado se protegía al obrero, por otro se le condenaba a una eterna minoría de edad.

Las disposiciones del artículo 27 más caras a Carranza, las que afectaban el dominio y uso del subsuelo, comenzarían a provocar conflictos desde el momento de su expedición. Durante los años veinte, sería el motivo principal de discordia entre México y Estados Unidos. En los treinta, Cárdenas adoptaría con respecto a ellas la misma actitud radical que con el problema agrario. Tomando el artículo 27 al pie de la letra expropió las compañías petroleras europeas y norteamericanas; con las minas ocurrió un proceso similar, aunque más silencioso. Como en el caso de las otras vetas profundas, abiertas por aquella caja de Pandora, los resultados prácticos serían desiguales: utilidades a la dignidad nacional, pérdidas a la economía.

Las durísimas disposiciones contra la Iglesia contenidas en los artículos 3º y 130 de la Constitución de 1917 provocarían reacciones instantáneas en el pueblo católico que, sin embargo, no presagiaba la tormenta que vendría: una auténtica guerra civil y religiosa, librada en buena parte del centro y el occidente de México, entre los campesinos católicos y el gobierno. Esta guerra, conocida como «la cristiada», duraría tres años (de 1926 a 1929), y cobraría casi cien mil vidas. En las décadas siguientes, el Estado y la Iglesia encontrarían un cierto *modus vivendi* similar al que había caracterizado a la época porfiriana pero sin resolver la tensión de fondo.

La quinta veta de la caja de Pandora es quizá la más compleja. Con todo lo poderosos que eran y se sentían, ni Carranza ni los generales sonorenses que lo derrocaron entenderían cabalmente las dimensiones de poder que la Constitución de 1917 confería al Poder Ejecutivo del nuevo Estado. Poderes dignos de un tlatoani. Quien lo entendió con claridad fue Lázaro Cárdenas que entre 1934 y 1940 integró a los obreros, campesinos, profesionistas y militares en un Estado corporativo que, por milagro, no se volvió totalitario. A partir de entonces, el Estado mexicano –altamente centralizado en la capital y en la persona del presidente– entraría en un proceso de monopolización y expansión creciente que en la década de los setenta llevaría al país a la bancarrota económica y a una profunda crisis política y moral.

La revolución soviética ha tenido que decir «me equivoqué». Era hora de que lo dijera después de haber provocado la muerte de decenas de millones de personas. Era hora de que lo dijera, aunque ya es quizá, para el pueblo ruso, demasiado tarde. ¿Nuestra Revolución mexicana dirá alguna vez: me equivoqué? Nuestros líderes parecen resistirse a este acto de autocrítica plena. Es explicable: con todos sus errores, torpezas, injusticias, costos, ineficiencias y hasta crímenes, el saldo de ese vasto movimiento histórico –el saldo objetivo y el saldo percibido por sectores amplios de la población– no fue negativo. Nuestros líderes no han sido demócratas, pero no se parecen a los bárbaros dictadores del siglo XX. Nuestras reformas profundas –como las cinco de la caja de Pandora de 1917– pudieron ser erradas (y lo fueron en gran medida), pero no dejaron el saldo de hambre, desdicha y muerte de los otros terribles experimentos revolucionarios del siglo XX.

La cita con la historia, sin embargo, ha llegado. Al despejarse las incógnitas mundiales en favor de la libertad en todos sus ámbitos, la autocrítica es de verdad inaplazable y debe dirigirse, justamente, a las cinco vetas profundas de la vida mexicana que la Constitución del 17 modificó. Algunas de esas modificaciones fueron más dañinas, erróneas o costosas que otras, pero todas reclaman una autocrítica valiente: un sano y liberador «me equivoqué». A la autocrítica abierta debería seguir la más resuelta reforma, tan radical como la que en 1917 desencadenó el proceso.

El camino es claro: se trata de restituir la libre propiedad de la tierra, la libertad del obrero, la libertad de empresa, la libertad de enseñanza, la libertad política, es decir, las cinco libertades que conculcó –con las mejores intenciones– la Constitución del 17.

Carlos Salinas de Gortari señaló en el Informe de 1991 la inminencia de varias reformas importantes que atañen sobre todo al campo, la Iglesia y la educación. Bienvenidas, pero más bienvenidas aún si las precede la autocrítica honesta y si se sustentan en la reforma política. La razón es simple: la quinta libertad conculcada en el 17 (la plena libertad política) es, en el fondo, la condición para que existan las otras cuatro. Todos los caminos llevan a uno: la necesidad de la reforma de reformas: la reforma democrática.

Los obreros y el poder*

Los políticos no salvarán nunca a la clase obrera, a pesar de todas sus promesas.

Antonio Díaz Soto y Gama en *El Sindicalista*, 1913

Hace algunos años, Jean Meyer me relató una memorable conversación con Fidel Velázquez. El viejo líder había leído *La Cristiada* y quería sondear en Meyer a un posible cronista de la CTM. No podía haber sido mayor la sorpresa de Jean cuando escuchó a don Fidel opinar con detalle no sólo sobre su obra sino sobre la de otros historiadores como Daniel Cosío Villegas o John Womack. En aquellas épocas echeverristas se había fundado un Centro de Estudios sobre el Movimiento Obrero dependiente de la Secretaría del Trabajo. Meyer inquirió la opinión de don Fidel sobre los libros que publicaban los académicos de ese Centro. Lacónica respuesta: «No entienden nada». Al final de la entrevista, Jean le preguntó: ¿Por qué perdieron el poder Luis Napoleón Morones y Vicente Lombardo Toledano? Con su característica flema, sugiriendo apenas una sonrisa y detrás de sus lentes oscuros, don Fidel soltó una bocanada de humo y sentenció: «Porque quisieron la presidencia».

Las dos frases de don Fidel contienen una inmensa lección. Si contáramos con una verdadera historia de los obreros en México podríamos comprender con mayor objetividad la dimensión y el significado de los hechos recientes [la detención y el encarcelamiento de Joaquín Hernández Galicia, «la Quina»]. Por desgracia, la historia obrera la escriben en México, desde los cubículos universitarios, supuestos «especialistas en el movimiento obrero» que jamás en su vida han visto un obrero. El mejor libro sobre el tema lo escribió la norteamericana Marjorie Ruth Clark en el remotísimo 1933. Ningún mexicano ha producido una obra semejante. Desde el confuso andamiaje de sus ideologías, nuestros «especialistas» creen que el obrero mexicano piensa sólo en términos de conflicto, lo cual implica que no tiene más vida que la vida sindical; y como la vida sindical –sobre todo tratándose de la CTM– les parece una permanente *charreada*, el obrero resulta un enajenado que no tiene nada que perder salvo sus cadenas y que sólo recupera el sentido de su vida en la protesta callejera o la huelga. En la mitología académica, el obrero es un actor ensayando perpetuamente la escenificación de la obra que Marx escribió para él hace más de un siglo.

* Mayo, 1992.

Marx no tiene la culpa de este negocio académico. Tampoco el marxismo. En cierta ocasión escuché al célebre historiador marxista Eric Hobsbawm hablar sobre la formación de la clase obrera en Inglaterra durante el siglo XIX. Algo en su gran melena gris y en la vehemente autenticidad de sus palabras me hizo pensar en él como el último romántico del socialismo inglés. Hablaba desde dentro de la experiencia obrera sin dejar que la ideología la secara o distorsionara. No utilizó las palabras convencionales: movimiento, lucha, conquista. No confundió la historia obrera con su capítulo sindical o político. Habló, en cambio, de los estilos de vida en las diversas regiones, ciudades, ramos y fábricas; las formas de convivencia en los días feriados; las casas que los obreros habitaban, los transportes que usaban, los periódicos que leían; la relación psicológica del hombre y la máquina; la composición de la familia, sus creencias políticas y religiosas, etcétera. Se refirió al futbol como un deporte típicamente obrero y, con el mayor cuidado, describió el tipo de gorra «*cap*» que se puso de moda en Manchester como seña de orgullo e identidad de clase. Recordó a su héroe, Herbert Smith, líder, lechero, socialista y minero: *A man with a cap, a cap as a flag* y concluyó: «También nosotros debemos reconocernos en ella». Comparando este enfoque humano con los adocenados libros que, con excepciones producen nuestras universidades, uno no puede más que repetir con don Fidel: «No entienden nada».

La segunda frase del líder vitalicio contiene un mundo de experiencia y sabiduría sobre los límites de la independencia. Fidel Velázquez tenía doce años (1912), cuando se fundó la Casa del Obrero Mundial, cuyo código anarquista prohibía al obrero toda filiación política. («No servir de escalera a fin de que ascienda a los poderes ningún político charlatán.») Tres años después de su fundación, en plena guerra civil entre el constitucionalismo y la Convención, la Casa firmó un pacto histórico con Carranza –ideado por Obregón– que selló el destino político de los obreros en el siglo XX. A cambio de la promesa de una legislación avanzada –que Obregón, en efecto, indirectamente promovió en la Constitución de 1917– la Casa aportó los famosos «batallones rojos» que lo mismo pelearon contra los zapatistas en Morelos que contra los villistas en El Ébano y Celaya. Significativamente, los batallones se integraron con los viejos cuerpos de oficios: tranviarios, carpinteros, canteros, sastres, pintores, albañiles, tipógrafos. No había textileros independientes o ferrocarrileros magonistas en sus filas. Tampoco petroleros: en Tampico, coto de la International Workers of the World (IWW), de filiación anarquista, los obreros mantenían una tenaz independencia del gobierno central. Con el triunfo de Carranza, la Casa alcanzó el cenit de su prestigio. Tenía sucursales en varios puntos de la República y una sede de postín: la Casa de los Azulejos. Pero aquella gloria, como todas, sería breve: en cuanto la Casa apoyó huelgas de tranviarios, electricistas, telefonistas, en la ciudad de México para protestar por el pago en papel moneda, el presidente Carranza le advirtió que los intereses particulares de la clase obrera debían supeditarse a los generales de la patria y tomó la durísima decisión de poner en vigor un antiguo decreto de Juárez del 25 de enero de 1862 que castigaba con la pena de muerte a los «trastornadores del orden público». A partir de ese momento, quienes «suscribieran, propagaran, aprobaran, defendieran o hicieran efectiva una huelga», serían pasados por las armas. Resultado previsible: la Casa del Obrero Mundial pasó a mejor vida y la Casa de los Azulejos se volvería Sanborn's. No es imposible que a sus dieciseis años el joven Fidel registrara esta experiencia sobre los límites de la independencia y los costos de la dependencia.

Dos años más tarde, en la ciudad de Saltillo y bajo los auspicios del gobernador, nacía la primera central realmente masiva en nuestra historia moderna: la Confederación Regional Obrera Mexicana (CROM). Es el momento en que asciende la estrella de Luis N. Morones. Antiguo electricista y miembro de la Casa del Obrero Mundial, había recelado inicialmente del gobierno pero la violenta desaparición de la Casa lo vacunó contra la independencia. Tras declarar –era buen orador–: «Bienaventurados los idealistas porque de ellos es el reino de todos los desastres», Morones firmó un nuevo pacto secreto con Obregón: apoyo obrero a cambio de una futura tajada de poder. Al llegar a la presidencia, el general hizo buena la promesa: la CROM obtuvo puestos directivos en el gobierno del Distrito Federal además de otras ventajas, como la implacable represión contra sindicatos independientes (CGT). Morones, sin embargo, quería más: su siguiente apuesta fue apoyar a Calles y le salió redonda. Durante casi todo el periodo callista, Morones fue a un tiempo, ministro de Industria y Comercio, jefe máximo del Partido Laborista Mexicano y zar de la organización obrera. Ha pasado a la historia como un líder corrupto y excéntrico, rodeado de pistoleros, que tras amasar una fortuna, controlaba clientelas, censuraba periódicos, infiltraba universidades, ostentaba diamantes y organizaba tremendas francachelas en su casona de Tlalpan. La fama es cierta, pero Morones fue un político mucho más sutil e importante de lo que la fama quiere: desde el ala nacionalista del régimen, inició el proteccionismo industrial, impulsó con eficacia e imaginación la industria nacional –en especial la textil– y hubiera llegado a la expropiación del petróleo si los duros en la Casa Blanca no hubiesen llevado su campaña contra México al borde de una intervención. Con estos antecedentes y el apoyo de grandes sectores obreros, era natural que Morones soñara con la silla presidencial. Para su desgracia, un hombre más fuerte, apoyado por el ejército, le había tomado cariño a la misma silla: Álvaro Obregón. Desde el lanzamiento de su candidatura, Obregón combatió a la CROM. En contraparte –aunque nunca lo sabremos de cierto– no es difícil imaginar que algunos de los meseros cromistas de la Bombilla hayan sido obsecuentes con aquel caricaturista que se abría paso para dibujar al general Obregón. El caso es que Morones resultó el chivo expiatorio del magnicidio. Mientras la poderosa CROM se desintegraba, en un teatro de la ciudad protegido de los cromistas por el ejército, «el Panzón» Soto escenificaba una comedia que se haría famosa: «El desmoronamiento». Morones nunca llegaría a desmoronarse: le esperaba la cárcel, el exilio y el débil consuelo de una vejez piadosa.

Para entonces, Fidel Velázquez –el lobo mayor– y los otros cuatro lobitos (Amilpa, Yurén, Sánchez Madariaga y Quintero) dominaban ya la poderosa Federación de Obreros del Distrito Federal que se desligó de la CROM un minuto después del desmoronamiento. Habían aprendido la vieja lección: zapatero a tus zapatos. Como habían sido obreros eran auténticos líderes obreros. (Fidel formó el primer sindicato lechero en 1923.) Se oponían a los líderes personalistas igual que a los ideológicos por una misma razón: ambos utilizaban a los obreros como trampolín político. El objetivo declarado de la Federación era procurar «la completa armonía entre los factores de la producción: trabajo y capital». Tiempo después, los lobitos decidieron incorporarse –sin supeditación– a las sucesivas organizaciones fundadas por Vicente Lombardo Toledano. En 1936 fundan con él la CTM. Lombardo sueña entonces con integrar a los campesinos y quizá –¿por qué no?– con alcanzar la presidencia de la República. Entre tanto, Cárdenas y los lobitos no sueñan. Aquél obstruye la unificación de campesinos y obreros y se sirve de Lombardo cuando necesita huelgas; cuando las huelgas no le parecen oportunas, advierte: «La labor antipatriótica de los mineros resta prestigio y respetabilidad a las normas revolucionarias del régimen». Por su parte, los lobitos dan el zarpazo y desplazan a los comunistas de la CTM. Soñando con una central obrera latinoamericana, Lombardo se desplazaría solo. Cuando en 1947 buscaba el apoyo de la CTM para la integración del Partido Popular, el lobo mayor pudo haberle respondido: «Bienaventurados los soñadores porque de ellos es el reino de la impotencia».

Para ser el presidente vitalicio de los obreros, Fidel Velázquez entendió que debía renunciar a la presidencia de los mexicanos. En la versión de los que no entienden nada, aplicando las duras espuelas del charrismo sindical, Fidel presidió desde entonces el largo periodo de postración obrera que aún no termina, un martirio interrumpido sólo por la insurgencia de los maestros y los ferrocarrileros a fines de los cincuenta. La *otra* historia, aún no escrita, es la de la larga marcha de varias generaciones de obreros mexicanos hasta los peldaños iniciales de la clase media. Contra la opinión convencional, en términos generales la CTM y muchas otras centrales del Congreso del Trabajo han desarrollado una práctica responsable y madura, fincada en conocimientos concretos de toda índole –económicos, jurídicos, sociales, psicológicos– no en presupuestos ideológicos. Su problema, como el de todo el sistema desde finales de los años sesenta, fue la falta de modernización política.

El único presidente de los mexicanos que quiso que Fidel Velázquez dejara de ser el presidente de los obreros fue Luis Echeverría. Como en tantas otras cosas, su actitud trastocó los finos equilibrios que sustentaban el sistema y endureció innecesariamente la posición del viejo líder que, sin embargo, nunca llevó su reacción al extremo de asaltar el poder presidencial. Pero justamente en aquel momento de reafirmación, a sus sanos y rozagantes setenta y tres años, Fidel cometió uno de sus muy escasos errores: no supo negociar los límites de la intervención del gobierno en la vida económica del país y no supo poner límites a la intervención de algunos líderes en la vida política y económica del gobierno. Quizás era demasiado para un solo hombre, quizás era tarde. Para lograrlo tenía que haber preparado, desde hacía mucho tiempo, líderes a su altura profesional y moral. Por desgracia, las dos generaciones de líderes que lo han seguido en la CTM han derivado hacia la política. Con todo, la reafirmación de Fidel frente a Echeverría abría la oportunidad de modernizar en definitiva, y sin apoyo oficial, la vida de los sindicatos. Había que promover una estructura judicial que, desde la Suprema Corte hasta las Juntas Locales de Conciliación, garantizara la equidad en la relación entre obreros y patrones; había que convertir a cada sindicato en una escuela de democracia introduciendo en ellos, al menos, la no reelección indefinida; había que sancionar severamente a los líderes corruptos y legislar con todo cuidado sobre la naturaleza y límites de las empresas sindicales. Sobre todas las cosas, Fidel tenía que haber revertido la historia de don Porfirio facilitando su propia sucesión democrática. Nada de ello ocurrió: el viejo líder permitió que jóvenes tecnócratas, que tampoco «entienden nada», metieran una mano muy visible entre los factores de la producción (con resultados desastrosos) y consintió un nuevo moronismo en varias centrales obreras.

El mayor representante del neomoronismo sindical se llama Joaquín Hernández Galicia, alias «la Quina». Nacido en 1922, era imposible que conociera de primera mano los sucesivos y diversos desmoronamientos de la Casa del Obrero Mundial, de Morones y de Lombardo. Ha vivido en Tampico, donde la vieja tradición autonomista subraya aún más la absurda exaltación oficial de Pemex como el alma económica de México, y del petróleo, como la savia negra de la identidad nacional. Estos factores históricos –aunados a los mares de dinero que con la venia oficial corrieron por sus manos desde 1977– no justifican, aunque hasta cierto punto explican, la creciente arrogancia que llevó a los petroleros a perder el sentido de las proporciones. Por lo demás, la Quina y su sindicato no son una desviación excéntrica del sistema político mexicano: son su expresión extrema. Lo justo es reconocer que, en cuanto a patrimonialismo y corrupción, derroche y prepotencia, la Quina tuvo en el gobierno a dos admirables maestros: Luis Echeverría y José López Portillo.

La Quina se desmoronó porque siendo el presidente de los petroleros quiso que su organización dominara la presidencia de México. No contento con su inmenso poder económico y político, quiso ampliar sus métodos caciquiles hasta abarcar al país. Como en el caso de Morones en 1928, no previó claramente que la violencia se ejerciera contra él. Es más, con toda probabilidad pensaba que, preventivamente, él mismo podía recurrir a ella. De haber tenido noción de sus límites históricos, su mejor opción habría sido pactar con Miguel de la Madrid, que le sirvió en bandeja la renovación moral. Prefirió la confrontación, la amenaza, el chantaje y quizás el sabotaje. Una vez más, como ha ocurrido en otros momentos del siglo XX, se topó con la razón última: la del Estado.

«Por la fuerza tomamos el poder, por la fuerza tendrán que quitárnoslo.» Las palabras de Fidel, dirigidas a los votantes del PAN, se han revertido cruelmente en contra suya. Concediendo la justificación moral y legal de la acción llevada a cabo contra la Quina en 1989, no hay duda de que en términos políticos la decisión entraña un mensaje claro: la frase de Fidel sólo puede pronunciarla el gobierno. Los obreros lo resienten y ese resentimiento es el costo mayor de los hechos. Por más que se insista en el «indestructible pacto histórico», vivimos el comienzo del fin de una era que Fidel Velázquez, más que ningún otro mexicano vivo, contribuyó a formar. Sería maravilloso que los obreros asimilaran lo sucedido como un imperativo de independencia frente al gobierno. Si así lo hicieran, bastaría conservar buena parte del sólido edificio sindical –con su experiencia, su pragmatismo y su sana aversión a los mesianismos instantáneos– reorientándolo a los fines que le son más inmediatos y propios: no el botín de los votos y las prebendas caciquiles sino el mejoramiento integral de sus agremiados. Cuando Cárdenas sostenía en 1939 que los obreros se encontraban en un plano económico y socialmente superior al de otros sectores –pensaba desde luego en los campesinos– estaba diciendo una verdad como una catedral. A despecho de lo que opinen los que no entienden nada, la vida del obrero mexicano tiene una complejidad no menor que la que Hobsbawm percibía en el británico, y esa complejidad incluye la conciencia de su ascenso histórico en el siglo XX. Lo importante es ofrecerle vías legítimas y claras de afirmación y progreso. Éstas no pueden ni deben depender ya del gobierno. Para que los obreros mexicanos continúen habitando sin coacción el edificio que creó Fidel, los líderes que lo sucedan tendrán, en suma, que rescatar los viejos ideales de libertad, democracia, independencia y cooperación que inspiraron la fundación de la Casa del Obrero Mundial.

La mejor salida está en nuestra historia. En mayo de 1913, en plena dictadura huertista, se dio en México una confluencia notable. Los líderes obreros comenzaron a apreciar las ventajas del régimen liberal que había propiciado la fundación y desarrollo de la Casa del Obrero Mundial y, en una arriesgada manifestación pública, exigieron «el retorno de la democracia». En esos mismos días, dos demócratas maderistas, Serapio Rendón y Belisario Domínguez, hablaban en el Congreso a favor de los líderes de la Casa arrestados por Huerta. Les costaría la vida. Sería hermoso que la bandera de los obreros mexicanos volviera a ser la democracia. Muchos nos reconoceríamos en ella.

Gemelos antiliberales*

Aunque la Iglesia mexicana integra a toda la comunidad de fieles y cualquier generalización sobre ella es siempre aventurada, cabe afirmar que durante el siglo XIX se negó a leer el sentido de los tiempos. Su animosidad contra la corriente liberal no fue sólo excesiva: fue errónea y contraproducente en términos históricos y acaso también en términos cristianos. Desde la Independencia hasta la Reforma, los liberales no buscaron afectar la fe católica en cuanto tal sino imponer límites a la omnímoda presencia de la Iglesia en los afanes de esta tierra. Si en

* 1992.

algún sitio del mundo pudo nacer una corriente política coherente y generosa de liberalismo cristiano es en México. De Mora y Gómez Farías a Ocampo y Juárez, el ponderado objetivo de aquellos miembros del «partido del progreso» era abrir un amplio espacio a la iniciativa individual, tutelada hasta entonces, en variadísimas esferas, por la Iglesia. Esa defensa sin tregua de la libertad individual como palanca del progreso –libertad de conciencia, de pensamiento, de opinión, de empresa, de asociación–, no era menos intensa que el respeto de la mayoría de esos hombres por su identidad católica. Los más lúcidos sintieron incluso el deber de fundamentar su actitud teológicamente con los Evangelios o la Patrística. Mora, que en 1833 discurrió el primer proyecto postindependiente de reforma al lugar histórico del Clero en la sociedad mexicana, señaló al mismo tiempo la necesidad de apoyar vocaciones sacerdotales y acrecentar el número de parroquias. En el espíritu de aquel liberalismo mexicano original se advierte un eco remoto del humanismo erasmista, una nota de tolerancia, una depuración de objetivos espirituales. Es significativo que Mora hubiese llegado a representar a una casa editorial inglesa que vendía traducciones modernas de los Evangelios. Doble movimiento espiritual: una vuelta a las raíces de la fe y una lectura adecuada del sentido de los tiempos.

A pesar de las continuas querellas con la otra majestad desde los tiempos borbónicos, la Iglesia de mediados del siglo XIX conservaba buena parte de su antiguo edificio histórico. Administraba la vida espiritual, los hechos y fechas centrales de la relación de los hombres con Dios: nacimientos, matrimonios, muertes, sacramentos. La educación de los niños y jóvenes era su provincia casi exclusiva, lo mismo que la celebración pública de las alegrías y el alivio de las penas. Por un lado convocaba a los fieles en las fiestas del santoral, por otro les prestaba atención, protección, asilo, consuelo en casos de desgracias personales de cualquier índole: hambre, orfandad, viudez, terremotos, pestes, enfermedades, indigencia. De su aquiescencia y control dependían monasterios, cofradías, capellanías, obras pías y muchas otras instituciones, prácticas y organismos.

La Iglesia seguía siendo madre de los humildes pero también, en ocasiones, su madrastra. No era un caso aislado el que movió a Melchor Ocampo en 1851 a escribir una célebre «Representación sobre reforma del arancel de obvenciones parroquiales»: un dependiente suyo pedía sepultura gratis para el cadáver de uno de sus hijos. El párroco se lo negó aduciendo que de eso vivía. ¿Qué hago con mi muerto señor?, preguntó aquél. «Sálalo y cómetelo.»

Lo cierto es que olvidando o atendiendo sus deberes hacia el otro mundo, un sector muy amplio de la jerarquía eclesiástica mexicana estaba profundamente involucrada en los negocios de este mundo. El clero regular era el principal terrateniente, ejercía las más variadas funciones bancarias, recogía impuestos en la forma de diezmos y sostenía una compleja burocracia económica y política provista de tribunales propios. Si se recuerda que el gobierno había perdido desde la Independencia los privilegios del Patronato Regio (la voz y el voto en los nombramientos eclesiásticos) no es excesivo afirmar que la Iglesia constituía un Estado dentro de otro. El primero era centenario, patriarcal, orgánico, marcadamente improductivo, sólidamente estructurado a partir de una legitimidad sagrada; el segundo era frágil, embrionario, minoritario y se construía a partir de una legitimidad secular.

Esta situación tenía que cambiar. La prueba histórica de fuego llegó en 1856. Gobernaba un hombre moderado: Ignacio Comonfort. La mayoría del Congreso Constituyente no era radical. El objetivo de ambos –Ejecutivo y Legislativo– era conciliar a la familia política mexicana sobre las bases de una doble fe: en la tradición y en el progreso. Suave, pacíficamente, debía terminar la confusión de esferas. Lo temporal, como dictaba la evidencia del siglo, debía desamortizarse, pasar a manos vivas; lo sagrado debía volver a su ámbito propio: la intimidad de la conciencia. Sobre este ámbito, la Iglesia conservaría su majestad indisputada. Sobre aquél, no.

Aún no se habían sentado a deliberar los diputados cuando en Puebla estalló la primera sublevación apoyada por el clero. La represalia del gobierno fue pálida –una intervención parcial de sus bienes– pero la jerarquía la tomó como si hubiese sido total y completa. En un momento de particular intensidad, no sin fuertes dudas por parte de los tribunos, el Congreso aprobó la libertad de cultos pero votó asimismo por «cuidar y proteger» en especial a la Iglesia católica «por medio de leyes justas y prudentes». La jerarquía no se dio por enterada. Su lectura de la Ley Lerdo fue igualmente condenatoria. La Iglesia, en efecto, dejaba de ser, como en tantos países, propietaria de fincas rústicas y urbanas, pero la ley le reconocía inversiones hechas y decretaba a su favor un interés del seis por ciento. Nada aceptó, nada discutió: su criterio era el de todo o nada. Siguieron las conjuras en los altares, las arcas abiertas al ejército y los vicarios guerrilleros. No es casual que el historiador más moderado de la época –Anselmo de la Portilla– recordara con tristeza aquella oportunidad perdida de reconciliación y diálogo que no se volvería a presentar: «La Iglesia trabajaba con actividad incansable y sus papeles clandestinos no tienen cuento ... Nada omitieron para concitar el odio público contra el gobierno existente, para inquietar las conciencias y enardecer las pasiones».

Simbólicamente, la jura de la Constitución de 1857 se hizo con la presencia de Valentín Gómez Farías y ante un crucifijo. Simbólicamente, Gómez Farías murió sin derecho a la extremaunción y fue enterrado en su jardín. Llegó la guerra civil que el pueblo no secundó, una guerra hecha de odios ideológicos –teológicos– y mediante la leva. El partido liberal apostó al país, se pintó de rojo, se jacobinizó; el partido conservador apostó al país, perdió la cabeza y la partida. El país dejó ir la oportunidad de fincar un arreglo político liberal donde los hombres no se matan por las ideas: las discuten. La Iglesia perdió la oportunidad de encabezar, favorecer o siquiera de no entorpecer una reforma interna que hubiese propiciado el ejercicio público de una corriente católica y liberal.

En materia de libertad religiosa, el Estado mexicano posrevolucionario fue un digno heredero de la Iglesia decimonónica: equivocó el sentido de los tiempos. Quienes sostienen que el Constituyente de 1917 continuó en materia religiosa a los liberales del siglo XIX no saben lo que dicen. Hay pocos capítulos en nuestra historia más radicalmente antiliberales, más profundamente coloniales, que los artículos 3 y 130 en todos sus avatares de 1917 a 1991.

No fue el obispo Pascual Díaz ni Porfirio Díaz quienes propusieron cambiar de inmediato la redacción de ambos artículos: fue Venustiano Carranza, secundado por hombres de intachable raigambre liberal como Alfonso Cravioto. Había que modificar la redacción aprobada porque era contraria a las libertades que la propia Constitución establecía. En lugar de liberar la conciencia, la ataba; en lugar de impedir la entronización obligatoria de los dogmas, imponía nuevos. Al citar el artículo 3, la iniciativa de Carranza apuntaba: «Tratada así la garantía, su evidente forma restrictiva y su espíritu ... no se acomodan a la amplitud filosófica en que se ha de externar el derecho de libertad de enseñanza, ni se hallan acordes con las necesidades reales y menos aún en armonía con el medio para el cual se legisla».

La iniciativa de Carranza comprendía un recorrido histórico cuyo propósito era mostrar el anacronismo del artículo, su inadecuación aun para los remotos tiempos de «avasalladora teocracia», no se diga para una era de libertad. Párrafos adelante, la exposición de Carranza anticipaba la guerra cristera: «Si en las leyes perdurase el espíritu parcial que se observa en el artículo tercero ... se correría grave riesgo de prolongar la irritación característica de las contiendas de religión que tan funestas consecuencias han tenido en el Viejo y el Nuevo mundo...»

La exposición de motivos para reformar el Artículo 130 fue parejamente clara. Carranza recordó el elogio de José María Mata en el Constituyente de 1857 a la libertad de conciencia, sostuvo que el artículo contradecía «la jurisprudencia nacional, escrupulosa en mantener la diferencia entre la jurisdicción del Estado y la jurisdicción religiosa» y finalmente señaló: «Medio siglo después de las Leyes de Reforma, aparecería extemporáneo e incompatible con la tolerancia y la cultura ambiente ... traspasar la línea frente a la cual se detuvo en medio del hervor de las pasiones el presidente Lerdo de Tejada».

El capricho ideológico, el resentimiento personal, el fanatismo antifanático de unos cuantos ex seminaristas como Múgica y después de él Bassols, preparó al país para una de las guerras más absurdas, anacrónicas e injustas de nuestra historia. México perdió tiempo, energías y creatividad liado consigo mismo en una querella religiosa que el siglo XIX, de una forma u otra, había resuelto. De no mediar la «nueva política clerical» de los sonorenses y sus contraapóstoles, México hubiese vuelto quizá a la verdadera política de conciliación: no la porfirista, debajo del agua –«tú violas la Constitución un poquito, yo me hago el desentendido un poquito»–, sino la maderista, cuando por un instante fugaz liberales, católicos y católicos liberales discutieron sobre el reino de este mundo.

Todo el mundo sabe que como reacción frente al liberalismo, el Estado mexicano posrevolucionario heredó conscientemente a su antecesor virreinal: el Estado de los Austrias y, en menor medida, el de los Borbones. Lo que no se advierte mucho es la herencia clerical en ese mismo Estado. Comprendió, y en cierta medida comprende aún, aspectos tan variados como la educación, la salud, el registro y administración de las fechas importantes en la vida de los hombres, el festejo del santoral cívico, sostenimiento de monasterios universitarios, cofradías académicas, capellanías intelectuales y obras pías burocráticas. ¿Éste es el Estado que se dice heredero de nuestros grandes liberales?

La Iglesia mexicana del siglo XIX y el Estado mexicano del siglo XX leyeron mal el sentido de los tiempos. Los afectó una común miopía frente al significado práctico, puro y llano de la libertad, de las libertades. Para fortuna de la Iglesia, el recorte de sus bienes y poderes terrenales fortaleció su misión original. El Estado mexicano no puede aspirar a tanto. Por una parte, apenas comienza a recortar su ámbito de acción. Por otra parte, su misión, a despecho de lo que sigan opinando los hegelianos trasnochados o los empleómanos inveterados, no puede tener un sentido trascendente. Para bien y para mal, el mundo caminó en sentido contrario al de las estructuras corporativas, patriarcales, hechas para durar, no para cambiar y menos para competir. El mundo avanza vertiginosamente hacia la plena desamortización: de la economía, de la cultura, de la política. México no tuvo nunca gobiernos que expropiaran al individuo, pero la herencia amortizadora es aún muy fuerte: está en el gobierno, la burocracia, la academia, la prensa. Es una nueva-vieja clerecía. Vale la pena que se vea en el espejo de las que la precedieron y aprenda la lección número uno del código liberal: escuchar, tolerar, ponderar las ideas ajenas. «Las ideas no son delitos», decía el doctor Mora. Sabía lo que decía: era cristiano y liberal.

El triángulo de la legitimidad*

¿Qué títulos debe tener el que manda para poder mandar? La respuesta se resume en una palabra: *legitimidad.* En todo tiempo y lugar, la legitimidad ha sido la clave maestra del poder. En nuestros días sigue siéndolo: quien la tiene posee la bendición inicial –no suficiente pero sí imprescindible– para ejercer el mando; quien no la tiene oculta una mancha de origen. Como en las tragedias de Shakespeare, el gobernante legítimo duerme de modo apacible; los sueños del usurpador, en cambio, están poblados de fantasmas.

A principios de siglo, Max Weber distinguió tres tipos de legitimidades: la carismática, la tradicional y la legal. La primera se basa en el poder irracional, incontrastado e inmediato, de un individuo. Debido a sus dotes *personales* –su fuerza física, su atractivo– un hombre destaca sobre los demás y se erige en guía. El segundo tipo de legitimidad, más institucional desde luego que la primera, se asienta sobre los usos y costumbres sancionados por el tiempo. La tercera legitimidad, la legitimidad legal o racional, más moderna, sólo reconoce una fuente de poder: la que emana de las leyes y los procesos democráticos.

Sobre el primer tipo de dominación legítima los ejemplos más ilustrativos se encuentran en la literatura. Todos los regímenes caudillescos de América Latina durante el siglo XIX y parte del XX corresponden a él. El hundimiento del orden español fue la causa primordial de que en nuestros países, desde México hasta la Argentina, surgiera esa plaga de hombres fuertes, dueños de vidas y haciendas, que fueron los caudillos. Muchos libros –ensayos y novelas– han recogido las luces y las sombras de esos tiempos, notablemente *Facundo,* de Sarmiento, y *Tirano*

* Febrero, 1993.

Banderas, de Valle Inclán. Paradójicamente, fue un autor polaco-inglés, Joseph Conrad, quien mejor percibió este fenómeno de dominación carismática en el mundo latinoamericano. A Conrad, escritor y marinero, le bastaron unas cuantas semanas en un puerto de Colombia para absorber la esencia del liderazgo carismático en América Latina y escribir su obra maestra: *Nostromo.* Rosas, Quiroga, Santa Anna, Páez y toda la larga sucesión de caudillos latinoamericanos están retratados en aquel personaje de raíces italianas que, a la manera de un nuevo *condottiero* en tierras americanas, impone su capricho como única ley.

La legitimidad tradicional es la fuente de las monarquías. No era el voto del pueblo el que otorgaba la gracia del poder, ni el excepcional imán personal del caudillo lo que llevaba a los hombres al trono y los mantenía en él por generaciones y siglos: era la sanción inmemorial proveniente de Dios. La centenaria supervivencia de las familias monárquicas europeas, como la de los Habsburgo, se explica a través de este tipo de legitimidad, lo mismo que las prolongadas dominaciones de las dinastías chinas, las generaciones imperiales de tiempos bíblicos y el poder de los tlatoanis aztecas. Aun cuando el origen divino de los reyes fue puesto en duda (como ocurrió en Inglaterra en el siglo XVII), la legitimidad tradicional siguió representando un papel fundamental: a pesar del regicidio de Carlos I a mediados de ese siglo, los monarcas ingleses conservaron su poder hasta el siglo XIX. De hecho, en términos históricos, puede decirse que el ocaso de la dominación tradicional en Occidente, que comenzó con la Revolución francesa, es un fenómeno relativamente nuevo.

En Inglaterra, la legitimidad racional –que limitó el poder del rey– se entrelazó con la legitimidad tradicional (de ahí la sabiduría política de aquel país, inmune desde hace tres siglos a las fiebres revolucionarias), pero en Europa este fenómeno tardó varios siglos en nacer y arraigarse. Durante el siglo XIX, en el apogeo del liberalismo, esta legitimidad comenzó a prevalecer y en un momento pareció que sepultaría por entero a las otras dos fuentes de poder. No fue así. Las ambiciones personales y el peso de las tradiciones no son hechos transitorios de la existencia histórica, sus inercias son tan firmes como las montañas. Durante la segunda mitad del siglo XIX y, más pronunciadamente, en el siglo XX, la legitimidad carismática y la tradicional recuperaron terreno. Hitler y Mussolini son ejemplos de la primera. El régimen ideológico-burocrático de la Unión Soviética fue la representación extrema de la segunda.

La reaparición de estas dos antiguas legitimidades en el siglo XX tuvo consecuencias desastrosas. Los peores tiranos de la Antigüedad tuvieron limitaciones históricas: no poseían armas de destrucción como las del siglo XX. El poder carismático de Hitler, aunado al poderío militar y económico alemán, condujo a la segunda guerra mundial, a un sacrificio sin precedentes de vidas humanas. El poder de Stalin no era de este tipo. Paradójicamente, su dominación arraigó en el tradicional autoritarismo del régimen que los bolcheviques habían derrocado –el zarismo–, agregándole una variante ominosa: la justificación de una ideología revolucionaria (el marxismo-leninismo) que reclamó para sí el monopolio de la verdad, la moral y la historia; una caricatura de religión que llevó a la muerte a decenas de millones de hombres.

El hecho histórico más importante de la primera mitad de siglo XX fue la derrota de la legitimidad carismática nazi y fascista. El más significativo de nuestro fin de siglo ha sido la derrota de la legitimidad revolucionaria tradicional. La mayor esperanza de nuestro tiempo es la consolidación de la legitimidad legal en todo el planeta.

La teoría de las tres legitimidades de Weber puede aplicarse a la historia mexicana. La época prehispánica y los tres siglos de dominación colonial estuvieron basados en un mismo tipo de legitimidad: la tradicional. Que los reyes y virreyes fueran más o menos carismáticos no tenía importancia, ya que no se preguntaba al pueblo su opinión sobre el nuevo gobernante. Durante la Colonia, curiosamente, la noción de voto no existía más que en los cabildos indígenas. Fuera de ese reducto de democracia primitiva, la Nueva España era una monarquía químicamente pura.

Un interesante libro del historiador norteamericano William Taylor sobre el alcoholismo, el homicidio y la rebelión en el México colonial, demuestra que las rebeliones durante esta etapa fueron un fenómeno excepcional. Cuando surgieron fue por querellas locales, no por interpelaciones a la legitimidad del rey. Los habitantes de la Nueva España estaban y se sentían integrados a un todo que los englobaba. Eran miembros de una gran familia, partes de un cuerpo político que tenía un sello divino.

Al estallar ese orden por obra de un accidente histórico llamado Napoleón Bonaparte, Nueva España entró en una zona de legitimidad incierta. Perdió la legitimidad tradicional, pero las buenas intenciones y las arduas lecturas de los clásicos del liberalismo francés, norteamericano o inglés no fueron suficientes para cuajar un nuevo orden legal, racional. En esas circunstancias surgieron los caudillos, y en nuestro caso un caudillo de caudillos, el general Antonio López de Santa Anna. Alamán describe su atractivo en un párrafo memorable:

«La historia de México desde 1822, pudiera llamarse con propiedad la historia de las revoluciones de Santa Anna. Ya promoviéndolas por sí mismo, ya tomando parte en ellas excitado por otros; ora trabajando para el engrandecimiento ajeno, ora para el propio: proclamando hoy unos principios y favoreciendo mañana los opuestos; elevando a un partido para oprimirlo y anonadarlo, después levantar al contrario, teniéndolos siempre como en balanza. Su nombre hace el primer papel en todos los sucesos políticos del país, y la suerte de éste ha venido a enlazarse con la suya.»

El secreto de Santa Anna se resume en una palabra: carisma. Lo mismo la «gente decente» que los «pelados» lo seguían porque... lo seguían. «¿Qué tenía ese hombre, para quien la patria era una querida?», se preguntaba Justo Sierra. Tenía un atractivo incomprensible. Era un seductor. Sólo en una sociedad que había perdido sus cotas podía surgir y dominar un individuo así. Era el reflejo del desconcierto histórico de un país que no cuajaba, de un proyecto de país llamado México, a mediados del siglo XIX.

Con la guerra de Reforma e Intervención, México fue consolidando una nueva legitimidad, al menos en el papel: desplazó el carisma santanista y puso los cimientos de la legitimidad racional y legal. Significativamente, para abrirle paso requirió del severo caudillaje de un hombre con todo el estilo del cacique tradicional, el indio zapoteca Benito Juárez. Sus amigos liberales se sorprendieron primero, y se decepcionaron después, al cotejar los hermosos ideales republicanos que defendían con los métodos perfectamente antirrepublicanos que aplicaba Juárez. Idólatra de la ley, la ponía en el nicho de la provisionalidad histórica hasta que el país se pacificara, hasta que el país estuviera listo para asumirla. Su fiel discípulo Porfirio Díaz no hizo otra cosa. Juárez y Díaz abrieron paso a una sociedad moderna, formalmente liberal y republicana, pero cimentada sobre una legitimidad antigua y tradicional: la prehispánica y la colonial. Eran, a un tiempo, tlatoanis y reyes... republicanos.

La Revolución rompió de nuevo el orden. Madero quiso instaurar por ensalmo un orden legal perfecto pero los instintos tradicionales de la elite política y militar no lo dejaron. Surgieron de nueva cuenta los caudillos carismáticos y populares: Zapata, Villa, Obregón. Por su parte, desplazando a los caudillos carismáticos, Carranza y el Constituyente del 17 restablecieron un nuevo orden tradicional, curiosamente parecido al porfiriano, con un Ejecutivo muy fuerte y un Estado interventor, justiciero, educador, misionero, legislador, ejecutivo, propietario. Calles y Cárdenas fueron los grandes consolidadores del nuevo orden revolucionario, formalmente democrático pero en la práctica monárquico. El orden institucional, corporativo, priista, siguió intacto hasta 1968, cuando un movimiento telúrico estudiantil lo resquebrajó e hizo que salieran sus instintos más remotos, prehispánicos.

Desde entonces, a despecho de sus grandes diferencias, todos los presidentes han buscado salvar la legitimidad tradicional que proviene de la Revolución. No lo han logrado. Durante el periodo de Miguel de la Madrid, el régimen tuvo la oportunidad de reformarse desde dentro y adoptar suavemente la legitimidad legal. No lo hizo y pagó un alto precio en 1988. El cardenismo salió del PRI para... quedarse con el PRI por dos vías de legitimidad: la tradicional (Cuauhtémoc, antes y después de todo, es hijo de Cárdenas) y la legal (el cardenismo se presenta como defensor de la legitimidad democrática y racional).

Desde su nacimiento en 1939, el PAN sólo ha reclamado una fuente de legitimidad, la que proviene de los votos, la democrática. Debido a su permanencia dinosáurica en el poder, nadie ve al PRI como un estandarte de la democracia. El PRD, en cambio, reclama para sí casi el monopolio de las dos legitimidades ya que, supuestamente, es revolucionario y democrático. No se sabe qué resultará de este triángulo nada amoroso de nuestra vida política.

Privatizar Pemex*

La tragedia de Guadalajara [la explosión de un gaseoducto en una colonia popular de esa ciudad, con un saldo de decenas de muertos] nos reveló una de nuestras mayores supersticiones nacionales: la de la industria petrolera nacionalizada.

¿Quién no recuerda o ha escuchado la saga del 18 de marzo de 1938? Según esta creencia generalizada, hasta ese día México se concebía a sí mismo como un país conquistado, espoleado, saqueado por la codicia extranjera. Tres siglos de dominación española casi habían agotado nuestras minas; cincuenta años de guerras intestinas e intervenciones extranjeras (estadounidenses, francesas, españolas e inglesas) habían mermado nuestros recursos, nuestro ánimo y nuestro territorio hasta el punto de poner en peligro nuestra supervivencia como nación soberana; un régimen entregado al capital extranjero –el porfiriano– había puesto al país en subasta pública; todas estas desdichas ocurrieron sin solución de continuidad hasta que los buenos caudillos de la Revolución, y Cárdenas

* Mayo, 1992.

antes que todos, devolvieron a la nación lo que en tiempos de la Colonia había pertenecido a la Corona: el suelo y subsuelo de México.

La ideología de la Revolución, cristalizada en el artículo 27, propició esta interpretación hasta elevarla a la altura de una doctrina indisputable. Una visión imparcial de la historia la habría, cuando menos, matizado: la víctima colonial no lo había sido tanto; la desdicha del siglo XIX fue formativa; el porfiriato, con sus políticas liberales en la economía, construyó al país e integró la nacionalidad de modo más efectivo y tangible que muchas décadas de Revolución.

Piénsese, por ejemplo, en los ferrocarriles. Entre 1876 y 1910, concesionando las vías a la *malévola* inversión extranjera, el régimen porfiriano construyó casi veinte mil kilómetros. En casi un siglo, la Revolución, confiada en sus propios (patrióticos) recursos, ha agregado unos cuantos cientos a esta cifra y ha construido –en cuanto a carreteras– no una red sino una vergüenza nacional. La versión oficial nos ha querido vender una versión distinta de los hechos, según la cual la nación en todos sus aspectos –el económico, desde luego– encontró su camino en 1917 para no extraviarlo más.

De acuerdo con esta leyenda, el protagonista, el héroe, el vehículo histórico de este encuentro ha sido el Estado. Encarnación del nacionalismo, el Estado se convierte en representante, garante, depositario o administrador de la propiedad nacional. Así ocurrió con la tierra, las minas y el petróleo. La sociedad «compró» esta idea y por momentos se sintió «poseedora» de todos esos bienes públicos. El 18 de marzo de 1938 fue el momento cumbre de esa alucinación colectiva. Recuerdo –aunque cada vez con menos emoción– la emoción de mi padre al narrarme esos momentos: los ánimos exaltados, las porras universitarias frente a Palacio Nacional, el orgullo de sentirse mexicano y triunfador al mismo tiempo, las colas en el Zócalo para donar lo que cada quien tuviera, desde guajolotes hasta anillos de brillantes, todo para pagar la expropiación, todo para afianzar la nacionalidad mexicana y asegurar nuestro destino mediante la posesión plena del petróleo. ¿Quién podía dudar del patriotismo de esta medida? Sólo los vendepatrias, los Santa Annas del siglo XX.

El petróleo nacionalizado y su *encarnación* en Pemex no constituía una medida económica más: era un dogma del nacionalismo. La primera duda que albergué sobre el sacrosanto valor de nuestro petróleo nacionalizado –es decir, estatizado– me la plantó uno de los hombres más inteligentes y patriotas del siglo XX en México: Miguel Palacios Macedo. Sus preguntas eran muy sencillas: ¿Cuánto ha costado a México la expropiación petrolera? ¿Qué tan eficiente es Pemex, comparada con otras empresas privadas o públicas similares? ¿Sirve a su sindicato y a su burocracia, o sirve al público? ¿Qué ventajas económicas pueden derivarse de su carácter monopólico? ¿No hubiese sido mejor imaginar formas de asociación que, respetando escrupulosamente el régimen fiscal mexicano, permitieran la inversión extranjera en este ámbito? ¿No hay, en suma, demasiada pasión, demasiada energía, demasiados recursos de toda índole, invertidos en Pemex en detrimento de los consumidores y de otras ramas de nuestra economía?

La segunda duda sobre el mismo dogma me surgió al enterarme de la política petrolera de Deng Xiaoping en China. Nadie podría acusar a este líder de ser un complotista antichino, un vil lacayo de la Shell. Pues bien, ese que en tantos aspectos mantiene hoy mismo a su país dentro de la muralla, veía y ve con la mayor naturalidad que empresas extranjeras debidamente reguladas exploten y desarrollen sus recursos petrolíferos.

La pregunta es obvia y lo sigue siendo: si está visto que aquí y en China la libertad económica propicia el crecimiento, ¿por qué seguimos cargando aquí –y no en China– con un costoso, ineficiente, burocratizado, corrupto elefante petrolero? Por un dogma que erige a Pemex en símbolo de los mexicanos y de nuestra riqueza. La riqueza real y potencial está en otra parte: no en el suelo o subsuelo, no en la naturaleza, sino en los productos que podamos exportar. Japón, sin una gota de petróleo, ha probado hasta la saciedad esta verdad.

«El oro negro para todos» rezaba no hace mucho un comercial. Lo cierto es lo contrario. El petróleo es de los funcionarios burocráticos y sindicales de Pemex. Esta propiedad privada de las funciones públicas de Pemex –según la fórmula de Gabriel Zaid– nos cuesta a todos. El costo, hasta hace poco, era solamente económico: un sobreprecio en sus productos por encima de lo que en verdad costarían si Pemex fuera productiva. La ineficiencia se ha pagado también indirectamente, por otras vías: ¿Qué parte de la deuda de Pemex, contratada irresponsablemente en tiempos de López Portillo, han pagado los contribuyentes, usuarios y consumidores? Con todo, estos costos eran, si se quiere, tolerables ya que no involucraban salud ni vidas humanas.

Con el aviso de San Juanico [un trágico accidente ocurrido en una gasera en los límites de la ciudad de México] y la tragedia de Guadalajara, el dogma se ha venido abajo. ¿Quién puede creer los ridículos comerciales de Pemex según los cuáles esta empresa estatal, protectora de la ecología, resulta casi una pariente cercana de *National Geographic*?

A la ineficiencia, corrupción e improductividad se ha agregado ahora el riesgo cierto sobre vidas humanas, un peligro tangible cuyo origen está en los pésimos procedimientos de control de calidad, mantenimiento y prevención de siniestros de esa empresa. Porque Pemex no es más que eso, una empresa. No la savia negra de la nacionalidad, ni el símbolo energético de la mexicanidad. En detrimento de millones de mexicanos –la verdadera nación– la han usufructuado unos cuantos miles de funcionarios públicos.

En medio siglo de existencia, Pemex contó seguramente con funcionarios, investigadores y técnicos competentes y honestos, pero como empresa estaba destinada al fin que, con muy pocas excepciones, han tenido en todas partes los elefantes estatales de su tipo, monstruos que es preciso desmembrar para que no se quiebren o exploten. La solución es clara. El régimen tendrá que eliminar un dogma más de los muchos que heredamos de la neocolonial carta queretana.

Para que el petróleo sea, en verdad, propiedad de todos hay que expropiarlo al Estado –su actual e ineficiente poseedor– y abrir su producción, en los diversos niveles, a la libre competencia. Los veneros del petróleo no los escrituró el diablo pero tampoco Dios: deberían escriturarlos otros entes, menos trascendentes... los notarios.

Apostillas al liberalismo social*

Los alegatos oficiales sobre el «liberalismo social» sostienen que se trata de una teoría cuyas raíces parten de nuestro siglo XIX. Según esta creencia, los mejores liberales de la Reforma, los más avanzados, proponían un liberalismo social que habría sido negado durante la época porfiriana y recobrado por la Revolución. Así, desde 1910, nuestros gobiernos revolucionarios, sin distinción de credos y matices, habrían continuado la tradición de liberalismo social proveniente del siglo XIX.

Jesús Reyes Heroles, a quien se debe en lo fundamental esta interpretación, pensaba que el auténtico liberalismo mexicano se había expresado, por ejemplo, en el voto particular de Ponciano Arriaga en el Congreso Constituyente de 1856 a favor de la subdivisión de la propiedad territorial y en contra de la servidumbre por deudas. Los escritos de Ignacio Ramírez, «el Nigromante», en torno a la explotación de la incipiente clase obrera y los manifiestos de Juan Álvarez sobre las condiciones de trabajo en las haciendas, representaban para Reyes

* Junio, 1993.

Heroles instancias en que el liberalismo puro se ajusta a la circunstancia mexicana superando o, cuando menos, complementando sus contenidos «puramente» políticos con proyectos de índole social. A esta suerte de «correctivo» del liberalismo Reyes Heroles la llamó «liberalismo social». El acento en esta interpretación del liberalismo mexicano está puesto en la Revolución mexicana. Al proponerla en 1957, Reyes Heroles postulaba la primacía histórica de la Revolución sobre la Reforma: por encima del «paréntesis histórico» del porfiriato, ésta se había continuado y cumplido finalmente en aquélla.

Ese mismo año, como parte de los festejos del centenario de la Constitución liberal, Cosío Villegas escribió el que es, a mi juicio, el más intenso e inteligente de sus libros: *La Constitución de 1857 y sus críticos*. Los críticos a los que hace referencia Cosío eran dos notables pensadores porfirianos –Justo Sierra y Emilio Rabasa– pero detrás de ellos Cosío polemizaba con los críticos del liberalismo puro en el siglo XX: de Cabrera a Molina Enríquez, de Múgica a Lombardo Toledano. Su tesis, contraria a la de Reyes Heroles, proponía una continuidad antiliberal del porfiriato a la Revolución, y una discontinuidad de ambas con respecto al liberalismo esencial, el liberalismo político. Si los valores característicos de la Reforma habían sido el federalismo, la división y equilibrio de poderes, la democracia, el respeto a la ley y, en general, a las libertades políticas e individuales, a Cosío Villegas le parecía evidente que la alternativa liberal se había frustrado tanto en el porfiriato como en la Revolución. Al rendir su homenaje personal a los liberales puros (Altamirano, Zarco, Vallarta, Ocampo, Vigil, Mata, Ramírez), a quienes había caracterizado una «fiera, altanera, soberbia, insensata», irracional independencia frente al poder, Cosío Villegas postulaba la primacía histórica de la Reforma sobre todo el futuro posterior a la República Restaurada (a excepción de los quince meses del régimen de Madero): «seguimos viviendo todavía, en la medida en que vivimos constitucionalmente, de la herencia de los constituyentes del 57». La moraleja de Cosío era muy simple: los gobiernos de la Revolución no podían reclamar para sí una legitimidad liberal-social porque habían abandonado el liberalismo fundamental: el político.

A esta crítica histórica al «liberalismo social» hay que añadir una crítica adicional a la pertinencia misma del término. El uso que Reyes Heroles y sus discípulos actuales dan al «liberalismo social» es exactamente inverso al que tenía en su origen y al que, con mayor fidelidad histórica, utiliza en su obra Cosío Villegas. El «liberalismo social» era la traducción del «dejar hacer, dejar pasar» a la vida de la sociedad, es decir, la abstención como norma en la política social. Piénsese, por ejemplo, en las explicaciones que solían darse a los grandes males sociales y los remedios que los liberales proponían para paliarlos. El alcoholismo, la prostitución, la pobreza extrema eran vistos, ante todo, como problemas achacables a los individuos que los padecían. Su origen estaba en la indolencia y la corrupción, y su solución no dependía de una legislación positiva sino de la regeneración moral que lentamente advendría con el progreso. Como el agua de las montañas que termina por regar los valles, así se regeneraría la condición de los individuos. El Estado liberal no debía intervenir en la vida social más allá de mantener el orden político y económico, interno y externo. Traspasar esa barrera significaba dejar de ser liberal y abrazar alguna de las filosofías de moda que proponían la intervención activa del Estado o la Iglesia: catolicismo social, evolucionismo spenceriano o socialismo. Múgica partió del primero para llegar al tercero, Molina Enríquez escribió desde el segundo y Lombardo Toledano representó el tercero. Muy pocos liberales del XIX participaron de estas teorías. Podían tener, como Ramírez o Arriaga, una gran sensibilidad para percibir los viejos problemas de desigualdad que Humboldt había advertido, pero para resolverlos no proponían como recurso un Estado proteccionista neocolonial (como el que nació de la Constitución del 17) sino una democratización del liberalismo: crear un país de pequeños propietarios independientes. Sólo en una panacea de proveduría estatal creían todos nuestros liberales: en la educación.

A pesar de todos estos antecedentes que desmienten o cuando menos matizan la pertinencia histórica y terminológica del «liberalismo social», su adopción por parte del gobierno de Carlos Salinas de Gortari es un acto sagaz. Liberales son las medidas que se han tomado en el campo, en la economía y en las relaciones con la Iglesia. Ningún régimen posterior a Madero había intentado vindicar la gran tradición liberal mexicana de manera explícita. Por el contrario. En los libros y sermones oficiales, y aun en la obra de los más finos escritores políticos de este siglo, la «superación» del liberalismo por formas económicas supuestamente más avanzadas era, hasta hace poco, un dogma indiscutido. No lo es más. En este aspecto, el gobierno de Salinas ha asimilado creativamente la experiencia del siglo: aquí y en China –literalmente– se ha visto que la intervención del Estado no corrige la pobreza y sí coarta la libre capacidad de los individuos para remontarla.

La propuesta ideológica salinista ha hecho suyas las críticas a los críticos del liberalismo económico pero matizándolas con el viejo correctivo de la intervención estatal en los ámbitos sociales. Esta adjetivación del liberalismo puede llegar a desvirtuarlo. Luego de la experiencia del siglo XX, que confió tanto en la autoridad y tan poco en los individuos, es lícito someter toda política social a la prueba de fuego: la prueba de la eficacia práctica. En teoría, las agencias oficiales de acción social son perfectas. ¿Cómo funcionan, cuánto cuestan, a quién benefician en la práctica? Como fórmula teórica de equilibrio entre los fines individuales y las demandas sociales, el «liberalismo social» está muy bien. Como solución práctica para salir del estancamiento económico puede no estarlo tanto. Una simple ojeada a las innumerables agencias gubernamentales de «servicio social» es el mejor argumento de apoyo al verdadero liberalismo social: el que pregona la abstención, no la intervención, del Estado en la vida de la sociedad.

¿Cómo calibrar el grado óptimo de intervención social o económica que debe tener el Estado en nuestra particular circunstancia? No desde las alturas, y menos excluyendo inquisitorialmente a los «neoliberales» y a los «nuevos reaccionarios», sino mediante el voto y el libre debate público entre las diversas tendencias y opciones. Volviendo a la fórmula liberal tal y como la soñaron los constituyentes del 56, tal y como no aparece siquiera esbozada en el «liberalismo social». Abrir la inédita alternativa liberal significa supeditar todos los adjetivos del liberalismo al liberalismo sin más: el que limita y encauza al poder mediante instituciones y leyes federales, democráticas, representativas y republicanas; el que propicia la acción cívica de individuos «fiera, altanera, soberbia, insensata, irracionalmente independientes».

Cuatro temas de actualidad*

Reforma política

El sexenio de Carlos Salinas de Gortari terminará sin que se haya realizado la reforma política que muchos esperábamos. Me parece un gran error. Se dice que abrir nuestra vida política afectaría la estabilidad del país; creo lo contrario. Se dice que la apertura política afectaría la continuidad del proyecto económico; por el contrario: no abrirla significa dejar la responsabilidad del cambio en la cúpula sin que la ma-

* Mayo, 1992.

yoría lo asuma plenamente como propio. Se dice, en privado, que abrirla podría ampliar las posibilidades de la oposición; sin embargo, la cerrazón es lo que la fortalece. Por lo demás, ¿cuál es el peor escenario? ¿Que gane el populismo estatista? Ya estuvo en el poder entre 1970 y 1982 y fue un desastre, pero si accediese al poder en 1994 no significaría el fin del país: las fuerzas reales de la economía global y nacional se encargarían de revertir cualquier cambio en ese sentido. Además, la sociedad civil no es la misma sociedad domesticada y asustada de 1970; está alerta y es plural: pararía un resurgimiento del pasado. Incluso una coalición de partidos en la Cámara lo detendría. Los temores son absurdos.

El gobierno debería aceptar –como propone el PRD– que el director del Registro Federal de Electores llegue al cargo por elección; que se integre una comisión de vigilancia para supervisar el padrón; que la foto de los ciudadanos aparezca no sólo en la credencial sino también en el padrón; que se apruebe la invitación de observadores extranjeros en los comicios. Se necesita, en suma, mayor presencia de los ciudadanos en los órganos electorales. Y como instancia de amparo ante el fraude, ¿qué mejor que la intervención del Poder Judicial? Es tal el letargo en que ha vivido desde hace más de un siglo y es tal su servidumbre frente al Ejecutivo, que sólo mediante una intervención independiente y gallarda en un aspecto tan importante como el de las elecciones podría recuperar el prestigio perdido. Estas serían algunas reformas sustantivas. Todo lo demás será «mucho ruido y pocas nueces».

Financiamiento de los partidos

Se trata de un tema complejo no sólo en México sino en países cabalmente democráticos. La cuestión está vinculada al acceso pleno a los medios de comunicación: si los partidos pudiesen «vender» al público sus opciones, podrían «cobrar» más fácilmente a la sociedad por defenderlas y buscar su instrumentación; podrían también ampliar su militancia económicamente activa. Por lo demás, creo que es importante legislar no sólo sobre el origen sino sobre el uso de esos recursos. Habría que distinguir entre campaña y manipulación. Comprar tiempo en televisión para proponer una plataforma está bien; comprar estómagos vacíos con tortas o tacos está mal. Por otra parte, está el problema eterno del matrimonio por bienes mancomunados del PRI y el gobierno. Ahora mismo, el candidato del PRI en el Estado de México, Emilio Chuayffet [que llegaría a la gubernatura y, más adelante, a la Secretaría de Gobernación], usa camiones oficiales para pegar propaganda. ¿A cuenta de qué se otorga ese financiamiento?

El artículo 82

Este artículo, en su versión actual, contradice el espíritu igualitario de otros artículos de la Constitución y divide a los ciudadanos mexicanos en dos categorías: los de primera (hijos de mexicanos nacidos en México) y los de segunda (todos los demás). Hay que comprender a los constituyentes del 17 que lo redactaron. México vivía un momento de sana y necesaria afirmación nacionalista. Existían, además, antecedentes que parecían ominosos: el caso de Limantour, por ejemplo. Se quería bloquear cualquier reincidencia de los Científicos. Pero a fin de siglo estas distinciones territoriales y étnicas son, por lo menos anacrónicas. Somos o no somos modernos, abiertos y liberales. Un hombre vale por sus obras, no por sus orígenes. [Finalmente el artículo 82 sería modificado.]

Medios de comunicación

La vía de la democracia no pasa sólo –aunque sí necesariamente– por la limpieza electoral sino por el ejercicio cabal de las libertades, entre ellas la libertad fundamental en un régimen abierto: la libertad de pensamiento. En México se ejercen todas las variedades de la censura y la autocensura. Los medios comerciales suelen dar una información nula o inocua. Los medios ligados al público académico suelen ser dogmáticos: consienten los prejuicios del lector, le dan sólo lo que quiere leer y esquivan las verdades incómodas. Los medios oficiales, oficiosos o ligados de alguna manera al gobierno –la inmensa mayoría–, presentan una información que parece inspirada en el título de una novela de Fernando del Paso: *Noticias del Imperio*. (Si una bomba cayera en Nueva York, las ocho columnas de por lo menos un diario nacional serían: «Bomba atómica sobre Nueva York; Salinas consternado».) Los espacios de auténtica información y debate profesional son penosamente reducidos. Hay algo de esquizofrenia en la situación mexicana: podemos ver el debate Clinton-Perot-Bush por televisión pero el presidente de México no acepta nunca una entrevista abierta con los medios de comunicación. El mercado de la libre expresión en México está altamente protegido. Es urgente que esta situación cambie. La ausencia de información y debate político es contraproducente: convoca el rumor, la calumnia, la exageración y, en última instancia, la mentira. Lo mejor es airear las posiciones. ¿De qué se tiene miedo? ¿De escuchar mensajes populistas y estatistas en la televisión? Es mucho peor bloquearlos. Los propios perredistas, los hay inteligentes y sensatos, tendrían que admitir en público las críticas fundamentadas, de esta forma empezarían a poner al corriente sus anacrónicas posiciones. Es urgente que estos debates se realicen. En este sentido, la competencia en la televisión y los medios será muy sana. [En 1994 se llevaron a cabo los primeros debates entre los candidatos a la presidencia de la República.]

II
Por una democracia sin adjetivos

Salvador Nava y su esposa Concepción.

Por una democracia sin adjetivos*

> ... la luz de la experiencia es una linterna
> en el timón que brilla sólo en las olas que
> están ya tras de nosotros.
>
> Coleridge

El país abriga un agravio insatisfecho. Su origen es la irresponsabilidad con que el gobierno dispuso de la enorme riqueza que pasó por sus manos entre 1977 y 1982. Sabe que fue una oportunidad de desarrollo rara y quizás irrepetible, como no se ha presentado a ningún otro país latinoamericano. Presiente que con la oportunidad se fue también, por un largo tiempo, la posibilidad de un progreso sano, armónico y destinado a aliviar sus problemas ancestrales: la desnutrición, la desigualdad, la insalubridad, la pobreza. Su conciencia de la pérdida es más aguda porque entrevé que la caída no era inevitable –como lo fue alguna vez la del henequén– sino el resultado de fallas humanas. Admite que errar es de humanos, pero no en esas proporciones. La sensación de haber sido víctima de un gran engaño, las evidencias de la más alucinante corrupción, la abrupta y continua fluctuación de expectativas, todo ello y el sacrificio cotidiano e incierto que impone la crisis, se ha enlazado hasta formar un nudo difícil de desatar; un nudo hecho de azoro, arbitrariedad, cinismo, depresión, angustia y, sobre todo, incomprensión. Lo malo es que los agravios no desaparecen por ensalmo. Pertenecen al reino natural de las pasiones, no al de la razón. Y ya se sabe: «El hombre discute, la naturaleza actúa».

Dos palabras expresan la actitud del nuevo régimen: austeridad y realismo. Desde un principio De la Madrid prometió no prometer lo

* Enero, 1984.

91

imposible. Fue muy claro en su diagnóstico del mal por vencer –la inflación– y en advertir que la medicina que suministraría al paciente –en la sala de urgencias– sería durísima. A su juicio, y al de muchos otros mexicanos, no había ni hay alternativa. Pero la pertinencia de la cura o el valor del cirujano no alivian la carga de incomprensión acumulada ni satisfacen el agravio. En su discurso del 1º de septiembre, el presidente definió nuestra situación, casi sin metáfora, como una economía de guerra. La paradoja es que, en efecto, se trata de una metáfora. Los alemanes que padecieron la terrible inflación durante la República de Weimar sí habían vivido una guerra y podían señalar a los responsables reales o ficticios de sus desventuras. En México, en cambio, hasta el campesino más humilde escuchó la prepotente publicidad del «oro negro para todos» seguida, poco tiempo después, por un mensaje diametralmente opuesto: vivimos una economía de guerra. Y todo esto sin que mediase una explicación pública sobre las causas del desastre o una admisión de responsabilidades. Sobre el daño, el silencio.

El agravio arroja una sombra de desconfianza sobre los regímenes herederos de la Revolución. Es muy probable que las tensiones se alivien a medida que se abata la inflación y la economía reaccione. Todos lo esperamos. Pero todos sabemos también que la salida de la crisis no es inmediata y que sus dimensiones políticas persistirán por largo tiempo. Ahora bien, a diferencia de lo que ocurrió después del 68, el gobierno, objetivamente, no está ya en posibilidad de integrar a los agraviados o a los políticamente activos. ¿Cuáles son las alternativas?

El gobierno tiene un as olvidado en la manga desde la presidencia de Madero: la democracia. Ha sido un ideal revolucionario relegado para otros fines igualmente válidos pero distintos: el bienestar económico, la justicia social, la afirmación nacional, la paz y la estabilidad. Siempre existen argumentos para limitar, posponer o desvirtuar la democracia. Siempre es demasiado tarde o demasiado temprano. Siempre hay una tarea prioritaria, una estructura que no es prudente remover, un tigre que es peligroso despertar, una supervivencia cultural imposible de superar. Siempre rondan los fantasmas del caos, la desintegración nacional, el fascismo o el comunismo.

Sin embargo, la lección histórica es clara. Las sociedades más diversas y las estructuras más autoritarias descubren, sobre todo en momentos de crisis, que el progreso político es un fin en sí mismo. Confiar en la gente, compartir y redistribuir el poder es la forma más elevada y natural de desagravio. Así lo atestiguan la vuelta a la República francesa en 1871, el establecimiento de regímenes libres en Italia, Japón y Alemania al finalizar la segunda guerra mundial y en España a raíz de la muerte de Franco. Para alcanzar el progreso político, sólo se tiene una invención probada: la democracia. «Mal sistema», decía Churchill, «salvo en un sentido: todos los demás son peores.»

No sólo los veneros del petróleo nos llevaron a la tormenta y la crisis. También los vicios y costumbres que, en el gobierno y la sociedad, han bloqueado nuestro progreso político. Son los mismos que ocultan una oportunidad de desagravio, madurez y responsabilidad no menos preciosa que la que se perdió en 1982: la oportunidad de la democracia.

De su paciente lectura del vizconde Bryce –aquel agudo observador de la vida política– Daniel Cosío Villegas sacó en claro una fórmula para México: a la democracia por el agravio. Lo resumía de este modo:

«Nosotros –ni «predestinados» a la democracia, como Estados Unidos; ni con el genio creador teórico de Francia; ni con la paciencia inglesa, que acumula infinitas pequeñas experiencias para aprovecharlas– hemos alimentado nuestra marcha democrática bastante más con la explosión intermitente del agravio insatisfecho, que con el arrebol de la fe en una idea o teoría, lo cual, por sí solo, ha hecho nuestra vida política agitada y violenta, y nuestro progreso oscilante, con avances profundos seguidos de postraciones al parecer inexplicables».

Esta notable reflexión condujo a Cosío a una teoría pendular para explicar las corrientes profundas de nuestra vida política. Aunque no desarrolló esta teoría lo suficiente, sus ideas admiten una extrapolación histórica a partir de la Independencia. En nuestro origen está el agravio que los españoles infligían a la población mexicana. La independencia incuba en 1821 un nuevo agravio: el de las estructuras coloniales sin la presencia directa de España. La democracia avanza liberándose del legado español, de los fueros de la Iglesia y del ejército. Con la Constitución de 1857, el péndulo marca la hora que soñaron Morelos y los constituyentes de 1824. Fue un infortunio histórico el que los conservadores y la Iglesia no leyesen en el reloj de los tiempos la oportunidad de fincar –como otros países latinoamericanos– los cimientos de un juego de partidos. Acudieron a la fuerza. En 1867 la guerra se resolvió eliminándolos del escenario y condenándonos al unipartidismo.

Por diez años (1867-1876), durante las presidencias de Benito Juárez y Sebastián Lerdo de Tejada, México ensayó una vida política a la altura de los países europeos o Estados Unidos. No había partidos sino facciones dentro del grupo liberal, pero existía una verdadera división de poderes, un respeto fanático –¿y qué otro cabe?– por la ley, soberanía plena de los estados, elecciones sin sombra de fraude, magistrados independientes y una absoluta libertad de opinión que se traducía, hasta en los más remotos pueblos del país, en una prensa ágil, inteligente y combativa. Los hombres amaban la libertad política. Los definía más el patriotismo que el nacionalismo. No eran indiferentes a los males económicos o sociales pero desconfiaban de las soluciones autoritarias para aliviarlos.

En 1876, el golpe de Estado de Porfirio Díaz cambió nuevamente la posición del péndulo y puso fin a la Arcadia republicana. ¿A qué o a quién atribuir el fracaso? En política quizás es difícil quemar etapas y la República había sido una edificación en el vacío: «A una vida política sana, robusta y libre, no correspondía una economía vigorosa o siquiera ágil y despierta». Porfirio Díaz archivó el progreso político sin dejar, en teoría, de venerarlo. Los ferrocarriles y las inversiones extranjeras relegaron la vida política al museo de los ideales. Díaz no olvidó su raigambre liberal pero pensó que la democracia era un fruto del progreso material. Su largo régimen instauró muchos de los vicios políticos que aún padecemos: la centralización, la cooptación, el disimulo, el suave ahogo de los otros poderes. Durante cerca de cuarenta años, bajo el brillo fácil de la *belle époque,* se incubó un nuevo agravio.

Madero se levantó en armas para desagraviar políticamente a México y restablecer los preceptos democráticos de la Constitución de 1857. En plena campaña leía las *Memorias* de Lerdo de Tejada y sentía una veneración generosa e inteligente por los hombres de la Reforma. Desde antes de llegar a la presidencia y, más claramente, ya en ella cuidó de cumplir con escrúpulo todas las reglas de la democracia. Por un periodo aún más breve que el de la República Restaurada, el péndulo volvió a alcanzar altura. Nunca como en la época de Madero fue tan real la vida de los partidos. Pero las clases dirigentes del país no estaban preparadas para la restauración constitucional. La libertad las ahogaba. Los propios órganos que hubiesen debido apuntalarla –prensa, legisladores, intelectuales, magistrados– prepararon el gatillo de Victoriano Huerta.

Viejos agravios regionales y nacionales, económicos y sociales se conjugaron con el agravio mayor de la muerte de Madero. El resultado fue la mayor explosión de nuestra historia: la Revolución. La Convención de Aguascalientes o la idea de convocar a un congreso constituyente no se entienden sin el agravio político. Interpretar la Revolución sólo a la luz de sus componentes de clase es pasar por alto la chispa liberal que la provocó y la tradición que siguió viva muchos años después del triunfo sonorense.

El delahuertismo merece un pequeño lugar en la historia del péndulo. Su propósito de fondo era volver a la política de plaza, no de palacio. Cuatro años después de la derrota delahuertista, Obregón le dio la razón a sus vencidos adversarios liberales: intentó reelegirse. A sus allegados solía decirles que el único defecto de Porfirio Díaz había sido envejecer. Sólo el magnicidio pudo librarnos del cesarismo. León Toral consumó el segundo de los términos del ideal de Madero: «Sufragio efectivo, no reelección».

Vasconcelos tuvo en 1929 la oportunidad de poner en movimiento el péndulo. Si en vez de jugarse el todo por el todo a la carta presidencial hubiese atendido al consejo de algunos amigos, habría visto que la derrota política de su campaña era también una victoria moral que abría la posibilidad de fundar un partido político. México hubiera tenido, quizá, dos partidos modernos: el Partido Nacional Revolucionario (PNR) –el partido de los militares revolucionarios, centralista y estatizante– y, junto a él, un partido liberal, civilista, federalista y maderista. Una suerte de prePAN, sin los resabios confesionales típicos de los años treinta.

Calles tuvo una visión más clara. Con la fundación del PNR evitó la desunión en la cúspide revolucionaria –algo que ni Francia en 1792 ni la URSS en 1924 habían logrado– y sentó las bases para una transición pacífica y legítima del mando. La Revolución mexicana no devoró a sus hijos: los integró. Calles, es cierto, tuvo la tentación de instaurar una superpresidencia, pero su discípulo Cárdenas se encargó de consolidar su reforma institucional expulsando al Jefe encariñado con la silla presidencial. Con Cárdenas, el PRM se despistolizó y amplió socialmente su proceso de integración. Para 1938 estaba claro que se trataba de uno de los grandes inventos de la política mexicana: un cuerpo vivo y flexible, esponjoso y pragmático, que atrae y organiza, casi corporativamente, fuerzas de poder real –obreros, ejército, burocracia– sin recurrir al terror ni a la ortodoxia ideológica. Pocos países en el mundo pueden presumir de los beneficios del PRI: una larga estabilidad después de más de un siglo, casi ininterrumpido, de revueltas y revoluciones, predecibilidad y, lo que es más sorprendente, circulación de cuadros. El cambio final de siglas fue un acto de justicia lingüística: el PRI había logrado el cambio en la inmovilidad, la «Revolución Institucional».

¿Se trataba de un auténtico progreso político? Sí, en relación al siglo de violencia, pues había erradicado la política de la pistola. No, en cuanto a las potencialidades de madurez y responsabilidad que simbolizaban los liberales de la República Restaurada. Había triunfado el regateo privado, no la democracia. Después de dar –tras setenta años de regímenes militares– el paso fundamental al civilismo, Alemán detuvo totalmente el péndulo con argumentos similares a los del porfirismo. México no debía aspirar a formas superiores de vida política. No había necesidad. La Revolución Institucional haría justicia a todos, con la única condición de que todos se acogiesen a su buena sombra. Cegados por la llamarada industrial de la posguerra, políticos e intelectuales olvidaron, casi sin excepción, el legado de Madero y del siglo XX. De nueva cuenta el progreso político –incluso dentro del propio PRI– se posponía a cambio del crecimiento industrial. El PAN y el Partido Popular Socialista (PPS), cada uno a su manera, compartieron el optimismo de la *belle époque* priista. Gómez Morin esperaba el apoyo de los industriales de Monterrey como Lombardo Toledano el de la CTM. Pero industriales y obreros apostaron a otra carta partidista: la gubernamental, el PRI.

Desde los años cuarenta hasta 1968 México vivió, en lo político, un porfirismo remozado cuyos perfiles son perceptibles todavía hasta nuestros días [1984]. Las elecciones locales y estatales siguen siendo, en ocasiones, tan fraudulentas –y los candidatos tan ajenos e impopulares– como en tiempos de don Porfirio. La Federación ha estrangulado a los estados y a los municipios en una medida mayor que la del porfiriato. La división de poderes es casi siempre formal, como lo fue entonces. Las libertades no han crecido tanto como quiere la leyenda, salvo en el caso del derecho de huelga que un Díaz más joven hubiese legitimado de un plumazo. Nuestros diarios son menos profesionales, menos objetivos, menos críticos y, en términos relativos, menos leídos que los diarios de fin de siglo aunque, eso sí, mucho más aburridos. (¿Dónde está el bisnieto de *El Ahuizote?)* Ni siquiera en política exterior podemos jactarnos: Díaz ayudó a Nicaragua y buscó en Europa y Japón el contrapeso al *Big Stick* norteamericano. Las palabras de Emilio Rabasa en defensa de la dictadura hubiesen podido describir nuestra democracia adjetivada, nuestra democracia formal: «[El régimen de Díaz guardó siempre] el respeto a las formas legales ... para mantener vivo en el pueblo el sentimiento de que sus leyes, si no eran cumplidas, eran respetadas, y estaban en pie para recobrar su imperio en época no lejana».

Se dirá que la reforma política ideada por Reyes Heroles e instaurada por López Portillo interrumpió la continuidad neoporfirista. En buena parte es cierto. Hace quince años, la izquierda mexicana no tenía más salidas políticas que el lombardismo, el autismo o la sierra de Guerrero. Era absurdo e injusto no reconocerla. Hoy la representan cuatro partidos en la Cámara de Diputados, algunos grupos fuera de ella y varios órganos de opinión influyentes que circulan con una libertad conquistada por ellos e impensable en los años sesenta. Ha sido, sin duda, un importante avance democrático. Con todo, la reforma política ha sido, hasta ahora, más un movimiento de integración que un movimiento inverso –maderista– de cesión de poder a la sociedad.

Pero la integración parece haber dado todo lo que podía dar. Hoy existen muchos signos de erosión en el sistema. Aun sus más empedernidos defensores admiten que el PRI atraviesa por una etapa de baja participación, desorientación ideológica y falta de cuadros profesionales. Todo por servir se acaba: hasta la ideología de la Revolución mexicana. El sistema de integración funcionó por cincuenta años sobre premisas financieras –y cinismos ocultos– que permitieron su proliferación. Estas premisas desaparecieron con la crisis. Su mayor timbre de gloria –el crecimiento económico– guardará silencio por un tiempo. Por primera vez en su historia inmediata el gobierno mexicano no puede cumplir su proverbial función de *dar*.

Lo decisivo es que, a los ojos de un amplio sector de la población, el agravio provino precisamente del gobierno. El crecimiento sobrehumano de la silla presidencial a partir del alemanismo había vuelto a inocular en el mexicano las llagas que en 1908 señaló Madero; llagas que no impidieron, dos años más tarde, el estallido revolucionario: la corrupción de ánimo, el desinterés por la vida pública, un desdén por la ley y una tendencia al disimulo, al cinismo, al miedo. Pero los extremos de despotismo, demagogia, corrupción e irresponsabilidad que el país padeció en los últimos quince años han trasmutado esa aparente pasividad en resentimiento, en «rencor vivo». El proceso se aceleró en el sexenio de José López Portillo. Ante la perpleja mirada de los mexicanos, el gobierno escenificó una regresión que pasó sobre el México posrevolucionario, esquivó la Revolución, remontó el porfiriato, disimuló la Reforma y la República Restaurada y se instaló, impunemente, en el oropel de mediados del siglo pasado. Se reanudaron en el Palacio las fiestas y los bailes por orden de su alteza serenísima José López Portillo.

Aunque la opinión sabe que sería injusto e inexacto atribuir a López Portillo toda la culpabilidad de la tormenta y la crisis, a estas alturas nadie ignora la gran magnitud de su responsabilidad y, menos aún, los extremos fabulosos de nepotismo y corrupción que imperaron en su régimen. Con López Portillo culminó la sacralización de la presidencia. El Poder Legislativo se construyó un palacio diseñado no para la deliberación sino para el culto a la persona del Ejecutivo. El Poder Judicial observó impasible el saqueo, declarando una y otra vez su solidaridad irrestricta con el presidente. La prensa, la doctrinaria y la comercial, la de derecha y la de izquierda, se cuidó de no tocar al intocable. Los grupos de presión adoptaron también los métodos cortesanos. Los miembros del gobierno –conscientes, muchos de ellos, de los errores y malos manejos– se aferraron heroicamente a sus puestos: la muerte antes que la renuncia. Todo esto al tiempo en que una familia tomaba al país como patrimonio.

La falta de límites a la silla presidencial ha llegado al extremo, y la sociedad –o el tigre, si se quiere– comienza a despertar. ¿Qué hacer? Antes que nada reconocerlo. Porfirio Díaz fue un excelente lector del mapa político hasta que en 1908 dejó de advertir los reacomodos de la sociedad. Es cierto que ningún movimiento actual se asemeja al reyismo, pero los reacomodos existen para quien quiera leerlos. En muchos poblados del sur y del centro, anclados en el México viejo, es común encontrar un alto grado de politización local. En esos lugares la opinión se muestra resueltamente adversa a los manejos oficiales. Los sociólogos citadinos obsesionados con la sociología citadina minimizan estas corrientes políticas populares o simplemente no las ven. Ignoran que la gente puede no saber leer pero sabe quién la gobierna y quién la roba. En los estados del norte del país hay un reclamo generalizado de autonomía relativa que se expresa en las elecciones, en la fuerza de la prensa regional y en otros muchos ámbitos. Hay quien ve en estos signos una amenaza contra la nacionalidad, una estrella naciente en la bandera yanqui y otras catástrofes similares. Lo más probable es que se trate, sin más, de un vasto movimiento político en formación.

Una vez más, como en 1908, la sociedad, las generaciones, las ideas y la geografía política están cambiando. Porfirio Díaz no lo ignoró –la entrevista con Creelman así lo indica– pero prefirió la inmovilidad a la reforma profunda. En vez de restablecer la vida constitucional –con enorme provecho histórico para su régimen y su persona–, en vez de reconocer el decaimiento de su régimen, en vez de educar políticamente al tigre, creyó que no despertaría. Quiso detener indefinidamente el movimiento del péndulo democrático y –confirmando la fórmula de Bryce– pagó con su régimen por ese agravio.

La reflexión de Cosío Villegas sobre nuestra inconstante vida democrática es cierta pero no necesariamente fatal. No se trata de esperar con los brazos cruzados la siguiente explosión del agravio insatisfecho. La vida social no se rige como la de los astros, ni nuestras revoluciones van siempre sobre la grupa del cometa Halley (que regresará en 1986). Si carecemos del genio teórico de Francia y no nacimos predestinados a la democracia como Estados Unidos, nuestra historia reciente demuestra que poseemos cierta sabiduría para acumular pequeñas experiencias y aprovecharlas democráticamente. México fue, por mucho tiempo, país de revoluciones y revueltas, pero también ha sido un país de reformas. La reforma política más reciente lo confirma. Con todo, sería un acto de soberbia e ignorancia creer que la historia mexicana ofrece las claves suficientes para prevenir la explosión del desagravio y revertir los rasgos arcaicos de nuestra vida pública. ¿Dónde buscarlas?

En 1980 pasó por México el famoso historiador francés Emmanuel Le Roy Ladurie. Una de sus grandes cualidades ha sido la atinada comparación de circunstancias distintas y distantes, el viajar libremente por los tiempos y espacios históricos buscando ecos y resonancias, lecciones y advertencias. Hablando de México trazó un paralelo sorprendente: le recordábamos a la Inglaterra del siglo XVIII. Le Roy Ladurie no se refería a nuestro desarrollo industrial o a nuestra riqueza –enorme, por lo demás, en ese momento– sino a nuestra estructura política. Tiempo después, Rafael Segovia comentaba que la corrupción política en México le recordaba a la inglesa del siglo XVIII y para ello hacía referencia a un libro revelador: *The Structure of Politics at the Accession of George III* de Sir Lewis Namier. Es obvio que aquel Estado inglés, instrumento de la clase terrateniente, era de una naturaleza y una dimensión muy distintas de las del Estado mexicano. Pero cambiando lo que hay que cambiar –que es casi todo– hay un cierto paralelo en el *funcionamiento* de los dos sistemas. Francia, España e Italia son culturas mucho más cercanas, pero lo importante en este caso no son sólo las semejanzas sino las palancas de progreso. En esto la Inglaterra del siglo XVIII puede ser, en efecto, un espejo remoto y aleccionador.

Habían quedado atrás las grandes querellas, el derecho divino de los reyes, la revolución, las guerras civiles y religiosas y, en palabras del *Ricardo II* de Shakespeare, «las tristes historias de reyes derrocados, abatidos por la guerra, perseguidos por los fantasmas de quienes habían depuesto ... todos asesinados». En el siglo XVIII Inglaterra comenzó la era de la estabilidad política. Purgados y sin fuerza, los conservadores –*tories*– permanecerían silenciosos por seis largos decenios, los mismos que duró el régimen de partido único: la vasta supremacía *whig* (1725 a 1782). En aquella época, explica Namier, antes que los negocios, los hombres preferían el negocio del Parlamento. «Estar fuera del Parlamento es estar fuera del mundo», escribía un almirante a un lord en 1780. Era famosa la institución del *Secret Service Money*: esto es, la mordida. Un puesto en el Parlamento *whig* no era un fin en sí mismo sino un medio para hacer enormes fortunas, para «servir a los amigos», para tener una tajada en la nómina civil, para avanzar en la escala profesional, para obtener préstamos, mercedes, prebendas, contratos, recomendaciones, amparo de la justicia y, en general, como escribió un contemporáneo, *quelque chose de par le roi*.

El sistema electoral era antielectoral: «Las elecciones libres son perjudiciales. Debe evitárselas siempre que sea posible». En los «burgos podridos», una minoría de terratenientes manipulaba las votaciones a su voluntad. El vasto sistema de patronazgo y corrupción *(the old corruption)* deterioró incluso a las venerables universidades de Oxford y Cambridge. Se prostituían las becas universitarias. «En lugar de ser centros de instrucción y estudio», escribe G.M. Trevelyan, «eran establecimientos monásticos diseñados para la comunidad de los clérigos becarios.» Gibbon lamentaba sus años en Oxford: «El espíritu dogmático es angosto, perezoso y opresivo» (como en México). Hacia 1780 parecía difícil cambiar un sistema que había durado sesenta y cinco años. Trevelyan escribió:

«Una vez establecido, un sistema de corrupción parlamentaria se torna cada vez peor, en especial cuando toca y afecta cada estrato de la pirámide política, desde el Primer Ministro hasta el más insignificante de los votantes. Para destruirlo se requiere una voluntad política de tal magnitud y sinceridad que logre desviar las energías de los hombres hacia un verdadero propósito político.»

El momento del cambio llegó después de que Inglaterra perdió las colonias americanas. Una enorme deuda pendía sobre el imperio. La voluntad política de la que hablaba Trevelyan provendría del gobierno y de la sociedad. Cada cual haría su parte. Vale la pena detenerse en tres rasgos esenciales.

La parte del gobierno era gobernarse a sí mismo, poner la casa en orden. Esta reforma tuvo varios capítulos. Uno de ellos fue la *Economic Bill* propuesta por una facción de los *whigs*. Fue obra de Edmund Burke (el gran reformador que, por serlo, condenó la Revolución francesa). Su discurso ante el Parlamento en 1780 parece escrito para nosotros. «Es vital», escribió, «aceptar el cambio y encontrar el modo de ceder lo que es imposible seguir manteniendo», a lo cual añadía una larga lista de despilfarros y corruptelas. Burke proponía la creación de una «Superintendencia General de la Economía» (equivalente a nuestra Contraloría) que vigilara la aplicación honesta y racional del gasto. Entre las aboliciones que discurrió estaban: los feudos que no producían ingresos sino influencias, las empresas improductivas de la Corona, las jurisdicciones que sólo servían para oprimir o extraer ventajas. El enorme aparato de la Corte debía limitarse. Adiós a los aviadores, los contratistas políticos, los traficantes de pensiones, los galopines del rey que eran intocables por ser... miembros del Parlamento, los lambiscones, bufones, cuenteros, y a todos los privilegios de la nobleza que, incrustada en el Parlamento, prosperaba a costillas del erario:

«Ningún ingreso, ninguno, puede subsistir con el peso acumulado de instituciones caducas, lujos modernos y corrupción política. Porque así como la riqueza es poder, todo poder fatalmente se allegará riqueza de una forma u otra ... La corrupción, que en sí misma es el resorte perenne de toda prodigalidad y todo desorden; que nos oprime más que los millones de la deuda, que resta vigor a nuestros brazos, sabiduría a nuestros consejos y roba autoridad y crédito a las disposiciones más venerables de nuestra Constitución.»

Aparte de elevar a rango jurídico sus ideas, Burke propuso instaurar un servicio público de carrera –administración despolitizada–, una paga justa a los servidores civiles y, lo que era fundamental, una reforma al Poder Judicial. Los jueces, escribió, deben desvincularse por entero de la esfera política. Para ello hay que pagarles bien. «La justicia pública es lo que mantiene unida a la comunidad. La independencia de los jueces debe estar por encima de cualquier consideración.» Trevelyan resume así los resultados de la Reforma:

«Con la Reforma se aseguró que no reviviese el poder personal del rey. El número de prebendas y el monto del dinero secreto con que se había corrompido al Parlamento fue cortado de modo drástico; se prohibió a los contratistas gubernamentales formar parte del Parlamento; se removió a todos aquellos oficiales que dependían del gobierno y no de los electores para sus puestos (diez por ciento). Había muerto el degradante periodo de la corrupción política. Se logró purificar la vida pública inglesa.»

Un segundo acto de voluntad política requirió la cooperación, la confluencia de sociedad y gobierno. Fue la lenta germinación de los partidos políticos. Para la mentalidad del siglo XVIII la auténtica política partidaria era impensable y absurda. El doctor Johnson la tenía por un mal menor, pero un mal al fin. Pope, el poeta, escribió con desprecio hacia 1714: «El espíritu partidario ... en su mejor instancia no es sino la locura de los muchos para la ganancia de los pocos». Y Macaulay lo resumió todo en este estribillo:

then none was for the party
then all were for the state.

En Inglaterra, durante el siglo XVIII, a pesar de que las palabras *tory* y *whig* eran usuales, no puede hablarse propiamente de una lucha de partidos. El *whig* no era un partido sino un partido único, un partido-Parlamento, un partido-Gobierno, un PRI. El Parlamento era un cuerpo al que no se llegaba por una lucha electoral, sino por un sistema clientelar. El rey era la autoridad suprema a quien se debía la suprema lealtad. A fines del siglo XVIII comenzaron los cambios. Burke escribió, nostálgico todavía de los tiempos de unidad: «Las divisiones partidarias son», para bien o mal, «inseparables de un gobierno libre». Las guerras napoleónicas (1795-1815) introdujeron un largo paréntesis en la política inglesa, pero al cabo de ellas surgieron nuevas demandas y nuevos reacomodos. La obsesión de las clases dirigentes era evitar la revolución introduciendo reformas. Y el reloj político avanzó.

En 1832 se introdujo la gran reforma política que abrió el Parlamento a un sector de la clase media y a la nueva burguesía industrial y comercial, a costa de la aristocracia terrateniente. Es el año que marca el nacimiento de la política partidaria. La mentalidad había cambiado. Ahora la voz cantante era la de Disraeli: «Al demonio con los principios: aférrese a su partido»:

«Sostengo que es enteramente imposible llevar a buen fin una constitución sin partidos políticos. Digo que deben existir principios distintos que sean guías de conducta para los hombres públicos ... Pero sobre todas las cosas es necesario mantener la línea de demarcación entre los partidos. Sólo con partidos independientes pueden ser íntegros los hombres públicos. Sólo con partidos independientes puede el Parlamento conservar su influencia y su poder.»

El tránsito a la política partidaria requirió la más delicada sensibilidad política. Había que buscar reformas que evitaran el derramamiento de sangre. Cierto que hasta el siglo XX se introdujo el pleno sufragio universal, pero también lo es que la reforma de 1832 no fue sólo una demanda burguesa sino de toda la sociedad. 1832 fue el año de la revolución pacífica en Inglaterra, una revolución cuyos postulados y componentes de clase no diferían mucho de la de 1789 en Francia. Gracias a ella, Inglaterra evitó el círculo vicioso de revolución y reacción.

Por parte del gobierno –conservador o liberal– el progreso político consistió en anticipar, reconocer, sancionar y proteger los reacomodos sociales y políticos dándoles voz y voto: sindicatos, nuevas masas electorales, etcétera. Por parte de la sociedad, de los burgueses a los obreros, de los disidentes religiosos y políticos a los cartistas, el progreso consistió en ejercer una presión organizada sobre el gobierno. Algunas veces esta dialéctica llevó a la violencia y la represión, pero el progreso político fue claro: *la sociedad aprendió poco a poco a gobernarse a sí misma a través de los partidos.* Con la competencia entre partidos desapareció definitivamente la corrupción. Proceso admirable pero difícil. Namier lo describió con perfecta concisión: «Las ideas políticas y los partidos son cuerpos de avance lento. El gobierno parlamentario, sistema sabio como es, no nació a la manera de Palas Atenea».

La tercera palanca del progreso político fue la prensa. Aquí toda la voluntad fue de la sociedad. El gobierno no tuvo voz ni voto. Durante casi todo el siglo XVIII predominó, con altas y bajas, la censura: «Las publicaciones cuyo objetivo sea criticar al gobierno se considerarán libelos y como tales se castigarán». Contra esta legislación, antes de que aparecieran los grandes diarios (el *Times* nace en 1785), lucharon los grandes escritores políticos. Daniel Defoe publicaba su *Revue* a principios del siglo XVIII; Addison quería «sacar la filosofía de los gabinetes para llevarla a los clubes y salones». A pesar de la censura y del oneroso impuesto del timbre, los escritores siguieron haciendo política... por escrito. La lista es inmensa: Swift, Fielding, el doctor Johnson, Walter Scott, Coleridge, Dickens. Casi no hay excepciones.

La prensa fue la mayor escuela de educación política –Montesquieu se sorprendió al ver obreros leyendo periódicos–. Fue también un factor dinámico: enfrentaba al Parlamento y la Corte, se permitía satirizar al rey, mantenía una mirada vigilante sobre la vida pública. Un escritor contemporáneo solía decir: «Si en el futuro alguien quiere conocer la civilización actual no necesitará ver ferrocarriles o edificios públicos: le bastará un ejemplar del *Times*». La sociedad requería, más que representantes en el Parlamento, ejecutores en el ministerio o la judicatura. Requería un poder propio que vigilase a los otros tres. Un órgano que volviera público el regateo privado. Fue Burke quien acuñó la famosa frase sobre los periodistas: «Ustedes son el cuarto poder».

Cuando la Revolución industrial apareció en el horizonte, la pérfida Albión, vacunada contra el despilfarro, llegó a la cita con toda puntualidad. Había puesto su casa en orden mediante una cuidadosa relojería política: límites autoimpuestos en el gobierno, una sana vida de partidos y una prensa que llevaba la independencia al fanatismo. Inglaterra no fue rica antes que democrática. Fue democrática antes que rica.

Si en México biografía presidencial es destino nacional, Miguel de la Madrid representa una posibilidad de desagravio y democratización. Sus escritos jurídicos sugieren cuando menos un hecho: es un hombre que tiene la sensibilidad intelectual y moral para evitar la explosión del agravio insatisfecho, poner de nuevo en marcha el enmohecido péndulo y adoptar las lecciones históricas pertinentes que nos conduzcan a una democracia sin adjetivos.

De la Madrid ingresó en la Facultad de Derecho en 1952. Su huella política inicial no fue el alemanismo, que había vivido como adolescente, y menos aún la época bronca de la Revolución, que duró hasta 1940, sino el ruizcortinismo: un régimen de contención y austeridad. En la Facultad descubrió al guía más entrañable para su generación: Mario de la Cueva. «Nos hizo», recuerda, «respetar a la sin par generación de los liberales [inculcándonos] un amor invariable y recio a la libertad y la justicia». Al concluir su carrera, De la Madrid contribuyó tácitamente a los festejos del centenario de la Constitución de 1857 con una tesis que dirigió, además de De la Cueva, Jesús Reyes Heroles, que por entonces publicaba su famoso estudio *El liberalismo mexicano*.

El pensamiento económico de la Constitución de 1857 presagiaba las dos vertientes dominantes en De la Madrid: el técnico y el liberal. Su propósito era, por una parte, insertar la historia del constitucionalismo mexicano en la corriente universal y, por otra, haciendo referencia a la economía mexicana de mediados del siglo XIX, analizar comprensivamente las ideas económicas de los liberales del 57. El texto es claro, riguroso y seco, pero se permite alguna emotividad al hablar del cura Morelos o de «la invocación enérgica de la forma republicana y liberal» en 1824. El santanismo le parece «la tiranía más oprobiosa que ha padecido nuestro país»; en el Plan de Ayutla ve «el despertar del poder constituyente del pueblo». Sus palabras de mayor tensión son para los constituyentes del 57, que supieron vindicar «el valor de la individualidad humana frente a la organización estatal»: el Constituyente, escribe De la Madrid,

«representa todavía a una centuria de distancia una lección viviente para nuestra generación y para las posteriores. En medio de los festejos que mucho suenan a formalismos insinceros, la juventud actual ha comprendido que *la enseñanza del 57 es una invitación permanente a la vida institucional y democrática*. No importa ya ahora considerar si sus textos tuvieron o no eficacia en organizar adecuadamente al México de entonces ... es inevitable reconocer el legado inapreciable que nos dejan aquellos hombres que hicieron posible nuestra existencia nacional.»

Esta faceta de su personalidad, inspirada por el constitucionalismo liberal, ha persistido hasta ahora. En 1962, al cumplirse el bicentenario de Rousseau, escribió el largo ensayo «La soberanía popular en el constitucionalismo mexicano y las ideas de Rousseau», donde refuta la teoría de una constitución por encima de la soberanía del pueblo. En 1963 abordó la reforma a la Constitución en materia de representación y llamó a los partidos a asumir su nueva responsabilidad. En 1964 estudió la división de poderes y la forma de gobierno en la Constitución de Apatzingán. En ese ensayo cita a Morelos: «el influjo exclusivo de un poder se proscribirá como principio de tiranía». Para De la Madrid la división de poderes, como tal, seguía vigente: «creemos, con Montesquieu, que todo hombre investido de poder tiende a su abuso y que es necesario implantar mecanismos institucionales que lo limiten ... sin separación de poderes no hay constitución».

El proyecto político de De la Madrid es un reflejo de su biografía intelectual. En su campaña electoral, sus menciones a los liberales y la ley fueron tan continuas como su prédica constitucionalista. Se diría que su proyecto quiere ser la puesta en práctica de una lectura estricta de la Constitución. Donde dice «república», ser más república; donde dice «representativa», aproximarse más al texto; lo mismo para las otras dos palabras clave: «democrática» y «federal». La Revolución mexicana está presente en dos objetivos: una sociedad más igualitaria y un nacionalismo revolucionario.

Al espíritu republicano corresponden las ideas –algunas en marcha, otras en proyecto– de continuar la reforma política, establecer un diálogo continuo con los partidos, dar juego a las Cámaras, reformar el Senado y el Poder Judicial. También son importantes los límites al Poder Ejecutivo, desde los simbólicos (el presidente paga impuestos y ataja el culto a la personalidad en el Informe y en las placas conmemorativas) hasta los más sustantivos: disposiciones contra el nepotismo y la amplia gama de abusos políticos, nuevas figuras delictivas, declaración anual patrimonial, etcétera. El tono del régimen ha tenido, hasta ahora, ese rasgo general: «volver a la sobriedad y austeridad propias del régimen republicano». La renovación moral se inserta también en el ideal republicano: la Secretaría de la Contraloría y la Ley Federal de Responsabilidades de los Servidores (no funcionarios) Públicos son quizá sus expresiones más sobresalientes.

La palabra «democracia» se encuentra en dos de los postulados: planeación democrática y democratización integral. A ella corresponde la idea de continuar los Foros de Consulta Popular: una suerte de plebiscito cotidiano que genera un «mandato» directo del pueblo. Por último, el término «federal» se refleja en la «descentralización de la vida nacional», cuyos aspectos más relevantes son la reforma al artículo 115 constitucional en apoyo a los municipios –un clamor desde antes de la Revolución– y la prueba de fuego: la descentralización educativa, una vuelta a las ideas de los liberales de 1917, no de los centralistas vasconcelianos de 1921.

Es todavía prematuro intentar el balance amplio de un sexenio que apenas comienza, pero a la luz de nuestra oscilante historia política cabe quizás afirmar que el proyecto político de De la Madrid puede significar un sesgo profundo en la etapa posrevolucionaria, el ocaso definitivo del dadivoso neoporfirismo, la vuelta al legado constitucional del siglo XIX y del maderismo, y la posible reversión de las tendencias autoritarias del siglo XX. Nuevas –y viejas– palabras aparecen en los discursos públicos junto a Revolución: independencia, soberanía, mandato, federalismo, representación, división de poderes, república. La política podría volver a desplegarse como una dimensión autónoma, y el Estado perdería quizá sus inútiles prestigios hegelianos para reducirse a una perfectible creación humana. Hay conciencia de los límites a los que lleva la falta de límites presidenciales. Aunque el proyecto no recoge sólo el legado del liberalismo constitucional, ese es, a mi juicio, su perfil dominante.

El proceso será difícil. La renovación moral o la democratización integral están todavía, por desgracia, en un estado embrionario. No son aún la cosa misma: renovación, democracia. Si en lo político el presidente De la Madrid busca algo más que un gobierno digno, recto, republicano y austero –obligado, sobre todo, por las circunstancias– y si reconoce la profundidad del agravio insatisfecho, su desempeño político deberá rebasar decididamente los márgenes del proyecto inicial hacia medidas que propicien una gran participación política que, por su dinámica propia, impida cualquier reversión autoritaria. Por lo demás, es verdad que sólo una parte de la labor política pendiente depende del presidente y de sus colaboradores. El resto corresponde a la sociedad. Está en la esencia de un gobierno democrático el *no desdoblarse en sociedad civil*. Si el gobierno renuncia a la omnipresencia y la sociedad no participa ocupando el espacio político que le corresponde, el vacío lo llenarán los Porfirio Díaz y Victoriano Huerta de la hora. Esa participación es incierta. Por el momento [1984], lo único claro es que el cuerpo político y la sociedad civil tienen frente a sí una labor titánica de reforma que puede resumirse en tres preguntas clave: ¿Ha comenzado a poner el gobierno de De la Madrid diques perdurables al Poder Ejecutivo y, en general, al Estado? ¿Podemos desplegar una sana y madura vida de partidos? ¿Cuál es la situación actual de la prensa? No son, admitámoslo, todas las condiciones para la democracia, pero en nuestras circunstancias, como en la unánime y corrupta Inglaterra dieciochesca, son las fundamentales.

El problema de limitar, racionalizar y depurar al Estado mexicano es infinitamente más difícil de lo que fue para aquellos caballeros, serenos y empelucados, del siglo XVIII. De la Madrid lo está intentando con un método y un sentido en cierto modo similares, viendo en la corrupción «el resorte perenne de toda prodigalidad y todo desorden». Con todo, hasta ahora, la renovación moral ha sido casi inexistente. La revista *Proceso* ha sido más efectiva que la Secretaría de la Contraloría. Ha denunciado la corrupción con hechos fehacientes y recogido testimonios alucinantes. Es la opinión pública la que ha desterrado a López Portillo, no la justicia federal, cuyo único gran campanazo ha sido hasta ahora el encarcelamiento de Jorge Díaz Serrano. El concepto de renovación moral que maneja el régimen ha estado más cerca de la técnica que de la justicia. Criterio dudoso. Más que un aluvión de leyes y un ejército de contralores –aunque ambos son necesarios– el país necesita actos de justicia que sean claros, abiertos, fundamentados, indiscutibles.

Si los chivos expiatorios son culpables no son chivos expiatorios. El acto de justicia que la opinión aún espera es el juicio a López Portillo. *Ese juicio es la condición necesaria para desagraviar histórica y moralmente a México.* Y la única posible. Hubo un momento en que un presidente de México actuó contra un ex presidente en abono del sistema, de la ley y de la propia institución presidencial: Cárdenas contra Calles. ¿Es acaso imposible que, respetando puntualmente los cauces legales, un régimen promueva un juicio a su antecesor? Vivimos oficialmente una economía de guerra: una guerra hasta ahora no declarada oficialmente y de la cual, oficialmente, no hay responsables. La opinión no lo cree, de ahí que albergue un profundo agravio.

La nueva actitud del presidente, el estilo personal de De la Madrid, es otro tema capital en el proyecto de limitar el poder y propiciar la democracia. La sobriedad republicana resulta un fin en sí mismo, sobre todo a raíz de los últimos sexenios. El presidente ha logrado transmitir una imagen de reciedumbre, sinceridad y limpieza. Se diría que se ve en la figura de un cirujano obligado a practicar una operación dolorosa. Sólo así se explica la firmeza casi quirúrgica con que persigue su programa económico, así tenga que partir lanzas con los sindicatos universitarios o con Fidel Velázquez. Pero todavía hay un largo trecho de virtud política y moral por recorrer. El republicanismo no supone, necesariamente, la lejanía del presidente. Popular no es sinónimo de populista. Cirugía no equivale a curación. Es verdad que un acercamiento mayor y más emotivo del presidente al pueblo puede significar riesgos. Podría ser interpelado desagradablemente, recibir quejas que el propio presidente no pueda paliar. Pero el acercamiento es necesario. El mensaje no puede consistir sólo en la frase de Séneca: «Soporta y renuncia». La gente, más responsable y adulta de lo que los políticos suelen creer, necesita horizontes. La carga de la crisis sería mucho más llevadera si el presidente y sus secretarios suministrasen con calor, claridad y sin tecnicismos una amplia información: causas de la crisis, errores cometidos, proyectos, restricciones, perspectivas, plazos, comparaciones con otros países y recursos, sobre todo recursos: materiales, humanos, históricos. Pero además de la información, una mayor presencia. La sensación de que el presidente no sólo dice compartir sino que, en efecto, comparte los enormes sacrificios del pueblo. El mensaje de De la Madrid ha sido fundamentalmente estoico, pero el mexicano, desde hace siglos, alimenta su estoicismo con un poco de fe. Nada se puede sin creencias.

No sólo de moral vive el hombre. También de pan. A estas alturas de nuestro siglo, en términos económicos debería estar claro que la creatividad de un régimen puede consistir en una labor de afinamiento: quitar la grasa inútil, remover los quistes de ineficiencia, irresponsabilidad, indolencia y corrupción. Es un proyecto que no tiene nada de «burgués»: lo practica, con poco éxito, Andropov, con alguno, el camarada Deng, y con mucho, el señor Kadar. En todo el mundo occidental –incluyendo los países europeos con gobiernos socialistas– se debate intensamente el costo del Estado. En todas partes –menos en las catacumbas del posestalinismo– se reconoce que la ineficiencia de la planeación central no beneficia, a la larga, ni a los planificadores centrales.

Piénsese en las empresas públicas y paraestatales. Muchas de ellas han vivido, por decenios, en el mejor de los mundos posibles, con las ventajas del capitalismo y del socialismo (libertad y protección estatal) y sin sus desventajas (competencia y control). El argumento para sostenerlas es siempre el mismo: constituyen un patrimonio irrenunciable de la nación y generan empleo. La cuestión sin respuesta es siempre la misma: ¿Cuánto cuesta, qué produce y quién paga la irrenunciable ineficiencia o la corrupción patrimonial de muchas de esas empresas? El Estado –en México hay que repetirlo– no es la nación.

El sector estatal es inmenso. En este momento de aguda depresión económica, el gobierno debería ser mucho más drástico en su política de recorte con esas empresas. Paralelamente, es necesario identificar o crear *islas de salud* en el sector público y apoyarlas. El Estado no puede proveerlo todo. Debe concentrarse. En su momento, España concentró sus esfuerzos en el turismo, Noruega en el petróleo, Corea del Sur en la industria naviera. México necesita una tabla de prioridades. La revolución educativa en marcha es un buen ejemplo. El mal que busca erradicar –limitar– es asfixiante. Un complemento natural sería identificar y apoyar islas de alta cultura e investigación científica con la única condición de que prueben –en la competencia internacional– su excelencia.

Un proyecto urgente –la lección inglesa en esto es muy clara– consistiría en llevar a cabo una reforma jurídica que complementaría a la renovación moral. Al parecer, se está intentando. El Poder Ejecutivo debe colocar, por encima de su poder, a otro poder: el Judicial. El Poder Judicial debe ser, realmente, *la última instancia*. Habría que remover siglos de corrupción, mentira y descrédito, rehacer la actitud del mexicano frente a la ley. Es difícil pero no imposible: grandes actos de justicia suelen hacer maravillas con la mentalidad pública. Hasta ahora sólo el crimen es noticia. La justicia podría empezar a serlo. Si el gobierno logra, por ejemplo, una transformación profunda en el sistema penal y en la policía hará un bien inmenso. Para las grandes mayorías, el Estado *es* donde el Estado *toca*: la policía. Y hay *toques* que matan. Pero la piedra de toque es la corrupción: «Nos oprime más que los millones de la deuda».

Una pregunta recorre las calles de México: ¿Qué haremos con el PRI? Seguramente es prematuro recitarle el poema de Manuel Acuña: «Ante un cadáver». Quizá ya sea inútil aplicarle el truco que recomendaba Disraeli y que los mexicanos hemos ejercido sin haberlo leído: dejar el fondo, cambiar el nombre. Previendo su desaparición personal antes del año 2000, Fidel Velázquez –junto con Calles y Cárdenas, el mayor político mexicano del siglo– podría quizá canalizar al PRI hacia formas partidarias modernas que lo acerquen, dada su base obrera, a una forma de laborismo o socialdemocracia. En todo caso, la lección sugiere una paulatina cesión de poder allí donde se justifique. Hay que empezar en algún momento. La hegemonía *whig* duró sesenta y cinco años; la transición al pleno bipartidismo tomó otros tantos.

Comparado con los partidos únicos de los países de Europa del Este, cuya inmovilidad quita el sueño tanto a Andropov como a Deng, el PRI es una liebre. Pero para nosotros, a pesar de su capacidad de movilización, es una tortuga. Hay quien prefiere buscar la democratización bajo el manto protector del PRI, el cambio «desde dentro». Las lecciones históricas muestran que la única regeneración eficaz es la libre competencia política, desde el nivel municipal. Dos ejemplos: nunca fue más rampante la corrupción en Estados Unidos como al finalizar la guerra civil, cuando imperaba de hecho, un solo partido; el bipartidismo cambió las cosas. Italia, por su parte, democratizó su sistema desde la raíz: los ayuntamientos comunistas han funcionado con eficacia y honestidad. Nada ayudaría más al PRI que reconocer los triunfos de los otros partidos. Lo obligaría a modernizar su sistema de reclutamiento, a definir sus diferencias con la izquierda y la derecha, a recuperar el siglo XIX –la herencia liberal y el sentido original de la Independencia– y, quizás, a encontrar formas imaginativas de renovar, para las nuevas generaciones y para sí mismo, la imagen de la Revolución mexicana. Por desgracia, su comportamiento electoral y el de las autoridades ha dejado mucho que desear: en muchos municipios los fraudes electorales [de 1983] fueron obvios. Circunstancia peligrosa: en México las mechas de violencia no se encienden en grandes espacios. La democracia comienza por el respeto a las urnas.

Los problemas del PAN son menores, pero no son pocos. Carece de líderes nacionales y grandes figuras. Desde la muerte de Cristlieb Ibarrola, no ha producido ideólogos sino hombres de choque ideológico –que es distinto. El PAN es el antiPRI. No ha podido presentar un programa alternativo. Tampoco ha sabido reivindicar ciertas raíces liberales en el pensamiento de Gómez Morin y, menos aún, la parte recuperable de la tradición conservadora. Con todo, por cuarenta y cinco años ha permanecido activo e independiente. Debe renovar su programa, pero es el molde potencial para una lucha moderna de partidos.

En 1973, treinta y tres por ciento del Distrito Federal votó por el PAN. En 1982 obtuvo catorce por ciento de la votación nacional. Pero fue en 1983 cuando rompió con todos los pronósticos. El PAN fue el gran beneficiario de la tormenta y de la crisis. En el norte del país ganó varias presidencias municipales y casi una gubernatura. Este proceso alarmó al PRI y a los partidos de izquierda. Se dijo que la apertura democrática en el norte desataría el desplome del dominio político: primero el PRI perdería un estado, después todos los estados, luego el país perdería al norte (y al PRI). El argumento es malo. Las elecciones limpias tienen y tendrán muchas ventajas, aun si el PAN sigue triunfando: el norte recobraría un margen de iniciativa histórica respecto al centro, la competencia geopolítica revitalizaría incluso la vida económica del país, el proceso significaría una descentralización efectiva y «desde abajo». Temer que Estados Unidos devore la zona norte del país es desvariar. Si los peligros para la nacionalidad son hipotéticos, no lo son sus ventajas: una frontera más libre podría competir –industrial, comercial y culturalmente– con nuestros vecinos. La cultura mexicana no necesita del PRI para defenderse y tampoco del PAN: por siglos lo ha hecho sola. En suma, si la receta histórica funciona, lo sabio es ponderar la profundidad del reacomodo político y reconocerlo.

Esto es, precisamente, lo que se hizo ante un movimiento menos generalizado pero más explosivo: la disidencia del 68. Por desgracia, los partidos de izquierda no han aprovechado democráticamente la apertura. Estamos lejos de tener un partido socialista como los de Francia o España, o un partido comunista como el italiano. Hay varias razones históricas que lo explican pero entre todas resalta una: la izquierda en México no está acostumbrada a la democracia.

Dato central: estos partidos carecen de peso electoral. Son una minoría concentrada geográfica y profesionalmente alrededor de los *campus* universitarios con una alta dependencia económica del Estado. Carecen de la compleja experiencia histórica de partidos similares en Chile o Brasil. No logran atraer a los campesinos, a la vasta clase media ni a la clase obrera. Los legados ideológicos del marxismo-leninismo y del estalinismo tienen todavía un peso decisivo en las actitudes de la izquierda y bloquean su apertura a una democracia sin adjetivos. Para colmo, viven un estado crónico de pulverización e intolerancia interna. Donde hay dos hombres de izquierda hay tres facciones.

Esta condición de múltiple aislamiento histórico, social, ideológico, material y geográfico se ha traducido, naturalmente, en una propensión a violentar su propio crecimiento e influencia por atajos no democráticos, como son el chantaje ideológico y la huelga política. México es quizás el único país del mundo donde el 68 sigue vivo. Su recuerdo es el elemento de presión más socorrido por estos grupos, cuya dirigencia –sobre todo en el Partido Socialista Unificado de México [PSUM, que años más adelante se fundiría en el PRD]– proviene de aquel movimiento. Su poder no reside en los votos sino en el ruido ideológico. Es un poder arrancado –con buenos dividendos– al Estado, no ganado por los votantes.

Siempre hay una sombra de violencia en la actitud de la izquierda. En sus discursos nunca falta la palabra «lucha»; en sus desfiles, el puño cerrado; en sus mitologías, la revolución. De ahí que busquen a menudo la provocación, el desquiciamiento: «Mientras peor, mejor». No importa que sus actitudes puedan despertar a los dinosaurios de la derecha, no importa que con el tono de sus manifestaciones al Zócalo –1968 *revisited*– se enajenen las simpatías de muchos posibles votantes.

Hay que distinguir. El Partido Popular Socialista (PPS) es un partido del pasado. Los trotskistas del Partido Revolucionario de los Trabajadores (PRT), herederos finalmente de una tradición más humana, tuvieron la sabiduría de presentar como candidato presidencial no a un doctor en la «revolución permanente» sino a una mujer valiente [Rosario Ibarra de Piedra]. Ganaron simpatía y votos. El Partido Socialista de los Trabajadores (PST) ha respetado, al parecer, los procesos democráticos. El Partido Mexicano de los Trabajadores (PMT) –aún sin registro– se ha librado hasta cierto punto de la escolástica: representa el germen de una moderna izquierda *mexicana*. Lo encabeza un ciudadano ejemplar: Heberto Castillo. Pero lo cierto es que ninguno de los grupos o partidos de izquierda puede disimular la impaciencia y el desdén por la «democracia burguesa» y las «libertades formales».

Sin embargo, pocos cuerpos políticos hay en México con la vitalidad e iniciativa de la izquierda. Si los partidos de izquierda evolucionasen hacia formas modernas podrían constituir un motor positivo de reforma. Para construir esa izquierda las recetas no son inglesas sino españolas: ejercer la crítica de los socialismos reales, única forma de delinear qué está vivo y qué no en el proyecto socialista; abandonar la enrarecida escolástica –el espíritu dogmático del que hablaba Gibbon–; abrir ventanas a otras experiencias intelectuales y políticas de Occidente; elaborar un proyecto viable y realista para México, sin olvidar el nivel avanzado de nacionalización económica y sus altos costos; administrar los ayuntamientos para que llegasen a ganar con pulcritud y eficacia, no como plataformas de una minirrevolución. Pero, sobre todo, la izquierda debe valorar la libertad política de los otros, las opiniones de los demás. Cuando el Partido Socialista Chileno (PS) se radicalizó y olvidó los mecanismos democráticos, acercó al país al abismo. Cuando el Partido Socialista Obrero Español (PSOE) vio en la democracia un fin –no una panacea– perdió sus dogmas pero ganó el poder.

Si en el futuro alguien quiere conocer la vida en México y toma un ejemplar de cualquier periódico actual, no entenderá nada. Cosío Villegas así definió a nuestra prensa: «es una prensa libre que no usa su libertad».

Dejemos a un lado la corrupción, los embutes, las plumas mercenarias y toda el hampa periodística. Si se juzga el contenido de la prensa no oficial, a pesar de que no faltan los buenos periodistas, el panorama es desolador. La prensa comercial independiente usa su libertad para promover sus negocios. Es un escaparate de novedades para la burguesía, una zona rosa en blanco y negro, inocua políticamente. Su divisa es aplaudir o callar. A su derecha prosperan algunas publicaciones que además de escaparate son heraldos del conservadurismo más rancio y antidemocrático. No hay una prensa que represente al centro político: la tierra de nadie. De centro-izquierda hay varios periódicos apreciables pero anodinos: soles en el crepúsculo, días nublados, universales particulares. El diario de mayor circulación, *Excélsior,* vive de su capital acumulado, contiene buena información y cuenta con algunos editorialistas intelectualmente respetables, pero es sensacionalista, venal e ideológicamente tendencioso. Su mayor problema es la falta de autoridad moral: las manos sucias del golpe de 1976 y su ya proverbial política de calumnias. *Unomásuno* tiene, por el contrario, cierta autoridad moral, es creativo e inteligente, pero le falta información e incurre, con frecuencia, en el terrorismo verbal, la distorsión y el dogma. Una oportunidad perdida: da al *campus* lo que es del *campus* pero se lo niega a la verdad.

La ecuación de nuestra prensa despeja, por eliminación, la incógnita: falta la voz de la opinión pública, un periódico independiente, plural, crítico, profesional, liberal, que compita con los mejores diarios de Occidente tanto por la calidad de sus plumas –nacionales y extranjeras– como por la creatividad, precisión, oportunidad y objetividad de su información. Un diario así sería –además de un gran negocio– la mejor Secretaría de Educación Política del país.

De nuevo España. La transición democrática hubiese sido impensable sin la prensa: *se adelantó* a habitar, a conquistar un territorio democrático. En 1969 era todavía imposible criticar al ejército o a Franco, pero no sus políticas. Esta crítica pragmática fue fundamental y nos ha hecho una enorme falta en México. Imaginemos a un periodista mexicano colándose, en febrero de 1981, en las reuniones del gabinete económico donde se *sabía y discutía* la inminencia del desastre. Imaginemos las ocho columnas, el *shock* de la opinión y el gobierno literalmente forzado a corregir el rumbo. Imaginemos a unos secretarios y subsecretarios que renunciaran en masa como forma de presión al presidente. Es mucho imaginar.

¿Y los intelectuales? Nuestros émulos de Swift, Defoe y Dickens; nuestros valerosos abajofirmantes que con grave riesgo de sus vidas denuncian día a día las conspiraciones de las bestias negras que nos vigilan y asedian no rebosan convicciones democráticas. Nada menos habitual en ellos que realizar encuestas de campo –con un sindicato, municipio, ejido, transeúnte u obrero– para averiguar lo que la gente pide o es. Nada les repugna más que confrontar sus emociones convertidas en teorías o sus ocurrencias transformadas en doctrinas con los datos empíricos y las cifras de la realidad. Grandes cosas pueden predicarse de la mayoría de nuestros intelectuales, pero no su independencia. Por desgracia, es la prenda fundamental para servir democráticamente a la sociedad y no orgánicamente al Estado. La estatolatría es el opio de nuestros intelectuales, su enfermedad profesional. Como el *herpes* al amor, este mal los inhabilita para la democracia. Las razones son obvias. El sistema democrático requiere juego político por fuera del Estado y voz para la sociedad civil. La crítica de los estatólatras se limita siempre a regañar al Estado por no crecer. Lo curioso es que la mayoría de ellos veneran al Estado en nombre del marxismo. Para refutarlos no hay que imaginar a Marx en el siglo XX escribiendo, en vez de *El capital, El Estado*. Bastan dos párrafos de *El 18 brumario de Luis Bonaparte*:

«... este espantoso organismo parasitario que se ciñe como una red al cuerpo de la sociedad francesa y le tapona todos los poros ... tiene atada, fiscalizada, regulada, vigilada y tutelada a la sociedad civil desde sus manifestaciones más amplias de vida hasta sus vibraciones más insignificantes, desde sus modalidades más generales de existencia hasta la existencia privada de los individuos ... Este cuerpo parasitario adquiere, por medio de una centralización extraordinaria, una ubicuidad, una omnisciencia, una capacidad acelerada de movimientos que sólo encuentra correspondencia en la dependencia desamparada, en el carácter caóticamente informe del auténtico cuerpo social.»

Cuando la acumulación originaria de capital apareció en el horizonte como regalo de la naturaleza, México la dejó ir a una velocidad sin precedente. Sin un gobierno que se gobernase a sí mismo, sin una sana vida de partidos, sin una prensa independiente y objetiva que diese voz y al mismo tiempo formase a la opinión pública, sin una vida política moderna, es natural lo que nos ocurrió. Quisimos ser ricos antes que democráticos.

Francisco Franco creía, como muchos de nuestros intelectuales y políticos, que la tradición política ibérica invalidaba a su país para la democracia. El tiempo, el deseo español de igualarse a las demás naciones europeas y la voluntad, el carisma y la inteligencia del rey y de otros hombres excepcionales, lo desmintieron. En México, otro argumento socorrido por los amigos del *statu quo* es el posible precio de inestabilidad que habría que pagar si la transición de la democracia formal a la democracia sin adjetivos fuese drástica. No tiene por qué serlo, pero tampoco hay por qué hacer un dios absoluto de la estabilidad. Italia resistió el embate desquiciante de las Brigadas Rojas no a pesar sino gracias a su temperamental sistema democrático. No es imposible que surjan brotes de violencia urbana o rural en México. Habría que vencerlos y no usarlos como pretexto para bloquear el proceso democrático. El caso es empezar en todos los frentes y comprender –como España lo ha comprendido– que la democracia no es la solución de todos los problemas sino un mecanismo –el menos malo, el menos injusto– para resolverlos.

Si, como lo demuestran varios ejemplos, la democracia no es mala vacuna contra la gran corrupción, el argumento de que una apertura mayor retrasaría la recuperación económica tampoco se sostiene. Límites políticos, partidos y prensa pueden ayudar a la revitalización, aunque operan en esferas distintas. La democracia produce dignidad, no divisas.

El apremio económico y el malestar del agravio insatisfecho pueden alterar el sentido de las proporciones. La mirada más distraída por el mundo actual descubre que México está lejos de ser una nación profunda o irremediablemente desdichada. Al acercarse el año 2000, cada país, desarrollado o no, padece su carga de desventura: guerra civil o guerra sin más, desintegración nacional, hambrunas, migraciones, dominación extranjera, querellas religiosas, inestabilidad, miedo a ser blanco de un ataque nuclear, miedo de iniciarlo. México se había librado de casi todas las desgracias específicas del siglo XX. Pero no pudimos esquivar la crisis económica. Aun así, hay recursos para remontarla y datos que consuelan y desafían: estimaciones recientes del Banco Mundial nos colocan nada menos que en el décimo sitio entre las economías de Occidente. La nuestra no es, además, una crisis aislada sino un problema continental cuyos avatares podrán acercarnos más a América Latina que todos los ensueños de Bolívar. Sin embargo, no debemos olvidar que la ausencia de democracia fue una de las causas del actual desastre económico. No hay mejor ni más probada receta para repetirlo que resignarnos al *statu quo,* concentrar el poder y no propiciar mecanismos de vigilancia y autocorrección. La democracia, además, no sólo es un método para resolver los problemas internos sino para hacerse oír afuera. Sin democracia –que es concordia profunda y madurez política– nuestra voz internacional se escuchará menos.

La clave puede estar en una palabra: iniciativa. Hay que tomar la iniciativa. No es una palabra ajena a nuestro vocabulario histórico: México abolió la esclavitud antes que Estados Unidos e Inglaterra; desarrolló un mestizaje político y social más limpio e igualitario que el de esos países; desterró de un plumazo los prejuicios raciales y religiosos, y ha sido siempre, por vocación, puerto generoso y seguro para el perseguido de otras tierras. La Revolución mexicana fue también, a su modo, una gran iniciativa, el primer asalto mundial al bastión del liberalismo económico. Y ya en la raíz misma –lo olvidamos a menudo– México fue Estado nacional antes que Italia o Alemania. Más de ciento sesenta años de vivir como una comunidad nacional, y muchos más como una comunidad cultural, son suficientes para tomar –para volver a tomar–, la iniciativa democrática. Tenemos un tiempo limitado: el de nuestras vidas.

La hora del norte*

«Fuera de México todo es Cuautitlán.» Los habitantes del Distrito Federal han repetido por muchos años esta desafortunada frase hasta volverla un lugar común. Su significación es múltiple: fuera de la ciudad de México nada es interesante, valioso, importante, poderoso, moderno; nada es, digamos, esencialmente mexicano. En el límite, la frase significa: no hay más México que la ciudad de México.

La ciudad de México ha ejercido su centralidad histórica con una severidad similar a la de España con sus colonias. La palabra imperialismo puede utilizarse en sentido estricto para describir la asimetría de los vínculos económicos, sociales, políticos y culturales de la metrópoli con sus ciudades vasallas. Para colmo, en el caso del Distrito Federal el imperialismo ha tenido siempre, desde tiempos de los aztecas, un elemento que no tuvo el dominio español: no fue sólo el asiento de los emperadores, virreyes y presidentes; el botín y destino final de las guerras; el centro nervioso en el que confluían las mercancías; fue también, y lo sigue siendo, «el alto valle metafísico» (Reyes) donde habitan los dioses. El centro teológico del país.

La Revolución fue, en gran medida, un intento del norte del país por romper esta hegemonía. Puede verse como una lucha de independencia en la que un nuevo Hidalgo (Madero), seguido por muchos

*Agosto, 1985.

116

otros insurgentes norteños, trató de liberar al país de la dictadura de un presidente emperador que ejercía el poder a la manera de sus antepasados mixtecos. Al atacar el bastión del poder en la ciudad de México, la revolución maderista y, en general, la revolución del norte, actuaban contra toda una cultura política proveniente de la Nueva España y de los tiempos precolombinos: centralista, paternalista y, en el fondo –a despecho de sus tintes republicanos y liberales– conservadora y monárquica. A pesar de su autoritarismo y sus ideas, también Carranza procuró romper la hegemonía de la ciudad-estado: concentró y organizó su revolución constitucionalista en el norte, viajó por el país, resaltó la importancia histórica de Querétaro, vindicó el municipio libre, dictó sus leyes de Reforma en Veracruz. Por su parte, los sonorenses, triunfadores efímeros de la Revolución, tuvieron siempre una visión equilibrada de la nación. Obregón detestaba a la «pérfida» ciudad de México, en la que «el único hombre capaz de defender al presidente Madero en febrero de 1913 había sido una mujer: María Pistolas». La política económica de Calles –caminos, irrigación, escuelas agrícolas– tuvo un claro sentido nacional: México estaba fuera de la ciudad de México.

Lázaro Cárdenas representó la venganza del centro. Fue él, y no los sonorenses, el verdadero triunfador de la Revolución. Aunque detestaba la vida citadina más que todos sus antecesores («En el campo todo es puro, en la ciudad corrupto», confió alguna vez a Frank Tannenbaum) y a despecho de su larguísimo peregrinaje como redentor agrario por todo el país, en términos políticos Cárdenas fue el verdadero reconstructor de la ciudad-Estado. Al dejar el poder en 1940, el ejército, los sindicatos obreros, los campesinos, los burócratas y numerosos contingentes de la clase media estaban verticalmente organizados en el Partido de la Revolución Mexicana, con sede en la metrópoli. Desde entonces, la antigua explotación política y económica que previeron muchos jefes norteños del siglo XIX y contra la que se levantaron los caudillos de la Revolución, se reconstituyó y acentuó. Las colonias del norte están para callar y obedecer: pagan tributo económico al centro que, a su vez, puntualmente, designa a sus gobernantes. El federalismo, la autonomía municipal, el simple ideal de equilibrio se difería a un futuro siempre pospuesto: cuando México esté maduro para la democracia. Así, imperceptible y tenazmente, los mexicanos del norte y del centro reproducían, avanzado el siglo XX, una condición de desequilibrio y servidumbre regional –auténtico imperialismo interno– que en teoría debió haber acabado en 1824, con nuestra primera Constitución federal.

A partir de 1940, el norte entró en un letargo político creciente. Se dice que al principio del alemanismo, Manuel Gómez Morin trató de convencer a los jerarcas de Monterrey acerca de la necesidad de practicar una política independiente con respecto al gobierno. Sus consejos cayeron en saco roto. Los empresarios de Monterrey, como los del resto del país, fueron ciegos a sus propios intereses de largo plazo. Unos más, otros menos, todos creyeron que «la política era asunto de los políticos», que todos los mexicanos íbamos «en el mismo barco» piloteado por un infalible timonel sexenal. La demagogia populista de Luis Echeverría tocó en muchos sentidos el tronco mismo del poder económico norteño, en especial el de Monterrey, pero la demagogia inversa del discurso inaugural de López Portillo restableció los términos de la relación e incluso los ahondó. En el sexenio de la abundancia [1976-1982], Monterrey concertó un pacto sin precedente con el poder central. En 1982, el barco en el que íbamos todos juntos naufragó.

De entonces data el despertar de la conciencia política del norte. A través de todo el sexenio de Miguel de la Madrid se prendieron focos de posibilidad democrática en la zona: San Luis Potosí, Chihuahua, Coahuila, Nuevo León, Sinaloa, Durango, Sonora. El mapa del antiguo México liberal recuperó vagamente su conciencia individualista, quiso afirmar su autonomía. El gobierno no podrá ya desdeñar el voto como un elemento incidental en la democracia: el voto es el elemento esencial de la democracia. Lo demás es demagogia.

Con todo, no se borran siglos de centralismo imperial tan fácilmente. El norte geográfico y cultural de México ha cumplido tareas esenciales de remolque nacional: fue el refugio de Juárez, el origen y el fin de la Revolución armada. Para volver a tomar la iniciativa histórica y, lo que es más importante, para retenerla, el norte debe afirmar con una decisión sin precedente su autonomía política frente al centro. El cuadro del futuro inmediato es, a un tiempo, complejo y promisorio. El principal impulso para una reforma radical y completa de la ley electoral deberá venir del norte. Desde ahora, cada elección local y estatal debe ser vigilada, para lo cual se requerirá quizá la integración de un voluntariado civil; sólo así, el norte podrá estar regido en todos niveles por autoridades impecablemente elegidas. El PRI y el PAN deberán contender en una situación de relativo bipartidismo mientras el cardenismo logra un perfil más moderno, más acorde con la mentalidad liberal arraigada en la zona. Si el PRI se aferra a sus instintos centralistas, ¿sería imposible que una franja importante del electorado norteño que no se identifica con el PAN discurriera la fundación de un partido liberal? Por su parte, los diarios liberales e independientes deben fortalecerse y ampliar su tiraje y cobertura. ¿Por qué no inician *El Norte* o *El Porvenir* una edición para el centro? [En 1993 comenzó a circular el diario *Re-*

forma en la ciudad de México.] La zona norte debería, en fin, establecer vínculos con otras colonias secularmente agraviadas y políticamente activas como Yucatán, sin desdeñar enclaves tradicionalmente conservadores o socialistas, pero igualmente hartos de la dominación del centro, como Puebla o Juchitán. Así, en la última década del siglo XX estaríamos cumpliendo el programa político que nuestros antepasados idearon a principios del XIX: la democracia por el federalismo.

A pesar de los indicios recientes, el norte de México no ha adquirido aún conciencia plena de su actual responsabilidad. No ha sacado cuentas claras de su servidumbre con respecto al centro. (Gabriel Zaid, regiomontano al fin, sí las sacó en «Las últimas pirámides» y en «Un monstruo alimentado con dólares», ambos ensayos publicados en *La economía presidencial* [Editorial Vuelta, 1987].) No ha calibrado el peso y el sentido de la querella política que escenificaron, en las elecciones presidenciales de 1988, las dos fuerzas predominantes y más antiguas del centro del país: el PRI y el fundamentalismo cardenista, triunfante en la ciudad de México y en Michoacán, Morelos, buena parte de Guerrero y la zona petrolera. Si el norte no quiere que el destino del país se resuelva, como ocurrió en 1934, mediante el establecimiento definitivo de un régimen neocolonial, corporativo y centralista; si quiere un país de ciudadanos no de siervos, seguro de sí mismo, equilibrado, próspero y libre; si cree que la democracia no tiene adjetivos; si se ve en el espejo de España y no de Perú, entonces –sin miedo a despertar una sospecha ridícula y anacrónica de secesión– deberá dar su Grito de Independencia.

Voto contra el voto*

> No, señores, los grandes acontecimientos no nacen de los mecanismos legales sino del espíritu del gobierno. Conservad las leyes si queréis –conservadlas, aunque al hacerlo cometeríais un grave error–, conservad a los mismos hombres si eso os place; pero por Dios cambiad el espíritu del gobierno, porque, repito, es el espíritu lo que os está conduciendo al abismo.
>
> Tocqueville, discurso en la Asamblea Nacional, 1848

Desde los primeros días del sexenio de Miguel de la Madrid, y de modo creciente al acercarse las elecciones del 7 de julio de 1985, am-

* Septiembre, 1985.

plios sectores de la opinión pública pensaron que, al margen de consideraciones históricas o morales, el gobierno obtendría grandes ventajas al atreverse a comenzar un amplio proceso de democratización. Estas ventajas podían resumirse en un decálogo:

1) *La democracia como alivio.* Habría sido la válvula de escape a la insatisfacción provocada por un sistema que, a partir de 1968, dejó agravios profundos en la sociedad.

2) *La democracia como economía.* Habría comenzado un proceso de legitimación política más allá de las onerosas pirámides burocráticas, como un primer paso para limitar su tamaño, influencia y crecimiento.

3) *La democracia como descentralización.* Habría dado vida real al federalismo, devolviendo la iniciativa histórica a los estados.

4) *La democracia como crédito.* Habría paliado la desconfianza acumulada por las administraciones de Luis Echeverría y José López Portillo.

5) *La democracia como vitalidad.* Habría modificado un sistema político que dio largos años de estabilidad al país, pero que desde hace tiempo acusa signos de vejez debido no sólo al paso de los años sino a la lejanía de sus fuentes de legitimidad: la Revolución y la Constitución.

6) *La democracia como congruencia.* Habría sido una muestra de madurez y un elemento de prestigio en el mundo como lo ha sido para España, que ha tomado la iniciativa en esa dirección.

7) *La democracia como prevención.* Habría mantenido lejos los riesgos de caer en un régimen autoritario, frente a cuya sombra una zona franca de democracia parece el más efectivo contraste.

8) *La democracia como realismo.* Habría cedido a la modernidad política franjas cada vez más amplias de la sociedad.

9) *La democracia como vía pacífica.* Habría aprovechado la disposición general al cambio a través de los votos, desacreditando toda tentación de lograrlo a través de las balas.

10) *La democracia como reanimación.* Habría roto el círculo vicioso de pesimismo que, por momentos, llega a la autodenigración al devolver al votante la fe en el voto.

Aun cuando el régimen hubiese reasumido la tradición democrática del siglo XIX y el maderismo o, por pragmatismo, hubiera reconocido la conveniencia de democratizar –lo cual no ocurrió en estas elecciones–, podía haber argüido la falta de oportunidad. Pero la oportunidad estaba allí, a la mitad del sexenio, al renovarse las Cámaras y las cruciales gubernaturas de Nuevo León y Sonora.

Por desgracia, la oportunidad se dejó pasar y las diez ventajas potenciales comienzan a revertirse. Al agravio económico se suma un agravio político. Las recientes medidas de saneamiento económico no cuentan con el apoyo que frente a la burocracia les hubiese conferido un proceso democrático previo. Los estados del norte resienten, como nunca antes, la rienda centralista e incuban un conflicto interno norte-sur que podría ser aterrador. La promesa presidencial de limpieza electoral seguida por un fraude evidente hasta lo grotesco ha ahondado la desconfianza llevándola, por momentos, al abatimiento. La política de carro completo y la gesticulación ideológica del PRI no son signos de creatividad e imaginación sino de repliegue. Viejos usos, viejas frases, viejos tonos. No hay partido más conservador que el PRI. El desprestigio internacional de nuestra vida política recuerda el de los años veinte y no se origina en ninguna conspiración malévola de la prensa europea sino en hechos documentados. En el norte han comenzado a aparecer brotes crecientes de exasperación y violencia; en el centro hay señales de una izquierda que descree de la vía parlamentaria y se inclina por vías violentas. El espectáculo consistente y repetido del incumplimiento en el respeto al voto, desmoralizó a la nación desde antes de las elecciones –de ahí la abstención– y la degradó aun más frente a sí misma al conocerse los alquímicos resultados. No sólo se perdió la oportunidad de restar adjetivos a nuestra democracia sino que se le agregaron nuevos: cinismo, prepotencia, ceguera. Es improbable que la reversión de ventajas políticas hunda el sistema. No dudo de que el PRI pueda seguir gobernando al país mediante su estilo peculiar de sometimiento. El problema es otro: ¿qué país va a someter? ¿Cómo pedirle vitalidad, responsabilidad y esfuerzo si se desvirtúa la más elemental afirmación política?

Para remontar la crisis, México necesita pensar su destino de nueva cuenta y quizá transitar por caminos no ensayados hasta ahora. En dos palabras, México necesita *arrojo histórico*. Cualquier decisión en este sentido requerirá de un apoyo que sólo puede darse con la participación libre y confiada de los ciudadanos. Por desgracia, el voto oficial del domingo 7 de julio, el voto contra el voto, ha desalentado la participación poniéndonos en el camino de la inmovilidad.

Chihuahua, ida y vuelta*

Cuenta Marc Bloch que durante una viaje que hizo a Estocolmo con Henri Pirenne, le sugirió a éste la visita a los archivos de la ciudad como

* Abril, 1986.

121

primer acercamiento a la historia sueca. Para su sorpresa, el maestro se negó a acompañarlo: había que hurgar en la gente antes que en los papeles; recorrer las calles, no los manuscritos; palpar la vida para entender la historia.

Con esta prescripción viajé a Chihuahua. Por extraño que parezca, lo primero que pido a mi anfitrión y amigo Héctor Chávez es visitar museos e historiadores y comprar libros de historia local. Me consuela pensar que sigo, paradójicamente, los consejos de Pirenne: ellos buscaban en el presente las huellas del pasado; yo intento comprender un poco el presente intenso y complejo que vive Chihuahua acercándome a la historia para palpar la vida.

Mientras cruzamos la ciudad de Chihuahua rumbo a la casa de don Francisco R. Almada, Héctor y yo recordamos al historiador José Fuentes Mares. Meses antes había concertado una cita con él para hablar del «verano caliente» que se veía venir en su estado. Por teléfono me sugirió la lectura de una de sus obras más controvertidas: ...*Y México se refugió en el desierto*. Aunque padecía un cáncer terminal, sonaba tan expansivo como siempre. De ahí la sorpresa de su muerte.

Don Francisco R. Almada, fecundo historiador del norte mexicano, es un hombre enjuto de casi noventa años con el que no es sencillo dialogar, aunque conserva intacta la memoria. En la hora exacta que conversamos se refirió, sobre todo, al siglo XIX: las guerras contra los indios; la invasión norteamericana; las controversias entre los presidentes Juárez y Díaz con el cacique Luis Terrazas. En cierto momento interrumpió su relato para subrayar «los cincuenta años de paz que nos ha dado el PRI». A su juicio, el pecado mayor de ese partido ha sido bloquear en dos ocasiones su democratización interna: en 1932, cuando la propuso Calles, y en 1964, al proponerla Madrazo. La plática concluye en 1910 con una frase redonda: «La gente se cansa de la autoridad cuando tiene un continuismo constante. Aunque sea buena la autoridad». Le pregunto si no percibe hoy una circunstancia parecida. «Sí», me responde.

Después de recorrer el museo de Francisco Villa y hacerme de algunos libros de historia de Chihuahua, visitamos a Zacarías Márquez, el cronista de la ciudad. Su largo y matizado relato sobre la vida colonial e independiente de Chihuahua parte de una frase: «Somos dos países distintos». Casi con estupor, anoto la azarosa cronología que narra. Pienso que mi desconocimiento de la historia del México septentrional es sintomática de un centralismo cultural más grave que el político y el administrativo. Horas después, al repasar en el hotel los apuntes de las dos conversaciones y leer la bibliografía básica de Chihuahua, me doy cuenta de que «fuera de México *nada* es Cuautitlán».

La verdadera guerra de los «hombres del progreso» contra los «indios bárbaros» no ocurrió en el Oeste norteamericano sino en una amplia faja del septentrión novohispano. Los verdaderos personajes de leyenda no fueron Buffalo Bill o el general Custer sino los comandantes novohispanos O'Conor, De Croix y Cordero; los mexicanos Ángel Trías (padre e hijo) y Joaquín Terrazas; el jefe tarahumara Teporaca y una larga genealogía de jefes apaches que concluye con Vitorio, Ju y Gerónimo. El enfrentamiento entre pieles rojas y caras pálidas ocupó algunas décadas en la historia de Estados Unidos, mientras que en Chihuahua –y, en proporción apenas menor, en casi todo el norte de México– fue el hecho fundamental por casi doscientos cincuenta años. Cualquier mexicano del centro cree saber que la Conquista concluyó en 1521. Cualquier chihuahuense con memoria sabe que en su estado la conquista de los indios, iniciada a fines del siglo XVI, concluyó hace apenas un siglo, con su virtual extinción y confinamiento el año de 1886.

Situado entre la abrupta Sierra Madre Occidental y el desértico Bolsón de Mapimí, el amplísimo territorio de Chihuahua se abre como un embudo hacia el norte. Aunque algunas expediciones cruzaron en el siglo XVI aquel «paisaje desalmado y solo» en busca de las legendarias ciudades doradas de Cíbola y Quivira, es sólo hasta principios del siglo XVII cuando Juan de Oñate traza la espina dorsal que parte del centro hasta Santa Fe, la capital de Nuevo México. A los conquistadores les siguen los mineros, sacerdotes, ganaderos y comerciantes. En 1631 se funda San José del Parral, enclave minero al que decenios después le seguirían otros. Con todo, la densidad humana de aquella parte de la Nueva Vizcaya es menor que la de otros territorios contiguos. «La colonización hacia el norte», explica Fuentes Mares, «se dio en forma de Y, pero en medio quedó este corredor central al que le hicieron asco. Así nació Chihuahua, aislada de las grandes corrientes colonizadoras del siglo XVII».

A la aridez del suelo y el encajonamiento geográfico se sumó el hecho de que la Corona sólo se preocupó por el territorio con una lógica política y militar. La fundación, a principios del siglo XVIII, de la ciudad de Chihuahua, cerca del mineral de Santa Eulalia, respondió al deseo expreso de contar con una ciudad de importancia al norte de Durango y Parral, y al sur de Santa Fe. Con todo, el motivo principal de su aislamiento fue la guerra. De entre las muchas naciones indígenas que poblaban aquellas provincias, los primeros que se levantaron en armas, a principio del siglo XVII, fueron los tepehuanes y los tobosos. En la segunda mitad de aquel siglo, los principales rivales del colonizador novohispano fueron los tarahumaras, que desde principios del siglo XVIII comenzaron a replegarse hacia la montaña. La zona de guerra más intensa se dio en el meridiano 107. La verdadera pesadilla apareció poco después con los feroces apaches. El secreto de su resistencia –que se prolongaría casi dos siglos– estaba en su carácter nómada. «Andan siempre volantes», dicen los cronistas.

El ascenso de los Borbones modificará paulatinamente el paisaje de guerra. La Corona pasa a la ofensiva. Funda enclaves de defensa (presidios), crea una comandancia especial para Nueva Vizcaya y Nuevo México, procura alianzas con la tribu comanche para enfrentarla a la apache y discurre campañas y métodos de dureza y efectividad sin precedentes. (Es el comandante Cordero quien renueva una vieja práctica indígena: escalpar cabelleras.) Hacia 1790, los apaches acuerdan por fin una tregua que durará cerca de cuarenta años.

El siglo y medio de guerra cotidiana ocultó un vasto proceso de mutua aculturación: los indios habían adoptado las armas de fuego y el caballo, no la religión ni las costumbres; los blancos se acostumbraron también a «andar siempre volantes». La guerra reforzaba en aquellos descendientes de los primeros colonizadores vascos un sentido de autonomía casi medieval: exacerbación de la libertad individual (la libertad como franquía, diría Ortega y Gasset); una solidaridad y un sentimiento igualitario que nacieron del enfrentamiento contra un enemigo que no discriminaba; una propensión natural al autogobierno.

No es casual que en 1810 la región reaccionase en contra de la insurrección del cura Hidalgo. Nueva Vizcaya era realista. El escaso apoyo a su lucha contra los indios había llegado de España, no de la capital del Virreinato. Como ocurre siempre en las circunstancias (territoriales, culturales) de frontera, la futura Chihuahua afirmaba su identidad afiliándose al verdadero centro: la metrópoli. Por añadidura, a principios del XIX y gracias a la tregua apache, las Provincias Internas –como se denominaban– gozaban de su primer momento de paz y franca expansión económica en dos siglos. ¿En qué podía beneficiarlas la independencia? Aquel «mundo clausurado» (Fuentes Mares), aquella «isla en el sentido militar, geográfico, etnológico» (Márquez), jamás había visto hacia el sur. De allí la indiferencia y hasta la crueldad con que trató a los insurgentes. De haber sido apresado en otra provincia, Hidalgo hubiese sido simplemente fusilado. En Chihuahua, isla apache, lo decapitaron.

México se liberó de España, pero Chihuahua no se liberó de los apaches. En 1832 se recrudece de nueva cuenta la interminable guerra. La secesión y la posterior anexión de Texas canalizan el impulso apache hacia México. En Chihuahua, la guerra con Estados Unidos es apenas un paréntesis de tres derrotas y la dura pérdida de una franja territorial. A diferencia de Coahuila, estado de mayor tradición cultural hispana que resintió como ningún otro la mutilación de su territorio, Chihuahua no abriga profundos agravios nacionalistas. Desde 1830 se ha abierto al comercio con los norteamericanos. La Legislatura chihuahuense será la única que no firme el Tratado de la Mesilla y el general Trías (padre) combatirá tropas y filibusteros, pero el ánimo público no percibe la vecindad norteamericana como un riesgo. El problema de Chihuahua a mediados del siglo XIX sigue siendo el mismo. Corría entonces el refrán popular «Ay Chihuahua, cuánto apache». Las cabelleras indias comienzan a cotizarse arriba de los doscientos pesos.

«En Chihuahua», afirmaba José Fuentes Mares, «no hubo guerra de Reforma … porque no había Partido Conservador, no había más que liberales. A la hora que un señor Arriaga se quiso levantar, Esteban Coronado lo mandó preso y se acabó el cuento». La represión de los grupos conservadores en la guerra de 1858-1860 fue menos sencilla, pero el hecho más notable de la reacción chihuahuense a la guerra civil se encuentra en una carta del liberal Coronado (firmada también por el encargado del Poder Ejecutivo José Eligio Muñoz) dirigida al hombre fuerte de Nuevo León, Santiago Vidaurri:

«Creemos que el porvenir de los Estados del Norte está en una segregación temporal de México y los Estados del Centro, y que hoy se presenta la ocasión de proporcionarnos ese bien, que intuitivamente buscan los que en más de treinta años de dolorosa experiencia han perdido toda la fe en la dominación central. La actual Constitución de la República no podrá en nuestro juicio plantearse, sino después de algunos años, en los Estados que viven en el oscurantismo y la superstición, y no se hallan a la altura de mirar y comprender los bienes que les brinda nuestro nuevo Código.

»… Mientras ella nos sirve de bandera, estamos en el camino de la patria, de la legalidad y del honor; los Estados que no la siguen son los que rompen los lazos que nos han unido. Más adelante los reanudaremos con recíproco provecho, y no seremos entonces, como hoy, los desmejorados socios de la compañía del león. No pensamos, ni por un momento, en una separación definitiva, y mucho menos en una infame anexión, que nos acarrearía mayores males de los que tratamos de cortar. Pensamos en una especie de ausencia o largo viaje que mejore nuestros padecimientos físicos y morales, que fortifique todo nuestro ser que ya se consume, y que haga más gratos y fructuosos los goces de una nueva reunión.»

Sin llegar a los extremos secesionistas de Coronado, el nuevo hombre fuerte, Luis Terrazas, seguirá pensando que los intereses de Chihuahua –que muy pronto coinciden con los suyos propios– tienen preeminencia sobre los de la caótica, exangüe y centralista Federación. De 1860 a 1865, Chihuahua entra en conflicto con la autoridad central por varios motivos, entre ellos el destino de los bienes desamortizados del clero y el de los ingresos aduanales. Mientras el centro limita los gravámenes por los estados, el gobierno de Chihuahua ocupa las rentas federales para sufragar sus gastos y *su* guerra. La querella sube de tono cuando Terrazas envía un contingente mermado a luchar en Puebla contra los franceses. Dos años más tarde, cuando México (Juárez) se refugió en el desierto (Chihuahua), Terrazas deja temporalmente su capital, recelando del «poder omnímodo» del presidente.

En torno al conflicto centralismo-federalismo, encarnado en el binomio Juárez-Terrazas, se entabló, hacia los años cincuenta, una de las mayores polémicas de la historiografía de Chihuahua. En …*Y México se refugió en el desierto,* Fuentes Mares tomó el partido de Terrazas, delineando la biografía de un típico *self made man* de raíz hispánica enfrentado a la «inclinación idolátrica» del presidente oaxaqueño. No tardó mucho en reaccionar don Francisco R. Almada. Su libro *Juárez y Terrazas (aclaraciones históricas)* desmintió la imagen romántica de Terrazas. (Como en el caso de Francisco Villa, significativamente, Terrazas sigue siendo un personaje sobre el que los chihuahuenses no tienen una versión definitiva.) El fondo de la polémica estaba en un conflicto real y profundo de valores: nacionalismo y regionalismo, centralismo y federalismo. Chihuahua había demostrado en la guerra de 1847 que no quería separarse de México, que era un baluarte cultural y militar de la nación. Pero si el centro del país se empeñaba en una lucha intestina y casi convocaba, con su debilidad, la intervención extranjera, parecía natural, en efecto, que los chihuahuenses comenzaran a ver por su propio destino. Lo que finalmente rompió la tensión, favoreciendo el sentimiento nacional sobre el local, fue la larga estadía del presidente Juárez en Chihuahua y su triunfo sobre el Imperio. Además de visitar –sacralizar– el sitio donde Hidalgo fue ejecutado (y de bailar incansablemente con todas las jóvenes de Chihuahua), Juárez obra el milagro de desagraviar a la isla olvidada, induciendo en ella un sentimiento profundo de filiación nacional. Juárez no ignoraba los azares de la guerra apache (de hecho ordenaría, en 1868, la construcción de varias colonias militares en Chihuahua), pero en 1865 su única obsesión era la «causa sagrada» de la independencia nacional.

El retorno de los apaches ocurrió en 1880. El jefe Vitorio muere en la batalla de Tres Castillos. Sus sucesores –Ju y Gerónimo– intentan una rendición digna, pero una celada cruel de Joaquín Terrazas y Juan Mata Ortiz les cierra todos los caminos salvo el del sacrificio. Mientras la última y triste caravana apache regresa a su reservación definitiva, Gerónimo emprende sus últimas hazañas. En 1886 un oficial mexicano lo entrega a las fuerzas norteamericanas.

Hace poco más de un siglo concluyó la guerra, pero no la cultura de la guerra. Cinco años después, en el mismo escenario de la violencia –el meridiano 107–, el pueblo de Tomochic protesta contra la imposición política. Quieren como «autoridad uno de los del pueblo». En 1891 ocurre el primer enfrentamiento entre los pelones federales y los tomochitecos, a quienes guía un iluminado: Cruz Chávez. La lucha tiene tintes religiosos: Chávez actúa bajo la inspiración, quizá directa, de «la Santa de Cabora», joven sonorense cuyos trances convocan la devoción popular. Antes del combate, los tomochitecos habían velado sus armas con el signo de la cruz: «¡Viva el poder de Dios y muera el mal gobierno! ¡Viva el poder de la Santísima Virgen y la Santa de Cabora!» Días después recorren cuatrocientos kilómetros de sierra para visitar a su santa. No la encuentran. De vuelta a Tomochic se alistan para la batalla final.

Heriberto Frías, quien como subteniente del 9° Batallón de Infantería participó en las operaciones, escribiría una novela célebre, *Tomochic*, en cuyas páginas se lee:

«¿Qué rebelión era aquella? … El pueblo chihuahuense se declaraba en elogios estupendos a los hijos de Tomochic. Eran unos semi-dioses: invencibles, denodados, audaces, unos tigres de la sierra … Cruz Chávez, el caudillo, les predicaba una extraña religión, especie de catolicismo cismático … Aquel puñado de fieros hijos de las montañas estaba poseído de una frenética demencia mística. Un vértigo confuso [y] poderoso … sopla sobre la tribu aislada extrañamente de la vida nacional.»

En agosto de 1892, el general Rangel, jefe de la Zona Militar de Chihuahua, marcha a Tomochic con órdenes definitivas de reducirlo por la fuerza. Mientras en la sierra aparecen nuevos santos, en Tomochic ocurren escenas increíbles: hombres disfrazados de mujeres enlutadas que abren de pronto sus ropas y disparan a la tropa, oficiales que se desprenden de sus insignias para esquivar la «puntería apache» de los alzados, asedio e incendio final del templo en el que los últimos tomochitecos se refugian sin rendirse. En septiembre de 1892 Tomochic entró al orden y a la leyenda.

La estela de guerra no concluyó ahí. En 1893 y en el mismo meridiano, la gente de Namiquipa se levanta en armas con el modesto objetivo de «quitar de su puesto al Supremo Poder de la Nación». Según datos de don Francisco R. Almada, entre 1893 y 1903 hubo en Chihuahua siete levantamientos por cuestiones político-electorales. En 1906 aparecieron brotes magonistas en Casas Grandes y Ciudad Juárez. En 1908, por efecto de la crisis económica que había afectado el año anterior a la minería, el número de brotes en el área rural fue de 26. No es casual, por tanto, que Chihuahua fuese el escenario principal de la revolución democrática maderista. En San Isidro se levanta el ranchero protestante Pascual Orozco. En San Andrés comienza la carrera centellante de Pancho Villa. ¿Cómo explicar los extremos de crueldad a los que llegarían Villa y sus dorados sin recordar la «apachería»? El carácter nómada de Villa, su habilidad para «andar siempre volante» (para «navegar», según su propio término), su astucia, su puntería y hasta el estruendo de las famosas cargas de caballería, ¿no son, en esencia, resabios directos de aquella guerra?

Una tradición violenta; un profundo sentido de aislamiento; la vida entendida como un desafío; una cultura básicamente criolla, laica, liberal; un autonomismo ancestral; una fidelidad a la raíz cultural española, que por su misma naturaleza y consistencia permite el comercio con lo anglosajón sin implicar, al mismo tiempo, la pérdida del alma; un resentimiento antiguo frente al poder central, que fácilmente se traduce en un odio casi racial contra todo lo que llega del sur; una zona de tensión, el meridiano 107, que duró casi tres siglos en armas; una propensión popular a vincular la política con formas de mesianismo; cierta solidaridad que, aunada al individualismo, atenúa las tensiones de clase; un concepto instrumental (criollo) y no místico (mestizo o indio) del poder y la autoridad; una historia de coraje y valor que no ha tenido su *Martín Fierro* o su John Ford; una «visión de los vencidos» aún más trágica y valerosa, que por falta de una literatura propia jamás conoceremos; biografías de personajes (los dos Terrazas, Villa) que aún ahora son materia de controversia y recelo en la memoria de sus víctimas y victimarios; la imagen de la Revolución mexicana como un proceso abierto, al que Chihuahua aportó la iniciativa y la fuerza pero cuyos resultados no siempre correspondieron a las necesidades de su vida diaria. Todo esto se palpa en la historia de Chihuahua.

Mientras caminamos por el zócalo, Héctor Chávez me señala la antigua casa de los Creel, una de las muchas casas de arquitectura porfiriana construidas en Chihuahua. Según la leyenda, Porfirio Díaz se asomó alguna vez al balcón para saludar a los paseantes. Luego de un rato de ver caras y atuendos criollos, preguntó: «¿Dónde está el pueblo?» Se ignora la respuesta que dio Creel. De haber estado allí, Zacarías Márquez hubiese explicado con una ironía no exenta de corrección: «Con su venia –o sin ella–, señor presidente, somos dos países distintos».

Convergencias religiosas

Reunión con editores de periódicos. La conversación toma cauces previsibles: el crecimiento y la maduración del público lector, el auge de las páginas editoriales, las sutiles y no tan sutiles presiones del mundo oficial. Alguien toca el tema de la vida religiosa en Chihuahua. Fervorosamente, uno tras otro opinan y abundan. Apenas si se habló de otra cosa en toda la cena. Al día siguiente visito la capilla de San Francisco que alojó el cuerpo decapitado del cura Hidalgo. Ahí me reciben unos curas; no traducen, como Hidalgo, a Racine ni leen a Voltaire, pero transmiten una impresión de liberalidad. La conversación toma esta vez un rumbo simétrico y opuesto al de la cena del día anterior: parte de asuntos religiosos y desemboca, con fervor, en la política.

Cosas nuevas y extrañas están pasando entre la grey chihuahuense. En Ciudad Juárez ha tomado fuerza el movimiento de Renovación en el Espíritu Santo, cuya sede principal se encuentra en la ciudad de México. Los «carismáticos», como se denominan, pertenecen, desde luego, a la Iglesia católica, pero ciertos rasgos de su religiosidad provienen del pentecostalismo protestante. Se trata de una experiencia religiosa con acentos emotivos, en la que no faltan iluminaciones, testimonios, éxtasis, voces, profecías, glosolalia (o don de lenguas) y otras manifestaciones sensibles del Espíritu Santo. Elemento central en este «nuevo fundamentalismo» es la lectura de las Sagradas Escrituras. Uno de los sacerdotes admite la similitud casi sospechosa de los carismáticos y los pentecostalistas, pero no se alarma: «Aunque es un movimiento superficial y sentimental, tiene sus valores y es católico». «Incidentalmente», agrega, «Barrio, el candidato del PAN, es carismático».

Más interesantes aún, y quizá más preñadas de posibilidades, son las comunidades de base. El origen de esta «iglesia cerca del pueblo» se remonta en Chihuahua a principios de los años setenta. Con altas y bajas, ha trabajado desde entonces en colonias marginales de la ciudad, pero su mayor éxito lo ha conseguido mediante la labor del sacerdote diocesano Camilo Daniel con los campesinos de la región del noroeste. Egresado de Roma, políglota, especialista en Sagradas Escrituras, el padre Camilo practica una «versión equilibrada» de la Teología de la Liberación. En contraste con aquel otro padre Camilo [Torres, sacerdote y revolucionario colombiano que luchó al lado de Fidel Castro], el mexicano no abreva en el mesianismo marxista sino en el anarquismo cristiano de la patrística. «A diferencia de los curas comprometidos del sureste», explican los sacerdotes, «el compromiso del padre Daniel no ha perdido su sentido ministerial, pastoral, religioso. Aunque defiende la vida concreta de los campesinos, su acento principal lo pone en la fe y la esperanza». El padre Camilo ha encabezado ya algunas medidas firmes en favor de los campesinos. A fines de 1985 los campesinos tomaron setenta bodegas de la Conasupo para lograr que aumentaran los precios de garantía. La presión surtió efecto. Con el apoyo del presidente municipal de Cuauhtémoc, el pesetista nominal y antipriista real Humberto Ramos, Daniel fundó la Unión para el Progreso de los Campesinos de la Laguna de Bustillos (UPCALA) y, más tarde, con participación del PSUM local, la Federación Democrática Campesina.

Pero la novedad mayor, sin duda, es la actividad del clero chihuahuense en la política del estado. No es muy usual en México, al menos desde hace sesenta años, escuchar declaraciones como ésta en labios de un obispo: «El pueblo está cansado de engaños y habrá violencia si no se respeta el voto» (Adalberto Almeida, obispo de Chihuahua).

El 19 de marzo de 1986 los obispos de Chihuahua, Torreón, Tarahumara, Ciudad Juárez y Nuevo Casas Grandes publicaron la exhortación pastoral *Coherencia cristiana en la política*, dirigida «a los católicos que militan en los partidos políticos». En esencia, el documento critica al sistema político mexicano por dos flancos: «la intolerancia y absolutismo de un solo partido», prácticas contra las que se declaró, expresamente, el Concilio Vaticano Segundo, y la «corrupción que se ha apoderado desde hace tiempo de las instituciones» y cuya causa primera es «la reticencia que se tiene a abrirse a una sincera y auténtica democracia». En un párrafo que recuerda más a Lord Acton que a las autoridades de la Iglesia, se lee: «La falta de democracia en un partido revela la voluntad decidida de ejercer el poder de una manera absoluta e ininterrumpida. Y el poder absoluto, en manos humanas, necesariamente limitadas, lleva inexorablemente a la corrupción».

Renglones adelante, la exhortación tipifica casos concretos de corrupción política utilizados a menudo por el PRI (desvío de fondos para cubrir gastos de campañas, uso exclusivo de medios de comunicación, presiones sobre sindicatos, ciudadanos, burócratas, etcétera), y concluye negando toda posible justificación a la necesidad de permanencia de un mismo partido en el poder:

«No hay que dejarse sorprender por este tipo de justificaciones... repetidas siempre por regímenes totalitarios y que esconden, en el fondo, el temor de que el pueblo todavía no esté maduro para discernir el camino que más le conviene.»

A raíz de una advertencia presidencial contra toda intervención del clero en cuestiones políticas, el arzobispo Almeida había convenido, días antes, en el principio de que la Iglesia no participe en política partidista, «sin embargo, es responsabilidad de la Iglesia luchar por el bien común y a eso no renunciamos». Mientras en Ciudad Juárez el obispo Talamás –un fedayín católico de estirpe betlehemita– pedía no sólo la derogación del artículo 130 sino una nueva constitución, el vocero oficial de la diócesis de Chihuahua declaraba: »La Iglesia no mantendrá silencio ni complicidad ante un fraude electoral porque se trata de un pecado tan grave como el robo o el aborto».

No es preciso ser un especialista en historia político-religiosa para advertir que en Chihuahua están apareciendo nuevas actitudes de la Iglesia ante el Estado. Admitirlo y calibrar sus consecuencias es algo muy distinto a considerar –como algunos jacobinos– a la Iglesia norteña como el motor de una conspiración contra el Estado mexicano. Los exordios democráticos de la Iglesia, aun si son hechos de buena fe, me parecen dignos de toda sospecha; pero los exordios inversos, transidos de estatolatría y santa ira laica, me lo parecen aún más.

¿Cómo explicar los acontecimientos de Chihuahua? Se trata, quizá, de un fenómeno de convergencia entre la sociedad y la Iglesia mexicana. Durante los conflictos de 1926-1929 Chihuahua se mantuvo al margen de la guerra cristera gracias a la efectiva labor de Antonio Guízar y Valencia, el famoso arzobispo oriundo de Cotija que más tarde tendría un papel destacado en los arreglos con Roma. Hasta en sus formas, Guízar era un prelado del México viejo: con corte, pompa y caudatario. Quien lo sucede es un chihuahuense de pura cepa: Adalberto Almeida, nacido en Bachíniva. Muy pronto se revela como un dirigente natural en esa sociedad tolerante: «ortodoxo pero abierto, no marxista pero responsable en lo social». Adiós a las velas y a la religiosidad del centro. Lo que Almeida busca es «una respuesta seria y sana en la vida».

El caso de Chihuahua es pionero pero no único. Originalmente el episcopado mexicano se nutría de curas provenientes de Jalisco y Michoacán que iban a estudiar al Pío Latino de Roma. La última generación de estos sacerdotes concertó un *modus vivendi* con el gobierno: «Ni nosotros impugnamos la constitución, ni la aplicamos». Los decenios pasaron en santa y neoporfiriana paz, sin embargo, aprovechando imperceptiblemente la tregua, el episcopado abre su estructura, designando obispos a sacerdotes con mayor experiencia pastoral, con arraigo en sus lugares de origen, oriundos en un sesenta por ciento de estados que no son Jalisco y Michoacán, es decir, sin memoria vital de la guerra cristera. Es este nuevo episcopado regional el que busca un diferente *modus vivendi* con el Estado.

En el caso de Chihuahua inciden otros factores. Después de un largo periodo de hibernación –la era de Guízar–, los laicos católicos ascendieron políticamente durante la década de los sesenta. La democracia cristiana formó varias promociones juveniles en la responsabilidad social y «la promoción integral de la persona». (Su fervor tuvo, cuando menos, una derivación trágica: el asalto al cuartel de Madera el 23 de septiembre de 1962.) Otras instituciones y organizaciones desplegaron una labor paralela: Acción Católica, Movimiento Familiar Cristiano, el Instituto Regional (jesuita), etcétera. Tras una década de actividad, los laicos vivieron otra de receso. En los años ochenta muchos de ellos simpatizan con las posiciones de la Iglesia chihuahuense respecto a la vida política.

Otros fenómenos convergen también. Las comunidades de base han ido descubriendo una teología de la liberación más cercana a Vasco de Quiroga que a Leonardo Boff. El Papa [Juan Pablo II] perfila una especie de Reforma dentro del catolicismo que, por un lado, abraza ecuménicamente otras corrientes y religiones y, por el otro, busca hacer a las Iglesias nacionales a imagen y semejanza de la Iglesia polaca: un contrapoder. Ninguno de estos factores convergentes será pasajero. Inevitablemente, la Iglesia católica en México busca y buscará replantear su *modus vivendi*.

¿Cómo calificar los sucesos de Chihuahua? Los sacerdotes insisten en que el auge del PAN y la gran actividad política que se aprecia *son fenómenos autónomos,* signos de una lucha popular por la democracia. También yo lo creo. No desconfío de la vocación democrática de los chihuahuenses –fruto de su historia– pero sí desconfío, en cambio, de la democracia en boca de la Iglesia.

Mil quinientos años de historia muestran que es el integrismo y no la democracia –menos aún en su acepción moderna– lo que se acerca más al espíritu político de la Iglesia. La democracia ha parecido siempre, a sus ojos, un fenómeno formal y sin contenido, como el liberalismo. Por otra parte, ya no en términos de contabilidad histórica sino de consistencia democrática, la exhortación pastoral, a mi juicio, acierta y falla. Acierta ante el Estado porque, al reafirmar su autoridad propia –una autoridad de naturaleza esencialmente social–, pone diques a la concentración del poder político. Pero falla al introducir la escatología en el ámbito falible y modesto de la vida pública: «Como pastores... sabemos que de la respuesta concreta que ustedes den a Cristo en sus actividades políticas puede depender, no sólo el bien de nuestra patria, sino también la salvación eterna de ustedes».

La democracia, en sentido estricto, no admite actitudes supletorias de la conciencia individual. Al relacionar la economía de la salvación con la virtud política, la exhortación incurre en ellas. Malraux tenía razón: los problemas comienzan cuando Dios se sale de su sitio.

Viejo y nuevo panismo

Uno de los gestos característicos de Manuel Gómez Morin consistía en entrecerrar los ojos haciendo oscilar hacia los lados leve y rítmicamente la cabeza para denotar decepción o lamento. Cuando hablaba del PAN en sus últimos años [murió en abril de 1972], el movimiento era constante. «No resultó lo que yo esperaba», me dijo alguna vez. No previó que su partido cobraría nuevos bríos a diez años de su muerte y en su estado natal.

El principal promotor, el apóstol del renacimiento del PAN en Chihuahua fue el presidente López Portillo, sobre todo en su recta final: pero antes que él, hay que reconocerlo, Gómez Morin puso su parte. Nunca dejó de pastorear al PAN en cada pueblo, en cada ciudad; nunca «perdió la querencia». En Chihuahua tenía amigos y discípulos. Alguna vez fue candidato a diputado por el primer distrito de Parral, pero su curul fue «congelada».

En uno de sus viajes, a mediados de los cincuenta, conoció al que ha sido, hasta nuestros días, el caudillo de la vieja guardia panista: Luis H. Álvarez. Nacido en Ciudad Camargo en 1919, Álvarez representaba para Gómez Morin al luchador cívico ideal: un empresario textil liberal, honesto y moderno, preocupado por los problemas sociales, insobornable, independiente y quijotesco. Después de dirigir la Cámara de Comercio y la Asociación Cívica de Ciudad Juárez, ingresa al PAN y se convierte en candidato a gobernador. Para sorpresa del candidato oficial –Teófilo Borunda–, el joven Álvarez, de treinta y cinco años de edad, alcanza buenas votaciones y, ante lo que considera un fraude, arma cierto revuelo con una caravana de protesta postelectoral de Ciudad Juárez a la ciudad de México. Pocos años más tarde, Álvarez es el candidato panista a presidente de la República.

En los años sesenta la generación de Álvarez toma las riendas del PAN. Después del arranque vigoroso de los años cuarenta y de la depresión de los cincuenta (cuando el presidente Ruiz Cortines los llamaba «místicos del voto»), los panistas iniciaron un periodo de cohesión y ascenso fincado, en buena medida, en la sensibilidad política de Adolfo Christlieb Ibarrola. Aunque la limitada reforma política de 1964 los benefició un poco, el gozo de la posible apertura se fue al pozo en 1968. Para 1970 consideraron seriamente la posibilidad de esgrimir, como única arma de protesta, la negativa de participar en la campaña. Álvarez lo creía así y su opinión prevaleció en 1976. ¿Quién no recuerda el triste espectáculo del PAN en aquellos días? Con el ascenso en verdad ominoso de una corriente populista de pasado fascista y la ausencia de personalidades como González Morfín, no faltó quien profetizara su quiebra. Por lo demás, si la única ocupación nacional sería «administrar la abundancia», ¿qué necesidad había de una «oposición leal»?

Aunque nunca dejó de trabajar en la formación de sus cuadros políticos, el PAN de Chihuahua se eclipsó también en los setenta. A las convenciones asistían ciento cincuenta personas. De pronto, en los ochenta sobrevino la «desadministración de la abundancia». Lo demás no es historia: es presente. En 1983, Luis H. Álvarez llegó a la presidencia municipal de la ciudad de Chihuahua. No hubo forma de poner en práctica el fraude electoral: en un hecho sin precedente, el candidato del PRI, don Luis Fuentes Molinar, admitió su derrota antes que los alambiques del tricolor comenzaran a urdir su misteriosa mezcla.

La trayectoria del contador Francisco Barrio, a los treinta y cinco años candidato a gobernador por el estado de Chihuahua, es formalmente similar a la de Luis H. Álvarez, sólo que treinta años más tarde. Como Álvarez, Barrio trabajó en la iniciativa privada de Ciudad Juárez; dirigió una empresa de ciento cuarenta personas (su «escuela del liderazgo»); llegó, sin ser empresario, a la presidencia del Centro Empresarial y, por obra y milagro del «shock de la nacionalización bancaria», decidió ingresar al PAN. «Tan bonita carrera que llevabas», le dijeron sus amigos al enterarse de su candidatura a la presidencia municipal de Ciudad Juárez. «Si no ganamos, sacudimos», les respondía. Y ganó. Los mártires panistas se sorprendieron de la frase neopanista: «El PAN pierde porque tiene mente perdedora». A principios de 1986, el sesenta y seis por ciento de la Asamblea panista lo eligió candidato a gobernador.

Le pregunto a Barrio sobre la importancia de la religión en su vida: «Es lo más fuerte, lo más importante». Me explica que pertenece al movimiento carismático, al que ingresó siguiendo a su esposa. Solía leer *La agonía del cristianismo* de Unamuno, no para desgarrarse entre dudas sino a la caza de frases bíblicas. Éstas, como es natural, lo condujeron a la lectura directa de la Biblia. El ingreso al movimiento de Renovación en el Espíritu Santo tuvo en él un carácter de «conversión y catarsis». Su despertar, afirmó una vez, fue similar al del profeta Jeremías.

Me encamino a una reunión de Barrio con un grupo de empleados de la R.C.A. En el camino compruebo su popularidad. El diálogo con los empleados es franco y claro. Todos lo tutean. Reconoce que su táctica ha sido básicamente de «ataque» y «cuestionamiento», con «poco énfasis en un programa». Advierte sobre el «bloqueo informativo» a su campaña y aporta un ejemplo concreto en el que las autoridades del centro intentaron clausurar una radiodifusora que, «para ser sinceros», ofrecía una cobertura «demasiado buena». La gente quitó los sellos. A pesar de todo «hay buen ambiente en el estado». Habrá mejor difusión: se preparan audiovisuales. A sus colaboradores les exigirá honestidad y capacidad. De su gestión como presidente municipal hablan las cifras elocuentemente, lo mismo ocurre con su combate a la corrupción. Su propósito llano es «comportarme bien», ser «auténtico y conciliador». Con el gobierno central «no hay guerra, no hay pleito». No existe vínculo alguno con el Partido Republicano, la difusión de su campaña en Estados Unidos «es natural porque es noticia». Un manejo eficiente de las finanzas estatales atenuará el efecto de la crisis; para ello cuenta ya con gente «lista para chambear». En cuestiones electorales ya «no se cuidan ni las formas... El fraude está en marcha... el gobierno pregona textualmente que "no va a soltar nada"... Tenemos que arrebatárselo... ¿Hasta dónde llegaremos?... Hasta todo. Evitaré la violencia, pero no me doblego, no blofeo». En todo el estado, el PRI enfrenta una situación difícil: en Jiménez, en Delicias, en Cuauhtémoc, en el noroeste donde el padre Camilo guía a «cuarenta mil ejidatarios que votarán por cualquier partido menos por el PRI»; en Namiquipa, en Temosachic, los aprietos oficiales son serios. Una encuesta reciente en Chihuahua favorecía al PAN sobre el PRI en una proporción de tres por uno: «El fraude está canijo».

A la salida de la reunión me habla de su programa. Lo que busca es un «gobierno participativo que involucre a la gente en consejos consultivos que funcionen… Echarle a la sociedad parte del peso de problemas que también son suyos, como el alcoholismo o la criminalidad». «El combate a la corrupción no será frase de campaña sino objetivo específico y prioritario, como lo fue en Juárez.»

Finalmente le pregunto sobre sus lecturas recientes: «Todo Gandhi», responde.

Sobre Barrio escribió hace unos meses José Fuentes Mares:

«Proclive a la autoflagelación (son conocidas sus frecuentes huelgas de hambre), se aproxima al modelo de Gandhi o del Ayatolah Jomeini … Su campaña tendrá un tono de Guerra Santa. No pasemos inadvertido que el 15 de septiembre de 1984, con motivo de la ceremonia ritual de ese día, Barrio tuviera el tupé de gritar «¡Viva la Virgen de Guadalupe!»

Encuentro dos vertientes en Francisco Barrio: el político-administrador y el carismático. Su gestión en la presidencia municipal de Juárez y su programa denotan una concepción moderna del poder, un concepto instrumental y no místico de la autoridad. En cualquier sociedad moderna lo que se pide a un gobernante es eficacia, no programas demagógicos de redención. Y sin embargo, la otra vertiente de Barrio vincula la política con formas de misticismo, saca a Dios de su sitio. Lo hace, quizá, porque presiente que para mover al PRI se necesita una fe que mueva montañas. También Madero la necesitó y la tuvo, pero a diferencia de Barrio, mantuvo su fe dentro de los límites estrictamente privados, casi íntimos. Dios –y los espíritus– lo visitaban en un tapanco de su hacienda en Coahuila, pero nunca lo acompañaron a un mitin. Su único evangelio, en público, era la democracia.

En las elecciones internas del PAN para gobernador, el demócrata Luis H. Álvarez perdió de modo aplastante frente a Barrio, el carismático. Según Rafael Landerreche Gómez Morin –heredero de la calidad intelectual y moral de su abuelo–, el triunfo de Barrio sobre Álvarez se explica por una debilidad estructural del PAN. La vertiente democrática pura, maderista, vasconcelista, laica, la que representó Gómez Morin, al carecer de «encanto», requirió siempre del «remolque» de una mística religiosa. Basta comparar los escritos de Efraín González Luna contra Cárdenas con los que escribió Gómez Morin para apreciar la diferencia. El lenguaje del primero, oriundo de Jalisco, era dogmático, anticomunista, anclado en el siglo XIX. El del segundo, nacido en Batopilas, era siempre matizado. Se concebía a sí mismo como parte de la Revolución mexicana; la parte desvirtuada. El caso –continúa Landerreche– es que la actitud de Gómez Morin no tuvo arraigo y al remolque ideológico de González Luna siguieron otros francamente fascistas, como el sinarquismo. Así se explica que el PAN de Chihuahua haya puesto la democracia en manos de un carismático.

La explicación me convence pero no me consuela. Gómez Morin creyó, en 1929, que el «encanto» de la democracia necesitaba, para prender, de una larga, difícil y anónima labor partidaria y cívica. La supervivencia de su partido prueba que tenía razón. Él hubiese querido que el PAN de Chihuahua pusiera la democracia en manos de la democracia.

El ascenso del PAN en Chihuahua tendrá quizá como límite las elecciones. Hasta ahora, al menos en las calles de Chihuahua o Ciudad Juárez, donde se concentra el ochenta por ciento del electorado, su capacidad de convocatoria salta a la vista: mítines concurridos, campañas de afiliación simbólica con distintivos y calcomanías, participación política hasta de los niños. El estribillo de campaña lo dice todo: «En Chihuahua… ¡Ya es tiempo!» Las razones del ascenso no son menos evidentes. Las más próximas, el derrumbe de expectativas de la clase media, la reanimación del laicismo militante, la politización creciente, la existencia de una estructura panista previa que el neopanismo puede aprovechar (cosa que existió menos en Sonora o Nuevo León). Las más remotas y profundas se encuentran, a mi juicio, en la historia de Chihuahua, en su gravitación natural hacia la autonomía. En Chihuahua, «el centro» sigue siendo –y quizás ahora, con la comunicación moderna, mucho más– la fuente de todos los males, el lugar de los litigios, los permisos, las «mordidas», los «rollos», los dobleces, la expoliación, el legalismo, la dictadura de escritorio, los privilegios, la tecnocracia, la burocracia, la ideocracia, los increíbles subsidios, el despotismo ilustrado, el paternalismo, la gesticulación. Se trata del viejo agravio federalista que se inició en la Independencia y aun no ha concluido. Es el viejo orgullo de la isla atenida siempre a sus propias fuerzas.

La triple teoría conspiratoria sobre el ascenso del PAN me parece falsa. La influencia de la Iglesia converge en el proceso, lo apoya y lo aprovecha pero no mueve las actitudes cívicas. Tampoco está clara la «penetración» norteamericana en la conciencia del electorado chihuahuense, de cuya defensa de la identidad mexicana la historia da testimonio pleno, mucho más que en otras regiones del centro. Se ha hablado también del dinero estadounidense en las arcas del PAN. Si existen pruebas, ¿por qué no las exhiben? El argumento habitual es que en Chihuahua está en jaque la soberanía nacional. ¿En qué sentido concreto México sería menos México con un gobernador no priista en Chihuahua? Fueron dos gobiernos priistas los que, en gran medida, hipotecaron al país entre 1970 y 1982. Si los cien mil millones de dólares que debemos, con intereses al diez por ciento, hubiesen entrado al país como inversión extranjera repatriando el cuatro por ciento (después de cubrir sueldos, impuestos, compras, reinversiones, etcétera), ¿no tendríamos, en sentido concreto, más soberanía? Esgrimiendo esa palabra mágica se ha llegado a extremos: si Reagan insiste –según se dice– en que México debe democratizarse, mantener el *status quo* en Chihuahua, aun a costa de los electores, es defender la soberanía. Así, se incurre en una mayor dependencia: normar los actos propios por el miedo a la dependencia; atender no a la bondad intrínseca de los actos sino a lo que sobre ellos piense el adversario. La verdad es distinta: al cambiar el *status quo* no se disminuye la soberanía de la nación sino la soberanía del PRI. En cambio, el fortalecimiento de Chihuahua a través de la democracia no puede conducir sino al fortalecimiento nacional. Queda, en fin, la tercera *bete noire,* los empresarios. Su apoyo al PAN es relativo. De los setecientos miembros del Centro Empresarial, cincuenta son abiertamente panistas. Los grandes empresarios de la ciudad de Chihuahua son priistas, lo mismo que el mayor empresario de Ciudad Juárez, candidato oficial a la presidencia municipal. La mayor parte del empresariado chihuahuense, para todos los efectos prácticos, es apolítico, o cuando mucho, «prende dos veladoras». El juicio de Luis H. Álvarez es exacto: «se ofende al electorado de Chihuahua al decir que lo manipulan los empresarios, la Iglesia o Estados Unidos».

Que el ascenso los lleve al triunfo es otra cuestión. Según Barrio, «el fraude está canijo», pero el propio PAN admite que el PRI ha echado a andar la más avanzada tecnología política para triunfar. Según información del periodista Jaime Pérez Mendoza, los seis hechos políticos que textualmente denuncia el PAN son los siguientes: 1) La destitución del gobernador Óscar Ornelas con el propósito de impedir la instauración de un sistema democrático; 2) La férrea postura del gobierno del Estado para impedir que trabajadores, maestros, padres de familia y campesinos manifiesten su apoyo al PAN; 3) Las presiones a los medios de comunicación, en especial a los concesionarios de radio y televisión, para que apoyen abiertamente al partido oficial; 4) Las reformas al proceso electoral, obstruyendo el libre juego de los partidos políticos y haciendo burla de la democracia; 5) La manipulación del padrón electoral para impedir el ejercicio auténtico del sufragio: la eliminación de miles de nombres del padrón electoral y la retención de credenciales; 6) La integración de una Comisión Estatal Electoral favorable al partido del gobierno.

Para contrarrestar un fraude que a su juicio ya está en marcha, Barrio anunció su primera medida gandhiana: la desobediencia civil. La idea causó alguna expectación en Chihuahua, pero no tuvo eco en el ámbito nacional. Este factor de aislamiento, desfavorable al PAN, se agudizará durante el mes de junio debido al Campeonato Mundial de Futbol [que se celebró en México]. Para predecir lo que ocurrirá después del 7 de julio son inútiles los instrumentos de un historiador: se necesita un nigromante. Pero aventuro una hipótesis: a menos que se diera un improbable cambio en el Colegio Electoral con personas que cuenten con una legitimidad fuera de duda, el triunfo del PRI –aun cuando fuese real– parecerá ilegítimo. La respuesta, en este caso, será más intensa y prolongada de lo que fue en Nuevo León y Sonora. Sin descartar que hay procesos históricos silenciosos, subterráneos, y procesos sociales vivos en el noroeste, cuya confluencia con una querella electoral podría desatar la violencia. Que la capacidad represiva del Estado esté intacta y la fidelidad del ejército se halle libre de toda sospecha, no son un consuelo para esa posible situación. Así como Chihuahua merece la democracia, el Estado mexicano no merecería –como no lo mereció en 1968– la mancha de la represión.

La contradicción interna del PRI

Que el PRI de Chihuahua no es un modelo de vigor y cohesión es algo que los propios priistas admiten. Los dos brazos fundamentales de su estructura corporativa, la CTM y la Confederación Nacional Campesina (CNC), atraviesan por problemas. A la muerte del líder Mar de la Rosa, la CTM local entró en un periodo de debilidad externa y divisionismo interno. De lo primero da fe el FAT, organización obrera independiente nacida de la antigua democracia cristiana y cuyo embrión representa ahora, con otras siglas, los intereses obreros en uno de los conflictos más serios de la historia local reciente: la prolongada huelga de acereros de Chihuahua. Sobre el divisionismo basta leer la prensa:

«Estalló la violencia física entre los ruteros cetemistas, debido a que Doroteo Zapata y Antonio Ramírez (CTM) impusieron como dirigente de la Unión Sindical de Trabajadores del Transporte Público a Margarito Hernández Dávila, sin hacer caso de las protestas que surgieron en la asamblea a que se convocó sin dar aviso a la generalidad de los concesionarios y chóferes». *

La CNC tampoco atraviesa por su mejor momento. La sola presencia del sacerdote Camilo Daniel a la cabeza de decenas de miles de campesinos en el noroeste prueba que el «voto verde» [el voto campesino], en que tantas esperanzas pone el PRI, podría no ser tan abundante. El candidato Fernando Baeza ha hecho, al parecer, gestiones personales ante las autoridades del centro para que los problemas de adeudos y precios se resuelvan. Con todo, aquí y allá la prensa da cuenta de tomas de bodegas de Conasupo por campesinos.

«La confianza pierde al hombre», me recuerda Héctor Chávez, «y la confianza perdió al PRI. Por mucho tiempo nos gobernaron hombres con poco arraigo». Soto Máynez –apodado «Sotolito» por su inmoderación etílica– fue gobernador debido al único aunque indudable mérito de que su madre era la dueña de la casa de huéspedes que alojó, en tiempos de estudiante, a Miguel Alemán Valdés. Con el tiempo, se incurrió en otro vicio: el personalismo. De Manuel Bernardo Aguirre, los propios chihuahuenses contaban que sus dos únicas ambiciones en la vida eran ser gobernador y concluir sus estudios de primaria, pero su gobierno no fue malo. Menos aún lo fue –según opinión generalizada– el de Óscar Flores Sánchez. Ambos tenían arraigo, pero por sus divisiones y su confianza excesiva, olvidaron el trabajo de zapa: los cuadros, la politización. Meses antes de las elecciones de 1985, el propio Flores Sánchez le comentaría a Fuentes Mares: «A ver, dígame, dígame los nombres de tres buenos candidatos a diputados federales... ¿Verdad que no hay uno solo? En el PRI no tenemos con quién dar la pelea».

Los azares de la vida, y su amistad con el presidente López Portillo, hicieron que en 1980 llegara a la gubernatura un profesor de teoría del Estado, ex rector de la Universidad de Chihuahua, hombre discreto, de convicciones pluralistas: Óscar Ornelas. Según recuerda uno de sus discípulos, Ornelas veneraba a Montesquieu. Quizá por eso sus primeras actitudes políticas parecieron tan dubitativas que lo asemejaban a un «Hamlet moral».

Hamletiano o no, Ornelas decidió no usar la violencia con fines electorales. Ya en 1980 esta abstención le provocó problemas al PRI en algún municipio, pero en 1983 –en plena crisis– la votación a favor

---

* Los datos periodísticos provienen de la excelente revista mensual editada en Chihuahua: *Información Especializada.*

del PAN y la presión del centro lo colocó en una situación verdaderamente compleja. El resultado, como se sabe, fue la victoria panista en varios municipios importantes del estado, incluyendo la capital. «Para mí no es problema gobernar con un Presidente Municipal panista», declaró. Y en efecto, las relaciones con Álvarez fueron, en lo que cabe, respetuosas.

En 1985 hubo elecciones para diputados locales. Un distrito tuvo que ser «congelado», porque la victoria del PAN hubiese equilibrado la representación en el Congreso. En septiembre de ese año estalla un conflicto estudiantil que Ornelas no sabe o no puede controlar, y el 19 de ese mes cae. Tiempo después, el «Hamlet moral» declara a un diario nacional: «Hubo quienes sugirieron utilizar la represión para frenar al PAN. Pero la violencia se hubiera desbordado sin control. Peor que en San Luis Potosí, peor que en Oaxaca. Decidí entonces respetar la voluntad popular. Luego tuve que renunciar». En cuanto a las elecciones de julio [de 1986] advierte: «Si el PRI no atina en la selección de candidatos para alcaldes y diputados locales, el partido sufrirá la peor debacle de su historia. Más grave aún que en 1983».

Hubiese querido conocer al candidato del PRI, Fernando Baeza. A pesar de mi insistencia, su agenda no lo permitió. Por varios conductos, incluyendo a la oposición, recibo una buena opinión de él. Es diez años mayor que su principal oponente. Nació en Delicias, en una familia de rancheros. Su padre fue fundador, o cuando menos militó, en el PAN. Baeza estudió en el Instituto Regional de los jesuitas, en la Universidad Iberoamericana y en la UNAM, donde conoció de cerca, a una de las mentes más finas del PAN: Rafael Preciado Hernández.

Su carrera política arranca en la presidencia municipal de Delicias. Cuentan que el padre le dijo: «No voto por ti», pero como Baeza quería ser líder y no mártir (no eran, recuérdese, tiempos de crisis), hizo una buena gestión en su municipio y siguió avanzando: oficial mayor del procurador Óscar Flores, diputado federal y subprocurador general de la nación. Para Fuentes Mares, Baeza era el «único candidato posible» para el PRI en Chihuahua: «tranquilo, conciliador... tiene la presencia de un profesor universitario y se expresa como tal... dará a su campaña el tono de una mesa redonda».

Confirmé las palabras de Fuentes Mares en la inmensa concentración en que el Comité Ejecutivo Nacional del PRI les tomó protesta a los candidatos a diputados locales, presidentes municipales y regidores. La ceremonia tiene lugar en el Gimnasio Manuel Bernardo Aguirre. Afuera, en las bardas, la propaganda del PRI no parece del PRI sino de Baeza. A veces aparece sólo el eslogan («Porque sí cumple» o «Porque es diferente»), a veces sólo su cara, pero sin el distintivo del PRI. Adentro, el ambiente es de tianguis, espectáculo, fiesta, futbol, toros, todo junto. En la tribuna central, frente al presidium, unas chicas no demasiado graciosas, desenrollan sus telitas tricolores con el símbolo del partido. Los principales órganos están presentes: CRT, SNTE, CTM, CROC, etcétera. Uno de los candidatos a alcalde exclama henchido de fervor: «Chihuahua vive un día magno». La multitud está feliz, aunque no presta demasiada atención a los oradores iniciales. De pronto, en gallola, un grupo de jóvenes obreros que blanden banderas rojinegras comienza a gritar una y otra vez, con evidente rabia: «¡Aceros, solución!» Baeza toma el micrófono. Después de ofrecer su «instancia conciliadora» a los huelguistas, hila un discurso de la más pura cepa democrática: «nuestro principal compromiso es con la democracia... respetaremos la voluntad popular el 6 de julio... la palabra ha perdido credibilidad... los chihuahuenses están cansados de buenas intenciones». No faltan conceptos como «bienestar común» o «virtud política», que no es usual oír en un santuario del PRI. De pronto todo se interrumpe. «¡Aceros, solución!» Pero dejemos al reportero del *Heraldo de Chihuahua*, la narración del desenlace:

«Fue en ese momento, cuando los de Aceros parecían dominar el campo y no tenían para cuándo dejar la provocación, que un par de voces femeninas se escucharon apenas en la parte superior de la tribuna principal. "Baeza, Baeza" –comenzaron tímidamente a corear. Fue como una chispa. Una especie de pentecostés político contagió a todos.
»... los trabajadores de Aceros habían logrado bajar sus mantas a la primera fila del lunetario a la mitad del lado izquierdo. Iban en retirada en medio de los gritos "Baeza, Baeza, Baeza".
»Y en ese momento de triunfalismo, de victoria, en el que es fácil fulminar con excomuniones y exorcizar a los demonios, Baeza demostró qué tan válidas son sus banderas de concordia y unidad. Con mucha suavidad puso el freno y no permitió que la Convención se desbordara. "Lo único intolerable es la intolerancia", dijo con voz firme.»

Sus palabras finales volvieron al tema de la pluralidad, la tolerancia y la democracia:

«No pretendemos ni deseamos unanimidad porque ésta somete la voluntad... No queremos incondicionalidad porque lo incondicional prostituye... Queremos participación libre, convencida y razonable...

No vamos a desmayar en la búsqueda de la unidad en la concordia, el único camino para superar a los chihuahuenses.»

Un chiste chihuahuense asegura que ganará F.B. Lo mismo cabe afirmar del discurso: cualquiera de los F.B. podía haberlo firmado.

La táctica del PRI de Chihuahua es la misma que ha dado frutos al sistema durante su ya larga existencia: incorporar, incluir, cooptar. Así como Echeverría lanzaba críticas al poder... desde el poder, así el candidato Baeza –por convicción moral; quizá porque no advierte hasta ahora doblez en ello– se apropia de un lenguaje democrático, que no es propio de los priistas, para neutralizar al PAN. El problema de su «empanizamiento» –neologismo chihuahuense– es que entra en contradicción interna con los métodos político-electorales del PRI. «El PRI», dice Zacarías Márquez, «no puede ser demócrata sin dejar de ser el PRI.» Ornelas quiso ser demócrata y priista, pero sólo logró convertirse en ex gobernador. Si en términos estrictamente democráticos la exhortación pastoral es criticable por suplir la conciencia individual ¿qué decir de los métodos de exhortación del PRI: movilizaciones, amenazas, cohechos, acarreos, tortas? ¿Y qué del fraude electoral? No suple la conciencia individual: suple al individuo.

La izquierda posible

El profesor Antonio Becerra Gaytán, «nacido y malcriado en Chihuahua», es ante todo un tipo simpático. Cincuentón, sencillote, su risa abierta y franca denota alegría, no chocarrería ni relajo. «La confusión en el PRI es tal», me comenta para abrir boca, «tal la improvisación y falta de cuadros, que en muchas asambleas locales se les colocó gente para que salieran los candidatos peores... y salieron.»

Su trayectoria va de la ortodoxia a la heterodoxia. Educado en Tlaxcala, profesor normalista, vendedor de libros, «líder charro sin saberlo» que por tomar en serio una huelga en Parral dejó de serlo, seguidor de Othón Salazar, fundador del Movimiento Revolucionario del Magisterio..., en 1960 se hace comunista «para procesar lo que le pasaba». «Hay que entender el momento», explica como excusándose levemente, «no era sólo Othón, era el MRM, el movimiento ferrocarrilero, Cuba, el conflicto de Bosques de Chihuahua.» Descarta el lombardismo porque «la sumisión al Maestro me molestaba». Al mismo tiempo comienza, con esfuerzo autodidacta, una carrera académica: desde entonces da clases de psicología e historia de México en la

Universidad Autónoma de Chihuahua. Un personaje importante en el mundo académico de Chihuahua, el profesor Federico Ferro Gay, le descubre algunas vetas de filosofía moral. El 2 de octubre de 1969 Becerra sufre un secuestro político. Todos se unen para pedir su liberación. El PAN hace ruido. Y –sólo podía pasar en Chihuahua– ¡el obispo ofrece una misa! Un alumno suyo comenta: «La derecha lo hizo demócrata».

Viajó a Europa del Este, pasó un año en la URSS («pueblo formidable»). Pensó que en la URSS «lo que fue necesidad se volvió hábito y ahora política». En Rumania dijo para sí: «Yo no peleo por esto». Criticó la invasión a Praga. En los setenta participó en la autocrítica del PC («¡Somos una secta!») y convino en el cambio al PSUM. De sus días de diputado federal recuerda una anécdota autocrítica: Carlos Sánchez Cárdenas admoniza al panista Carlos Castillo Peraza: «Cuando lleguemos al poder, no quedarán ni sus huesos». A lo que Castillo respondió: «En cambio, cuando nosotros lleguemos al poder usted podrá vivir tranquilamente con todo y sus huesos».

Su interpretación sobre la actitud del PRI es casi silogística: Según el diagnóstico del PRI, explica Becerra, el PAN es apoyado por el clero y por los empresarios. Medida pavloviana: meter un candidato «empanizado», no sólo no jacobino sino super religioso para cooptar empresarios. La estrategia es equivocada por motivos de legitimidad moral: 1) No debieron deponer a Ornelas; 2) No debieron elegir a Baeza sino a Fuentes Molinar, que había ganado respeto con su valiente renuncia en 1983 frente a Luis H. Álvarez: «Lo que el gobierno no ve es que perdieron porque el electorado, vivo, perspicaz, se decidió a votar con libertad… la gente está hastiada de la manumisión. Su actitud no es ideológica sino de libertad… El PRI perdió la sensibilidad de reconocer la cultura del hombre libre frente a la cultura del empleado».

A juicio de Becerra también el PAN erró en su elección:

«Luis H. Álvarez representa valores como el honor y la dignidad. Con puntería de apache dijo en 1983 «no triunfa el PAN sino el pueblo de Chihuahua». En cambio Barrio suple su falta de sensibilidad política con un uso excesivo de la religión, con apelaciones irracionales, estímulos mercadotécnicos y un prosaísmo que vuelve innecesariamente partidista una lucha que es del pueblo. No hay que inducir al hombre libre al voto, hay que seguirlo.»

La relación de Becerra con su propio partido, el PSUM, no ha sido fácil. «Donde gane el PAN no firmo», le dijo algún compañero, a lo que él contestó: «Defender el voto es poner la pica en Flandes. No se es demócrata limitado. ¿Tienes o no confianza en las masas? O lo haces o te niegas».

Pienso en la fuerza electoral que tendría la izquierda mexicana con uno, dos, mil Becerras. Leo un demagógico folleto que se distribuye en sus oficinas y pienso que él no lo redactó. Porque si la Iglesia suple a las conciencias individuales y el PRI a los individuos, el dogmatismo de izquierda del siglo XX suple a los individuos, las conciencias, los partidos, la Iglesia, la Historia, la moral y –no sólo moviéndolo de sitio, sino bajándolo del cielo– a Dios.

En el avión de vuelta a la ciudad de México, yo, chilango irredento, quiero sacar conclusiones de lo visto y oído. Al recordar el comentario final del profesor Becerra, democráticamente, desisto: «Si a este electorado no se le reconoce, sobrevendrá el repliegue y la frustración. Chihuahua vive hoy la revolución de la democracia. Chihuahua puede ser la cuna de los tiempos nuevos».

Oráculo de Tocqueville*

Aquella noche había yo agotado los periódicos de la semana sin formarme una idea clara sobre los acontecimientos que a todos nos preocupan. [Las recientes elecciones presidenciales de 1988.] Con incertidumbre recordé a Tocqueville: «Temo menos al peligro que a la duda». De pronto, como por ensalmo, el autor de *La democracia en América* y *El antiguo régimen y la Revolución* tomó asiento frente a mí. Era pequeño de estatura, agudo y sensible, tal como lo había imaginado. Aproveché su misteriosa aparición para conversar sobre la discordia civil de Francia en 1848 y sus posibles enseñanzas para el México actual.

Ahora que el futuro nos alcanza parece inútil hablar del pasado, referir una vez más el intrincado proceso político que nos condujo al 6 de julio. Antes de esa fecha, las reflexiones históricas tenían un valor no sólo explicativo sino profético. Pero ahora que las profecías sobre el fin del sistema comienzan a cumplirse, el pasado se ha vuelto *realmente* pasado.

Algo similar me ocurrió poco tiempo después de la Revolución de 1848, cuando escribía mis *Souvenirs*. Entonces razonaba sobre las cau-

* Agosto, 1988.

145

sas que habían originado la jornada del 24 de febrero de 1884 que marcó el fin de la monarquía, pero en la tarde de aquel día algo muy distinto rondaba por mi cabeza. Pensaba en el acontecimiento mismo y me preocupaban menos sus orígenes que sus consecuencias.

Por varios años, pero sobre todo a partir de 1982, muchos coincidimos en advertir que el pasado se hacía presente en un Estado (Ogro Filantrópico, patrimonialista, virreinal, déspota ilustrado, corporativo, burocrático, etcétera) que obstruía el desarrollo político de una sociedad abierta, plural, que buscaba la modernidad.

También nuestro país estaba dividido en dos partes o, mejor dicho, en dos zonas desiguales; en la de arriba, que era la única que debía contener toda la vida política de la nación, no reinaba más que la languidez, la impotencia, la inmovilidad, el tedio; en la de abajo, por el contrario, la vida política comenzaba a manifestarse en síntomas febriles e irregulares que un observador atento podía captar fácilmente. En el mundo político de la Francia de 1848 lo que faltaba era la vida política propiamente dicha.

¿Qué clase de sensibilidad debe tener un observador en los momentos de tensión? ¿A qué debe estar atento?

A los hechos menudos, cotidianos; al estado de las costumbres y las opiniones en el país.

Nuestros gobernantes recientes han carecido, por desgracia, de esa sensibilidad. Lo mismo, supongo, ocurrió entonces con Luis Felipe de Orleans.

Su talento era notable, pero se hallaba restringido por la poca altura y amplitud de su espíritu. Inteligente, fino, flexible y tenaz; sólo atento a lo útil y lleno de un desprecio tan profundo por la verdad y de una incredulidad tan grande con respecto a la virtud, que sus luces se empañaban a causa de ello: no solamente era incapaz de ver la belleza sino la utilidad de lo verdadero y lo honesto. Por lo demás, orgulloso de las ventajas que había obtenido de aquella ingeniosa maquinaria, el rey Luis Felipe estaba convencido de que mientras no pusiese su mano sobre aquel hermoso instrumento y lo dejase funcionar según sus reglas, estaría al abrigo de todos los peligros.

Esa misma falta de auténtica grandeza, esa misma confianza pasiva ha perdido a nuestros últimos gobernantes. Les faltó sensibilidad para escuchar el reclamo de cambio. En 1982, por ejemplo, lo urgente era aliviar el agravio histórico del pueblo mexicano introduciendo una profunda reforma política que empezase por lo más elemental: el respeto al voto. Oportunidades no faltaron en los seis años siguientes. El gobierno las dejó pasar. Al final, su argumento más cínico fue la falta de violencia en los procesos electorales: «si nadie ha muerto por un cambio, nadie quiere cambiar». Como si todo cambio, para ser real, tuviese que aportar una cuota de sangre.

La misma necedad se dijo en Francia en aquel presagio de tormenta. El 29 de enero de 1840 pronuncié un discurso en la Cámara de Diputados. Puede leerse en el *Moniteur* del 30: «Se dice que no hay peligro porque no hay agitación. Se dice que, como no hay desorden material en la superficie de la sociedad, las revoluciones están lejos de nosotros. Señores, permítanme que les diga que yo creo que están ustedes equivocados. Es verdad que el desorden no aparece en los hechos, pero ha penetrado muy profundamente en los espíritus».

Quizá sea injusto, en el caso nuestro, hablar de inmovilidad. El gobierno tomó medidas legislativas y técnicas, pero la opinión pública las consideró reactivas, tardías, formales y, sobre todo, incongruentes. Permítame darle un ejemplo. Por un lado, el gobierno desdeñaba el voto: «la democracia no se agota en lo meramente electoral». Por el otro, después de un atropello electoral introducía importantes reformas legales. La reacción natural fue de incredulidad y resentimiento. Se percibía una soberbia en los actos y actitudes de los gobernantes, una pretensión de eternidad, una falla espiritual.

La palabra es exacta. La autoridad misma, en ambos casos, se hallaba en los suelos. Esto sostuve al final del discurso de enero de 1848, cuando pronuncié la más famosa –y la más triste– de mis profecías:

«No es el mecanismo de las leyes el que produce los grandes acontecimientos, señores, sino que es el espíritu mismo del gobierno. Mantened las mismas leyes, si queréis; aunque yo crea que cometeréis un grave error al hacerlo, mantenedlas. Mantened a los mismos hombres, si eso os agrada; por mi parte, yo no pongo ningún obstáculo. Pero, por Dios, cambiad el espíritu del gobierno, porque –os lo repito– ese espíritu os conduce al abismo.»

Me sorprenden los paralelos. La Historia, no hay duda, es la Maestra de la vida.

No lo crea tanto. Todos los acontecimientos históricos son distintos. El pasado a poco enseña sobre el presente.

De acuerdo, si usted lo dice. Las analogías deben trazarse con cautela. Pero estamos obligados a buscarlas, a aprender de ellas lecciones preventivas. La historia no es un libreto pero sí un manual de sabiduría. Considere usted y ayúdenos a entender nuestro actual triángulo político. Por un lado, está la oposición encarnada en el Frente Cardenista. Cuauhtémoc Cárdenas es un líder real. Curiosamente, no es un orador.

En ciertas circunstancias, los hombres que no saben hablar producen mayores efectos que los más cumplidos y empedernidos habladores. No aportan más que una sola idea –la del momento–, enmarcada en una sola frase, y la colocan sobre la tribuna como una inscripción grabada en grandes caracteres para que todos la vean y en la que cada uno reconoce inmediatamente su propio pensamiento.

Pero ¿cuál es, en el caso de Cárdenas, esa idea? Su lucha ha servido a la democracia: es el leñador que ha partido en dos el añoso tronco del PRI. Sin embargo, no está claro qué haría con la madera del tronco si llegara al poder. De su programa se desprende una nostalgia por el estatismo que, de ser llevado a la práctica, nos llevaría de nuevo a la situación arcaica y antidemocrática de la que hablábamos antes.

Creo que si un despotismo así se estableciera... sería más amplio y más benigno, y degradaría a los hombres sin atormentarlos... Por la felicidad de ese pueblo, tal gobierno se muestra deseoso de trabajar, pero elige ser el único agente de esta felicidad: lo provee de seguridad, prevé y suple sus necesidades, facilita sus placeres, maneja sus principales intereses, dirige sus industrias... ¿Qué queda si no evitarles el cuidado de pensar y el problema de vivir?

El otro vértice del triángulo es el PAN, el partido al que por mucho tiempo se consideró la oposición leal y que ahora confluye tácticamente con el Frente Cardenista. Curiosa alianza ¿no le parece?

No tanto. Los partidos políticos nunca llegan a conocerse mutuamente: se acercan, se tocan, se miden, pero nunca se ven unos a otros.

Por último, queda el PRI, que deberá renovarse profundamente hasta convertirse en un verdadero partido y no, como hasta ahora, en juez y parte. Lo primero que debería cambiar es el lenguaje. Recuerde que la última cosa a la que renuncia un partido político es su vocabulario.

En todo caso, nuestro triángulo político puede presagiar desenlaces buenos –como un efectivo tripartidismo– o muy malos, como los que sobrevinieron en París en aquel extraño 1848.

En efecto, en aquel momento los principales jefes del partido radical, que creían que una revolución era prematura y que no la deseaban todavía, se habían sentido obligados en los banquetes, para diferenciarse de sus aliados de la oposición dinástica, a pronunciar discursos muy revolucionarios y a soplar el fuego de las pasiones insurreccionales. La oposición dinástica, por su parte, que no quería más banquetes, se había visto obligada a seguir por aquel mal camino, para que no pareciese que retrocedía ante los desafíos del poder. Y, por último, la masa de los conservadores, que creía necesarias grandes concesiones y deseaba hacerlas, se vio forzada, por las violencias de sus adversarios y por las pasiones de algunos de sus jefes, a prohibir hasta el derecho de reunión en banquetes privados y a negar al país aun la esperanza de reforma alguna.

El papel que cumplían entonces los banquetes corresponde hoy a los mítines y manifestaciones. Lo que ocurrió en Francia, si entiendo bien, es que los actores fueron arrastrados por sus papeles hacia posiciones que no deseaban.

¡Y a qué grado! Hay que haber vivido por mucho tiempo dentro del torbellino de los partidos, para comprender hasta qué punto los hombres se empujan mutuamente más allá de sus propios designios, y cómo el destino de este mundo marcha, a menudo, a contrapelo de los deseos de todos los que lo forjan, como la cometa que se eleva por la acción contraria del viento y de la cuerda.

Si sabemos consolidar en México lo mucho que se ha ganado, el 6 de julio puede ser la fecha histórica de nuestro bautismo democrático. El triángulo es sinónimo de equilibrio, pero si lo tensamos demasiado podemos desgarrarlo. Hay que construir, a partir de hoy, la democracia. Podemos empezar a ejercer una auténtica división de poderes y un genuino federalismo. Estamos en el umbral, pero podemos volverlo un abismo, como ocurrió con ustedes. ¿Quiénes fueron los primeros en arrojarse al abismo en 1848?

Son los jóvenes de París los que, por lo general, emprenden las insurrecciones, y suelen hacerlo alegremente, como escolares que se van de vacaciones.

¿Cómo se inician, cómo prenden los hechos violentos?

Nacen espontáneamente de un azar imprevisto. Son más deseados que premeditados. Los rumores atizan el fuego. En un disturbio, como en una novela, lo más difícil es inventar el final.

Muchos en México objetarían su explicación. Aducirían que son causas profundas y generales –como la crisis– las que pueden llevar al estallido.

Por mi parte, detesto esos sistemas absolutos que hacen depender todos los acontecimientos de la historia de grandes causas primeras que se ligan las unas a las otras mediante una cadena fatal, y que eliminan a los hombres, por así decirlo, de la historia del género humano. Los encuentro estrechos en su pretendida grandeza y falsos bajo su apariencia de verdad matemática. Creo –y que no se ofendan los escritores que han inventado esas sublimes teorías para alimentar su vanidad y facilitar su trabajo– que muchos hechos históricos importantes no podrían explicarse más que por circunstancias accidentales, y que muchos otros son inexplicables; que, en fin, el azar –o, más bien, ese entrelazamiento de causas segundas, al que damos ese nombre porque no sabemos desenredarlo– tiene una gran intervención en el teatro del mundo, pero creo firmemente que el azar no hace nada que no esté preparado de antemano. Los hechos anteriores, la naturaleza de las instituciones, el giro de los espíritus, el estado de las costumbres son los materiales con los que el azar compone esas improvisaciones que nos asombran y que nos aterran.

Una vez encendida la mecha, supongo, la gente pierde la cabeza...

Los hombres que pierden la cabeza más fácilmente en esos casos son los militares. Acostumbrados, como están, a manejar fuerzas organizadas y obedientes, son presas del temor y la confusión frente a una masa tumultuosa y rugiente, y ante la presencia de las dudas –y las ocasionales connivencias– de la tropa con esa masa.

Hay otro síntoma actual que me preocupa. En «el estado de las costumbres y las opiniones» de estos días se advierte un despertar del pasado: 1968 parece renacer, transfigurado, en 1988.

Los hombres de la primera Revolución estaban vivos en todos los espíritus, y sus actos y sus palabras, presentes en todas las memorias. Todo lo que yo vi aquel día mostró la visible impronta de aquellos recuerdos. Siempre me parecía que de lo que se trataba era de representar la Revolución francesa, más que de continuarla. Sí, allí estaba la Revolución francesa, comenzando de nuevo, siempre la misma.

Concederá usted los peligros de esta reencarnación. No faltan escritores febriles, nostálgicos de la revolución violenta, que en el fondo predican la democracia a través de soluciones extremas. Madero –nuestro Apóstol de la Democracia– abjuró siempre de la violencia. Después de derrocar a Porfirio Díaz declaró que estaba más orgulloso de sus triunfos en el campo de la democracia que de los obtenidos en batalla. Por lo demás, ¿quién mejor que usted sabe que la democracia es un aprendizaje cívico, un modo de convivencia cuyo primer supuesto es el respeto a la vida humana?

Concedo los peligros. En tiempos en que las pasiones comienzan a predominar en la conducción de los asuntos humanos debe ponerse menos atención a lo que piensan hombres de experiencia y sentido común y más a lo que preocupa la imaginación de los soñadores. Y luego, no hay que olvidar a los locos, no aquellos a los que se da ese nombre por metáfora, sino a los verdaderos locos, que en estos casos han desempeñado siempre un papel político importante.

El calendario mexicano nos reserva varias fechas significativas, sobre todo en septiembre. Cada una tiene sus símbolos y sus formas.

Muchos parisinos en 1848 pasaron sobre ellas o las menospreciaron, como su amigo –se me escapa el nombre...

M. de Beaumont. Él olvidaba que es precisamente en tiempos de revolución cuando los menores órganos de derecho, y más aún, los simples objetos exteriores que recuerdan al pueblo la idea de la ley, adquieren su máxima importancia. Porque es principalmente en medio de esa anarquía y de esa perturbación generales cuando se siente la necesidad de asirse, así sea por un momento, al más insignificante simulacro de tradición o autoridad, para salvar lo que aún quede de una constitución medio destruida, o para acabar de hacerla desaparecer.

Y así fue como la vida institucional se les fue de las manos. Muy pronto entraría usted en la etapa más incierta y riesgosa de su vida política.

Ese mundo parlamentario en el que yo había sufrido todas las calamidades fue destruido por la Revolución. La Revolución había mezclado y confundido los antiguos partidos en una ruina común, depuesto a sus jefes, aniquilado sus tradiciones y su disciplina. De allí había nacido, ciertamente, una sociedad desordenada y confusa, en la que la habilidad resultaba menos necesaria y menos valorada que el desinterés y el esfuerzo; una sociedad donde el carácter era más importante que el arte de hablar bien o de manejar a los hombres; pero, sobre todo, una sociedad en la que ya no quedaba ningún campo libre a la incertidumbre del espíritu: aquí, la salvación del país, y allí, su ruina. La ruta parecía peligrosa, sí, pero mi espíritu está hecho de tal modo que temía mucho menos al peligro que a la duda.

Fui elegido miembro de la Asamblea. Inmediatamente tuve la impresión de que la atmósfera de aquella Asamblea me convenía. A pesar de la gravedad de los acontecimientos, experimentaba una especie de bienestar que me era desconocido. Por primera vez desde mi ingreso a la vida pública me encontraba unido a la corriente de una mayoría, siguiendo con ella la única dirección que mi razón y mi conciencia me indicaban. Estaba convencido de que aquella mayoría rechazaría a los socialistas y a los Montañeses, y en cambio buscaría sinceramente mantener y organizar la república. Yo no tenía ninguna fe monárquica, ningún afecto ni quejas de ningún príncipe, ninguna causa que defender fuera de la libertad y de la dignidad humanas.

Usted entendió las posibilidades creativas de la nueva situación. Tenía confianza en las convicciones republicanas y democráticas de la mayoría. Sabía, además, que era imposible e indeseable volver al pasado. ¿Cuáles fueron, en esa nueva aventura, sus objetivos personales?

Proteger las antiguas leyes de la sociedad contra los innovadores, con ayuda de la nueva fuerza que el principio republicano podía dar al gobierno; hacer triunfar la evidente voluntad del pueblo francés sobre las pasiones y los deseos de los obreros de París; vencer la demagogia con la democracia, ese era mi único propósito. Jamás objetivo alguno me pareció más alto y, al mismo tiempo, más deseable.

Poco después sobrevino la insurrección, tuvo un carácter local, parisiense. Ustedes triunfaron porque tenían a toda Francia de su lado. La República, por un tiempo, salió adelante. Pero en aquellos días debió de ser doloroso para usted perder su libertad.

Yo había pasado los más bellos años de mi juventud en medio de una sociedad que parecía hacerse próspera y grande al hacerse libre. Había concebido la idea de una libertad moderada, contenida por las creencias, las costumbres y las leyes; los atractivos de esa libertad me habían conmovido; aquella libertad se había convertido en la pasión de toda mi vida, yo sentía que jamás me consolaría de su pérdida y ahora veía claramente que tenía que renunciar a ella.

Había adquirido la experiencia suficiente para conformarme esta vez con vanas palabras. Estaba convencido de que así como una gran revolución puede instaurar la libertad en un país, la sucesión de varias revoluciones vuelve imposible toda libertad regular.

Prefiero pensar, con usted, que «todos los acontecimientos históricos son distintos». El México de 1988 no es el México de 1968 y, menos aún, el París de 1848. Si somos responsables y prudentes sabremos encauzar la libertad con las creencias, las costumbres y las leyes. Seremos cabalmente una república federal. Inauguraremos una nueva democracia en América.

Ojalá. Dejemos el veredicto al futuro, ese juez esclarecido e íntegro que siempre llega –¡ay!– demasiado tarde.*

Democracias diferentes, monarquías semejantes**

Una semana antes de las elecciones [de agosto de 1991], participé en un programa de televisión de la revista *Nexos* sobre «La democracia que queremos». Tomaron parte en él, junto con Rolando Cordera, tres protagonistas de la vida política e intelectual de México (Héctor Aguilar Camín, Arnaldo Córdova y Gilberto Rincón Gallardo) y el politólogo

* Fuentes: Alexis de Tocqueville: *Recuerdos de la Revolución de 1848*, y W.H. Auden y Louis Kronenberger: *The Faber Book of Aphorisms*.
** Agosto, 1991.

norteamericano T.J. Pempel. Me bastó escuchar las breves intervenciones de este último e intercambiar unas palabras con él para advertir que era ajeno al uso político que se daba a su libro *[Democracias diferentes*, editado por el Fondo de Cultura Económica] como a la distorsión de sus ideas. Algo *non sancto* debió de atisbar, sin embargo, porque en un momento dijo: «todos los partidos que estudio han sabido lo que es perder o cuando menos han tenido el temor real de perder». Le hubiese bastado acercarse al sistema político mexicano para comprobar que entre nosotros esa condición esencial no se ha cumplido nunca, ya no digamos en el nivel nacional sino en ámbitos estatales. El Partido Laborista de Israel gozó de un largo trecho de poder indisputado, pero su relevo, el Likud, amenaza ya con igualar su marca de permanencia. En Italia, los socialistas disputan el poder con los demócrata cristianos y hasta los antiguos comunistas han tenido su tajada en algunas ciudades. La alternancia en Suecia ha sido menos pronunciada pero real. El caso del Japón es diferente: el Partido Liberal ha estado en el poder durante cuarenta años, pero nunca ha dejado de enfrentarse a una oposición socialista que, de cuando en cuando, le arrebata puestos en los niveles regionales. En suma, la comparación no resiste análisis empírico, pero su simple planteamiento contribuía a algo distinto: maquillar la imagen del PRI en tiempos electorales.

Fue un debate curioso: más acalorado que profundo. Córdova y Rincón Gallardo tuvieron varias intervenciones ponderadas, atinadas, en las que caracterizaron nuestro sistema político y describieron la distancia que nos separa de una auténtica democracia. Por mi parte, quise introducir desde el principio una idea: hablar de la democracia que no queremos, para luego mostrar el camino hacia la que sí queremos.

La democracia que no queremos es la «democracia» que somos, y si el libro de Pempel introducía analogías con Japón, Israel, Suecia e Italia, yo introduje la mía: nos parecemos a la Inglaterra de fines del siglo XVIII. Hacia 1775, el Parlamento era al rey lo que el PRI y la burocracia priista al presidente: una vasta clientela. «Vivir fuera del Parlamento es vivir fuera del mundo», escribió textualmente un antepasado inglés de nuestro César Garizurrieta, que repitió casi dos siglos después: «Vivir fuera del presupuesto es vivir en el error». En aquellos tiempos, como aquí, se adulteraban los sufragios y votaban los desahuciados y los muertos. Mi propuesta era muy simple: nos parecemos a una monarquía no a una república democrática.

No era la primera vez –ni será la última– que traía yo a cuento esa analogía. A partir de esa tesis, iba yo a explicar cómo aquella monarquía había transitado exitosa, creativa y pacíficamente, de la condición patrimonial a la condición democrática, pero la sorpresiva indignación de Héctor Aguilar Camín truncó mis esperanzas. Descalificó mi símil con palabras como «simplista, excesivo, licencia inadmisible». México, dijo, es un régimen presidencialista pero no es una monarquía. Una monarquía se caracteriza por la naturaleza hereditaria de la sucesión. La tesis le pareció poco seria.

A mí me sigue pareciendo válida. No somos una república más que formalmente, porque el Congreso y el Poder Judicial han estado supeditados al Poder Ejecutivo. No somos, cabalmente, una democracia, porque el poder en México no se obtiene desde abajo, por el voto de los electores, sino desde arriba, por el voto del presidente. El argumento hereditario contra mi tesis no es una refutación sino una confirmación: el «dedazo» que sigue operando, ¿qué otra cosa es sino el «ungimiento» de un rey por el antecesor? Se dirá que la «no reelección» es un rasgo democrático. Pienso que es un rasgo inscrito con sangre en nuestra historia, pero no un rasgo intrínsecamente democrático, menos aún en el Poder Legislativo.

Nos despedimos civilizadamente al terminar el programa. Aguilar Camín dijo que México estaba ya enfilado hacia una democracia del Primer Mundo y que los cambios políticos del actual régimen lo persuadían de ello. Días antes había declarado: «ambas reformas, la económica y la política, marchan a buen ritmo». Aceptó que existen mil fallas en nuestro sistema, pero indicó que las elecciones del siguiente domingo [las del 18 de agosto de 1991] confirmarían su relativo optimismo. Por mi parte, apunté que había un mar de diferencia entre el México apático de los setenta, en el que la idea misma de democracia estaba ausente del debate, al México de hoy en el que la democracia está en las conversaciones y las conciencias. Pero advertí también que nuestra distancia con la democracia que queremos es aún muy grande. La democracia que queremos es la que está inscrita en la Constitución, que a la letra dice: México es una república, representativa, democrática y federal. No somos, cabalmente, ninguna de esas cuatro cosas.

Una semana después, se restauró el «carro completo». Lo restauraron, en una medida importante, los votantes que avalaron al presidente Salinas de Gortari. Pero en otra medida, no menos crucial, lo restauró el propio sistema con sus mil subterfugios financiados con el dinero del erario. Por esto último no somos una «democracia diferente». Para ser «diferente» nos falta ser «democracia».

La derrota del PMA*

Nuevo León votó por el voto. [A mediados de 1991 se celebraron elecciones para elegir gobernador en ese estado.] El proceso electoral fue pacífico, ordenado y, si no enteramente limpio, sí más limpio que el de varias experiencias pasadas. Ganó el PRI por una mayoría considerablemente superior a la de la elección presidencial. El PAN tuvo el apoyo notable que ya presagiaba la concentración popular en la Macroplaza. El PRD sacó un porcentaje pequeño, en relación con sus expectativas. Lo más importante fue el retroceso del PMA (Partido Mexicano Abstencionista). La afluencia de electores puede compararse, ventajosamente, con la de algunos estados norteamericanos.

La lección para el PRI es clara. Aunque este partido requiere de una transformación radical y creativa que no se ve en el horizonte, no hay duda de que la limpieza electoral les ha redituado. Sócrates Rizzo gobernará con una conciencia más limpia que la de otros gobernadores. [Pocos años después, Rizzo sería depuesto de su cargo acusado de falta de transparencia administrativa.] Es obvio que los apoyos financieros y de toda índole que ha recibido y sigue recibiendo el PRI por parte del gobierno distorsionan cualquier elección. Es obvio, también, que mientras no se corrija este vicio de origen el PRI seguirá siendo un organismo siamés del Estado y no, como su nombre lo indica, un verdadero partido político. Con todo, el respeto al sufragio que se ha dado en Nuevo León es un dato positivo. Si el PRI se decide en el futuro a generalizar esta actitud en el país, a propiciar la transparencia en las urnas y las conciencias, irá ganando credibilidad en el muy amplio sector ciudadano frente al cual está desprestigiado.

Con la atinada campaña de Rogelio Sada, el PAN obtuvo una tercera parte de los votos. Si sus militantes recordaran los largos años en que el sufragio ha sido adulterado en detrimento de ellos y los decenios en los que el PAN fue sólo una presencia simbólica, el resultado debería alentarlos. Creo que las rencillas internas han dañado la imagen de este partido más de lo que sus exponentes principales quieren ver. ¿Cómo es posible –se pregunta quizá el elector– que a unos años del inicio de la lucha democrática combatan entre sí? De un partido democrático no se espera uniformidad, pero sí cuando menos el limado de las aristas más afiladas.

El candidato del PRD, Lucas de la Garza, ha dicho que en estas elecciones su partido consolidó el tripartidismo en la entidad. Aunque el

* Agosto, 1991.

155

exiguo resultado que obtuvo parecería desmentirlo, no le falta razón. A distancia, su campaña tuvo un tono de mesura que contrasta con los desplantes demagógicos que han caracterizado, en gran medida, el desempeño público del PRD. La lección para ellos debería ser igualmente clara: Nuevo León, como México, no escuchará las engañosas sirenas del populismo que ya estuvo en el poder y que nos llevó a la ruina. La receta para la izquierda mexicana sigue siendo la misma desde hace años: la receta española de Felipe González. ¿Quiere usted aspirar al poder? Proceda a demoler clara, abierta, públicamente su edificio doctrinario, su edificio ideológico, porque dentro de ese edificio se sacrificaron millones de seres humanos. Siga siendo, como cualquier heredero de la mejor tradición judeo–cristiana, socialista en el corazón. Pero si quiere serlo en política, aténgase a los resultados: su producto ya no vende.

¿Qué ocurrirá en las elecciones que están en puerta? Los factores que concurrieron en el progreso electoral de Nuevo León no estarán presentes en los otros estados. Ninguno tiene –para citar un ejemplo– la prensa de Nuevo León. En *El Norte* se dio un debate entre los tres candidatos que no se ha repetido hasta ahora en Sonora, San Luis Potosí o Guanajuato. Las tradiciones corporativas del PRI son más arraigadas en estos dos últimos estados, y son mayores también sus instintos de corrupción y violencia. Con los reflectores internos e internacionales que apuntarán hacia esos procesos sería una lástima que el PRI recurriera a los viejos métodos de atropello electoral: perdería lo ganado en Nuevo León. Sería, además, muy peligroso.

La ola democrática*

Aunque quizá no se haya escrito la última palabra acerca de la querella en San Luis Potosí [a mediados de 1991 se llevaron a cabo unas controvertidas elecciones para elegir gobernador en esa entidad], es hora de sacar conclusiones preliminares sobre el estado actual de nuestro (largo) tránsito a la democracia.

No sólo por espíritu de justicia sino en abono a la objetividad y la claridad, es necesario reconocer de entrada los aspectos positivos. Desde una perspectiva histórica de no más de quince años, la cosecha es buena. En 1976, el PAN era un partido a punto de la extinción. Había sufrido escisiones y deserciones dolorosas y, para la elección presidencial de

* Septiembre, 1991.

156

ese año, no presentó candidato. Las perspectivas de la izquierda no eran mejores. Entre el radicalismo y el desaliento esperaba la oportunidad de ingresar a la vida política normal. Dos años después, gracias a la inventiva política de Reyes Heroles, la izquierda entró a la Cámara, pero el triunfalismo lopezportillista presagiaba para ella sólo un papel marginal.

No había más opción que el PRI, partido que por fin nos llevaría, gracias al petróleo y los créditos, a la era de la abundancia. Solo a unos cuantos escritores independientes se les ocurría hablar de democracia. El tema no pertenecía –como se dice ahora– a la «agenda política».

La debacle de 1982 cambió todo el cuadro. Desde entonces, la «ola de la democracia» ha venido creciendo. Actualmente, junto con el TLC [Tratado de Libre Comercio], las reformas económicas y Solidaridad [programa asistencial del gobierno de Carlos Salinas de Gortari], la democracia y su instrumento natural –las elecciones– ocupan el lugar central del debate en el país. Esto es un gran logro.

La afluencia de votantes en una elección como la del 18 de agosto [en las elecciones a mitad del sexenio se renueva la composición de las Cámaras de Senadores y de Diputados], tradicionalmente menos concurrida, prueba el ascenso de la conciencia democrática. La participación política fue alta bajo cualquier criterio. Esto, en un país normalmente apático y abstencionista, es un gran logro.

Otro resultado positivo es la ventana abierta a la democracia en Guanajuato. [En 1991 se llevaron a cabo unas elecciones muy disputadas en ese estado, donde contendieron Vicente Fox, Ramón Aguirre y Porfirio Muñoz Ledo. El resultado, muy cuestionado, dio la victoria a Aguirre, candidato del PRI. No llegó a asumir el cargo por un acuerdo entre los partidos. Medina Placencia del PAN asumió la gubernatura.] Se dirá, con razón, que la forma no fue justa ni legal, que apuntaló al presidencialismo, que los tirones del caso fueron casi de sainete. Todo eso es cierto, pero lo decisivo es que el gobierno interino de Guanajuato tendrá la oportunidad de propiciar de varias formas unas elecciones ejemplares cuyo efecto influya positivamente a los otros estados de la República.

Guanajuato es un estado del «México viejo», del México tradicional, que suele plegarse fácilmente a las decisiones del centro. El 18 de agosto demostró que un líder cívico decidido [Vicente Fox] puede cambiar costumbres e inercias centenarias. Que Baja California, Nuevo León o Chihuahua luchen por la democracia no debería ser ya, a estas alturas, una sorpresa. Que Guanajuato afirme su voluntad «libre y soberana» sí lo es, y eso es un gran logro.

Se dirá que en el caso de Guanajuato lo que se reafirmó fue el presidencialismo mexicano. Una vez más, de Sonora a Yucatán, se hace lo que diga el presidente. Es verdad. Cuando en un país el poder político se concentra de modo casi absoluto en una persona –así sea una persona sexenal e institucional– los cambios tienen que provenir, en principio, de arriba. No es lo ideal, no es lo ético, no es lo democrático: es lo real.

En la ex Unión Soviética fue Gorbachov quien desató la *glasnost* que, a su vez, ha sido y será el soporte de la *perestroika*. Fue Gorbachov también quien desató las cadenas de Europa del Este. Lo hizo desde una posición de autoridad incontrastada y antidemocrática, pero con propósitos democráticos indudables: como una cesión a la sociedad civil que ahora disfruta, como nunca antes en su historia, de la libertad.

Aunque nuestro sistema guarda sólo ciertas similitudes con el antiguo régimen soviético, la concentración del poder en la persona del presidente es similar. De allí que la concesión de Guanajuato, arrancada o no, sea importante. Ahora corresponde a las fuerzas cívicas hacer su parte.

Hasta aquí los aspectos positivos. La ruta de nuestro progreso político es aún más larga que la del crecimiento económico. El mismo gobierno que con resolución y eficacia intenta conducir al país hacia la modernidad económica bloquea el tránsito hacia la modernidad política.

El arcaísmo de nuestro sistema político es evidente: países mucho más pobres que el nuestro, países en verdad postrados, celebran elecciones creíbles. Nosotros llevábamos a cabo elecciones increíbles, elecciones en las que cada quien, en su fuero interno, imagina, conjetura, inventa las cifras. Nuestras elecciones, además, se llevan a cabo en un marco profundamente inequitativo para los partidos de oposición, con los dados cargados a favor del PRI.

Para cambiar este cuadro vergonzoso, las fuerzas independientes de la sociedad civil, las que encarnan la ola de la democracia, deben resistir y persistir. Quizás en un futuro no lejano, el presidente de la República se decida a desatar la potencialidad democrática de México en una especie de 18 de marzo de la democracia que convoque alrededor suyo a toda la sociedad.

La ola democrática en el mundo apunta a una sola dirección. Sobre ella está montada la nuestra. Hacia la democracia nos empuja algo más fuerte que la voluntad, la inercia, la resistencia y la resaca: nos empuja el destino.

Desagraviar a San Luis Potosí*

San Luis Potosí es tierra de luchadores cívicos. Hay quien piensa que el derrumbe del porfiriato empezó el 20 de noviembre de 1910, o dos años antes, con la entrevista Díaz-Creelman. Lo cierto es que la fugaz revolución democrática de México nació junto con el siglo en San Luis Potosí.

En Michoacán o Puebla, la secuela de la Reforma produjo conversiones ideológicas como las de los ex seminaristas Bassols o Múgica, que pasaron del integrismo social de la Iglesia al integrismo político de la Revolución. En San Luis Potosí, igual que en todo el norte de México, no se dieron conversiones: todo ocurrió dentro de la matriz ideológica liberal, en oposición a cualquier integrismo. El valor supremo era la libertad (individual, municipal, estatal), de allí que frente al paternalismo integral de Porfirio Díaz algunos radicalizaran su actitud hasta desembocar en el extremo desesperado y utópico del liberalismo: el anarquismo.

El constituyente Ponciano Arriaga era potosino. El periodista Filomeno Mata, que entre encarcelamientos publicaría por treinta años *El Diario del Hogar,* era potosino. Camilo Arriaga, Antonio Díaz Soto y Gama, Librado Rivera y Juan Sarabia eran potosinos. El primer acto colectivo de estos jóvenes profesionistas independientes fue un desagravio al legado de los constituyentes de 1856. A mediados de 1900, el famoso arzobispo de San Luis, Ignacio Montes de Oca, había declarado en París que la Iglesia debía «su actual prosperidad» a la benévola dirección de Díaz. Gracias a él, según el arzobispo, las Leyes de Reforma eran leños apagados. Sin embargo, los leños apagados prendieron al instante. Fundaron el Club Liberal Ponciano Arriaga y convocaron a una Convención Nacional de Clubes Liberales. A partir de entonces y hasta el ascenso de Francisco I. Madero, la estrella mayor de la oposición fue Ricardo Flores Magón. «Mire Camilo», comentó entonces a su anfitrión, tomando un ejemplar de la Constitución de 1857 en las manos, «qué cosa tan hermosa, ¡pero es letra muerta!». Acaudillados por aquel oaxaqueño que profesaba el anarquismo como una religión, los liberales potosinos minarían desde sus cimientos el unánime edificio político de Porfirio Díaz. Cuando Madero llamó «Plan de San Luis» a su proclama revolucionaria publicada en San Antonio, no sólo estaba ejerciendo un acto de estrategia política sino también de justicia.

La revolución triunfante fue ingrata con sus precursores. Relegó el constitucionalismo liberal y consintió la edificación de nuevos porfiriatos

---

* Septiembre, 1991.

159

en San Luis. Ya en las elecciones de 1917, Juan Barragán se apoderaría de su estado mediante tácticas que hoy suenan muy modernas:

«[Como] las elecciones en la capital y en Catorce estuvieron reñidas … es indispensable que los votos de la Huasteca sean cuando menos doce mil con el objeto de evitar protestas de los contrarios … se pueden arreglar en debida forma los expedientes … pues de la votación de la Huasteca dependería en gran parte el triunfo.»

En los años veinte, tras el breve periodo de Aurelio Manrique, reinaría Saturnino Cedillo, para quien San Luis no era un estado sino su coto privado. Lo sucedería, por casi veinte años, Gonzalo N. Santos, célebre asesino de vasconcelistas. Cuando la Revolución cumplía medio siglo, Santos imperaba sobre San Luis Potosí como si fuera la prolongación de su rancho El Gargaleote. Es el momento en que aparece en la escena local un nuevo luchador cívico: Salvador Nava.

El navismo, como el vasconcelismo, es originalmente universitario. El doctor Manuel Nava, hermano mayor de la familia, antiguo vasconcelista y popular rector de la Universidad Autónoma Potosina, no ocultaba su desprecio por Santos. En 1956, el cacique amenazó con bloquear los subsidios pero no impidió la reelección de Nava. Tras su muerte en 1958, su hermano menor tomó la estafeta.

Su base de poder no estaba arriba sino abajo: como lo habían hecho su padre y sus tres hermanos, el oftalmólogo Salvador Nava era un médico que ejercía su profesión democráticamente. Tenía una relación orgánica con aquella pequeña comunidad de cien mil habitantes. La candidatura a la presidencia del ex vasconcelista López Mateos lo animó a lanzar su propia candidatura a la presidencia municipal de San Luis. Se integró la Unión Cívica Potosina y lo apoyaron el PAN, los comunistas y los sinarquistas. Un mes antes de las elecciones, en el kiosco central, los estudiantes colocaron una horca y una manta con la leyenda «Santos, asesino de estudiantes». Las autoridades optaron por utilizar la fuerza militar; los ciudadanos –obreros, industriales, comerciantes, estudiantes, campesinos– tomaron el camino de la resistencia cívica. El gobierno central no tuvo más remedio que ceder: el 7 de diciembre de 1958, Nava ganó las elecciones con margen de veinte a uno.

Su gestión fue memorable. Cada semana informaba al público por radio sobre el destino de los fondos, las obras y las mejoras. Meses antes de completar su periodo, resolvió lanzar su precandidatura para gobernador dentro del PRI. Era la prueba de fuego para una posible democratización interna de ese partido. En un áspero diálogo, el presidente del partido, Alfonso Corona del Rosal, le informó que «no sería el candidato», le ofreció una diputación y una «compensación por sus gastos». En la Plaza de Armas, Nava hizo pública esa conversación: «Seguiremos como independientes», prometió a sus seguidores.

Sin el apoyo de comunistas, sinarquistas o panistas, con el apoyo de un amplio y variado sector del pueblo potosino, Nava llegó a las elecciones de julio de 1961. El ejército garantizó el sufragio libre de varias formas: a culatazos, patrullando en sus tanques las calles, secuestrando urnas, encañonando a los votantes. Los ciudadanos ejercieron su derecho con la V de la victoria. El resultado oficial fue... el triunfo oficial. El resultado social fue, una vez más, la resistencia cívica. El 15 de septiembre de 1961, el gobierno central completó su misión democrática: mediante una operación que presagiaba el 2 de octubre del 68, emplazó a provocadores, apagó a medianoche las luces de la ciudad y asesinó en las calles a decenas de potosinos. El diario independiente *La Tribuna* fue allanado y destruido. El ejército apresó a Nava y lo condujo al Campo Militar Número Uno. Cuarenta días después regresó a San Luis e intentó formar el Partido Democrático Potosino. En 1963, el gobierno optó por un método de disuasión más directo: la tortura.

Siguieron veinte años de un retiro paciente y alerta, hasta que un nuevo agravio lo llevó a la plaza pública: había que poner un límite al nuevo cacique-gobernador, Carlos Jonguitud Barrios. La fugaz apertura política de 1983 propició el regreso de Nava a la presidencia municipal. Volvieron los forcejeos con el presupuesto de arriba y el apoyo de los ciudadanos de abajo. Gobernadores fueron y vinieron, el cacique cayó pero el agravio insatisfecho seguía allí. ¿Hasta cuándo permitiría el centro que los potosinos eligieran como gobernador al más respetado luchador cívico potosino?

Para un luchador cívico la misión termina con la muerte. Nava decidió dar su última batalla. Los vientos libertarios del mundo y la nueva conciencia democrática mexicana han jugado su parte en la decisión, pero el motivo fundamental sigue siendo el viejo agravio pendiente contra la dignidad potosina: el integrismo centralista. En las manifestaciones navistas es clara la presencia de tres generaciones: la suya propia, la de sus hijos y sus nietos.

Ya no hay un cacique personal en San Luis, sólo uno colectivo: el PRI. A su fuerza de movilización, persuasión y control se atuvo el candidato potosino que, desde su remota juventud, no se paraba en San Luis: Fausto Zapata. A la fuerza del PRI y a sus inagotables fondos. Con ellos compró la buena voluntad de toda la prensa y los medios locales. Su campaña fue más sensata que la del candidato de Guanajuato en las elecciones de 1991, Ramón Aguirre, pero los servicios de ingeniería electoral que utilizó fueron mayores. Dejemos a un lado la composición parcial de los organismos electorales. La lista de agravios electorales es inmensa: credencialización selectiva –baja en la ciudad, alta en la Huasteca– y muy inferior a la media nacional; existencia –y entrega parcial– de casi cien mil credenciales «fantasma»; diferencias entre las listas nominales entregadas a los partidos políticos y las que se utilizaron en las elecciones; expulsión o amedrentamiento de representantes de la oposición en las casillas; falta de actas de escrutinio y boletas; actos de proselitismo y manipulación el día de las elecciones; escamoteo de resultados por casilla y de las listas correspondientes a las sesenta y cinco mil credenciales supuestamente «cremadas». Según el Centro Potosino de Derechos Humanos, hubo treinta y tres variantes de irregularidades. Pero la mayor no ocurrió el 18 de agosto de 1991; ha ocurrido desde que el centro, coludido con el primer cacique, condenó al estado de la libertad a un estado virtual de servidumbre.

Detrás de Nava no está el PAN, que lo apoyó a regañadientes, ni el PRD, empantanado en sus profundas contradicciones ideológicas y morales, entusiastamente navista en estos días por mero oportunismo, como último recurso ante su debacle electoral. Está la continuidad histórica de la vocación autonómica potosina. A esa urna moral acuden los liberales y los libertarios, los que no tienen que vender su libertad. Tiene razón el doctor Nava cuando teme la reacción popular ante una nueva frustración. Pero tiene aún más razón cuando afirma: «Le temo menos a la represión que a la corrupción». Sabe que si su lucha cívica no fructifica, cundirán el desaliento y el cinismo.

El presidente Salinas de Gortari ha dicho que se ha propuesto «cambiar la mentalidad de los mexicanos». En una medida apreciable ha comenzado a hacerlo y el resultado nacional de las elecciones legislativas, más allá de las irregularidades, lo confirma. Pero las reformas económicas no podrán desarrollarse en el vacío. Suponen la respuesta de un pueblo seguro de sí mismo y resuelto a modificar, compitiendo, el curso adverso de la historia. ¿Cómo lograr esa fortaleza íntima en cada mexicano si en México no se ejerce aún, cabalmen-te, la elemental libertad de gobernarse? Frente a ese vasto corruptor de la libertad ciudadana que es el PRI, no hay nada que valga: el PRI no tiene militantes que declaren su preferencia, tiene clientes que declaran su conveniencia. Esta situación debe cambiar y los cambios, nos guste o no, provendrán de actos «de arriba» que reconozcan y desencadenen –sobre los aparatos– fuerzas «de abajo». Como ocurrió en las elecciones para gobernador en Guanajuato, y por razones mucho más profundas, el presidente Salinas podría reconocer y desencadenar la madurez política de San Luis mediante un acto de desagravio. Hacerlo es actuar con arrojo histórico y con sentido de justicia. No hacerlo es aferrarse a una inercia ciega e inútil, es bloquear la vía natural de México hacia la democracia, es tomar la Constitución en las manos y repetir: «Qué cosa tan hermosa, ¡pero es letra muerta!».

Otros adjetivos para la democracia*

> Los adjetivos son como las vísceras.
>
> Jaime Torres Bodet

En México, la devaluación oficial de la democracia es un fenómeno que vincula al porfiriato con la Revolución triunfante. Fue Carranza quien, en 1917, defendió las bondades del gobierno *personal* y definió la democracia como «el gobierno de la razón alta, profunda y serena que ... no busca la mayoría en compromisos de partidismo». Pero contra lo que comúnmente se cree, la adjetivación explícita, constitucional de la democracia no data de 1917 sino de los albores del alemanismo. Si un partido podía ser, a un tiempo, revolucionario e institucional, cabía manipular retóricamente el concepto de democracia a beneficio de quien la infringía. Así fue como, en la reforma de 1945 al artículo 3º constitucional, la buena prosa de Jaime Torres Bodet deslizó los famosos adjetivos: «... la democracia, no es solamente una estructura jurídica y un régimen político, sino un sistema de vida fundado en el constante mejoramiento económico, social y cultural del pueblo».

A ninguno de los diputados que discutieron el texto se le ocurrió preguntar quién y cuándo mediría este «constante mejoramiento», con qué criterios, frecuencia, métodos, y qué podía hacer el pueblo si el mejoramiento se revirtiese en «constante deterioro». No es casual que el mayor defensor del nuevo artículo fuese un oscuro diputado poblano cuyo argumento textual fue que el Ejecutivo de la nación tenía mayor autoridad moral que los representantes del sector obrero para proponer a la nación entera reformas a la Constitución: Gustavo Díaz Ordaz.

La definición adjetiva de democracia ha permanecido intocada desde entonces. Forma parte del artículo que reglamenta la educación,

* 1992.

163

no la vida política del país. La democracia dirigida, paternal, la que no ejercen los mexicanos pero que en teoría se ejerce *para* ellos, es la que los niños deben aprender en las aulas.

Este esfuerzo de legitimación democrática del régimen coincidía con un descenso sensible de la legitimidad revolucionaria. Durante el reinado de la dinastía sonorense, la transmisión de poder se había resuelto casi siempre en un clima de violencia y no pocas veces *por* la violencia, pero siempre bajo el manto protector de la revolución. El tránsito de Calles a Cárdenas había sido pacífico debido, sobre todo, a sus rasgos hereditarios. Con la consumación revolucionaria en la época cardenista y la desaparición del Jefe Máximo, la suerte de una sucesión pacífica y legítima en 1940 dependió, más que en cualquier momento anterior, de los comicios. Era la primera elección del PRM corporativo. Habían surgido varios contendientes y partidos que representaban corrientes reales de oposición. Se planteó casi una lucha abierta, pero los resultados oficiales de la contienda provocaron una decepción generalizada. A partir de entonces quedó claro lo que en 1929 había parecido un pecado de origen: el régimen de la Revolución no competiría limpiamente en las urnas.

México iba dejando atrás la revolución. Desde sus admirables *Cuadernos Americanos,* Jesús Silva Herzog había sido el primero en tomarle el pulso y declararla *in articulo mortis*. Llegaba a la mayoría de edad una generación que no había olido siquiera la pólvora. En los cines, dato curioso, Joaquín Pardavé y Fernando Soler suspiraban y hacían suspirar por los tiempos de don Porfirio. Era natural que el recuerdo del fraude de 1940 fuese más vivo que las borrosas escenas de la Revolución. Durante todo el sexenio de Ávila Camacho el país vivió momentos de tensión electoral, polvos del almazanismo. La matanza ocurrida en León y las imposiciones y fraudes de 1943 y 1946 restaron legitimidad a un régimen revolucionario entrado en años. Se explica entonces que, para compensar su carencia, se curara en salud democrática.

Ante esta afirmación ideológica sobrevino una reacción intelectual. Sus exponentes fueron los intelectuales de la generación de 1915. Igual que sus maestros del Ateneo, los hombres de 1915 entendieron que la democracia, pospuesta siempre en México, era la democracia maderista, la de los hombres de la Reforma, a quienes Antonio Caso llamaba «gigantes». Ninguno de ellos pensó jamás en adjetivar la democracia.

Manuel Gómez Morin la colocó en el centro de sus preocupaciones y sus actos. Desde 1926 había pensado en la necesidad de fundar un partido político independiente del gobierno, de raíz maderista, civilista; en 1929 trató de persuadir en ese sentido a Vasconcelos. Diez años después Gómez Morin fundó el PAN. El día que un improbable investigador se asome sin prejuicios a las legislaturas del periodo de Ávila Camacho o relea *La Nación* de esa época, encontrará las semillas de un partido vital, inteligente y creativo, y de un líder que aunaba racionalidad y carisma. Para su desgracia, si en 1929 se había adelantado a su época, en los cuarenta el «momento plástico» se había esfumado. Nacer contemporáneo al PNR habría sido distinto de nacer después del PRM. En su propio distrito de San Ángel, donde era inmensamente popular, Gómez Morin vivió alguna vez el fraude. La «victoria» fue para el candidato del PRI, otro de «los Siete Sabios», Antonio Castro Leal. En la vejez, Castro Leal lamentaba haberse prestado a esa farsa.

En el extremo opuesto del espectro ideológico, y por razones idénticas de apoyo a la verdad y a la ley, Narciso Bassols luchó también por la democracia pura, la que parte de un impecable proceso electoral. Desde la atalaya de su revista *Combate,* a principios de los años cuarenta, Bassols denunció repetidamente el acoso a la disidencia y las viciadas prácticas electorales. Propuso que en lugar del «futurista lema»: «Sufragio efectivo, no reelección», los documentos concluyeran con otro, más realista y actual: «Tengan sus elecciones».

«No he tenido, ni tengo la menor confianza en el respeto al voto … vivimos … el más completo desdén para el sufragio … su falsificación sistemática en proporciones nacionales, y ello a pesar de que el pueblo mexicano está ya más listo para ejercer la función democrática de elegir a sus gobernantes, aunque no haya alcanzado todavía la suficiente madurez organizativa para hacer jirones la camisa de fuerza del PRI y su insolente monopolio.»

Hacia 1950 Bassols dictó una conferencia titulada «El problema político de la Revolución mexicana». Su tesis de fondo señalaba la falta de efectividad del sufragio como piedra angular del deterioro político en México. Con cierto realismo, concedía que en 1918 «no había elementos económicos y políticos» para que el sufragio funcionase eficazmente, pero el argumento del atraso –típicamente porfiriano– no era sostenible a medio siglo de distancia. Por lo demás, «en la India», escribió Bassols, «92 por ciento de los electores es iletrado y vota marcando figuras de animales o de utensilios … que simbolizan a los diversos candidatos. Y las elecciones funcionan: la elección de los gobernantes mediante el voto es una realidad». Líneas adelante escribió una de las condenas más severas del sistema político mexicano:

«Estoy cierto que todo ciudadano que por serlo haya vivido ya unos cuantos años siquiera las realidades políticas de México... sabe que la consecuencia... más grave de la prolongación de la situación electoral actualmente existente, no es tan sólo la de falsificar los resultados de la elección... sino que toda la vida política del país está ya viéndose envenenada, paralizada, sofocada. No son solamente ciertos sectores de la ciudadanía los que sufren la falta de autenticidad del sufragio; lo que es más revelador y lo que nos enseña que se trata de un cáncer que está corroyendo al sistema, es que el propio aparato de mistificación del fenómeno electoral no tiene más camino que la inacción; no tiene más vida política que la que lo lleva a no hacer política. No tiene más actividad que la de paralizar toda actividad. No tiene más desarrollo que el de impedir todo desarrollo de la vida política de México.»

Vicente Lombardo Toledano tuvo una concepción ambigua de la democracia. Su ideología le murmuraba al oído izquierdo que «la democracia burguesa» era tan sólo una «máscara» –Lenin había usado otra esdrújula: cáscara– que tras la igualdad abstracta de los individuos sanciona la explotación de una clase sobre la mayoría. Pero la práctica política le susurraría algo distinto. Lombardo sostuvo que el principal defecto de nuestro sistema electoral consistía en que «los votos nunca se cuentan». Los resultados se conocen en el momento en que el PRI anuncia sus candidatos. A pesar de la declaración constitucional que nos define como una república federal, democrática y representativa, el gobierno mexicano es presidencial. El presidente designa a los gobernadores como si fuesen empleados personales y éstos nombran de igual forma a los regidores. Lo mismo ocurre con los Poderes Legislativo y Judicial. Lombardo llegó a hablar de una «dictadura unipersonal».

La crítica más profunda de la generación de 1915 al sistema político mexicano la escribió, como se sabe, un hombre equidistante de Gómez Morin y Bassols: Daniel Cosío Villegas, en «La crisis de México». En aquel ensayo, Cosío señaló que la única prueba «que podría darle un carácter genuinamente democrático» al sistema era «el triunfo electoral de un partido o grupo ajeno y, todavía mejor, opuesto al gobierno», y añadió:

«Esto último quizá no fue de una urgencia angustiosa mientras la Revolución tuvo el prestigio y la autoridad moral bastantes para suponer que el pueblo estaba con ella y que, en consecuencia, no importaba mucho quién era la persona física del gobernante; pero cuando la Revolución ha perdido ya ese prestigio y esa autoridad moral, cuando sus fines mismos se han confundido, entonces habría que someter a la elección real del pueblo el nombramiento de sus gobernantes, pues la duda no recae ya sólo sobre personas, sino sobre eso que se llama esotéricamente "el régimen". Y entonces se vería si el progreso cívico de México ha sido, ya que no cabal, al menos genuino ... [Sería lamentable] que el gobierno revolucionario hiciera a los partidos de oposición concesiones electorales mínimas –bastantes, sin embargo, para poder rociarse con el agua de azahar de la democracia– que les impidiera participar de manera efectiva en el poder, pero que, en cambio, diera a los intereses de esos partidos, sobre todo a los económicos, plena satisfacción por la vía de un programa de gobierno "constructivo". En ese caso, no sólo no habría progreso democrático, sino que la Revolución llegaría al extremo de la esterilidad, pues todo su esfuerzo se consumiría entonces en retener el poder, sin más fuerza motriz que la codicia política y económica.»

No por nada Cosío Villegas tenía –y presumía de tener nombre de profeta. Victoria Ocampo le decía «Cher Prophète».

Décadas más tarde, la historia, de alguna forma, se repite. Al esfumarse el desarrollo material como fuente suplementaria de legitimidad «revolucionaria», el régimen buscó fincar explícitamente su legitimidad democrática en aquel remoto párrafo del artículo 3º constitucional. En la medida en que se generaliza la convicción sobre la naturaleza no democrática del sistema, éste reacciona compensatoriamente, como en 1946, defendiendo una especificidad «mexicana» para la democracia. A esta idea, el discurso oficial aúna la neutralización valorativa de la democracia electoral, juzgándola «necesaria, pero insuficiente»: «La democracia mexicana [que sostenemos]», declaró a fines de 1986 el presidente Miguel de la Madrid, «va al fondo de lo que es la democracia: el poder para el pueblo y no simplemente juegos formales que pretenden democracias de otras latitudes».

Para apuntalar la legitimación compensatoria y poner en tela de juicio a la democracia sin más, el sistema político mexicano no sólo cuenta hoy con oscuros –o conspicuos– diputados sino con partidarios intelectuales, por añadidura honestos y desinteresados. Estas voces plurales no niegan –aunque relativizan– la pérdida de legitimidad revolucionaria del sistema, ni menosprecian –aunque lamentan– la creciente interpelación democrática. Aunque sus críticas a los críticos del sistema han sido tan variadas como las vindicaciones del mismo, cabe quizá resumir unas y otras en diez propuestas:

La democracia sin adjetivos es inaceptable porque: 1) Oculta sus adjetivos: es la democracia anglosajona; 2) se detiene en lo «meramente electoral»; 3) es incompleta. La verdadera democracia va más allá de la política y de la democracia política: es la democracia social y económica que promueve la igualdad; 4) carece de sustento real. Un ejemplo: el principal partido de oposición, el PAN, no muestra una auténtica fuerza partidaria ni formas de organización, agitación y propaganda, de movilización y vigilancia que correspondan a la imagen que proyecta; 5) no comprende, en el fondo, la naturaleza histórica del Estado mexicano, creador de la clase empresarial mexicana, organizador del movimiento obrero, impulsor decisivo y casi único de la cultura mexicana.

El sistema político mexicano es democrático porque: 6) respeta las libertades; 7) sigue teniendo la posibilidad, la sabiduría, la flexibilidad para negociar de modo permanente y pacífico con los principales agentes y organizaciones políticas del país; 8) es realista. Un ejemplo: a diferencia del liberalismo del siglo XIX, reconoció, con la reforma agraria, la desigualdad absoluta entre el terrateniente y quien labra la tierra. En un acto democrático –aunque no liberal– protegió al desvalido, ignoró el principio de la propiedad y procedió al reparto de la tierra; 9) su elemento más importante (y también el más moderno) es la voluntad de contener y eliminar la violencia; voluntad evidenciada por el Estado; 10) entre el gobierno del presidente Ruiz Cortines y nuestros días ha habido un avance constante del sistema electoral mexicano. Con Ruiz Cortines, se concede el voto a la mujer; con López Mateos, se crean los diputados de partido; la primera reforma política, enfocada a introducir a los jóvenes en la vida política, es propuesta y votada con Echeverría y la que conocemos como reforma política es obra de López Portillo.

En las plazas públicas de muchos estados corre la versión contraria, la democracia (sin adjetivos) es la verdadera democracia, no la democracia que el sistema quiere hacer pasar por verdadera. Los argumentos respectivos contra las diez adjetivaciones son:

1) en términos de su funcionamiento, es obvio que la democracia se adjetiva siempre: puede ser representativa, directa, etcétera. Lo mismo cabe decir del lugar donde incidentalmente se practica. La fórmula no persigue estas distinciones. Busca salvar axiológicamente el sentido original de la democracia, afirmar su valor universal frente a tradiciones, críticas o sistemas que lo niegan, neutralizan, enmascaran o devalúan. Pero aun en sus aspectos prácticos, las semejanzas entre las diversas democracias en España, Francia, la India o los países anglosajones son más importantes que las diferencias: pluralidad de partidos, elecciones limpias, división de poderes, etcétera. La democracia «mexicana» prescinde casi de estos rasgos.

2) el adverbio «meramente» es una cortina de humo sobre los fraudes electorales. Pretende disminuirlos, volverlos incidentales. Por una razón similar, Ruiz Cortines se burlaba de los panistas llamándolos «místicos del voto».

3) amalgamar los fines y valores es confundir la cuestión. Vaciar la democracia de contenido político, es vaciarla de contenido. La democracia busca la libertad y la igualdad políticas; igualdad de participación, influencia y vigilancia sobre las decisiones políticas. En ese sentido, la democracia es un objetivo distinto de otros, no menos importantes, como la igualdad material, el bienestar, el orden, la fraternidad. La consecución de estos fines no crea necesaria y menos automáticamente la democracia, pero ésta sí suele, en cambio, ser el camino más racional, menos inhumano de conseguir aquellos fines. ¿En qué forma, en qué casos concretos, la instauración en México de una democracia plena podría anular u obstaculizar la consecución de otros fines, en particular la apremiante recuperación económica? ¿No fue más bien la falta de democracia y sobre todo la falta de vigilancia sobre el Poder Ejecutivo lo que nos llevó en buena medida a la postración económica? Hay un argumento implícito en la defensa oficial: la vocación del Estado mexicano es perseguir integralmente todos los fines, pero vocación no es realidad; algunos países han logrado acercarse más hacia esos fines sin un ogro filantrópico de las proporciones del nuestro, y otros países con ogros mayores y menos filantrópicos se han alejado de ellos. Por otra parte, la práctica de la democracia en la política puede influir en la práctica de la democracia en los sindicatos, las empresas. Lo único que detiene la democracia social y económica es la ausencia de democracia política.

4) en el nivel regional, el PAN ha mostrado todos los rasgos modernos que reclaman los críticos. Lo mismo ocurre, con ese y otros partidos, en el ámbito municipal. Si la prueba de madurez partidaria queda a cargo de quien administra los votos, es claro que ningún partido alcanzará nunca la calificación. Los partidos son débiles porque «pierden» las elecciones que ganan, porque no se les ha dejado ser. Así de simple.

5) ¿hay un prejuicio antiestatal en la crítica democrática? Quizá. Pero no es menor el prejuicio de los defensores del sistema hacia la sociedad civil: los empresarios son en esencia antinacionales, la prensa muerde la mano que le concede la libertad; los obreros han perdido la memoria. La premisa de fondo en esta veneración del Estado es la confianza en la autoridad y no en la libertad como motor de la vida nacional, y una sensibilidad casi propia de Hobbes por la seguridad: «El tigre está amarrado con hilitos», decía Reyes Heroles. Un demócrata

congruente no puede compartir esos supuestos. No fue Madero quien soltó al tigre: fue Díaz, que lo engañó en las urnas, y Huerta, que mató a Madero.

6) la existencia de libertades cívicas reales prueba la vigencia de nuestro siglo XIX y hunde algunas raíces en la tradición española, pero el liberalismo heredado no vuelve democrático *ipso facto* al gobierno. En el fondo, el gobierno respeta las libertades menos por vocación democrática que por realismo. ¿Qué sentido tendría suprimirlas? Por lo demás, hay una libertad básica que en México no se respeta: la libertad política del sufragio efectivo.

7) la capacidad de negociación es un argumento de eficacia, no de democracia. En países no democráticos también se negocia de modo permanente y pacífico.

8) la reforma agraria cardenista fue una vasta y exitosa operación política. Quiso ser productiva y en muchos casos *no* lo fue. Quiso ser humanitaria y en muchos casos lo fue. El propio Cárdenas admitió en sus *Apuntes* que los campesinos se negaban a recibir la tierra, por lo que hubo que traer gente de otros rumbos (que a menudo no eran campesinos) para el reparto. Cabe discutir si en este sentido la reforma agraria fue un acto de justicia. Lo fue para quienes la recibieron. Lo fue quizá para el país, en términos históricos. Pero *no* fue un acto democrático. «¿No tenemos derecho a ser escuchados y atendidos?», reclamaban en 1935 los campesinos inconformes de la hacienda Guaracha. «¿No es la voz del pueblo ... a quien se debe escuchar?» El gobierno decidió –¿democráticamente?– por ellos.

9) la prueba terrible que implícitamente se le exige a los partidos de oposición es la prueba de sangre. Pagada esa cuota, la guerra cristera llevó a los arreglos con Roma y el movimiento del 68 a la reforma política. La contención oficial al recurso de la violencia es cierta y positiva; pero de nuevo, como en el caso de las libertades, ¿qué utilidad política hubiese tenido desatarla? La contención es prueba de tolerancia y sabiduría, no de democracia. Por lo demás, es un escándalo que la participación electoral masiva y pacífica no se haya visto como la prueba mayor de madurez cívica y una gran oportunidad de cambio democrático.

10) todos los avances que se citan son ciertos y a menudo se olvidan. Pero cabe recordar nuevamente un párrafo de Cosío Villegas sobre la febril actividad legislativa del porfiriato: «¿Es posible tener respeto por una ley que no se cumple? ... No se puede ... respetar una ley en la forma y burlarla en el fondo ... ¿de qué diablos servía que hubiera una ley procesal, y que incluso ... se venerara celosamente, si desconocíase ... el Derecho Político todo?» En nuestro caso: ¿para qué

diablos sirve una ley electoral si desde la computadora de Bucareli se hace votar a los muertos y abstenerse a los vivos?

Los campos están definidos, como en los años cuarenta. Con una diferencia abismal. Entonces la Revolución exhalaba su aliento postrero, pero el país estaba en el umbral de un notable crecimiento económico que aletargó, por veinte años, la interpelación democrática. Ante nuestros ojos este crecimiento se ha revertido. Hoy resulta ridículo invocar a los sacrosantos constituyentes de Querétaro como si México fuese un país nacido y muerto en 1917. Ningún discurso público conmoverá a los mexicanos mientras arrastre las viejas tonadas autocomplacientes, con sus ademanes patéticos, y no se atreva a la más suave exposición pública –no se diga un juicio– de sus errores. El discurso oficial de la URSS admitía, por razones de legitimidad, que Stalin había sido un tirano, pero en México nuestro sistema político ha garantizado ya la impunidad de los crímenes del 68 y el 71, la desmesura demagógica y la desadministración de la abundancia.

La profecía de aquellos demócratas de los cuarenta se ha cumplido: vivimos la zona minada de una legitimidad incierta. Queda un camino: la democracia entendida solamente como estructura jurídica y régimen político; la democracia que averigua, mediante el voto, qué entiende el pueblo por su «constante mejoramiento».

Legitimidades para el 94[*]

¿Qué combinación de carisma, tradición y legalidad tendrán los candidatos de los tres principales partidos en 1994? ¿Habrá un conflicto de legitimidad, y en ese caso, cuáles serán sus consecuencias? Nuestras variaciones sobre el tema de Max Weber –el poder y la legitimidad– conducen a estas cuestiones que a todos interesan.

La de 1988 fue, en esencia, una querella de legitimidad. Al separarse en dos el PRI –en su ala salinista y su ala cardenista–, la remota fuente de legitimidad revolucionaria perdió fuerza. Un precedente de la actual división ocurrió en 1940. Dos generales (Almazán y Ávila Camacho) se reclamaban herederos legítimos de la Revolución, dividieron los votos y estuvieron a punto de protagonizar una nueva guerra civil.

A partir de entonces, los candidatos de la «familia revolucionaria» evitaron a toda costa la ruptura. Podían darse, y de hecho se daban,

* Febrero, 1992.

golpes de toda índole por debajo y por arriba de la mesa, pero siempre antes del destape. Una vez destapado, el «candidato de la Revolución» era único e indivisible. En 1988 cambió esa situación. ¿Quién tenía, ante los ojos del ciudadano, credenciales auténticas para ser *el* heredero de la Revolución? ¿El hijo del general Cárdenas o el hijo de Salinas Lozano? ¿El que se había salido del PRI o el que se había quedado dentro del PRI? La sorpresiva «decisión dividida» de aquel año se explica, al menos en parte, por esa escisión de la familia revolucionaria.

Cuauhtémoc Cárdenas no sólo impugnó la elección de Carlos Salinas sobre la base de un conteo deficiente de los votos, sino que puso en duda sus credenciales revolucionarias. Pocos años después, la situación de 1988 se ha ahondado. Cárdenas reclama para sí no una, sino *las tres* legitimidades.

Cárdenas es revolucionario, porque sigue creyendo que las ideas rectoras de la Revolución mexicana están vigentes y son, en gran medida, aplicables a nuestra circunstancia; es carismático, no por su atractivo ante las masas o porque sea un gran orador, sino porque encarna el carisma heredado de su padre, el que evoca su nombre y su apellido; y es democrático, porque luego de cumplir los cincuenta y cuatro años de edad, de pronto, por iluminación, descubrió que la democracia es un sistema muy bueno para México.

En su discurso cotidiano, Cuauhtémoc Cárdenas no sólo se arroga las tres fuentes de legitimidad sino que se las niega a sus contrincantes. A su juicio, el gobierno de Salinas es ilegítimo por partida tripe: antirrevolucionario (ha «traicionado a la Revolución»), anticarismático («su popularidad es engañosa») y, desde luego, antidemocrático de origen. En cuanto al PAN, el diagnóstico de Cárdenas no es menos severo: es antirrevolucionario desde su nacimiento, falto de líderes nacionales carismáticos y antidemocrático, debido a sus supuestas «componendas» con el régimen. Esta es, en resumen, la postura maximalista de Cárdenas. Más allá de los méritos de su corriente democrática, Cárdenas sigue montado en el caballo del «todo o nada»: no es difícil prever que en 1994 esta postura apunta hacia una agudización de las tensiones de 1988 y, quizás, al surgimiento de brotes graves de violencia.

Esto puede ocurrir a menos que los candidatos del PRI y el PAN manejen sus cartas y estrategias de legitimidad con autenticidad e inteligencia. El PAN no necesita que Cárdenas le otorgue credenciales democráticas. Las ridículas acusaciones de Cárdenas contra Luis H. Álvarez no borran de la conciencia pública su larga lucha cívica. El PAN no necesita tampoco credenciales revolucionarias porque nunca se ha presentado como un partido que favorezca este tipo de cambios violentos y radicales. Al contrario, es justamente la historia reformista del PAN la que le otorga atractivo frente a sus votantes.

¿Qué le hace falta al PAN para tener una presencia importante en 1994? Un candidato con carisma. No es fácil que lo fabrique. Vicente Fox lo tiene, pero está impedido por el artículo 82. [En 1993, ese artículo sería reformado, permitiendo la participación de Fox en la contienda presidencial.] Francisco Barrio lo tiene, pero haría mal en dejar el gobierno de Chihuahua por el que luchó tantos años. Un desempeño sobresaliente en Chihuahua podría enfilarlo con solidez hacia las elecciones del año 2000. Barrio es un hombre joven. Esta sería su mejor apuesta. [En el 2000, Barrio declinó presentarse como candidato presidencial.] El PAN tiene otros buenos candidatos, los gobernadores Ruffo y Medina Plascencia pero, al margen de sus méritos, quizá no tengan el carisma requerido para contender con éxito en 1994. En cualquier caso, la plena legitimidad democrática del candidato panista –quien quiera que sea– puede darle puntos sobre Cárdenas y sobre el candidato priista. Todo depende de la imaginación política de su campaña.

El candidato del PRI (el señor X…) bailará con la más fea. Su partido está vacío de legitimidad democrática; es más, encarna la antidemocracia. Por otra parte, Cuauhtémoc Cárdenas, el previsible candidato del PRD, le ha «robado» legitimidad revolucionaria. Queda entonces la legitimidad carismática. ¿Son Manuel Camacho, Luis Donaldo Colosio, Pedro Aspe, Ernesto Zedillo hombres particularmente carismáticos? Creo que no. Se dirá, con razón, que Salinas no tenía carisma y lo adquirió al poco tiempo de sentarse en la silla; pero en 1994 lo decisivo será poner en juego el carisma antes y no después de las elecciones. Es posible que en el momento mismo del destape el señor X… pueda revelar cualidades de atracción que ahora están convenientemente tapadas. Lo sabremos en su momento. Contará, además, con un factor que jugará a su favor: si Cárdenas tiene el carisma heredado de su padre, el candidato del PRI tendrá el carisma heredado de Salinas.

El destape de 1994 será distinto de los anteriores en un aspecto fundamental: el presidente estará en campaña. En 1946, Cosío Villegas declaró muerta a la Revolución mexicana. No sé si realmente lo estaba entonces, pero estoy cierto de que lo está ahora. Nadie votará por un candidato porque sea «revolucionario». Votará por las ideas prácticas que representa y, sobre todo, por lo que transmita como *persona*. Igual que en cualquier país democrático de Occidente, las lealtades ideológicas o partidarias contarán muy poco.

El recorrido histórico de la teoría weberiana nos lleva a una sencilla conclusión: la Revolución, como fuente legítima de poder, está tan superada como el derecho divino de los dioses; el carisma, como fuente de poder absoluto por sobre las leyes, pertenece ya a una historia que quedó atrás, y sólo jugará la parte que le corresponde dentro de las reglas democráticas; como vía de legitimidad para alcanzar el poder, sólo queda la democracia. Es por ello que el gobierno de Carlos Salinas, más que ningún otro en el pasado, debe hacer su mayor esfuerzo por garantizar la limpieza de los comicios, una claridad que por sí misma, derrote las críticas maximalistas, disuada a los «acelerados» y nos coloque –a partir del 1º de diciembre de 1994– en un territorio tan anhelado como inédito: el de la normalidad democrática.

Chihuahua demócrata*

A principios de mayo de 1992 regresé a Chihuahua después de seis años de ausencia. O de presencia, porque el agravio pendiente de 1986 me perseguía como si fuera chihuahuense. Sabía que el paisaje político sería distinto. No habría euforia cívica en las calles ni ejércitos cívicos de jóvenes repartiendo propaganda con una alegría y confianza expansivas e ingenuas. «Las cosas han cambiado por mil razones», me advertían mis amigos, los mismos que en 1986 habían participado en aquel experimento democrático. «Baeza, Pronasol, los empresarios, los sacerdotes, el presidente, los promotores del voto, los antecedentes electorales de 1991 podrían presagiar un triunfo del sistema, etcétera.» El tono de reserva en los rostros y las actitudes de los demócratas chihuahuenses contrastaba con los recuerdos que tenía de ellos en 1986.

Mis primeras entrevistas confirmaron la hipótesis que secretamente mascullaba: la reserva no denotaba pesimismo ni desaliento sino madurez. Detrás de la aparente apatía de los chihuahuenses se advertía una estrategia, quizás inconsciente: no repetir los errores de 1986, usar el cerebro más que el corazón, fijar la vista en el fin y no agotarse en las expresiones románticas, hacer política no mística política. Supe entonces que, en Chihuahua, la democracia iba a ganar.

Se suponía que los empresarios habían cambiado de bando. No me refiero del PAN al PRI sino de la democracia al culto de partido de Estado y el corporativismo oficial. Algo de eso encontré en algunos que, acosados por el régimen –o seducidos por él–, vendieron sus «pragmáticas» conciencias por un plato de lentejas. La mayoría conser-

* Julio, 1992.

174

vaba la objetividad. Ponderaba el espíritu de concertación de Baeza y su obra pública, pero señalaba el rezago económico del estado y no se hacía ilusiones sobre su situación económica real. Lo que es más importante, no dejaba de pensar en términos cívicos y morales: perpetuar la hegemonía del PRI, en un estado de la trayectoria histórica de Chihuahua y con el antecedente de 1986, no sólo era inconveniente: era indigno.

Pronto supe también que la cooptación de los sacerdotes católicos en Chihuahua era un mito. A pesar de su retiro, don Adalberto Almeida sigue siendo un símbolo de autonomía y fuerza que los chihuahuenses admiran. Lo mismo ocurre con el obispo Talamás, que tenía reservada, para antes de las elecciones, una oportuna declaración. En una reunión con varios sacerdotes comprobé que la herida de 1986 era profunda, que había temor a represalias por parte de la alta jerarquía actual cercana al gobernador, que predominaba la cautela, pero no había desaliento. La fe, la esperanza y la caridad, llevadas al ámbito de los valores cívicos, seguían allí.

Si esto advertí en dos sectores representativos de la vida chihuahuense supuestamente domados por el gobierno, mi esperanza creció cuando conversé con los demócratas. Para empezar, los grupos de activistas y las organizaciones de auténtica vocación popular como Cosidac, el Centro de Atención a la mujer trabajadora, el Frente Democrático Campesino y la Ola por la Democracia. Aunque algunas de estas organizaciones son anteriores a 1986, aquel momento de afirmación cívica los marcó. Escuché sus anécdotas, sus logros, y supe que serían un factor fundamental en el futuro triunfo de la democracia, no tanto por su fuerza numérica o su dominio sobre las multitudes –esas prácticas ignominiosas y, a la postre, inútiles son monopolio del PRI– sino por la fuerza simbólica de sus actos. Nadie puede doblegar una fuerza moral como el de esos hombres y mujeres.

Conversé con el Padre Daniel y pude atestiguar su pureza y su fuerza. Es un milagro que el Padre Daniel predique y practique una acción social *puramente* democrática, sin huella alguna de las falsas teologías de liberación. El respeto que Daniel predica por la persona, su idea de la participación campesina, el modo en que enlaza los *Evangelios* con el quehacer cotidiano en su diócesis, son formas puras de cristianismo. Es muy importante que la jerarquía tome nota de la importancia de este ejemplo y no lo obstruya. En esa acción y esas ideas –sencillas, claras– está el germen pastoral de renovación que la Iglesia busca. La Iglesia perdió muchas batallas en el siglo XIX por ceguera. Es importante que tenga claridad ante sus verdaderas opciones.

Mi plática con Francisco Barrio en Ciudad Cuauhtémoc fortaleció mi convencimiento. Se había serenado. Luego del «trancazo» de 1986 se había retirado a la oscuridad y ahora volvía, según me dijo, como un boxeador fuera de forma: gordo, desencanchado. La metáfora boxística me pareció curiosa pero inexacta: Barrio llegaba más sabio. No había sombra ya de sus llamados a las alturas, ni esa peligrosa mezcla de fe carismática y política. Tampoco se concentraba únicamente en las ciudades: iba a los pueblos, al campo, y allí presentaba con coherencia y amplitud su programa. Programa, es la palabra clave, la gran diferencia con 1986: era obvio que en 1992 Barrio había *pensado* en Chihuahua y le proponía un programa. Serio, confiado, circunspecto, atento, sin arranques mesiánicos ni bravatas inútiles frente al gobierno central: un candidato moderno.

No me interesó conocer al candidato de la CDP, palero del gobierno. En cambio platiqué larga y provechosamente con Jaime García Chávez, el candidato del PRD, que me causó una excelente impresión, más allá de sus residuos ideológicos. Con un hombre así era posible y era necesario hablar, de hecho me sorprendió que Barrio no lo hiciera. Le hice ver a éste que era un error: mis diferencias con el PRD son abismales, pero con ellos hay que entablar un diálogo crítico.

En Ciudad Juárez conocí a Macías [el candidato del PRI]. Jovialmente me expuso las razones por las que pensaba ganar. Me enseñó cifras y tendencias, a partir de los datos de 1991, en todos los municipios. Era imposible –me dijo– que los cálculos fallaran. El prestigio indudable del presidente Salinas y la buena gestión del gobernador Baeza lo apoyaban. Su propia gestión de Ciudad Juárez era su aval: la gente humilde sabía que la obra pública era tangible aunque estuviese escondida bajo el pavimento, como en el caso de las tuberías. Pronasol operaba con efectividad, pero aún más efectivos serían los miles de promotores del voto: «una vez que estos promotores localizan a potenciales simpatizantes del PRI no los sueltan». La frase me inquietó por su franqueza: ¿cabe hablar así en una democracia? ¿No es atentatoria a la libertad del sufragio la idea de «no soltar» a un posible votante? ¿No es parte del viejo sistema corporativo el mecanismo de que las computadoras del PRI «no suelten» a sus promotores y los promotores «no suelten» a los votantes?

El trato con los chihuahuenses comunes me convenció de lo que sabía de antemano: son personas, son individuos con vergüenza cívica, no ovejas que permiten que «no se les suelte». Regresé a México confiado de que en Chihuahua no habría fraude porque con esa experiencia histórica, y con esos protagonistas, el fraude era muy difícil. Regresé en julio [de 1992] como observador, a sabiendas de que observaría una elección pacífica y ejemplar: la que los chihuahuenses merecían, la que los chihuahuenses habían labrado desde 1986, con prudencia, enjundia bien canalizada, madurez y responsabilidad. No me sorprendieron los resultados [el panista Francisco Barrio triunfó en la elección para gobernador]. Mis conversaciones con algunos votantes anónimos (un chofer de la CTM, un ingeniero, un estudiante, una trabajadora) presagiaban el triunfo de la claridad en las urnas, la derrota de la cibernética electoral y el resultado favorable al verdadero triunfador en 1986 que, por un retraso atribuible a las autoridades, comenzará su gestión seis años después de su primera victoria.

Ajedrez mexicano*

Hipótesis que el tiempo confirmará: las elecciones presidenciales de agosto de 1994 no sólo serán las más importantes en la historia contemporánea de México sino que decidirán el rumbo histórico de este país.

Hubo un momento en este siglo en que las elecciones presidenciales tuvieron una trascendencia similar: los comicios de 1910. Contendían el viejo dictador Porfirio Díaz, que había permanecido treinta y cuatro años casi ininterrumpidos en el poder, y un joven idealista para quien la democracia era, más que un valor, una religión: Francisco I. Madero. El largo régimen de Díaz había traído paz, orden y progreso a un país que había perdido siete décadas preciosas del siglo XIX en la discordia civil, la desadministración pública y las guerras internacionales. Para imponer su programa histórico, Porfirio Díaz no sólo contaba a su favor con la legitimidad carismática del caudillo militar sino que la complementaba con un halo de autoridad personalizada, absoluta, tradicional, no muy distinto aquél de los antiguos monarcas coloniales –Austrias y Borbones– o, antes aun, del de los severos gobernantes prehispánicos. Para completar el triángulo de legitimidades, cada cuatro años Díaz convocaba elecciones en las que era, por supuesto, candidato único y en las que, por supuesto, vencía siempre. En 1910, Madero impugnó el régimen «paternal» de Díaz por la vía de las urnas. Y aunque «perdió» las elecciones, meses después Madero ganó la Revolución. La «belle époque» porfiriana, que se pensó tan eterna como la era victoriana, terminó en un baño de sangre provocado por un fraude electoral.

* Agosto, 1993.

177

El descrédito de la idea revolucionaria como fuente de legitimidad política ha tenido en México un efecto saludable: los gobiernos del PRI (en el poder desde 1929) no pueden reclamar para sí la legitimidad que proviene de la segunda de sus siglas (la Revolución mexicana) y no tienen ya otra vía para acceder al poder que la universalmente aceptada: el veredicto de las urnas. La certeza de que México no podrá volver a ser un campo de batalla revolucionario como lo fue tantas veces durante el siglo XIX y a principios del XX, no significa que las tensiones de 1994 no puedan conducir a un nuevo baño de sangre y a retrocesos históricos que el país no podría ya resistir sin entrar en un despeñadero. El riesgo es real. 1994 puede conducirnos hacia un futuro español –democracia y desarrollo– o a un pasado peruano –dictadura y deterioro.

El paralelo con el régimen porfiriano es ilustrativo. Como aquél, el régimen de la Revolución trajo una buena dosis de paz, orden y progreso a cambio de una especie de autoritarismo blando que Mario Vargas Llosa ha calificado de «dictadura perfecta». Igual que el porfirismo, el priismo extrajo su fuerza y legitimidad de tres fuentes: el carisma de sus primeros caudillos presidentes (Calles, Cárdenas); la tradición de un poder paternalista, centralizado y patrimonial; y un servicio puramente formal a la democracia. El resultado fue lo que por décadas se llamó «carro completo»: el PRI no sólo ganó todas las presidencias sino absolutamente todas las gubernaturas y casi todas las municipalidades. Era, como escribió José Vasconcelos, un «porfirismo colectivo».

El movimiento estudiantil de 1968 marcó el comienzo del cambio. Fue un NO multitudinario, emotivo, irracional si se quiere, a un régimen petrificado. A partir de entonces, lentamente, la pluralidad política se ha ido abriendo paso. La pirámide comenzó a transformarse en una plaza pública. La razón es simple: en 1982 la terrible crisis económica desnudó al régimen. Muchos comprendieron que el origen principal del desastre mexicano era político: la concentración de poder en un solo partido, el PRI, y la concentración de ese partido en una sola persona, el presidente. La solución: acabar con la monarquía mexicana y dar paso a la democracia republicana.

Para propiciar este objetivo se contaba con un protagonista admirable: el PAN. Fundado en 1939 por un grupo de demócratas idealistas, se había mantenido como una suerte de oposición latente, casi sin ganar ninguna elección, en espera de que las circunstancias históricas le dieran vida. Esperó casi cincuenta años, hasta que, a mediados de la década de los ochenta, comenzó a recibir un sustancial apoyo público.

La izquierda experimentó también, en los años ochenta, un corrimiento político desde la clandestinidad, la guerrilla y la represión hacia posturas democráticas. El viejo Partido Comunista Mexicano, legalizado a fines de los setenta, lograba sólo una cantidad irrisoria de votos, pero en 1988 sumó su modesto «carro» al de un hombre clave en la vida política de México a partir de ese año: Cuauhtémoc Cárdenas. Su padre, Lázaro Cárdenas, reverenciado por amplios sectores populares, tuvo muchas veces la tentación de cortar en dos el viejo tronco del PRI. No lo hizo quizá porque él mismo había contribuido a plantarlo. En cambio, Cuauhtémoc, heredero simbólico del carisma paterno, decidió usar el hacha con sorprendente astucia y eficacia. La amplísima votación que recibió a su favor en 1988, aunada a la del PAN, redujo las cifras de la victoria oficial a poco más del cincuenta por ciento. Se pensó siempre que esa cifra estaba maquillada. Tras su derrota –más simbólica que real– Cárdenas fundó un nuevo partido: el PRD.

A partir de 1988 México ha vivido, de hecho, una novedad histórica: un régimen plural de partidos. Las «dictaduras perfectas» del porfirismo y el priismo habían desvanecido no sólo la práctica de la libertad política sino su memoria. De pronto, los «dinosaurios» del PRI en todos los niveles de la pirámide advirtieron que su poderosa maquinaria burocrática (agencia de empleos públicos, olla de «grillos», fuente generosa de corrupción, laboratorio de alquimia electoral) estaba mal diseñada para competir bajo las reglas de la democracia.

El PAN, por su parte, ha ganado terreno en algunas zonas del interior, cuenta ya con tres gubernaturas y con el apoyo de sectores importantes de la clase media rural y urbana. Es probable que, en pocos años, veamos cada vez más candidatos panistas en los gobiernos estatales.

Este escenario de pacífica entrega del poder a la oposición es el mejor desenlace posible para México. Si la izquierda reunida alrededor de Cuauhtémoc Cárdenas tuviese un programa esencialmente democrático como el del PAN, el país estaría a salvo. Ambas tenazas –el PAN y el PRD– forzarían la demolición de la pirámide priista, llevarían al PRI a convertirse en un partido más poderoso y amplio si se quiere, pero ya no sería un órgano del régimen a la manera de los partidos fascistas que lo inspiraron. Esta transición ideal por el efecto de las tenazas se dificulta no sólo por la inercia autoritaria y corrupta del PRI sino por la actitud dogmática del partido de Cuauhtémoc Cárdenas.

El PRD nació del vínculo de dos corrientes profundamente antidemocráticas: comunistas y ex priistas. Ninguno de sus seguidores ha explicado las razones de su antigua militancia –que en muchos casos fue de décadas–, ninguno ha renunciado a las viejas tesis estatistas que son la esencia misma de la antidemocracia en México. En unas declaraciones recientes sobre Cuba, Cuauhtémoc Cárdenas defendió la

Revolución cubana como una modalidad histórica elegida por los cubanos. Con esa lógica, de llegar al poder, podría sostener que el estatismo populista es la modalidad histórica elegida por los mexicanos para mantenerlo indefinidamente en el poder. El PRD es un lobo autoritario con piel de oveja democrática.

En el PRI conviven con dificultad dos corrientes: una minoritaria, joven, embrionariamente democrática; otra mayoritaria, envejecida, tradicionalmente antidemocrática. Si el candidato del PRI no logra conservar el capital político acumulado por Salinas de Gortari, no es difícil imaginar un nuevo cisma.

El triunfo de la oposición panista en 1994 parece difícil y sería quizá prematuro. El triunfo legítimo del PRI seguido de una paulatina cesión del poder a la oposición –primero más municipalidades y gubernaturas, luego la propia presidencia– sería quizás el desenlace menos malo: una suerte de suave aterrizaje en la democracia. El triunfo de la oposición de izquierda es posible pero implicaría un riesgo mediato para la democracia.

El complejo ajedrez de la política mexicana puede conducir a una salida democrática o a un desenlace autoritario. Con toda su complejidad, la situación tiene una ventaja: cualquiera que sea el puerto de arribo, la travesía se hará por medios democráticos. Si el ciudadano vota y se equivoca, habría descubierto la fuerza del voto y podría más adelante recurrir a él para revertir la situación. En el proceso el país podría perder años, pero no se perderían vidas. Ya en el poder, el PAN o el PRD quizás aprendieran en carne propia las virtudes del realismo político y económico. Llenos de heridas y cicatrices, los mexicanos habríamos arribado por fin a un régimen de partidos modernos.

Bien visto, el riesgo mayor no está en perder años, así sean insustituibles. Porfirio Díaz solía decir que en las entrañas del alma mexicana habitaba un tigre: no había que despertarlo. El fraude electoral de 1910 lo despertó. Justos o equivocados, en 1994 los mexicanos debemos decidir nuestro destino.

La querella de Michoacán*

La mañana del 2 de octubre de 1968 los soldados se paseaban cerca del Monumento a la Revolución, con sus carabinas al hombro. Aun-

* Octubre, 1992.

que había una tensión ominosa en el ambiente, nadie imaginaba lo que ocurriría. ¿Quién comenzó la balacera? ¿Cuáles eran las órdenes del Ejército? ¿Quién las emitía? ¿Qué fuerzas movían hilos en el movimiento estudiantil? Esas y otras preguntas seguirán buscando respuesta.

Los regímenes posteriores trataron de cerrar el expediente de Tlatelolco pero la conciencia histórica del país lo mantiene abierto a pesar de que muchos de los protagonistas de aquel momento hayan perdido el impulso libertario. Algo más contribuye a la vigencia de la fecha: los cambios recientes [la caída del Muro de Berlín y el derrumbe del imperio soviético] han demostrado que la Historia con mayúscula no cierra expedientes. El que en nuestro pasado no exista un Gulag o un Treblinka, no nos exime de enfrentar la verdad sobre nuestras particulares atrocidades. Una comisión investigadora, a cargo de la Comisión Nacional de Derechos Humanos, podría abrir oficialmente el caso y dar frutos dentro de un año exacto: en el vigésimo quinto aniversario de Tlatelolco.

Pero más urgente que abrir el expediente de Tlatelolco es evitar el riesgo de que ocurra otro Tlatelolco. Sin que la opinión pública parezca realmente consciente del peligro, las mismas carabinas se pasean hoy de nuevo, a la vista de todos, con plena y ominosa naturalidad, en Michoacán: por un lado los policías judiciales, por otro los viejos cardenistas dispuestos a todo por seguir las órdenes de Cuauhtémoc Cárdenas, el Tatita, o quizá dispuestos a ir más allá del Tatita si se presenta la ocasión.

Los mexicanos somos muy pacíficos hasta que dejamos de serlo, y como aquí nunca pasa nada hasta que pasa, podemos estar viviendo, sin saberlo, sobre un inmenso polvorín. ¿Ya vieron el México moderno? Pues ahí les va el México bronco.

No es casual que Michoacán sea el escenario clave del conflicto entre esas dos mitades del viejo PRI: el PRD y el PRI. El problema tiene muchos niveles, pero en lo fundamental es una batalla ideológica: cada uno se siente el heredero legítimo de la Revolución mexicana. Este carácter ideológico de la querella encuentra tierra fértil en Michoacán. Otros estados han manifestado iniciativas libertarias y democráticas no recientemente sino desde tiempos remotos (San Luis Potosí, Chihuahua). Otros más, como Coahuila, han sido particularmente sensibles a los agravios del exterior por lo que desarrollaron una exacerbada mentalidad nacionalista. Yucatán conserva aún su antiguo temple autonómico y Oaxaca su reserva de identidad indígena. Mientras Sonora o Nuevo León han representado distintas facetas modernizadoras, Morelos encarnó alguna vez la resistencia violenta a ese proceso. En esta especie de biografía federal (con todo lo rápida y burda que su caracterización parezca) a Michoacán le ha correspondido jugar un papel específico por más de doscientos años: dirimir las querellas de la ideología nacional.

La lista histórica es impresionante: en Michoacán arraigó como en ninguna otra parte el patriotismo criollo de los jesuitas. Desde Valladolid envió Manuel Abad y Queipo sus proféticas «Representaciones» sobre la desigualdad social a Carlos IV; en Valladolid fue rector Hidalgo, nació y estudió Morelos, nació y batalló Iturbide; en Michoacán se libraron batallas decisivas de la Independencia, se emitieron incendiarios anatemas y decretos libertarios, se excomulgó a los insurgentes y se promulgó la primera Constitución de México.

En Michoacán, la guerra de Reforma estalló seis años antes en la más extraordinaria polémica ideológica de nuestro siglo XIX sobre el tema de las obvenciones parroquiales entre Melchor Ocampo y un anónimo cura de Maravatío (quizá Clemente de Jesús Munguía). Michoacán se mantuvo al margen de la Revolución mexicana hasta que dos michoacanos eminentes decidieron tomarla por asalto: la mancuerna perfecta, el ideólogo de la Constitución de 1917, Francisco J. Mújica, y el zorro con sayal de franciscano que la llevaría a la práctica, Lázaro Cárdenas.

Michoacán fue el escenario central de la guerra cristera y –aunque la afirmación no guste a los cardenistas– ha sido también feudo personal, paternal e improductivo cacicazgo de la familia Cárdenas.

Algo muy profundo de México gravita en Michoacán: una tensión ideológica permanente, como si la experiencia virreinal hubiese sentado sus reales en ella más que en ninguna otra parte. (Varias excelentes investigaciones históricas de El Colegio de Michoacán, radicado en Zamora, han probado esta condición). Sólo a partir de esa arquitectura mental y política podía nacer un liberal «salvajemente independiente» como era Ocampo, crecer un santo de la libertad como Degollado (nacido en Guanajuato, pero michoacano por biografía) o un ex seminarista radical como Mújica. Y sólo por la memoria de los misioneros se entiende la supervivencia de hábitos tutelares de dominación política como los que toda su vida ejerció Lázaro Cárdenas.

¿Por qué la querella se presenta ahora? La explicación está, por una parte, en los caudillos. Si en 1962 Lázaro Cárdenas hubiese optado por el Movimiento de Liberación Nacional (MLN) y no por el PRI, la situación hubiese sido muy semejante a la actual; don Adolfo y don Lázaro, frente a frente. Cárdenas padre nunca quiso cortar en dos el tronco de la revolución corporativa e integrista que él, más que ningún otro, había contribuido a plantar y fortalecer. Hasta su muerte, se conformó con mantener su influencia, su venerada imagen pública y su feudo michoacano. No es poca cosa. Su hijo Cuauhtémoc parecía seguir el mismo camino: afianzó el dominio en su estado y llegó a gobernador, pero movido por una mezcla todavía incierta de convicción democrática y cálculo político decidió empuñar el hacha. Ayudado por la torpeza de las autoridades, que veían un posible triunfo del PAN en Chihuahua como señal del Apocalipsis, y apoyado en el carismático espectro de su padre, Cuauhtémoc Cárdenas plantó un tronco que, a su juicio, no es otro que el original, libre de ramificaciones desviadas, inútiles, plagadas.

Con los resultados electorales de 1988, el árbol demostró que tenía fuerza y raíces. Desde entonces, la sombra del PRI salinista y solidario, y las propias plagas y desviaciones, lo han llevado a perder fuerza, pero perder Michoacán (sobre todo luego de una contienda electoral irregular como la reciente), significa perder la raíz. De allí su intransigencia. Por el lado cardenista, el conflicto ha estado siempre latente: en términos nacionales, Cárdenas ha cumplido el destino potencial de su padre; regionalmente, mantiene la moneda en el aire: ¿es Cárdenas de Michoacán o Michoacán de Cárdenas?

La explicación complementaria del conflicto michoacano está en la torpeza y la soberbia de las autoridades y del PRI. Sólo a una mentalidad tecnocrática y analfabeta de la historia podía ocurrírsele destapar para Michoacán a un gran empresario [Eduardo Villaseñor]. La modernidad por decreto no funciona, y menos si se la lleva a esos extremos.

La candidatura de Villaseñor enconó de entrada los ánimos «fundamentalistas» en Michoacán. ¿Por qué no se pensó en una cuña del mismo palo, algún hombre recto, prudente, experimentado, que hubiese encabezado un limpio proceso electoral? Porque el PRI no sabe manejar sino es con el «carro completo».

Si las noticias y las imágenes no mienten, Michoacán revive hoy un momento de su pasado: la querella ideológica-política que bordea la violencia. Pero el México bronco no es viable. No se trata de negociar posiciones por debajo de la mesa, sino de aprovechar la crisis para transitar a la democracia. La fórmula no parece imposible. Aunque el caso de San Luis Potosí es distinto (Salvador Nava era un auténtico demócrata, no un caudillo ideológico), el precedente existe y funciona.

Por un lado, el gobierno, que cometió un error, tendría que remediarlo propiciando la renuncia, el retiro o la licencia de Villaseñor y el ingreso de un hombre que pudiese hacer tres cosas inéditas por su estado: despistolizarlo, preparar elecciones transparentes y reconciliar a la familia michoacana en el marco de esa discusión civilizada de las verdades diferentes que se llama democracia.

183

Esta pública admisión por parte del régimen de su error, esta embrionaria prueba de su voluntad de cambiar (sobre todo en vistas a las elecciones de 1994), tendría que ir acompañada de otras medidas urgentes que se resumen en una: el divorcio del PRI y el gobierno. Pero igualmente necesario es el cambio de actitud en el PRD: dejar de una vez por todas la guerra política que ha practicado desde su origen.

A la opinión pública nacional la tienen cansada los fraudes del PRI pero también las bravuconadas retóricas caudillistas y populistas del PRD cuya madera proviene, a fin de cuentas, del mismo tronco del PRI (con injertos aún más autoritarios, como los del PCM). Así como el gobierno y el PRI no pueden ignorar la trayectoria histórica de Michoacán, los súbditos demócratas del PRD deben hacerse cargo de sus muchos años de fiel militancia bajo la sombra corruptora del viejo PRI (o la aún más antidemocrática del PCM) y advertir que la transición del sistema político a la democracia es también su responsabilidad directa.

Algunos de los militantes del PRD vivieron Tlatelolco. Si el gobierno se decide a abrir un espacio democrático en Michoacán, estos jóvenes del 68, cuarentones ahora, podrían retomar el aspecto luminoso de aquel movimiento dando un sesgo definitivo a su partido: haciéndolo democrático, no revolucionario. Bastaría que se arriesgaran a poner en práctica tres acciones inéditas: dejar en paz a los ancianos del cardenismo michoacano –ecos del agrarismo armado de los años treinta–, ejercer una sincera autocrítica de su pasado autoritario (abrir sus propios expedientes, que no son pocos ni triviales) y, en fin, sentarse a la mesa de discusión con el gobierno, abandonando el velado chantaje de la violencia que, como probó Tlatelolco, se vuelve profético y no deja más saldo que el de los muertos.

Estamos todavía a tiempo de abrir un expediente inédito: el primer y mutuo acercamiento del PRD y el PRI-gobierno sobre un tablero limpio, la paulatina disolución de una querella confusa en una competencia abierta. Daría como resultado un nuevo significado al 2 de octubre: la apertura democrática.

Bautizo democrático*

Los años setenta estuvieron llenos de experiencias y lecturas conectadas. Basta recordar de manera esquemática el trazo de la época. En

* Octubre, 1993.

el ámbito interno, Echeverría y López Portillo creían reencarnar las mejores causas de la Revolución. No en balde su juventud transcurrió en la época de Lázaro Cárdenas. Pero lo dijo el propio Marx: la historia se repite, primero como verdad y luego como caricatura. Las nacionalizaciones justificadas del cardenismo dieron pie a las estatizaciones injustificadas que ocurrieron entre 1970 y 1982. En vez de abrir el sistema económico a la libre competencia internacional y el sistema político a la libre competencia interna, Echeverría y López Portillo optaron por profundizar las líneas históricas agotadas, defensivas, autoritarias del México posrevolucionario. «Arriba y adelante», el lema echeverrista, en realidad quería decir, «atrás y adentro». «La solución somos todos», el lema lopezportillista, en realidad quería decir «la solución soy yo». El resultado de esta doble equivocación fue una doble quiebra: económica y política.

Por razones que me siguen pareciendo misteriosas, mi generación reaccionó tardíamente a la crisis del Estado mexicano y, en general, a la de todos los estados intervencionistas. Una posible explicación del enigma está en la seducción de las ideologías. Operando como sustitutos de la religión, las ideologías son sistemas de creencias cerrados, inmunes a la verificación o la falsificación. Los ideólogos no juzgan la vida con pruebas prácticas sino con parámetros teóricos: si el socialismo real mató literalmente –en campos de concentración, en persecuciones y hambrunas– a decenas de millones de personas, los ideólogos del socialismo dirán que ese no era el verdadero socialismo sino uno espurio. Y si uno les pregunta ¿cuál es el *verdadero* socialismo?, responderán: el que ellos, en su inmaculada concepción, representan. De ese modo, el juicio de aquel sistema se difiere a un futuro que no llegará nunca. Esta variante degradada del milenarismo religioso fue, a mi juicio, la responsable principal del extravío ideológico de mi generación. A causa de ella mis amigos dijeron que Solyenitsin exageraba, que Mao seguía siendo –a pesar de todo– el Gran Timonel, por ella cantaron loas anacrónicas a Castro, aprendieron el himno sandinista y justificaron las guerrillas. Por ella desdeñaron siempre la democracia colgándole toda suerte de adjetivos (formal, burguesa, meramente electoral, etcétera). Y por ella, en fin, incurrieron en una responsabilidad más grave si se recuerda el origen libertario del que todos partimos en 1968: se integraron, de una forma u otra, al sistema, justificando cada estatización como un triunfo de la siempre vital, siempre lozana, siempre joven Revolución mexicana.

Fue en esos años cuando algunos volvimos a leer a los liberales de la Reforma, quisimos revalorar el legado de Madero, de Vasconcelos en 1929, de Gómez Morin en 1939, de Cosío Villegas entre 1946 y su muerte en 1976. Fue entonces, en septiembre de 1982, mientras López Portillo ondeaba la bandera en el Zócalo para festejar la bancarrota nacional, cuando algunos propusimos como único valor posible, vigente, necesario, la democracia. Octavio Paz y Gabriel Zaid habían escrito, desde los años setenta, ensayos memorables sobre el tema. «Por una democracia sin adjetivos» fue sólo un eslabón de una cadena centenaria: la cadena democrática y liberal.

Estoy hablando de principios de los ochenta y me parece que hablo de la prehistoria. Los extraordinarios acontecimientos de nuestro pasado inmediato explican la distorsión visual: el derrumbe del socialismo, la caída del Muro de Berlín, la desaparición de la Unión Soviética, la adopción generalizada de la economía de mercado y la democracia, no cancelaron la historia, como escribió Francis Fukuyama, sino que la aceleraron. De pronto, el siglo XX despejó a la vez varias incógnitas, se purgó del último de sus sistemas opresivos y abrió una era de menor riesgo e incertidumbre mundial. En ese contexto general de apertura –con todo y sus viejos y nuevos problemas de pobreza, enfermedad, querellas étnicas y nacionales, destrucción del medio ambiente– parecería inútil o redundante defender la democracia liberal y condenar las ideologías autoritarias. Parecería, pero no lo es, porque ¿cómo olvidar que vivimos en México? Entre nosotros el peligro sigue siendo doble: la democracia liberal no ha triunfado y las ideologías autoritarias, maltrechas si se quiere, esperan dar la batalla final. El legado de 1968 sigue pendiente.

A riesgo de que se me tome por un criptopanista –no lo soy por razones de biografía y de convicción– creo que el obstáculo mayor para nuestro desarrollo democrático sigue estando en sectores muy influyentes de dos hermanos gemelos nacidos de la madre revolución: el PRI y el PRD (es significativo que muchos de los altos líderes de ambos partidos no hayan participado en el movimiento del 68 o se hayan opuesto abiertamente a él: existen documentos). El PRI y el PRD se odian de un modo profundo, irreconocible y cainita. Tras la piel de oveja de una retórica democrática, ambos denotan su pasado intolerante y autoritario, sus viejos esquemas ideológicos, su estatismo político, económico y social. No se necesita ser Nostradamus para predecir que llegarán al 1994 en plan de guerra total. La querella ideológica entre ambos es insoluble y no es difícil que desemboque en una ola de inestabilidad y violencia. La única salida para prevenir ambas es la democracia en su aspecto original, electoral. Asegurar que cada paso y cada protagonista del proceso (los instrumentos, los organismos, los métodos, los tribunales) alcancen la mayor credibilidad antes, durante y después de la elección.

Llegar a ese momento será difícil, pero aun suponiendo que el presidente que asuma el poder el 1° de diciembre de 1994 lo haga en condiciones de plena legitimidad, las tareas democráticas no culminarán con ese proceso. Por el contrario: apenas comenzarán. La democracia no asegura que el gobierno actúe con acierto: asegura que el gobierno que actúa sea legítimo y que sus decisiones se amparen en el mandato de la mayoría. Si esa mayoría se equivoca –como ha sucedido tantas veces en la historia del siglo XX– es su responsabilidad corregir el error y elegir con mayor tino, en la siguiente oportunidad, a los gobernantes. No hay otro método para madurar. Frente a un Ejecutivo que quisiera, por ejemplo, instaurar un neopopulismo que retrotrajera al país a las inflaciones, la demagogia y la postración de los setenta, la única salida eficaz sería oponerse a él por las vías republicanas y democráticas: las Cámaras representando a los ciudadanos, los tribunales amparando a los quejosos, los diarios publicando la verdad, los medios informando con veracidad, los intelectuales actuando con independencia crítica frente al poder. Sólo una sociedad civil activa y actuante podría limitar el poder por las vías del derecho. Este fue el sueño inmanente del 68. ¿Se cumplirá en el futuro cercano? ¿Quiénes serán sus agentes? Aquí reside la gran oportunidad de los jóvenes de hoy: su bautizo democrático.

Autoexamen*

A diez años de distancia pienso que el ensayo «Por una democracia sin adjetivos» sigue vigente en sus propuestas principales. Falló un poco en su lectura de las circunstancias y contiene errores de apreciación histórica y política que conviene señalar. Sus tesis principales apuntaban a la necesidad de intentar un desagravio histórico a la nación; poner límites al Estado y, en particular, al Ejecutivo; propiciar un régimen de partidos; y, por último, contar con una prensa digna. Desde que fue escrito, es indudable que hemos avanzado en varios de estos aspectos, sin embargo, como ha quedado demostrado luego del alzamiento guerrillero en Chiapas, el agravio principal persiste: México no ha resuelto su transición a la democracia.

* Enero, 1994.

La idea del agravio histórico la formuló ese gran precursor de la futura democracia en México que fue Daniel Cosío Villegas. Decía Cosío que nuestro país ha avanzado históricamente hacia la libertad impulsado no por la fuerza de las teorías, y menos por obra de la tradición, sino por reacción a los agravios insatisfechos. En 1984 pensé que México había terminado por acumular uno de esos agravios históricos que no se negocian bajo la mesa, sino con un cambio radical, con un cambio democrático. La democracia no era ni es garantía de un orden próspero, justo, igualitario. Es la vía histórica más segura para alcanzar ese orden.

El ensayo se movía en dos planos: las lecciones de la historia mexicana e inglesa como trasfondo para la lectura de nuestra circunstancia en 1984, y la apreciación inmediata del régimen de Miguel de la Madrid. La «teoría del péndulo» que Cosío Villegas esbozó para el pasado mexicano me sigue pareciendo exacta. Quizás el estudio de la reciente transición española hubiera resultado más pertinente para nuestro caso que «el espejo distante» del sistema político inglés a fines del siglo XVIII, pero creo que la analogía histórica entre ambas monarquías –la nuestra, embozada, y la de Jorge III– se sostiene: donde dice Parlamento léase PRI, donde dice monarca léase presidente, y ya está. Lo que no ha estado por ninguna parte es el émulo mexicano de Edmund Burke: aquél dispuesto a aceptar el cambio y a ceder lo que ya no puede mantenerse.

La presidencia de Miguel de la Madrid tuvo varias virtudes: comenzó el viraje económico, abrió paso a la generación reformista, evitó el culto a la personalidad, mantuvo el temple en días aciagos, pero sigo pensando que en 1986 perdió en Chihuahua la oportunidad realmente histórica de aceptar el cambio y ceder lo que era imposible seguir manteniendo. Mis críticos en aquel momento señalaron mi excesiva confianza en la voluntad presidencial para dar curso a la Constitución y propiciar un régimen democrático: el tiempo les dio la razón.

Además de estas faltas en la apreciación política, en aquel ensayo se pueden apreciar ciertas imprecisiones históricas. Es inexacto, por ejemplo, que la República Restaurada haya sido un edén democrático. Lo fue comparada con el porfiriato o con casi todos los regímenes de la Revolución (exceptuando el de Madero), pero no en sí misma. En términos electorales, Benito Juárez fue un predecesor del PRI. Tampoco es correcto hablar de la desastrosa gestión de López Portillo como «del robo del siglo» y, menos aún, de Fidel Velázquez como el «mayor político mexicano del siglo junto a Calles y Cárdenas». Lo primero no fue un robo sino un despilfarro; lo segundo es una torpeza.

Estos errores son quizás incidentales. Noto 'en cambio' un juicio y una omisión importantes. El primero atañe a la izquierda. En 1984 pensé que carecía de peso electoral y cuatro años más tarde pude comprobar mi equivocación. La alianza de la disidencia priista con la militancia de izquierda (PSUM, PMT) era algo que no estaba en mi horizonte. Debió estarlo, porque las relaciones entre Lázaro Cárdenas y el MLN, a principios de los años sesenta, la presagiaban. La omisión a la que me refiero atañe a los medios de comunicación masiva: la radio y la televisión. En descargo sólo puedo decir: no significaban lo que significan hoy.

El ensayo tuvo muchos críticos, sobre todo en la izquierda. Pienso que muchos de sus protagonistas en el campo partidista e individual se han acercado a posiciones meramente democráticas. No creo que nadie en esa izquierda se atreva a estas alturas a despreciar la democracia, o a decir lo que entonces se me dijo: que la democracia era a fin de cuentas «burguesa» o «formal». La caída del socialismo real y el fracaso de las vías revolucionarias nos han dejado con una sola legitimidad admisible para alcanzar y ejercer el poder, y esa legitimidad es la democracia.

«Por una democracia sin adjetivos» quiso ser un pequeño eslabón de una larga cadena de afirmación cívica. Su origen e inspiración está en nuestros grandes liberales del siglo XIX y en sus herederos en el siglo XX: Madero, Vasconcelos, Gómez Morin, Cosío Villegas. La alternativa que soñaron sigue abierta.

III
Los estertores del sistema

Funeral de Luis Donaldo Colosio.

Cumplir (o no cumplir) el destino generacional*

La realidad ha desmentido a las ideologías, no así a las teorías. El marxismo, la ideología social por excelencia, con su gran pretensión científica, con su soberbia histórica y moral, se ha derrumbado frente a nuestros ojos. En cambio, algunas modestas teorías sociales ideadas por pensadores, no por profetas, resisten el paso del tiempo y reafirman su validez. Una de esas teorías es la generacional; uno de esos pensadores es José Ortega y Gasset.

El método de las generaciones funciona para entender el comportamiento de los cuerpos políticos y culturales en México porque ambos han sido cerrados y centralizados. En otros países, más plurales y abiertos que el nuestro, el efecto generacional se dispersa o pulveriza. En México ocurre lo contrario: como ha visto el historiador Luis González, desde hace siglo y medio todo se cocina, para bien y para mal, en las elites políticas, culturales, empresariales, militares, religiosas. Un conjunto de personas que se conocen al menos vagamente, y se agrupan alrededor de un núcleo generacional, se suceden unas a otras con puntualidad filial. No por azar se ha habla de «la familia revolucionaria».

José Ortega y Gasset pensaba que su teoría de las generaciones debía cumplir cuatro movimientos: creación, conservación, crítica y destrucción. Su método histórico prescribía, como primer paso, la identificación de una generación fundadora. Para lograrlo, había que dar con el epígono de la generación y con el gran acontecimiento que hubiese marcado al grupo. A partir de ese momento, cada quince años (intervalo natural entre maestros y alumnos) irían sucediéndose, en convivencia siempre difícil, las cuatro generaciones. El ciclo total, no muy distinto del de la astrología azteca, era de sesenta años.

* Noviembre, 1991.

Aplicada a México, esta cábala conduce a resultados sorprendentes. Madero, Villa, Zapata, Obregón y Calles pertenecen a una generación revolucionaria, es decir, al ciclo generacional anterior que comenzó con la fundación del orden liberal y terminó con su destrucción.

El epígono de la primera generación contemporánea es, sin duda, Lázaro Cárdenas. El acontecimiento clave es el fin de la lucha armada y el arranque de un nuevo orden. Cárdenas nació en 1896. La fechas que abarca su generación cubre el periodo que va de 1890 a 1905. La misión de estos hombres, que desde los años veinte actuaron en puestos de alta responsabilidad, fue construir el edificio institucional de la Revolución. Personas tan distintas como Lombardo Toledano, Gómez Morin y Fidel Velázquez pertenecen a esta camada.

El siguiente grupo nació entre 1906 y 1920. Su cometido fue consolidar el legado del grupo anterior. Son políticos institucionales por antonomasia: Miguel Alemán, Antonio Carrillo Flores, Antonio Ortiz Mena y Adolfo López Mateos. Su reinado fue pacífico, prudente y hasta cierto punto sabio, hasta que llegó la interpelación contestaria de los años sesenta. El momento reclamaba una apertura hacia la libre competencia económica internacional y hacia la libre competencia política nacional. Pero el presidente institucional de turno no podía concebir la idea del cambio. Para Díaz Ordaz, todo cambio significaba desestabilización y caos. Por eso, llevando al extremo la actitud conservadora de su generación, optó por el endurecimiento y la represión.

La actitud característica de la generación siguiente, la de los hombres nacidos entre 1921 y 1935, fue la crítica. En principio, su diagnóstico era razonable: había que corregir los errores acumulados por las administraciones pasadas. Por desgracia, el camino que eligieron fue equivocado. En vez de abrir el sistema económico y político, en vez de variar radicalmente el rumbo, optaron por rechazar la herencia de sus padres e imitar mecánicamente a sus abuelos. Quisieron ser más cardenistas que Cárdenas, pero sólo fueron su caricatura. López Portillo y Echeverría, críticos ambos del «desarrollo estabilizador», incorporaron en sus respectivos gabinetes a una vasta generación coetánea de economistas e intelectuales cuyo desempeño fue muy inferior –para decirlo piadosamente– al de los abogados de la generación anterior. Su legado no fue la corrección de los errores acumulados sino su multiplicación. Queriendo ser críticos copiaron las malas recetas revolucionarias –las de dentro y las de fuera–, desecharon los elementos salvables de los grupos anteriores –la ortodoxia financiera antes que ninguno– y retrasaron el avance histórico de México por dos décadas.

Aunque Miguel de la Madrid pertenece por edad a la cola de la tercera generación, su gestión en realidad apresuró el tránsito a la generación siguiente, la de Carlos Salinas de Gortari. Esta aceleración generacional tiene su origen, ante todo, en el confuso desempeño de Luis Echeverría y el balance francamente desastroso de José López Portillo. Al inhabilitarse ellos mismos como instancias morales –el segundo, más que el primero, es un ex presidente en exilio interno–, inhabilitaron a casi toda su generación. Era natural que, en esas circunstancias, y ante la muerte del puente ideológico más prestigiado entre su propio grupo y el anterior –Jesús Reyes Heroles–, Miguel de la Madrid optara por pasar la estafeta a la generación siguiente, la llamada generación de 1968, nacida entre 1936 y 1950.

De acuerdo con la teoría de Ortega, el destino de esta cuarta y última generación es nada menos que destruir el orden heredado. La palabra destruir escandaliza a los timoratos, pero no a quienes entienden el sentido creativo que pueden adoptar los cambios históricos. Los revolucionarios mexicanos, que han santificado la palabra revolución –que quiere decir cambio total y completo–, se han vuelto en la práctica, partidarios del quietismo. En México, desde hace muchos años, los únicos conservadores son los conservadores de la revolución –incluidos, desde luego, los principales jerarcas de ese hermano siamés del PRI, de ese PRI fundamentalista que es el PRD–: hablan horrores del orden colonial novohispano, pero no hacen sino repetirlo.

El cambio político en México comenzó con el movimiento libertario del 68 que, por las vías más complejas y a veces contradictorias, sobrevivió en la prensa y en los embrionarios partidos de oposición. Por desgracia, el fanatismo revolucionario y todas las variedades imaginables de la doctrina marxista torcieron por largos años el sentido democrático de los hombres del 68. En vez de leer las verdaderas claves del cambio en nuestro siglo (la libertad política, la democracia, la libertad de mercado) se aferraron –y en algunos casos patéticos, se aferran todavía– a un conservadurismo ideológico que raya en el fanatismo. El designio de la generación del 68 era y es destruir, cambiar, pero creativamente. Un sector clave del grupo confundió su misión con la de la revolución socialista y aún no ha asumido, a estas alturas, su error. Otro segmento del grupo, enteramente minoritario, ha permanecido fiel al espíritu del 68: la libertad y la independencia. Otro sector más se incorporó desde un principio al gobierno, tal vez no participó en el movimiento del 68 y acaso ni siquiera simpatizó con él, pero terminó por entender su reclamo histórico: había que aceptar el cambio. Y encabezarlo.

La generación de Carlos Salinas de Gortari en el gobierno ha actuado con resolución en varios campos de la vida nacional. Lo ha hecho desde el primer día y no sólo, como es obvio, impulsada por la dinámica interna de los ciclos generacionales. Las nuevas tendencias liberales y el convencimiento profundo de que México no puede sustraerse a ellas, han sido el resorte principal. El cambio ha sido consciente y deliberado. La «generación del cambio» ha cambiado, en efecto, el esquema económico: se han abandonado recetas inútiles, se han revertido en parte los malos resultados, se han roto una infinidad de tabúes, se han afectado intereses –feudales, corporativos, gremiales– que tenían en jaque a la economía mexicana, se ha reducido un tanto el tamaño del Estado y se avanza resueltamente en el proceso de privatización. No hay hipoteca ideológica que valga para los reformadores económicos en el régimen: el Tratado de Libre Comercio es la muestra más palpable de que México abandona su obsesión consigo mismo, su propensión defensiva, su complejo de víctima, para abrirse con seguridad a un mundo donde puede competir. El peligro en este ámbito es, sin embargo, real: se llama triunfalismo. La corrección de una tendencia, por más exitosa que sea, no quiere decir que se haya alcanzado la meta.

México está muy lejos de ser el país de economía sana, diversificada y exportadora que nos vende la imagen oficial. Hay largos y arduos esfuerzos enfrente que el repicar prematuro de las campanas no ayudará a remontar. La misma positiva agresividad que marca la política económica se ha reflejado en la política social: el Programa Nacional de Solidaridad ha convocado la confianza de una porción amplia de mexicanos humildes. A la luz de tantos proyectos oficiales que en teoría debían haber servido para aliviar la desigualdad, y en la práctica sólo lograron acentuarla, Solidaridad ha tenido éxito. Queda mucho por reformar en la política social, de hecho queda casi todo; el ejido y los aspectos anacrónicos del artículo 123 son dos ejemplos salientes. Con todo, la reforma en ese ámbito es genuina. El riesgo, en este caso, es más grave: la politización del programa. El uso partidista del Pronasol está en contradicción con el espíritu de colaboración y corresponsabilidad que el programa predica: acentúa los aspectos de dádiva paternalista.

En otras áreas del desempeño público, el espíritu de cambio es menos claro. Hay una diferencia muy apreciable entre nuestra política exterior y la de los regímenes anteriores, incluido el de Miguel de la Madrid. Con todo, los viejos esquemas tienden a imponerse. Frente al conflicto en el Golfo Pérsico, la actitud mexicana fue innecesariamente tibia. Frente a Cuba, la posición del gobierno salinista ha sido mucho menos entusiasta que la del comandante López Portillo, pero no tan clara como la de Venezuela, país que sufrió en territorio propio el acoso guerrillero de Castro. El discurso internacional de México suena a veces disonante con respecto a la apertura global del país: como si estuviese destinado a apaciguar a la izquierda, a restarle votos. Como si temiera todavía a una izquierda que vive *in articulo mortis*. Con todo, es indudable que en política internacional como en economía y, en parte, en política social, el balance es positivo.

Negar estos aspectos positivos en el desempeño del gobierno no sólo sería una mezquindad sino algo peor: una mentira. La crítica no pierde consistencia moral cuando reconoce los actos positivos del gobierno. Al contrario, reconocerlos –si los hay– es lo que le da credibilidad para señalar los negativos. Éstos han correspondido a la política. En este ámbito, la «generación del cambio» no ha sido fiel a su temple y a su destino. El TLC, la política de privatizaciones, la salud financiera, la desregulación, el nuevo crédito internacional, Solidaridad y los otros proyectos del gobierno no justifican el relegar el progreso político del país.

A juzgar por la actitud correctiva del régimen ante los problemas postelectorales de Guanajuato y San Luis Potosí, el temple del cambio característico de esta generación comienza a prevalecer también en esa área vital de la vida mexicana. A los ojos de un planificador, lo deseable es que un país fuese una máquina en la que los cambios se pudieran modular a voluntad. Por fortuna no es así. La libertad es un valor irreductible. Es imposible planear matemáticamente los cambios: hay que dar el salto.

En este caso, la vieja guardia del PRI es el obstáculo principal para el cambio político. Aunque poderosa, esta vieja guardia lo es mucho menos, *mutatis mutandis,* de lo que lo fue la soviética. El régimen de Salinas, reacreditado y dueño de una fuerza relativa, puede enfrentarlo y vencerlo. Es la única vía a la modernidad plena.

Cuatro generaciones componen nuestro ciclo contemporáneo. Para ser coherente con su destino histórico, la actual tendrá que llevar a sus últimas consecuencias la reforma del país: no sólo en la economía sino en la política. Si Ortega y Gasset tenía razón, la siguiente generación construirá un orden nuevo, un orden democrático.

Guerrero: Los machetes o los libros*

En 1993 se cumplió el centenario de un guerrerense ilustre: Alberto Vásquez del Mercado, uno de «los Siete Sabios». Murió en el olvido. Vásquez del Mercado ha sido el único magistrado de la Suprema Corte de Justicia que ha renunciado a su cargo en la historia contemporánea de México. Lo hizo como protesta a una intromisión del Ejecutivo en el ámbito del Poder Judicial.

Tuve la fortuna de conversar muchas veces con Vásquez del Mercado. Un problema lo desvelaba: la incivilidad de su estado natal. Solía abordar este tema desde la geografía física y humana: sierras cortadas por innumerables barrancas, cañadas, fallas geológicas; lechos de ríos sin agua, ríos de piedras; montañas de maleza agreste, intransitable, hogar de indígenas mixtecos, nahuas y tlapanecos que hasta 1963 supieron lo que era una carretera; una Tierra Caliente infernal, vecina a Michoacán, y con los mismos problemas de altísima criminalidad; costas chicas y grandes habitadas, en una medida importante, por los descendientes de los negros que, durante la Colonia, habían logrado escapar de las plantaciones azucareras aledañas.

A la geografía seguía la historia. Sobre una base demográfica escasa y dispersa, la evangelización en el actual estado de Guerrero había sido más tenue que en otros sitios de México. El establecimiento tardío del obispado de Chilapa (1817) no logró la aculturación plena que los frailes franciscanos, agustinos, dominicos, jesuitas, o los sacerdotes seglares, habían logrado en el corazón de Michoacán, Puebla y Oaxaca. A fines del siglo XVIII, un oficial de la Corona sostenía que los habitantes de la zona «son muy insolentes, atrevidos, groseros y llenos de defectos; no tienen residencia fija, ni reducción de pueblos, ni formalidades de república, ni sociedad civil ... En doce años que he tenido el encargo de recaudar alcabalas, ni con auxilio de las justicias, ni de ningún otro modo pude cobrar ese real derecho».

No es casual –recordaba el jurista– que aquella región hubiese sido un escenario importante en la guerra de Independencia. De ella provenían los rancheros mestizos que integraron el eficaz ejército de Morelos: los Bravo, los Galeana, el propio Vicente Guerrero. Las batallas más importantes de Morelos se libraron dentro de un perímetro que amplía un tanto al estado actual de Guerrero (Oaxaca, Cuautla, Valladolid) pero que en esencia lo contiene. En Acapulco logró Morelos su primer gran triunfo y en Chilpancingo la instauración del primer Con-

* Abril, 1993.

greso Constituyente. A diferencia del ejército de Hidalgo, integrado principalmente por indios, en las tropas de Morelos predominaban los negros y las castas, es decir, los parias de la Colonia. La guerra insurgente de Morelos fue el bautizo histórico de ese territorio.

Ese bautizo marcó su destino. En las montañas que con el tiempo llevarían su nombre, libró Vicente Guerrero entre 1815 y 1821 su guerra de guerrillas. Cerca de allí ocurrió su encuentro con Iturbide, y con él, el reavivamiento del incendio insurgente que, un decenio más tarde, lo llevaría primero al poder y luego a la muerte.

Su heredero sería un joven lugarteniente, Juan Álvarez, el célebre cacique conocido como «la Pantera del sur», originario de los «breñales del sur». Durante los años treinta y cuarenta del siglo XIX, Álvarez mantuvo una intermitente querella armada contra su paisano Nicolás Bravo y los gobiernos del centro. A pesar de ser él mismo un próspero hacendado, el «Tata Juan» entendía los agravios de los indios y los pueblos en contra de las haciendas y llegó a defenderlos con la pluma y con la espada. Representaba un presagio del zapatismo a mediados del siglo XIX. Con estos antecedentes, apenas sorprende que la caída de Santa Anna se fraguara en Guerrero y que sus caudillos fuesen tres guerrerenses: dos nativos (el propio Álvarez y Florencio Villarreal) y uno adoptivo (Ignacio Comonfort, administrador de la aduana de Acapulco, avecindado por muchos años en Tlapa).

Diego Álvarez heredó el cacicazgo de su padre, pero no su poder incontestado. Durante el porfiriato, Guerrero fue un estado particularmente intranquilo. Hubo varias rebeliones y un relevo continuo de generales en el gobierno. La Revolución prendió muy pronto en Guerrero. Antes de Zapata, los caudillos del antirreeleccionismo en el sur fueron los hombres fuertes de Huitzuco: Ambrosio, Rómulo y Francisco Figueroa. Entre 1912 y 1919, la zona fue una retaguardia zapatista. Al concluir el ciclo revolucionario, en 1920, la Legislatura de Guerrero —en la que figuraba uno de «los Siete Sabios», Teófilo Olea y Leyva— fue de las primeras en desconocer a Carranza y acoger a Obregón.

Aunque Vásquez del Mercado conocía como nadie —y como nadie se enorgullecía— la tradición insurgente, liberal y revolucionaria de su estado, negaba toda legitimidad moral, histórica y jurídica a la violencia interna después de 1920. Para entender su actitud me remití a un diccionario histórico y geográfico escrito por un el ex gobernador, Héctor F. López, que había intentado sin éxito una reforma a la Ley del Municipio Libre. Lo leí no sólo con interés sino con estupor: casi cada página contenía una historia macabra de violencia política o una querella sangrienta entre Montescos y Capuletos. La historia política de Guerrero era una secuela de despojos, golpes, desafueros, desconocimientos, derrocamientos, divisiones dirimidas a balazos, asesinatos. Desde el 27 de octubre de 1849, fecha en que se erigió el estado de Guerrero, hasta el año de 1942 en que López publicaba su libro, solamente un gobernador había terminado su periodo constitucional: Rodolfo Neri. Desde entonces –lamentaba el jurista– las cosas no han cambiado mucho: Guerrero ha vivido entre el cacicazgo y el machete. A principio de los años setenta la atávica violencia había encontrado un nuevo cauce ideológico en la guerrilla de Genaro Vázquez Rojas y Lucio Cabañas.

Frente a esa detestable supervivencia caciquil y guerrillera, Vásquez del Mercado vindicaba la otra tradición de su tierra: la tradición de la cultura. «A principios de siglo –apuntaba– los jóvenes de Chilpancingo leíamos a Menéndez y Pelayo y peregrinábamos hasta Chilapa para tener acceso a la buena biblioteca del obispado.» Vásquez se sentía heredero de Altamirano –nacido en Tixtla– y gustaba de hacer el moroso recuento de los grandes abogados, médicos e ingenieros que había dado su región. Vásquez sabía que Guerrero era el estado más bronco de la República y por eso dedicó su vida a revertir ese destino, a acentuar las posibilidades cívicas y republicanas del país. Su último gesto fue donar su maravillosa biblioteca literaria y jurídica a su natal Chilpancingo. Allí sigue, o quizá se apolilla, sin que los Figueroa, los Salgado, los Urióstegui se hayan enterado de su existencia.

En su último discurso como ministro de Educación (1924), dirigido a los maestros, José Vasconcelos incluyó un epígrafe de Melchor Ocampo que le dictó al oído Vásquez del Mercado: «¿Cuándo se respetará más al hombre que enseña que al hombre que mata?» Este país no puede admitir ya la fijación violenta de un puñado de hombres que matan o hablan de matar, guerrerenses que desde el poder o contra el poder sueñan con «la vía de las armas». Hay más armas de alto calibre en Guerrero que pitahayas en sus campos. Respetando la libertad política y municipal, es necesario afrontar esa situación mediante «la vía de las obras»: obras materiales, culturales y jurídicas. A estas alturas de su historia, es hora de que los guerrerenses respondan a la pregunta de Ocampo con una palabra definitiva: ahora.

Antologismo presidencial *

¿Quién ha sido el mejor presidente de los últimos años, de las últimas décadas, de los últimos siglos? Hay casi tantas respuestas como presidentes. Los nacionalistas dirán que Carranza, los reformistas que Calles, para los liberales sería Juárez, para los agraristas Cárdenas, los represores pensarían que Díaz Ordaz. Hay muchas otras opciones: López Portillo, por ejemplo, escogería a López Portillo. Los demócratas elegimos a Madero, pero no podemos dejar de reconocer lo que el propio Madero admitió en *La sucesión presidencial en 1910:* Porfirio Díaz fue un gran gobernante que consolidó al país como una nación respetada entre las naciones; su pecado mayor fue encariñarse demasiado con la silla presidencial.

¿Qué lugar ocupará en el elenco Carlos Salinas de Gortari? Transcurridas cinco sextas partes de su sexenio es prematuro aventurar un juicio. Los sexenios mexicanos –sobre todo desde Díaz Ordaz– son como el beisbol: no terminan hasta que cae el último *out.* Con todo, cabe anticipar una profecía: si la tendencia de los cinco años pasados continúa, Carlos Salinas aparecerá entre los primeros de la tabla.

Ha sido un reformador económico de las proporciones de Calles. Si su programa permanece y se consolida, podrá alcanzar en este rubro a Porfirio Díaz. Los cambios estructurales que se han introducido en su sexenio son la dura medicina que requería un enfermo terminal de populismo económico. La crítica demagógica –hay otras respetables– ha querido desacreditar la reforma atribuyéndole las iniquidades que padecemos. Lo cierto es que quienes satanizan el «neoliberalismo» tratan de confundir la medicina con la enfermedad. El programa de estos críticos estuvo en el poder entre 1970 y 1982, y fue lo que nos condujo el desastre. Son analfabetas económicos. Si los votantes deciden reponer este proyecto en 1994, perderemos años financiando a los críticos para que aprendan finanzas.

Si Calles no hubiera desatado la guerra cristera tendría, para muchos, el primer sitio indiscutido. Si Díaz se hubiese retirado del poder en 1900 tendría tantas calles y estatuas como Juárez. «Un viejo de setenta años no es lo que necesita una nación joven y briosa como la mexicana», dijo el viejo tartufo a sabiendas de que quería montarse en ella hasta la muerte. La historia se lo cobró muy caro, tan caro que aún no regresa de su exilio. Una sencilla moraleja parece desprenderse de la trayectoria de estos dos grandes reformadores de la economía: su Talón de Aquiles fue

* Noviembre, 1993.

político. Cuando creían asegurado un lugar prominente en la historia, un mal manejo de la política frustró –en la última entrada– sus sueños.

No creo que el desempeño económico de Salinas de Gortari se ponga en entredicho aún en el caso de que el Senado norteamericano rechazara el TLC. [El Senado norteamericano lo aprobó en octubre de 1993.] Creo que el riesgo histórico de Carlos Salinas, como el de sus ilustres antecesores, es político. Debe inaugurar una nueva práctica política. La primera campaña realmente competida en la historia mexicana desde la de 1940 debe estar a la altura de los tiempos: debe ser clara, abierta, tolerante como ninguna otra, debe incluir amplios debates en los medios de comunicación y culminar en una jornada electoral en la que el sistema no se caiga. El presidente que llegue tras una campaña así tendrá la más firme legitimidad de las últimas décadas: ya no la anacrónica legitimidad extraída del cadáver de la Revolución, sino la moderna legitimidad que proviene de los votos. A partir de entonces, el 2 de diciembre de 1994 podrá poner manos a la obra de desmontar el edificio corporativo creado por Lázaro Cárdenas en los años treinta.

Si Carlos Salinas de Gortari propicia, con el mismo denuedo con el que llevó a cabo su reforma económica, un sexto año de pulcritud electoral y madurez política, entrará a la historia con cartas fuertes: será el único presidente de México que ha logrado reformar a un tiempo la economía y la política. En otras circunstancias, internas y externas, Salinas hubiese podido optar por pasar a la historia como el reformador de la economía y dejar que su sucesor reformara la política. Pero en 1994 esta opción fragmentaria ya no es posible: o Salinas encabeza el elenco o corre el riesgo de un cierre fatídico.

Entre Adam Smith y Ahuízotl*

Según Miguel León-Portilla, el «tapadismo» es una de las muchas costumbres políticas que provienen directamente del mundo prehispánico, en particular del azteca. De sus acuciosas investigaciones, León-Portilla extrajo evidencia sobre el modo en que el nombre del elegido para suceder en el trono al gran tlatoani permanecía oculto hasta que un cónclave misterioso del gabinete político y militar lo escogía o, según el aztequismo preciso, lo pepenaba (otro autor, Nigel Davies, sostiene que quien lo elegía era su antecesor). Al «destape» seguía una complejísima

* Diciembre, 1993.

ceremonia en la que el ungido humillaba su cuerpo ante los dioses, tomaba conciencia de su grave responsabilidad, escuchaba con humildad las sabias admoniciones de los ancianos y, finalmente, condescendía a un festejo que solía incluir el sacrificio de prisioneros de guerra. Se dice que en el «destape» del rey Ahuízotl se sacrificaron ochenta mil personas.

Estas imágenes cruzaron por mi mente la tarde en que por casualidad encendí la televisión en Oviedo, España, y en ella vi una romería muy distinta de la de Covadonga. Era el tradicional «destape» del candidato Colosio. ¿Fastos monárquicos? ¿Ecos del corporativismo europeo? ¿Formas republicanas? Nada de esto: lo que tenía ante mis ojos era una vasta ceremonia de fuego nuevo, un rito político que alguna vez me pareció fascinante y ahora sólo me produjo tristeza y preocupación. Los sacrificios humanos en México desaparecieron en 1521, pero el «destape» es una de las muchas formas en las que persiste el sacrificio ciudadano.

Los mexicanos vivimos tan inmersos en el pasado que no advertimos su vertiente enfermiza. No todo el pasado es atesorable. En la esfera política, más que en ningún otro ámbito, el aztequismo es un fardo que nos impide acceder a la modernidad, a la normalidad. Debemos analizarlo y casi psicoanalizarlo, porque su persistencia nos convierte a todos, gobernantes y gobernados, en marionetas de una comedia que no encaja –para decirlo con piedad– con los tiempos que corren.

No se trata de una cuestión de modas sino de coherencia histórica. La ciega persistencia de usos políticos arcaicos, al mismo tiempo que se adopta de forma decidida una vía modernizadora en lo económico, adquiere la forma de una incoherencia que linda con la esquizofrenia. La brutalidad del poder azteca ha desaparecido, pero ciertas costumbres políticas, como el «tapadismo», la concentración de poder en la capital del país y la sacralidad que rodea a la figura presidencial, siguen tan vivas ahora como lo estuvieron en Tenochtitlan. Esta inercia es desconcertante. No es fácil explicarla al mundo o aun a nosotros mismos: es vergonzoso cenar con Adam Smith y desayunar con Ahuízotl.

Ciertos pasajes del discurso del candidato del PRI, Luis Donaldo Colosio, parecen presagiar salidas a esta incoherencia. Me refiero a los debates que sostendrá con los candidatos de la oposición. Ha hecho bien en proponerlos porque, luego del «efecto demostración» de la campaña presidencial en Estados Unidos, hasta el ciudadano más cándido se pregunta por qué estas discusiones no se dan en México. Si su formato se plantea de forma creativa, estos debates pueden convertirse, por otra parte, en una inmejorable escuela de educación política para vastísimos sectores de la población. La sola confrontación tolerante de las ideas podría inducir en las mayorías una crítica embrionaria a la noción azteca del poder. Si el poder deja de ser absoluto y sagrado para volverse limitado y humano, el mexicano común podrá verse a sí mismo –respetarse a sí mismo– y a los demás como sujetos activos, no como objetos inertes de la vida pública.

¿Es posible postergar aún más la democratización de México? Los partidarios cínicos o sinceros del aztequismo político dirán que sí, que es preciso retrasarla un trecho más, hasta que el país esté por fin maduro para dar el salto. Quienes opinamos de modo contrario no fincamos nuestras convicciones en un fanatismo democrático, sino en una elemental coherencia de valores y, por si faltara, en la evidencia, probada una y otra vez en las elecciones estatales durante el sexenio de Salinas de Gortari, de que el sistema político actual conduce a una crisis de ingobernabilidad. La democracia puede no ser hoy por hoy la prioridad de la mayoría mexicana, pero la minoría que cree en ella como la única vía de madurez nacional es tan amplia que engañarla es jugar con fuego. Por eso, a riesgo de precipitar al país a discordias verdaderamente aztecas en las que la vida humana contaría sólo como víctima propiciatoria, el gobierno, el PRI y su candidato deben poner en marcha con la mayor urgencia un plan para democratizar en todos sus aspectos la campaña presidencial. Sólo así podremos, sin vergüenza, cenar con Adam Smith y desayunar, si no con Montesquieu, con nosotros mismos.

Discordia*

Ortega y Gasset tenía genio para acuñar términos originales y para ver viejos conceptos bajo una nueva luz. Palabras como «vigencia», «generación» o «creencia» revelaban en sus textos un trasfondo histórico y social insospechado. Es el caso del par «concordia» y «discordia». Su ensayo «Del Imperio romano», publicado por primera vez en 1941, es una variación sobre ese antiguo tema de Cicerón que, aplicado a las sociedades modernas, adquiere una significación –una «vigencia»– sorprendente.

Discordia –dice Ortega– no es igual a disensión. Disentir es un hecho saludable en cualquier sociedad política. Es natural que las personas sostengan ideas distintas sobre la marcha de los asuntos públicos. Estas diferencias pueden ser tenues o profundas, pero no implican necesariamente una falta de concordia. Mientras los hombres estén de acuerdo con el cimiento último de su sociedad, mientras compartan

* Enero, 1994.

«una misma creencia sobre quién debe mandar» –es decir, sobre cómo se debe acceder al mando–, las diferencias no afectan la concordia en una sociedad. Pero «como ande en esta turbia la cuestión de quién manda y quién obedece, todo lo demás marchará turbia y torpemente. Hasta la más íntima intimidad de cada individuo ... quedará perturbada y falsificada». Cuando se «desvanece por volatización» la creencia política compartida, «el hueco de la fe tiene que ser llenado con el gas del apasionamiento». Es el instante peligrosísimo de la discordia, el abismo que Cicerón presintió a un paso de las guerras civiles: «el lenguaje lo simboliza hablando de un corazón que se escinde en dos ... la sociedad deja entonces en absoluto de serlo, se disocia, se convierte en dos sociedades ... que dentro de un mismo espacio social son imposibles».

La distinción de Ortega es útil para comprender nuestra historia y nuestra circunstancia actual. [En Chiapas, el Ejército Zapatista de Liberación Nacional (EZLN) acababa de declarar la guerra al Estado mexicano.] Lo que escindió a la sociedad novohispana de modo creciente durante el virreinato y terminó por hacerla estallar en 1810, fue la discordia entre la elite criolla y la peninsular. Lo que finalmente escindió a las minorías rectoras del siglo XIX en la guerra de Reforma fue la discordia sobre el lugar histórico de la tradición en México, en particular de la portadora de la más antigua de las tradiciones: la Iglesia. La Revolución, a partir de 1914, fue un estallido del corazón social no en dos sino en varias partes, unas orientadas al futuro, otras al pasado, muchas participando en distinta medida de una y otra tendencia. Pero nació también de una discordia en torno a la legitimidad del poder. Se dirá que al menos en dos casos –1810 y 1910– el carácter popular de la lucha fue más importante que la discordia en la cúspide, pero en ambas instancias las masas no actuaron de modo espontáneo: aun en el caso de Zapata, se montaron sobre el caballo de la discordia política.

La relación entre el PRI y el neocardenismo nació bajo el signo de la discordia: ideológica, política, generacional. Hay algo cainita en su querella. Desde la fundación de la Corriente Democrática, el «gas del apasionamiento» se esparció con violencia en ambos bandos. Los ex priistas, convertidos a la democracia, lavaban su pasado priista con un radicalismo verbal inusitado. Los priistas no se quedaron atrás con sus amenazas y gritos de «traidores» a Cuauhtémoc Cárdenas y Porfirio Muñoz Ledo. La elección de 1988 convirtió la querella en una enemistad a muerte que ha recorrido el sexenio de punta a punta y ha cobrado ya cientos de vidas. Los perredistas sostienen que ellos han puesto los muertos y el gobierno las armas. Aunque hay en esto un fondo de verdad, el cuadro no es tan claro: en Michoacán y Guerrero el PRD ha propiciado la movilización armada de muchos pueblos y no ha dejado de recurrir a un tono de violencia.

Si Ortega y Gasset –y Cicerón– estaban en lo cierto, 1994 comienza para México con malos augurios: sin conocer en este instante la profundidad de la sublevación chiapaneca y aun asumiendo el desenlace de un arreglo sensato, justo y expedito, el levantamiento popular ya ocurrió. Todo lo que se necesita para que reverbere en otras zonas de tensión es el estallido de la discordia en la cúpula. En el círculo vicioso de violencia y represión, el ejército podría ceder a una tentación que creíamos superada: la de ser, de nueva cuenta, un protagonista político. El responsable principal de que todo esto pueda llegar a ocurrir es, por supuesto, el sistema político que no ha tomado en serio el reclamo democrático en todo el país. Pero la generación de Cárdenas y Muñoz Ledo, que alimentó y se alimentó del PRI, tiene también, por ese mismo hecho, la grave responsabilidad moral de encontrar vías prácticas de compromiso. Los hermanos enemigos, hijos o nietos de la madre Revolución, deben buscar con urgencia un terreno común de concordia: el PRI-gobierno, renunciando al monopolio del poder; el PRD, renunciando a un radicalismo que si encarnase en la realidad los devoraría, para empezar, a ellos mismos.

La gente está armada y no con pistolas de chinampinas, sino con «cuernos de chivo». Incendios en Tejupilco, secuestros en Jonacatepec, levantamientos en Teloloapan, tiroteos en Juchitán, tomas de alcaldías en el Estado de México, tensiones en Yucatán y ahora un brote guerrillero en Chiapas, el único lugar –junto con Yucatán– en donde la historia mexicana registró guerras étnicas de grandes proporciones. No es la expresión del México bronco sino la del México volcánico, «el país de la desigualdad», como lo llamó Humboldt. Para paliar nuestros inmensos problemas la peor receta es la violencia social. Es posible que esta vez se conjure, pero si la discordia política continúa, el escenario chiapaneco podrá renacer en muchas zonas del país, avalando aquella frase: «Todo en Chiapas es México».

Recuento personal*

Cuando publiqué el ensayo titulado «Por una democracia sin adjetivos», a principios de 1984, pensaba que los mexicanos teníamos un

* Enero, 1994.

tiempo limitado pero suficiente para resolver nuestra transición a la democracia: «el tiempo de nuestras vidas». Aunque la frase me pareció perentoria, es obvio que implicaba un optimismo ingenuo. Si ese ensayo no estaba dirigido a las generaciones herederas de un sistema político que había rebasado su fecha de caducidad sino a un lector que podía tener la edad del autor o ser diez o veinte años más joven que él, ese «tiempo de nuestras vidas» podía rebasar el siglo XXI. Los duros tiempos que sobrevinieron después me han hecho consciente de mi equivocación. La democracia no podía ni puede esperar «el tiempo de nuestras vidas» para arraigar en México. Nuestra vida política ha dejado escapar casi todo el tiempo entre sus manos. El que resta es *tiempo contado*.

Aquel optimismo tenía sus razones. En términos comparativos, México era todavía un oasis de estabilidad en un mundo que no había terminado por resolver las tensiones de la guerra fría y un continente que seguía oscilando entre dos polos de opresión: la camarilla militar y la guerrilla revolucionaria. El país, es verdad, había perdido el rumbo en 1968, pero a despecho de la arbitrariedad, la demagogia y la frivolidad de los gobiernos recientes, todavía quedaban márgenes de acción, si bien cada vez más estrechos. La crisis que estalló en 1982 era fundamentalmente económica y su núcleo se localizaba sobre todo en el sector público. Era allí donde había que aplicar las medidas de emergencia. El cuerpo social parecía entonces relativamente sano, el ejército de desempleados era reducido y no se había adueñado de las calles; un brote guerrillero en México parecía impensable. Para reformarse, el gobierno tenía varias opciones a la mano: podía romper con los esquemas del pasado inmediato, liberalizar la economía, reducir y redefinir el aparato de Estado. La ruta de la recuperación estaba abierta, pero llevarla a buen fin suponía un profundo cambio en el espíritu del régimen: tomar en serio la democracia.

Para algunos de nosotros, la democracia tenía un carácter axiomático. Era un fin en sí mismo y, en vista del siglo XX, uno de los más preciados a los que pudiese aspirar cualquier sociedad. En México, la democracia podía reconstituir la vida nacional: traería consigo un alivio a la insatisfacción general, una descentralización económica inmediata, la entrega a la sociedad de responsabilidades e iniciativas que el Estado se había arrogado por demasiado tiempo, una reanimación del debate público. Ventajas indudables, pero el mundo oficial consideró que aún no había llegado el tiempo propicio. El país debía seguir bajo tutela, indefinidamente.

Si la sociedad, y dentro de ella la prensa y los intelectuales, hubiera desplegado entonces una intensa campaña en favor de la democracia, es posible que el tiempo de transición se hubiese acortado. La verdad es que la mayoría de los intelectuales seguía siendo fiel a una tradición ajena y muchas veces contraria a la democracia: la tradición revolucionaria de izquierda. Arraigado en el siglo XIX y la Reforma, el pensamiento democrático había renacido con Madero en 1910, luego fugazmente con Vasconcelos en 1929, para terminar siendo patrimonio casi exclusivo del PAN y de un liberal solitario: Daniel Cosío Villegas. A fines de los años sesenta reapareció en los escritos de Octavio Paz.

En ese contexto, reivindicar la democracia tenía sentido. Para probar su pertinencia, repetí planteamientos muy conocidos en el mundo occidental pero relegados en México. Mi apelación pudo servirse de los grandes clásicos del pensamiento democrático liberal –de Tocqueville a Stuart Mill, de José María Luis Mora a Daniel Cosío Villegas–, traer a cuento ejemplos de transiciones recientes, como el caso español, o remotos, como el de la Inglaterra del siglo XVIII.

Mi alegato adoptó la forma de una polémica con todos los adjetivadores de la democracia: los priistas, que se consideraban encarnaciones de una democracia «incluyente» específicamente «mexicana»; los clericales que desconfiaban de ella por considerarla «liberal», y los marxistas que acostumbraban derogarla mediante los calificativos de «formal» y «burguesa».

Aunque alcanzó momentos de intensidad, aquella polémica ocurría *in vitro,* como si México fuese un tema académico o un caso de laboratorio. Quizás el primer llamado a la realidad fue el terremoto de 1985. El pasmo del gobierno, el nacimiento de una dinámica sociedad civil, ¿no eran ya una anticipación precisa del cambio que requería el país? Al poco tiempo, luego de varios fraudes escandalosos, ocurrió el episodio de Chihuahua donde el candidato del PAN, Francisco Barrio, fue víctima de un atropello electoral. El gobierno leyó mal el momento político: para el PRI, los comicios en Chihuahua significaban la última oportunidad de encabezar el cambio democrático, no de ser arrastrado por él. Quienes lo leyeron bien fueron amplios sectores de la sociedad mexicana. Contagiado de su entusiasmo, convencido de que crecería al margen de los fraudes y las manipulaciones, escribí en aquellos días: «La democracia no es una panacea. Pero para México es ya el único camino posible de reconstrucción nacional».

Tan profundo era el agravio del mexicano, tan consciente era ya del poder de su voto, que en 1988 sobrevino otro terremoto, esta vez político: la «caída del sistema». Con esa fórmula, el gobierno se refería a un supuesto desperfecto en el sistema de cómputo, pero el público supo muy bien que los que se habían «caído» eran el sistema político y el candidato del PRI, Carlos Salinas de Gortari. La sombra de su ilegitimidad, real o aparente, desveló sus noches y marcó sus días. Tal vez por eso actuó con resolución: si no podría alcanzar jamás la certeza generalizada de su triunfo, intentaría al menos afirmarse como un líder dispuesto a introducir los cambios económicos que el país necesitaba para revertir la crisis y ponerse al día en un mundo de competencia globalizada.

La sorprendente reacreditación de México en el exterior y la necesidad misma de muchas de las reformas ocultaron la cara oscura del proceso: el olvido de la reforma política. Ningún progreso material, por más deslumbrante que fuera o pareciera, podía consolidarse si no se fincaba en un nuevo contrato político entre los mexicanos. Aunque las medidas financieras y económicas que tomaba el gobierno fuesen las correctas, el carácter despótico y vertical de su instrumentación podía volverlas contraproducentes. Algunos advirtieron el paralelo con la época porfiriana: obsesionado por el crecimiento económico, Porfirio Díaz optó por retrasar el progreso político hasta que el país estuviese maduro (maduro a juicio del propio Díaz). El resultado de esa postergación fue la Revolución mexicana.

Casi una década después de haber publicado ese ensayo [enero, 1984], los artículos que escribí abandonaron el tono reposado y comenzaron a adoptar el carácter de una admonición cada vez más impaciente. Ya no tenía caso enfrascarse en discusiones teóricas sobre la democracia. Cada elección presagiaba o desataba un remedo de Armagedón. Antes, el gobierno cometía fraudes en los comicios sin que los hechos los registrara siquiera la prensa de provincia. Ahora, un conflicto en un pequeño municipio del país daba la vuelta al mundo: Tejupilco en *The New York Times*.

La descomposición del sistema electoral era indudable, pero el país había entrado en una especie de reanimación. El año axial de 1989 nos había transmitido su fe. En Europa, sucedía lo impensable: la caída del comunismo y el Muro de Berlín. América Latina vivía un milagro: el ocaso del populismo, el fin del militarismo, la apertura generalizada de las economías y la adopción sin precedentes de la democracia como sistema de gobierno. En México el milagro no fue tal, apenas se consiguió una reversión de las tendencias negativas en la economía. Sin embargo, se respiraba una atmósfera de optimismo. Salinas de Gortari parecía haber enganchado el vagón del país al tren de la modernidad. Que México asumiera plenamente el modelo occidental de desarrollo y tomara las ventajas implícitas de su posición geográfica, eran actos de realismo que un sector importante de los mexicanos puso en el haber del gobierno.

A mediados de 1991, Salinas de Gortari era ya el héroe de la prensa internacional. Para su desgracia, y la nuestra, no supo administrar su éxito. A partir de ese momento cometió un error histórico, quizás el más serio desde 1910: en vez de aprovechar el capital que había acumulado para propiciar la siempre aplazada reforma política, en vez de limpiar su dudosa legitimidad de origen sentando las bases para una sucesión limpia y abierta, interpretó los triunfos electorales de mitad de sexenio como un aval para la perpetuación más o menos disimulada del sistema y, más grave aún, como una luz verde para su propia continuidad –directa o delegada– en el poder. «Salinas tiene que escoger entre ser Calles o ser Cárdenas», me confió en privado por esos días, un alto asesor presidencial. En realidad, Salinas había optado por emular a un prototipo más permanente: Porfirio Díaz. Frente a esa decisión, ninguna prédica democrática surtiría efecto. Las hubo de toda índole, en todos los foros. De nada sirvieron.

«No hay límites para el deterioro», decía Alejandro Mayta, el personaje de la novela de Vargas Llosa *[La historia de Mayta]*, al volver a los inmundos parajes de su juventud, sitios que desde entonces había considerado irredimibles pero que la realidad había desgastado aún más, y seguía desgastando. Lo mismo podríamos decir nosotros [el Ejército Zapatista de Liberación Nacional recién había declarado la guerra al Estado mexicano], trágicamente instalados en la opción peruana que entonces consideraba tan improbable, rebasándola con un deterioro creciente hecho de inseguridad y miseria, de violencia y postración. ¿Había modo de esquivar este desenlace? Lo había, por supuesto. La salida era la democracia. No era una panacea. Tal vez hubiese retrasado o modificado el Tratado de Libre Comercio, quizás hubiera desacelerado la reforma económica y hasta frenado algunos de sus aspectos. Pero seguía siendo «el único camino posible de reconciliación nacional». Lo que México requería entonces no era un gobierno de tecnócratas que dirigieran al país desde su «despotismo ilustrado»; lo que se necesitaba era algo más sencillo y más precioso: un pacto de concordia.

Un crítico no es un profeta ni tiene por qué serlo. Su obligación es señalar las tendencias que considera preocupantes y advertir los peligros que acechan. Yo no logré anticipar el perfil preciso del desastre que temía como consecuencia de la inmovilidad política del sistema, pero presentí vagamente que una forma de revolución estaba a la puerta si México no resolvía su transición a la democracia. Como muchas otras voces, hice público ese temor: fue inútil. Carlos Salinas de Gortari no veía ni escuchaba. Por el contrario, con la aprobación del TLC y el destape de Colosio como candidato del PRI, el salinismo parecía a punto de transitar del éxito a la gloria.

En la Navidad de 1993 volví a una lectura de juventud: «Del Imperio romano», de Ortega y Gasset. Pocos días más tarde, aquella lectura encarnaba en la realidad: con el levantamiento de Chiapas, el perfil del desastre comenzaba a delinearse. Parecía una vuelta –una revuelta– del pasado, del mismo pasado cuya gravitación permanente ha sido una de las constantes de la historia mexicana. ¿En qué sentido afectaría al llamado del futuro, que es la otra fuerza, la otra vocación de nuestra vida nacional?

El desánimo general puede llevarnos a distorsionar y, en gran medida, a exagerar la gravedad de nuestra situación. Podemos perder el sentido de las proporciones, pero la historia puede ayudarnos a recobrarlo. Hay en nuestro pasado situaciones límite cuyo dolor sobrepasa al que sentimos ahora, paréntesis de anarquía que el país pudo superar. Hay también, en ese mismo pasado, herencias vivas de fortaleza y cohesión: México, país de inmensas desigualdades e injusticias, tiene también un conjunto envidiable de no problemas, o de problemas menores, si se les compara con los que desgarran otras latitudes: tensiones religiosas, regionales, raciales. Por otra parte, si atendemos a la historia de otros países, encontramos momentos equiparables al nuestro y comprobamos que tarde o temprano hallaron su punto de inflexión. Las soluciones en todos los casos fueron parciales, fragmentarias, pero siempre tuvieron que ver con el carácter de los pueblos y sus líderes.

El gobierno de Carlos Salinas de Gortari, con su singular estrechez de horizonte y sensibilidad, cree que la salida está en el mantenimiento tenaz de su programa económico. Nada más tiene que ofrecer. Nada sino «sangre, sudor y lágrimas», pero no ha sabido plantear en el corazón del mexicano una luz de esperanza. Por su parte, sectores importantes de la oposición predican un cambio tan vago como radical e irresponsable de modelo económico, sin calibrar el abismo al que semejante viraje nos conduciría: en el contexto globalizado de fin de siglo, las islas se hunden. Ambos polos se equivocan y el encono de sus posiciones irreductibles es la raíz de la discordia y la desconfianza.

Quienes no se equivocan son los ciudadanos, hartos ya en su mayoría, del orden creado en 1929. Cada día comprenden mejor que el destino de México está en sus manos. Entienden que el restablecimiento de la confianza y la reanimación del país en todos sus órdenes depende de la muerte del sistema político actual. El votante, protagonista principal del México de hoy, llevará al poder a personas con ideas frescas y actitudes patrióticas que devuelvan al mexicano la fe en sí mismo.

Los mexicanos no saldremos de la crisis si no recobramos la concordia, es decir, si no llegamos a un acuerdo básico sobre la forma en que vamos a administrar pacíficamente nuestros desacuerdos. Cuando todos honremos las nuevas reglas del juego, cuando podamos disentir sin descalificarnos o matarnos, cuando gane el que alcance más votos de abajo y no más recursos de arriba, cuando el triunfador tenga tiempo para ensayar su proyecto y el derrotado le otorgue el beneficio de la duda mientras dure el intento, cuando el debate político en los medios masivos de comunicación se vuelva habitual, entonces –sólo entonces– volveremos a crecer sobre bases sanas y ocuparemos de nuevo el lugar modesto pero respetable que el país merece entre las naciones. No es necesario una refundación de México, como han dicho algunos despistados: es necesario arribar de una vez por todas a la ribera de la democracia.

Ribera que está a la vista, pero falta un último esfuerzo común para alcanzarla. Las mujeres y los hombres de México sabrán hacerlo con imaginación, generosidad y razones, no con puños cerrados, poses teatrales ni desplantes demagógicos. Reconciliación y concordia, un horizonte para las generaciones jóvenes, no es mucho pedir. El nuestro ha sido el tiempo contado de un ciclo que debe terminar. El de ellos debe ser un tiempo nuevo, de reconstrucción y esperanza. El ayer es irrevocable. El mañana no.

La tragedia de Colosio*

«Es Shakespeare puro», me comentó Octavio Paz en el teléfono, minutos después de conocerse la muerte de Luis Donaldo Colosio. Hacía apenas unos días habíamos cenado en casa del candidato del PRI. En los postres, Diana Laura, la brillante esposa de Colosio, trajo un pastel con ochenta velitas para conmemorar, con una anticipación de dos semanas, el cumpleaños de Paz. «Lo festejamos ahora, porque quién sabe cuándo lo volveremos a ver.» Las palabras resonaban ahora en nuestra memoria como una dolorosa premonición.

Era Luis Donaldo Colosio un hombre extremadamente suave, cortés, discreto. Le gustaba la música de Bach. Tenía cara de charro mexicano,

* Abril, 1994.

sonreía con frecuencia, pero sus ojos delataban una tristeza infantil. Cuando lo conocí, hacia 1991, ocupaba la presidencia del PRI y enfrentaba la primera gran crisis de su partido en el sexenio de Salinas de Gortari: el conflicto postelectoral en el estado de Guanajuato. Me llamó la atención su franqueza autocrítica. Colosio compartía la tesis de que sólo la ruptura del monopolio político del PRI podía abrir la vida política en México. Meses antes, había reconocido el triunfo de la oposición [en el estado de Baja California Norte, el primer caso desde la fundación del PRI en 1929], y no dudó en sacrificar a su propio candidato en Guanajuato cuando su triunfo fue impugnado por la oposición. Colosio no tuvo miedo de ser el primer presidente del PRI en reconocer el triunfo de la oposición y la crisis histórica de su propio partido. Por el contrario: algo en él, secretamente, lo celebraba. Hombre de temple liberal, directo, abierto, veía en la quiebra del monopolio del PRI la única posible salida a su arcaísmo, corrupción y petrificación. «Vengo de una cultura del esfuerzo, no del privilegio», repetía sin cesar. Por eso veía con cierta incomodidad su pertenencia a ese círculo de privilegio que, por definición, ha sido el PRI.

Con el tiempo comencé a sospechar que Colosio vivía una contradicción íntima, como si estuviese a un tiempo orgulloso y avergonzado de su militancia en el PRI. Su postulación no resolvió el conflicto: creo que lo ahondó y que en él reside uno de los enigmas de su gris campaña. Colosio sabía que el PRI había dado a México largas décadas de estabilidad y crecimiento, ahorrando al país el vértigo de la dictadura y la anarquía típico de la historia latinoamericana de este siglo. Pero sabía también que las fuentes de legitimidad del PRI (la remota Revolución mexicana; la capacidad de repartir dinero, puestos y privilegios; el respeto a las libertades cívicas; la debilidad de la oposición) se habían comenzado a agotar a partir de la matanza de estudiantes en 1968. En los años siguientes, sectores sociales cada vez más amplios veían en la democracia la única vía de legitimidad política para el país: exigían elecciones limpias en los niveles locales, estatales y federal, y el fin del partido de Estado.

Hasta cierto punto, Colosio compartía estas ideas. Suavemente, intentó modificar la estructura vertical y corporativa del PRI (su sector obrero, campesino, popular) mediante una reforma horizontal que lo convirtiera cada vez más en un partido de ciudadanos. No tuvo éxito. Tiempo después, sus propuestas políticas como candidato del PRI tendrían el mismo sentido: buscar que la letra y la práctica de la Constitución fueran una sola. Colosio quería que México fuese, en efecto, una «república representativa, democrática y federal», no una monarquía sexenal, centralizada y absoluta en la que el presidente-rey tiene como único límite el no poderse reelegir. «Te juro por mis hijos que no quiero un solo voto al margen de la ley», me dijo alguna vez . En su vehemencia privada comencé a percibir una sombra de desesperación. «Prefiero no llegar, que llegar a través del fraude», agregó, como si quisiera no llegar.

Colosio estaba convencido de la necesidad de un cambio pero no veía claras las vías para lograrlo. La rudeza y brutalidad de la política mexicana lo desconcertaban. Su propósito era jugar limpio y esperaba el mismo trato de parte de sus adversarios y de los electores. Por eso prescindió desde un principio de los habituales cuerpos de seguridad en la campaña. Montado en su blazer azul (montado es la palabra exacta: Colosio era hijo de un ranchero y ganadero de Sonora) recorría los pueblos, aun los más pequeños, para estar cerca de la gente. «Ustedes me cuidan», les decía confiado cuando la propia gente le reclamaba que anduviera tan inerme. Pero su campaña, misteriosamente, no levantaba vuelo. La sublevación de Chiapas, la competencia latente de Manuel Camacho (antiguo regente de la ciudad de México, precandidato perdedor que amenazaba con convertirse en un Fujimori mexicano), la fuerza de la oposición de izquierda acaudillada por Cuauhtémoc Cárdenas y la dependencia evidente de Colosio con respecto al presidente Salinas, fueron factores que obraron en su contra. Su sencillez le cosechaba simpatías, pero no faltaba quien percibiera en él una desconcertante inseguridad.

Al paso de los días, aquella vaga desesperación fue imprimiendo en su cara y su trato un matiz de gravedad. Uno tenía la sensación de que a aquel hombre se le había impuesto un destino heroico que él no sabía cómo ni por qué asumir. En sus discursos, Colosio repetía de manera incesante «quiero ser presidente», como para convencerse a sí mismo de una mentira, o de una media verdad: lo quería pero no lo quería, o no lo quería lo suficiente, o lo quería con un miedo que lo inmovilizaba. Estoy seguro de que no previó ni previno su muerte terrible, pero creo que se sentía protagonista de un drama de poder que lo rebasaba. Pedía demasiados consejos, tomaba demasiados apuntes, retardaba demasiado sus decisiones, guardaba demasiados silencios. No le faltaba valor personal e inteligencia. Le faltaba la palabra que él mismo empleó como eslogan en su campaña: «certidumbre». Certidumbre sobre su papel, sus capacidades, su destino. Por añadidura, después de un fracaso matrimonial había formado, en segundas nupcias, una hermosa familia. Tenía un hijo de ocho años y una niña de un año. ¿Qué será de ellos?

«He llamado al mariscal Zedillo para que dirija mi campaña», escuché decir a Colosio con evidente alivio, en diciembre de 1993. Un par de años más joven que él, hombre firme, cerebral y particularmente inteligente, Zedillo era su complemento perfecto. El propio Salinas había pensado seriamente en Zedillo antes que en Colosio como su sucesor ideal.

Salinas había tenido cuatro opciones sucesorias: el secretario de Hacienda, Pedro Aspe; el regente de la ciudad de México, Manuel Camacho; el secretario de Educación, Ernesto Zedillo; y el secretario de Desarrollo Social y Ecología, Luis Donaldo Colosio [había dejado la dirección del PRI en 1992]. Al primero lo descartó por razones de imagen: ha sido uno de los más extraordinarios ministros de Hacienda que ha tenido México, pero su fama de tecnócrata *highbrow* lo hacía impopular. Popularidad, en cambio, era lo que le sobraba a Manuel Camacho, amigo de Salinas desde tiempos estudiantiles y con quien se decía había celebrado un pacto indestructible: primero Salinas, después Camacho. Pero Camacho, consumado político, se enemistó con el resto del gabinete, tuvo desplantes populistas que asustaron a la iniciativa privada y, para su sorpresa, fue descartado. Ernesto Zedillo se perfilaba claramente como el sucesor cuando un escándalo en torno a los nuevos libros de texto de historia promovidos por él bloqueó su trayectoria. Finalmente, Salinas se quedó con una sola carta, la del discípulo fiel que le debía todo: Luis Donaldo Colosio.

Aprobado el TLC en noviembre de 1993, el futuro de México parecía un jardín de rosas: en plena y exitosa *perestroika,* Salinas creyó que podría modular la *glasnost* a voluntad. El equipo económico de Salinas continuaría en el poder; la popularidad del programa social de Salinas –«Solidaridad», administrado desde hacía dos años por Colosio– le aseguraba el voto mayoritario; la democracia avanzaría también, paulatinamente. Pero justo en el cenit de la gloria, estalló en Chiapas una sorprendente revuelta indígena cuyo doble reclamo de justicia para los indígenas y democracia para México, convocó simpatías en amplios sectores de la población.

«La política es el teatro más rápido del mundo», me comentó entonces Alejandro Rossi. A partir de enero [de 1994], el escenario se modificó con una velocidad increíble. Descartado como candidato, Camacho surgió como la única persona capaz de negociar la paz en Chiapas, y lo estaba haciendo tan bien que hasta unas horas antes del asesinato de Colosio aparecía como un candidato latente que en cualquier momento podría lanzarse a la lucha electoral por la vía libre. Esa misma rebeldía con respecto al PRI fue su desgracia. Como Camacho nunca apoyó abiertamente a Colosio y fue un obstáculo continuo en su difícil campaña, la opinión pública lo descartó como sustituto de su antiguo rival. Salinas y el PRI se enfrentaban ahora con la necesidad de hallar al sustituto idóneo y, al parecer, forcejearon entre sí para encontrarlo: la línea dura del PRI quería un político puro, pero se impuso el presidente. La trama volvía al principio: el elegido era Ernesto Zedillo.

Doctorado en economía por Yale, Zedillo había destacado notablemente por su actitud ante la crisis de 1982. México se había declarado en bancarrota. Desde el Banco de México, Zedillo –un joven de treinta años– discurrió un sistema original y exitoso de cobertura cambiaria y apoyo a la iniciativa privada que tenía adeudos en dólares. A partir de allí, su ascenso fue vertical. En 1987 instrumentó en sus inicios el Pacto de Crecimiento Económico mediante el cual el país bajó la inflación de ciento cincuenta por ciento a nueve por ciento anual. Su desempeño lo llevó un año más tarde a la Secretaría de Programación y Presupuesto, donde controló como «mariscal» el gasto público y se gestó el programa «Solidaridad». Finalmente, Salinas le encargó la Secretaría de Educación.

Según su costumbre, Zedillo actuó con rapidez. Tenía frente a sí dos problemas urgentes. El primer objetivo era federalizar la educación en México, lograr que, como ocurre en Estados Unidos, cada estado se responsabilizara de los maestros en su territorio. Zedillo negoció favorablemente con el Sindicato de Maestros [el más grande de América Latina, con más de un millón de afiliados] en un tiempo récord. Su siguiente propósito consistió en reemplazar los anticuados libros de texto, sobre todo los de historia, por libros modernos. Era una necesidad real: los textos vigentes, preparados en los tiempos populistas de Luis Echeverría, contenían loas al «Che» Guevara y a Ho Chi Minh, responsabilizaban de todos los males del mundo al capitalismo y hasta podían haber circulado sin enmiendas como textos en Cuba. Los nuevos libros fueron mucho más balanceados pero tenían un estilo abstracto y académico impropio de una lectura infantil y –algo más grave– casi omitían el culto a los héroes. Esta característica, saludable en cualquier historia revisionista, resultaba contradictoria en una historia oficial. En un párrafo polémico, se culpaba al ejército de la matanza de 1968, lo cual provocó la ira de los militares contra Zedillo. Los libros tuvieron que ser silenciosamente retirados de circulación. Con un perfil más bajo, y descartado en apariencia como precandidato, Zedillo aprendió la lección: consolidó la federalización de la enseñanza, introdujo nuevos textos de historia y mejoró la difícil relación entre el gobierno y las universidades. Su vieja relación de amistad con Colosio le aseguraba una continuidad que, por otra parte, merecía. A nadie sorprendió que el suave candidato llamara al duro mariscal.

Ernesto Zedillo entra a escena con varias ventajas. No tiene ya, como Colosio, la sombra de Camacho. Tiene la sombra de Colosio, pero se trata, como en el caso de Kennedy con Lyndon Johnson en 1964, de una sombra bienhechora. Es trágico pero cierto: en el «teatro más rápido del mundo», Colosio, candidato que en vida no parecía asegurar la victoria del PRI, se ha convertido en el mejor candidato del PRI después de muerto. Por temperamento y por convicción, Zedillo, quizá más que Colosio, es inmune a toda tentación populista y asegura la continuidad del programa económico de Salinas. Parecería entonces que el PRI se encuentra en una buena posición para competir limpiamente en las próximas elecciones y propiciar el ingreso de México a la normalidad democrática.

Pero el PRI no es un cuerpo homogéneo. En su burocracia predominan los llamados «dinosaurios» que han declarado con todas sus letras: «llegamos aquí a balazos y a balazos nos tendrán que sacar». El propio Zedillo es visto por esos grupos como un tecnócrata rígido, inexperto y advenedizo, y antes que promover una reforma política tendría que intentar lo que Colosio no consiguió: la democratización interna del PRI.

Por lo demás, la representación no ha terminado. ¿Cuál será la actitud de los zapatistas? ¿Se avendrán al Acuerdo de Paz y Reconstrucción que está en marcha? ¿Qué actitud asumirá la izquierda «cardenista» en caso de ser derrotada? ¿Qué postura adoptará el Partido Acción Nacional? A pesar de su larga trayectoria [el PAN fue fundado en 1939 y nunca ha dejado de luchar por las vías cívicas] ha sido demasiado dócil frente al gobierno de Salinas y esa docilidad puede costarle muy cara. ¿Se aclarará la muerte de Colosio o permanecerá en el limbo del rumor y el misterio, como la de Kennedy?

La solución de fondo al drama de México no puede ser otra que la plena democratización. Si las elecciones del próximo agosto son limpias, el triunfador debe asumir el papel de Adolfo Suárez en España y volverse el garante de una transición a la democracia. Esa sería la solución natural. En caso de triunfar y en caso de creer en esa vía, Zedillo tendría frente a sí dos obstáculos: los dinosaurios del PRI y los fanáticos de la oposición.

Bertrand Russell decía que «la fe fanática en la democracia vuelve imposibles las instituciones democráticas». La advertencia encaja perfectamente con la actitud de la izquierda partidaria, universitaria, intelectual en México. Creyente hasta ayer de todos los fanatismos marxistas, defensora hasta ayer de todas las guerrillas, la izquierda habla de tolerancia, pluralidad, democracia, libertad, pero en el fondo mantiene el puño cerrado y canta «La Internacional». El romance de la izquierda con la guerrilla chiapaneca ha probado que las ideas liberales son sólo una cobertura para las creencias populistas y autoritarias. Y sin embargo, no hay riesgo que justifique el arcaísmo político en que vive México.

México en sus orígenes quiso, pero no pudo, ser una monarquía. Tuvo que optar por ser una república, y lo que construyó finalmente fue un compromiso: una monarquía con ropajes republicanos. Así, con breves interludios democráticos, ha caminado por casi ciento setenta y cinco años. Pero ahora el cuadro es muy distinto. En un mundo democrático, con una sociedad alerta, no le queda más camino que quitarse los ropajes y convertirse en una democracia normal. No lo ha hecho. Por ello, como en el teatro de Shakespeare, vive cada seis años un nuevo drama de legitimidad. Si el gobierno y el PRI no siguen el ejemplo español y asumen como prioridad la transición a la democracia, la violencia podría reaparecer cuando menos se espere.

Libreto cívico*

El escenario político mexicano se modifica con una velocidad increíble. Hay tramas deliberadas y tramas involuntarias. Al espectador de la sociedad civil mexicana puede irle la vida en descifrarlas y actuar en consecuencia, pero no es fácil distinguir siquiera unas de otras. Por un lado está la guerrilla zapatista, cuya extraña teatralidad ha revelado Gabriel Zaid [«Chiapas, la guerrilla posmoderna» recogido en *De los libros al poder*]. Por otra parte, está la compleja trama política y electoral.

México vive hoy un inédito clima de temor, impotencia, tristeza, enojo profundo, incertidumbre y, sobre todo, de incredulidad y desconfianza con respecto al poder. «Se pierde el hilo de la legitimidad», escribió en 1832 Manuel Mier y Terán en circunstancias suicidas, suyas y del país. La frase expresa nuestra situación. Si ni siquiera la elucidación del crimen de Colosio podrá limpiar por entero el nombre del PRI –puesto que de alguna querella interna nació, quizás, el supuesto complot–, cabe imaginar el vacío de legitimidad que se abrirá cada vez más si el caso Colosio permanece en las brumas y si no hay castigo para los culpables. El voto sentimental por Colosio se volverá un voto de agra-

* Abril, 1994.

218

vio brutal en contra del PRI. Los duros y la inercia en la base del PRI orquestarán, en el mejor de los casos, elecciones «desaseadas». Viviremos una situación similar a la que siguió a las elecciones en algunos estados de la República. No es imposible que el ejército, «convidado de piedra» desde hace casi cincuenta años, tenga la tentación de asumir un papel protagónico. Los frutos históricos de México (nuestras libertades cívicas, el claro aunque desigual progreso económico, la respetabilidad en el mundo, nuestra concordia básica, el ritmo pacífico de cada día) estarían en riesgo. Este escenario catastrófico no es impensable. ¿Qué nos queda por hacer a los espectadores que formamos parte de la sociedad civil?

Nos queda escribir y llevar a la práctica un amplio libreto cívico. Nos queda presionar a través de todos los medios cívicos para que los protagonistas asuman el programa de la democracia. Nos queda denunciar, abuchear, protestar, criticar, descalificar todo lo que no conduzca a ese fin. Nos queda salir a la calle y resistir cívicamente como hizo, con eficacia e imaginación, el valeroso doctor Nava. Nos queda insistir en el esclarecimiento del crimen de Colosio y no olvidar el del cardenal Posadas [asesinado en Guadalajara en 1993]. Nos queda manifestarnos contra «la colombianización» de México. Nos queda fortalecer los espacios libres en la comunicación pública, que por fortuna han ido creciendo. Nos queda aislar a los actores violentos y demostrar que México es más fuerte y más grande de lo que suponen sus miserables tramas. Si se «desata al tigre» –como decía Porfirio Díaz–, será el tigre de una violencia inducida desde el escenario, no desde las bases. En este país no hay condiciones para una guerra civil. Salvo casos de verdadera excepción –diga lo que diga la demagogia– en México no hay odio étnico, nacionalidades oprimidas, guerras santas ni ideologías que enfrenten en una misma mesa a hermanos contra hermanos. En este país lo que hay son gravísimos problemas sociales y económicos ante los cuales es preciso instrumentar vías de solución pacífica que debemos someter a diálogo, votación y permanente escrutinio.

La democracia no es una representación teatral: es una obra colectiva, viva, abierta, en la que todos tienen una misma responsabilidad creadora. Cierto, en la democracia unos hombres *representan* a otros, pero lo hacen no por la fuerza sino mediante un mandato temporal, criticable, revocable. Transitar hacia la democracia, rechazar la supuesta fatalidad violenta de nuestra historia, es el libreto cívico de esta hora. Si lo asumimos, nadie impondrá tras bambalinas, el sentido y el ritmo a nuestras vidas. Desdichadas o luminosas, las escribiremos nosotros.

Nueva rogativa*

Ya no están junto a nosotros los viejos de la tribu, los hombres de la Revolución. Ya no podremos preguntarles sobre el verdadero rostro de la violencia. ¿Cómo era aquella atmósfera de muerte? ¿En verdad valió la pena el sacrificio de un millón de vidas? Pocos formularon esas preguntas porque no había una circunstancia que las despertara. Sólo unos cuantos entre aquellos viejos vislumbraron con horror el riesgo de entrar en una nueva era de inestabilidad si el país no cambiaba sus usos políticos. ¿Qué dirían sobre nuestro predicamento actual? Frente a los problemas de esta hora, no hay oráculos posibles. Ahora todos los mexicanos somos contemporáneos: los nuevos viejos de la tribu.

Es difícil resignarse a una situación inédita. Cada quien, en silencio, consultará a sus clásicos, interrogará a sus muertos. Por mi parte, he vuelto a releer a uno de aquellos hombres singulares que, habiendo construido a México «con la pluma y con la pala», se atrevieron a vislumbrar el futuro más allá del orden creado por la Revolución mexicana. Fue un crítico y un profeta, vivió intensamente la tragedia de 1968 y vio con claridad sus signos ominosos: Daniel Cosío Villegas. Siempre creyó que las llagas sociales y económicas de México eran menores que sus «llagas políticas» (utilizaba precisamente ese término). Muchos de sus escritos finales sobre la necesidad de una reforma democrática conservan la vigencia y la frescura del momento en que los publicó, pero entre todos ellos la memoria me ha llevado a uno, fechado el 4 de diciembre de 1970. Lo tituló «Rogativa». Fue escrito, estoy seguro, en un momento de dolor y de tenue esperanza. Cosío no era propiamente un anciano –tenía entonces setenta y dos años– pero presentía la ronda de la muerte y le urgía dejar testimonio de su amor a México bajo la forma de un llamado «al primero, del último ciudadano de esta república». Nada pedía, «por supuesto», para su persona; pero «para el país donde nací –agregaba–, donde he vivido feliz por largos años y del que me ausentaré para siempre dentro de poco, para él sí pido, y mucho».

Lo cierto es que no pedía mucho. Reconocía que las apremiantes necesidades de la nación eran casi infinitas mientras que los recursos y el tiempo para satisfacerlas eran «inflexiblemente limitados». Pero «me atrevería» a señalar que la «necesidad nacional suprema» no era de «orden material, sino ético». Satisfecha la necesidad moral, apagar la necesidad material sería una tarea mucho más llevadera, porque se

* Abril, 1994.

220

emprendería «con la fuerza que dan la fe y el desinterés», justamente los estados del alma que hacían falta en la vida mexicana:

«Ningún hombre puede vagar indefinidamente sobre la tierra sin creer en algo, sin confiar en alguien. Tampoco hay hombre en este mundo que resista nutriéndose eternamente de recelos y desencantos. Y esto es quizá más cierto aún del mexicano que nació sin aguardar gran cosa de sus paisanos y nada absolutamente de sus gobernantes. Por eso ya va siendo largo el proceso de decaimiento moral en que este país se halla, ... si bien en los últimos años se ha acentuado de un modo que lastima y sobresalta.»

Ante esta situación, «lo decisivo para el porvenir inmediato y lejano del país» no era la destreza para la maniobra política, la clarividencia administrativa o la comprensión de los problemas técnicos, sino algo muy distinto: cambiar el espíritu del gobierno. El régimen se había acostumbrado a gobernar contra la voluntad de la nación o contando, en el mejor de los casos, con su indiferencia o tolerancia. Ni las obras materiales, así fuesen imponentes, ganaban de verdad el corazón de la gente, harta ya de escuchar el sarcasmo de que se hicieron en su beneficio. No había, en fin, otro modo de hacer un gobierno fecundo sino a través del «respeto, la adhesión, incluso el apoyo reverente de los gobernados». Por eso Cosío Villegas no dudaba: «México *no* necesita tanto un líder político; *tampoco* un reformador administrativo; ni siquiera un promotor enajenado de las obras públicas. Por lo que clama es por un *líder moral* que sirva de ejemplo y de inspiración a todo el país».

Aquel gobernante, por supuesto, no lo escuchó. Tampoco los siguientes. A pesar del avance de México en estos últimos años, en punto a lo moral estamos en el lugar exacto en que nos dejó aquella rogativa de Cosío Villegas. El gobierno de México, esa es la cruda realidad, no ha cambiado su espíritu.

Es la hora quizá de lanzar una nueva rogativa o de relanzar la original con un contenido nuevo. Los males que vio y previó Cosío se han multiplicado. Sin sobreponerse aún del azoro provocado por la sublevación chiapaneca, indignada profundamente por el asesinato de Colosio, desconfiada del gobierno hasta el extremo de sospechar que en su cúpula se fraguan las mayores vilezas, temerosa como nunca de la inseguridad pública, consciente apenas del inmenso poder del narcotráfico, asida en amplios sectores a una antiquísima cultura paternalista pero atenta en muchos otros a los cambios democráticos en el mundo, la opinión pública no se equivoca cuando presiente que hemos entrado en una zona histórica muy peligrosa. Para completar el arribo de México al mundo moderno, sólo hay un método, el mismo que propuso Cosío Villegas: cambiar el espíritu del gobierno. Este cambio, en nuestro tiempo, tiene un nombre sin adjetivos: democracia.

El gobierno ha hablado incesantemente de «perfeccionar» la democracia y ha propiciado cambios en la legislación y la práctica electoral. Nadie en sus cabales puede negar estos pasos. Pero el gobierno –y esto es lo decisivo– no ha convencido a la sociedad ni a los partidos de oposición de que se propone de verdad la democratización. Por el contrario. Muchos de los reacomodos internos en el PRI, muchos de los enroques entre el PRI y el gobierno, las viejas prácticas de manipulación que ahora reaparecen, transmiten a la opinión el mensaje opuesto: el sistema no quiere una reforma sustantiva, el sistema lo que quiere es persistir.

Un liderazgo moral el día de hoy –mañana será siempre demasiado tarde– supone, en primer lugar, una declaración pública convincente y definitiva en favor de la democracia. Por primera vez desde 1929, el presidente se desligaría del PRI y se erigiría él mismo en garante de la democracia. Acto seguido, el presidente podría hacer un llamado a los candidatos a la presidencia y a los representantes de la sociedad civil (Iglesia, empresarios, intelectuales, etcétera) para firmar con él un «Acuerdo histórico de transición a la democracia». A partir del acuerdo, los representantes de la sociedad civil constituirían un consejo cuya encomienda sería la de facilitar y promover, en conjunción con todas las estructuras ejecutivas y legislativas, y en todos los niveles del gobierno, la transición a la democracia.

Uno de sus primeros cometidos sería la promoción creativa de un clima para la libre participación política. Otro objetivo sería asegurar que el gobierno –o sus agencias oficiosas– no apoye o perjudique a ningún partido. Se buscaría el refrendo del PRI a los «Veinte compromisos para la democracia» que había firmado Luis Donaldo Colosio. El consejo no concluiría sus labores el 21 de agosto de 1994: se constituiría en un órgano permanente para asegurar la transición pacífica y plena a la vida democrática.

Se dirá que apelar al presidente es reincidir en el presidencialismo. En los tiempos en que nos encontramos, y a partir de nuestra historia y circunstancia, la fuente natural de consenso sigue siendo el presidente. Es de allí de donde debe partir la iniciativa de reforma, el cambio de espíritu. Pero también es verdad que nada se logrará sin el concurso de la sociedad civil mexicana.

Ya no está entre nosotros el viejo de la tribu. La vigencia de su crítica es la prueba de nuestro atraso político en el último cuarto de siglo.

Pero su tenue esperanza es todavía, milagrosamente, la nuestra: «Esta es mi rogativa, señor presidente: que se convierta usted en ese ejemplo moral de la nación mexicana, con la seguridad de que toda ella lo seguirá por ese nuevo y sublime sendero».

La persona y el personaje*

¿Cuál es el peor enemigo de un candidato presidencial? Su asesor de imagen. Aprendí esta paradójica verdad en un viaje a Lima, invitado por Mario Vargas Llosa, en la primavera de 1990. Al llegar a mi cuarto de hotel encendí la televisión y me sorprendió ver a un Vargas Llosa que no conocía. Si no recuerdo mal caminaba en alguna playa sermoneando al público sobre los horrores del mercantilismo estatal, las ventajas de la economía de mercado, la posibilidad de que el Perú volviese a ser un Edén con sólo adoptar el evangelio liberal. La apelación directa a la voluntad de progreso en el votante peruano me pareció demasiado agresiva, casi como un reclamo personal a su centenaria postración, pero lo que me extrañó más fue la actitud de Vargas Llosa ante las cámaras. Ni sombra de su habitual nobleza y sencillez. Lo que aparecía en la pantalla era un artificial anunciante de sí mismo. Averigüé que lo asesoraba, a un altísimo costo, una firma norteamericana de consultores de imagen. Cuando semanas después sobrevino su increíble derrota a manos de un hombre que durante mi estancia era prácticamente desconocido, concebí una hipótesis: la persona Fujimori venció al personaje Vargas Llosa.

Conozco a Ernesto Zedillo desde hace tres años, pero conocí su trayectoria profesional de mucho tiempo atrás. Alguna vez escuché a Miguel Mancera referir la historia del Ficorca, el fondo de apoyo cambiario que permitió a innumerables empresas sortear la crisis financiera de 1982. Su gestor: Ernesto Zedillo. «Es el mejor funcionario que he tenido bajo mi tutela en esta institución», comentó Mancera, hombre severo y no muy dado a los elogios. Se refería no sólo a la inteligencia de Zedillo, sino a otras prendas: su firmeza de carácter, su capacidad de trabajo, su creatividad práctica, su instintiva repulsión a las falsas recetas populistas y, desde luego, su honestidad personal.

A raíz de su nombramiento como secretario de Educación, comimos en un salón contiguo al pequeño despacho de Vasconcelos, en el viejo

* Mayo, 1994.

223

edificio de las calles de Argentina. Me explicó sus planes sobre la federalización educativa, los nuevos libros de texto y la reforma de las universidades públicas. Me impresionó la naturalidad de su talante y su precisión intelectual. Tiempo después, ya en sus oficinas del sur de la ciudad de México, noté una nueva presencia: un hermoso cuadro de Juárez, el hombre de la ley y la firmeza era el prócer preferido de Zedillo. En esa oficina nos vimos algunas veces. Siempre lo encontré con su típico suéter de rombos, trabajando a un ritmo de maratonista. En ocasiones lo acompañaban sus hijos. Alguna vez nos invitó a mi mujer y a mí a un concierto en el Auditorio Nacional. Se entusiasmó con B.B. King y recordó sus años de rockero en Yale. Nilda, su mujer, nos pareció un caso único de autenticidad entre las esposas de políticos. Luego vino el episodio de los libros de texto. Mis críticas no mancharon una relación cordial y franca. Zedillo soportó el temporal, introdujo cambios pertinentes y logró avances efectivos en sus proyectos de federalización. Comprendí entonces el entusiasmo de Mancera. Me consta que Luis Donaldo Colosio pensaba igual.

La persona que conocí no es la que apareció en las pantallas en el debate entre los candidatos que se llevó a cabo en mayo [de 1994]. Zedillo –el hombre– no tiene esa sonrisa pegada a la cara ni mueve las manos de modo mecánico. Zedillo –la persona– es físicamente alérgico a la retórica y al engolamiento, y jamás utilizaría un término broncíneo como «compatriotas». Zedillo –el servidor público– suele hablar de su carrera con el legítimo orgullo de provenir (como Colosio) de una «cultura del esfuerzo», pero nunca cometería la inelegante e ineficaz desmesura de ostentar su ascenso público como un modelo excepcional, digno de ser emulado. Zedillo –el economista– hubiese defendido a capa y espada la política económica del presente régimen. Zedillo –el norteño que aprecia y respeta la individualidad humana– hubiera fluido en la pantalla con naturalidad, con flexibilidad política, con ironía; hubiera exhibido seguridad, no desplantes de seguridad; atención a los puntos de vista de sus contrincantes, no desdén ni atisbos de soberbia e intolerancia.

«Los debates sirven para conocer, bajo presión, a la persona que los candidatos llevan dentro», me dijo mi hijo León pocos días antes del encuentro. El fetichismo de los asesores de imagen evitó que Zedillo mostrara a la persona que lleva dentro y colocó en su lugar –como en el caso de Vargas Llosa– a un personaje ajeno. Para el tramo que falta, la persona debe reemplazar al personaje.

Gandhismo político*

Hay personas que no logran cosechar su siembra política y moral antes de morir. Fue el caso de Manuel Gómez Morin. Lo conocí una mañana de 1970 en su despacho, en el edificio del Banco de Londres y México. Mientras leía en la antesala el opúsculo titulado *1915*, escrito por Gómez Morin en 1926, vi salir a Efraín González Morfín acompañado por un hombre de mayor edad y menor estatura, pero rozagante en apariencia y dueño de una maravillosa sonrisa. Tras de despedir al candidato del PAN, el hombre advirtió con sorpresa mi lectura. «Es que estoy esperando a Gómez Morin», le dije. Cuando contestó que era él no fingí no creerle: no le creí. Así de joven y luminosa era su presencia. Moriría en 1972 a los setenta y cinco años de edad.

Tenía una actitud estoica ante la política. El país había entrado en un periodo turbulento. Por un lado, en el gobierno, la tentación, la ideología y la práctica autoritaria; por el otro, en las generaciones más jóvenes, la tentación, la ideología y la práctica revolucionaria. Cuando le narré, con todo detalle, mi experiencia del 10 de junio de 1971, su reacción no fue solidaria con la rebeldía estudiantil, ni mucho menos, por supuesto, con la dureza oficial. Su respuesta fue un movimiento pendular de la cabeza lamentando no sólo los hechos de violencia sino –ahora lo veo– la poca, la nula comprensión social hacia la salida que él había propuesto desde hacía casi medio siglo: la democracia.

Ya en aquel pequeño libro convocaba a su generación a integrar un grupo con el objeto de renovar el esfuerzo cívico de Madero. La idea comenzaba a encontrar adeptos entre sus coetáneos (Narciso Bassols, por ejemplo) cuando la súbita irrupción del vasconcelismo concentró todos los esfuerzos. Gómez Morin se sumó a la campaña del «Madero culto» organizando, entre otras cosas, sus finanzas, pero desconfió siempre de la impronta caudillista del movimiento. Sus consejos a Vasconcelos en 1929 apuntaban a la dirección opuesta: no apostarlo todo a una elección y un hombre; formar un grupo político sólido y permanente. El PAN pudo haber nacido entonces como un partido maderista-civilista opuesto al PNR, militar-nacionalista. Para desgracia de la vida democrática mexicana (y para fortuna de nuestra literatura), Vasconcelos no aceptó el consejo. «No soy Gandhi», comentaría a sus allegados.

Gómez Morin sí lo era, en más de un sentido. Durante su heroico rectorado (el adjetivo es justo) la Universidad no solamente salvó su precaria autonomía política y económica, sino que se consolidó como

* Mayo, 1994.

un islote de libertad intelectual en aquel mar encrespado de dogmatismo que fue el decenio de los treinta. En 1939, frente al corporativismo político que instrumentó el cardenismo, Gómez Morin –a sus cuarenta y tres años de edad– no esperó más: se propuso «mover las almas»: fundó Acción Nacional.

Treinta años más tarde, recordaba con cierta tristeza las batallas en el desierto político de México: las matanzas de León; las múltiples iniciativas bloqueadas en el Congreso; el día que un diputado del PRI lo acusó de ser hijo de un español, a lo que Gómez Morin contestó: «Si viera qué hermoso es tener padre»; la ignominia de Castro Leal (otro de «los Siete sabios»), prestándose a contender en contra de su viejo amigo y tolerar el fraude consiguiente; la mofa de Ruiz Cortines, que llamaba a los panistas «místicos del voto». No todo en aquella historia era memorable. La vacilación del PAN frente al ingreso de México a la segunda guerra mundial fue un capítulo tan vergonzoso como las alarmas panistas ante cualquier crítica a la Iglesia. Con todo, su trayectoria democrática era intachable. Por eso, quizás, en el silencio de aquel despacho, moviendo siempre la cabeza como diciéndose a sí mismo «no puede ser», «no debió ser», Gómez Morin pensaba en las dos generaciones de luchadores cívicos empeñados en cambiar a México por la vía de un «gandhismo» democrático que no había dado mayores frutos. ¿Los daría alguna vez?

Gómez Morin murió sin vislumbrar la reanimación del PAN que ocurriría en los años ochenta. La «desadministración de la abundancia» reclutó más adeptos que la vieja guardia. Los neopanistas (Clouthier, Barrio, Fox, Ruffo, para mencionar a unos cuantos) entraron a la escena cuando comprendieron algo que Gómez Morin había advertido desde un principio: la llaga fundamental de la vida mexicana es de naturaleza política.

En 1976, el PAN no contendió por la presidencia. Si no estuvo en trance de desaparecer, sí atravesó por una crisis profunda de militancia y rumbo, que no de identidad. La imagen de Carlos Castillo Peraza golpeado físicamente, reclamando su legítimo triunfo en su natal Yucatán ante un López Portillo desdeñoso y chocarrero, ha quedado en mi memoria como ejemplo de coraje cívico frente a un sistema envenenado de soberbia. Hubo muchos otros. De pronto, en Sonora, Nuevo León, y sobre todo en Chihuahua en 1986, un nuevo PAN reemplazaba al antiguo. Ya no se conformaba con la «brega de eternidades". Por primera vez luchaba por el poder.

Este es el PAN que plantó Gómez Morin y que alcanza ahora su mejor posición histórica en cincuenta años. Más allá de las habilidades dialécticas, polémicas, histriónicas y esdrújulas de Diego Fernández de Cevallos, y más allá de los méritos políticos o ideológicos que quepa concederle (en lo personal, no le concedo suficientes), el repunte de su campaña es la cosecha colectiva del tenaz gandhismo político practicado por su partido desde su fundación.

Pero Gandhi —se olvida a menudo— alcanzó su objetivo político: la liberación de la India. Para que el PAN consume el suyo requerirá mucho más que un sincero espíritu de abnegación. Necesitará comunicar con claridad su programa a la opinión pública, sobre todo en sus aspectos económicos, sociales, demográficos y religiosos. ¿Cuál es, a fondo y en detalle, su agenda económica? (En el debate, Fernández de Cevallos reprobó esta asignatura.) ¿Qué modalidades, en caso de conservarlo, introduciría en el Programa Solidaridad? ¿Cuál es su postura frente al crecimiento demográfico? ¿Cómo lo relaciona con la educación? ¿Qué piensa de los nudos de tensión religiosa que han aparecido en el país en los últimos tiempos? De particular importancia deberían ser sus pronunciamientos sobre seguridad y justicia, porque, aun en el caso de perder la elección presidencial, una presencia panista en la Procuraduría General de la República podría resultar novedosa y eficaz [electo Zedillo presidente, nombró al panista Antonio Lozano Gracia procurador general, con muy inciertos resultados].

Persistencia política, pacifismo a ultranza, claridad de programa. Con esos tres elementos gandhianos, el partido fundado por Gómez Morin podrá prestar al país el mayor de los servicios: desacreditar todo chantaje de violencia; forzar una competencia limpia, equitativa y leal entre los partidos; ejercer y promover la plena libertad de expresión; movilizar cívicamente a los ciudadanos en caso de actos ilegales durante la elección. No debe jugar el papel de una alternativa creíble: debe cumplir ese papel.

Inviabilidad del partido de Estado*

México, que tuvo el mérito histórico de llevar a cabo la primera revolución social del siglo XX, vive la vergüenza histórica de padecer al último partido de Estado de este siglo. El PRI nació ganando con balas, no con votos, la elección de 1929. En el sexenio de Lázaro Cárdenas, el PRI adquirió la fisonomía corporativa que mantiene hasta ahora. Esta

* Agosto, 1994.

conformación guarda ciertas semejanzas con los grandes partidos de Estado fascistas y comunistas. Es verdad que la vigencia de todos ellos partió de una convicción ideológica estatista que incluyó no sólo a los fanáticos sino a muchos hombres inteligentes y de buena fe. Es verdad también que, a diferencia de todas las revoluciones petrificadas del siglo XX (quizá por haberlas antecedido o por tener un carácter puramente nacionalista), la nuestra mantuvo vivas muchas de las libertades cívicas provenientes del código liberal de 1857 y por ello ha estado lejos de ejercer el terror integral que los regímenes dictatoriales del siglo (fascistas y comunistas) ejercieron sobre sus ciudadanos. Es verdad, por último, que el saldo de estabilidad y crecimiento que el «sistema político mexicano» impuso a la nación hasta los años sesenta no fue negativo. Pero en 1968 el sistema demostró que era –en el doble sentido de la palabra– mortal: mortal, porque estaba condenado a morir; y mortal, porque mataba cotidianamente la creatividad política y moral del pueblo mexicano y, en último término (como en Tlatelolco), mataba al pueblo mismo.

A partir de 1968, cada sexenio ha terminado en desastre. Han fallado los hombres pero la falta mayor reside en el sistema de poder absoluto que corrompe absolutamente y del cual el PRI es una pieza clave. Año tras año y de manera creciente, se ha corrido el velo de la realidad: el PRI no tiene derecho a usar los dineros de la nación; el PRI no tiene derecho a servir como agencia de empleos públicos; el PRI no tiene derecho a coartar (con métodos suaves o duros) la libertad de los votantes; el PRI no tiene derecho a apropiarse de los colores y los símbolos nacionales; el PRI no tiene derecho al tratamiento privilegiado que obtiene de los medios de comunicación masivos; el PRI no tiene derecho a ejercer un control caciquil en las comunidades, los ejidos, los pueblos, los sindicatos, las colonias urbanas; el PRI no tiene derecho a aprovecharse de la pobreza y la ignorancia de vastos sectores del pueblo para inducir en ellos la noción de que el PRI y México son una misma entidad; el PRI no tiene derecho a servir de brazo electoral de un sistema político que simula cumplir la Constitución cuando en realidad viola su núcleo esencial, porque desvirtúa la vocación republicana, democrática y federal del pueblo mexicano.

A fines del siglo XX, cuando casi el mundo entero ha transitado a la democracia, México debe dar un salto histórico. Hay que expropiar la vida pública de manos del PRI. Como partido de Estado, el PRI no sólo debe cambiar: debe desaparecer. Debe convertirse en lo que nunca ha sido: un partido sin más, un partido de verdad.

Suponiendo que no enfrentemos un fraude electoral, sea quien fuere el ganador de las próximas elecciones, el próximo presidente debe asumir el compromiso de ajustarse a la letra y espíritu de la Constitución, debe también dejar de ser el monarca absoluto que –con el brazo corporativo de un falso partido– reina sobre una falsa república, para ser, sencillamente, el presidente de una democracia.

México en vilo*

Desconfíe usted de las encuestas. Aunque las más recientes indican una clara ventaja del candidato del PRI, puede haber una sorpresa. La cultura de las encuestas es muy reciente en México. Hay quienes por temor a una represalia o por malicia elemental mienten sobre sus preferencias o las mantienen en reserva. Por lo demás, aun si reflejan la verdad, las encuestas revelan un aumento de los votantes indecisos (veinticinco por ciento a una semana de la elección). Y aun si el PRI triunfa, no podrá gobernar de la imperiosa manera en que lo ha hecho en los últimos sesenta y cinco años.

La alternancia en el poder es el camino más corto a la democracia. En ese caso, quizá las mayores posibilidades las tiene el PAN. Si gana, el país vivirá un aterrizaje casi natural a la democracia, similar al que experimenta el estado de Chihuahua, gobernado por el panista Francisco Barrio. Sometido a intensas presiones internas y externas que recordaban el escandaloso fraude contra el propio Barrio en 1986, Salinas ensayó elecciones limpias en Chihuahua; ganó el PAN, hubo continuidad económica, orden social y estabilidad política.

Se habló mucho en estos últimos meses del «choque de dos locomotoras» [el PRI y el PRD] el 21 de agosto. A mediados de mayo, el primer debate abierto en la historia mexicana impulsó una tercera locomotora –la del fogoso orador parlamentario y candidato del PAN, Diego Fernández de Cevallos– que dañó severamente la de Cuauhtémoc Cárdenas. Las incesantes giras de Cárdenas por todo el país lo han puesto en marcha nuevamente, pero no al grado de recuperar el segundo sitio. Lento y desangelado ante las cámaras, Cárdenas proyecta sin embargo una imagen de honestidad y bonhomía que puede ganarle al menos parte de los votos ocultos. De llegar al poder, a despecho de lo que anunciaban sus antiguos desplantes populistas, continuaría el programa económico de Salinas imprimiéndole un mayor sentido social en un marco de reforma política sustantiva.

* Agosto, 1994.

La posibilidad más alta, con todo, apunta al triunfo del PRI. Aunque el desenlace político sería distinto si gana con más o con menos del cincuenta por ciento, o si logra asegurar alianzas que le permitan dominar el sesenta y seis por ciento de la Cámara de Diputados, hoy por hoy la victoria del PRI pondría al país en mayores aprietos que su derrota. A pesar de los múltiples ejemplos de sistemas políticos cerrados que se han transformado pacíficamente desde dentro, no sólo en países culturalmente remotos (Polonia, Hungría, Checoslovaquia, Sudáfrica) sino cercanos (Portugal, España, Chile, Nicaragua, Paraguay), los jerarcas del PRI no se ven a sí mismos como el arcaísmo político que son: se ven como representantes rousseaunianos de la «voluntad popular». El PRI –como admite todo el mundo, menos los priistas– es una agencia de empleos del gobierno; utiliza con libertad los dineros públicos (sobre todo en los estados y municipios); reparte puestos legislativos y prebendas a las corporaciones sindicales, agrarias y profesionales que lo conforman; ha patentado la llamada «alquimia electoral»; goza del apoyo indiscriminado de los medios de información y del apoyo oculto de grandes empresas nacionales. Llega al extremo de monopolizar ilegítimamente los colores de la bandera mexicana, de inmenso valor simbólico para los mexicanos.

Sectores muy importantes, y quizá mayoritarios en el electorado mexicano, han tomado conciencia de esta situación y reclaman el divorcio del PRI y el gobierno. Uno de los muchos grupos ciudadanos que han proliferado en los últimos meses para buscar una transición redactó el documento «Veinte compromisos para la democracia». Entre sus puntos (además del más obvio, el desmantelamiento del arsenal tecnológico-electoral), destacan tres fortalecimientos: el del Poder Legislativo (dándole injerencia no formal sino efectiva en la Ley de Ingresos y el Presupuesto Federal); el del Poder Judicial (quitando al Ejecutivo la potestad de nombrar magistrados, dotando a éstos de una independencia económica que no tienen); y el de los estados y municipios, que en la más pura tradición monárquica viven al arbitrio de lo que se decide en el Palacio Nacional. Cualquier demócrata moderno admitiría la sensatez de estas medidas, pero los priistas no son demócratas, ni modernos. Significativamente, el único de los tres candidatos presidenciales que no aceptó firmar los «Veinte compromisos» [los afirmó hasta el último minuto] fue Ernesto Zedillo: lo hizo como respuesta a la intensa presión pública y sólo «en lo general».

A la inquietante rigidez del PRI se suma la inquietante rigidez de su candidato. Hombre honrado en lo público y personal, economista inteligente y sólido, trabajador incansable, Zedillo es, no obstante, un hombre culturalmente estrecho. Uno de sus primeros proyectos, al ser nombrado secretario de Educación por Carlos Salinas, fue cambiar el libro de texto de historia que se reparte gratuitamente entre millones de niños. Sin mayor consulta con maestros, padres de familia y gremios de historiadores, sin que mediara tampoco una convocatoria, encargó la redacción a un pequeño grupo que en un par de meses completó el trabajo. Para su inmensa sorpresa, la reacción general fue negativa: aunque se libraban del sesgo ideológico de los anteriores, los nuevos libros contenían numerosos errores, eran abstractos, áridos, impersonales y, por momentos, incomprensibles para un lector infantil. Se les retiró de circulación. Zedillo soportó la avalancha con estoicismo pero con evidente disgusto; interpretó las críticas como ataques personales o revanchas políticas. No tuvo preguntas antes de hacer los libros, no tuvo preguntas después de hacerlos. No tuvo preguntas. «¿Quién es el consejero político detrás de Ernesto Zedillo?», le pregunté alguna vez a un importante consejero político de Salinas de Gortari. «Ernesto Zedillo», me contestó preocupado. Tenía razón para preocuparse: un hombre sin preguntas no puede ser un buen político. Y México hoy no sólo necesita un buen político sino un político consumado.

Si el PRI gana con más del cincuenta por ciento, los mexicanos habremos perdido el tren de aterrizaje. Pocos creen que Zedillo pueda superar la cifra con que llegó Salinas al poder. En una atmósfera de indignación cívica y de violencia dispersa (Chiapas, Guerrero, tomas de alcaldías, revueltas estudiantiles), será difícil que las bases del PAN consientan que sus líderes avalen el triunfo del PRI. Presionados por ellas, optarán por la impugnación que en cualquier caso introducirá el PRD, o se inclinarán por actos de resistencia civil (marchas, paros, protestas). Habiendo repetido una vez más el truco que en México llamamos «carro completo», el PRI podría hallarse en la situación de los comunistas polacos en los años ochenta, reinando sobre un país enfermo de discordia e inconformidad.

Si el PRI gana con menos del cincuenta por ciento, estaríamos en situación de aterrizaje forzoso. El PAN podría condicionar su aval a la integración de un gobierno plural de transición democrática. Un instituto independiente similar al que se creó en Sudáfrica tendría a su cargo la reforma total de los procesos electorales. Un PAN más agresivo podría ganar varias gubernaturas en el sexenio. Un PRD más pragmático y menos ideológico podría lograr lo mismo. En el año 2000, el presidente de México podría no ser del PRI.

En cualquier caso, la actitud del presidente Salinas será decisiva. Durante casi todo su sexenio, desplegó la típica soberbia tecnocrática de creer que los cambios sociales son modulables a voluntad presidencial.

«No puedo dejar que nos pase lo que a la URSS», le escuché un día, implicando que él sí podría acelerar a voluntad el *tempo* de la reforma económica y suministrar con cuentagotas el cambio democrático. Se equivocó, y ahora sabe que se equivocó. Al cuarto para las doce, Carlos Salinas parece haber comprendido la necesidad de una verdadera reforma política. Si gana el PRI, Salinas tendrá que persuadir a Zedillo de inaugurar un gobierno plural de transición democrática, único arreglo que asegura a ambos un futuro de responsabilidad interna e internacional.

Otro factor clave es el subcomandante Marcos. La rápida convergencia de su guerrilla hacia un movimiento político sugiere que estamos frente a una especie de Arafat mexicano cuyas legítimas demandas de libertad, justicia y democracia no se saciarán con la oferta habitual de obras públicas o escuelas para los indios de Chiapas. Eventualmente, Marcos podría fundar un partido zapatista o volverse líder de una izquierda mexicana postideológica, pero ambas salidas suponen, por definición, la existencia de un gobierno plural de transición democrática, el mismo cuya necesidad, por definición, niegan los priistas.

¿Y Estados Unidos? La prensa y los medios masivos de comunicación norteamericanos han desempeñado un papel positivo en la observación y crítica del proceso político mexicano. Deben seguir haciéndolo. El gobierno es otra cosa. En 1913, un embajador norteamericano intervino en el golpe de Estado y asesinato del demócrata más puro que ha existido en México: el presidente Francisco I. Madero. Ochenta años más tarde, el gobierno de Estados Unidos tiene la oportunidad de reivindicarse y adoptar la defensa resuelta de la democracia mexicana mediante una fórmula perfecta: la no intervención.

Una radiografía del voto*

Fue, ante todo, un voto por el voto. Múltiples factores incidieron para que el votante mexicano descubriese, por primera vez en su historia, su inmenso poder como ciudadano. Votó por el voto porque no quiso votar con las armas ni por las armas. La erupción del volcán chiapaneco representaba para él la vuelta amenazante de un pasado guerrero inadmisible, inhabitable a fines del siglo XX. No se necesitaba ser historiador para descartar de una vez y para siempre el mito de la violencia redentora: bastaba tener memoria histórica y concluir que

* Agosto, 1994.

México ha pagado ya con creces su cuota de sangre. En la imaginación colectiva, el asesinato de Luis Donaldo Colosio fue una nube más en ese súbito horizonte de muerte. Para despejarlo no había otro camino que la afirmación colectiva a través del voto. No fue un voto de miedo: fue un voto para acabar con el miedo.

Fue también un voto mayoritario por el PRI. La legitimidad tradicional y la democrática avaladas mutuamente de manera paradójica y contradictoria, pero real. México ha sido siempre el lugar histórico de una tensión irresuelta entre dos fuerzas: la gravitación del pasado y el llamado del porvenir. En términos políticos, el PRI encarna rasgos muy antiguos de la cultura mexicana –paternalismo, corporativismo, patrimonialismo– que hablan de una anacrónica sacralización del poder y la autoridad. Muchos de los mexicanos que votaron por el PRI conciben tácitamente la política como una arquitectura vertical en la que el soberano manda, no como una plaza pública donde los hombres deliberan soberanamente y eligen un mandatario. Otros ciudadanos que votaron por el mismo partido responden más al llamado del porvenir, pero prefieren el cambio desde dentro. Junto a estos dos resortes del voto contaron muchos otros factores legítimos –entre ellos, desde luego, la campaña tenaz y propositiva de Ernesto Zedillo–, aunque no cabe olvidar el aporte ilegítimo del sufragio desvirtuado. Aunque es probable que restando el efecto del llamado «fraude estructural» los números hubiesen favorecido al PRI, la mancha moral persiste: en cualquier país democrático, muchos de los métodos que el PRI desplegó en esta elección se considerarían ilegales. En suma, el voto por el PRI tuvo una condición dual. Fue un voto paradójico en favor de la imposibilidad estructural de votar democráticamente, un voto en favor de un partido de Estado que en su propia naturaleza y funcionamiento niega la democracia. Fue, asimismo, en su mejor instancia, un voto que reconoce la injusticia histórica de esa paradoja y busca superarla confiado en una reforma del PRI; una reforma del partido frente a sí mismo, frente al Estado, frente a la sociedad.

Fue, también, un voto creciente por el PAN. En 1976 no postuló candidato alguno a la presidencia. En 1988, a pesar de su buen desempeño en algunos estados, carecía de una verdadera presencia nacional. En 1994 los panistas han duplicado su número de votantes y han alcanzado un rango y una visibilidad que abarca al país entero. Su éxito tiene una explicación histórica. El PAN ha reivindicado por fin una filiación que le pertenecía de manera legítima, no con la estirpe conservadora sino con la raíz originaria de la Revolución mexicana. Hay una línea de continuidad que va de Madero al vasconcelismo, de allí a la lucha por la autonomía universitaria del rector Gómez Morin, y que concluye en la fundación del PAN en 1939. En mayo de 1994, el impulso histórico del PAN encontró dos vehículos notables: un debate y un debatiente. La mañana del 13 de mayo el PAN pudo haber enfilado quizás hacia la victoria. Amplios sectores del México joven, educado y moderno se decidieron en ese momento por la alternancia en el poder. ¿Qué ocurrió? Que no sólo de PAN vive el PAN, también del hombre, y fue el hombre el que falló. En Diego Fernández de Cevallos se operó, al paso de los días, un repliegue vital: desapareció del lente público, dio a entender que quizá lo matarían en el tránsito, que si llegaba convocaría a un referéndum para quedarse o para irse. El mensaje era claro: Diego puede, pero no quiere. ¿Horror típicamente criollo al poder? ¿Sorpresa vital ante una condición que no busca? El resultado se reflejaría en las urnas: un candidato que malogra el germen de su carisma, así tenga tras de sí un partido genuinamente democrático, no convoca la voluntad necesaria para desmontar la arquitectura política del PRI. El cambio llegará, pero su fuerza vendrá de la fe, como en el caso maderista.

Fue, por último, un voto decreciente por el PRD. En lo personal, me sorprendió su bajo porcentaje de votos. Después de criticarlo durante todo el sexenio, terminé por creer en su convicción democrática. No ignoraba las contradicciones de su plataforma final con respecto a sus posiciones previas. Conocía suficientemente las aristas autoritarias de su gestión michoacana; estaba convencido –lo estoy aún– del daño que el legado paternalista de los Cárdenas ha causado en Michoacán, feudo de la familia desde los años treinta. Siempre pensé que Cárdenas debió encarar con valor su pasado priista y creí que la oportunidad de oro para hacerlo se la había dado Diego Fernández de Cevallos en el debate. Si en lugar de decir «nada tengo de qué avergonzarme», hubiera dicho: «me equivoqué, soy humano, pero he querido enmendar mi vida pública y dejar una huella democrática en México: a eso responde mi actitud y mi compromiso desde 1986», Cuauhtémoc hubiera cosechado muchos votos indecisos. ¿Por qué no lo hizo? Quizá por la soberbia heredada, no de su padre que supo reconocer ciertos errores, sino de su propio partido, el PRD. Ninguna de sus dos alas –la ex priista y la izquierdista– sintió nunca la necesidad de encarar el pasado. Demócratas súbitos, creyeron que su extraña e inexplicada conversión democrática lo redimía todo: las puntuales nóminas oficiales en el caso de los primeros, la complicidad con regímenes totalitarios (y las puntuales nóminas oficiales) en el caso de los segundos. Ese bloqueo moral, pensaba, los hundiría, pero su candidato estaba allí, por encima de ellos, recorriendo el país con un tesón que llegó a conmoverme. Había un tono genuinamente redentor en la terquedad de Cuauhtémoc Cárdenas, un ánimo frente al cual sus faltas palidecían. Con todo, el votante mayoritario leyó en su mensaje una negatividad radical que por su misma esencia no arrojaba luz: Cuauhtémoc quería pero no podía. A destiempo, la historia cobra sus deudas. Los ex priistas del PRD descubren ahora la opresiva solidez del edificio que ellos mismos ayudaron a construir y entienden que para desmontarlo se necesitan más que desplantes populistas y gestos puritanos: se necesita lucidez, imaginación, humildad, paciencia, responsabilidad y, sobre todo, autocrítica. Los ex comunistas del PRD viven ahora el golpe brutal que creyeron esquivar en 1989: la caída de su propio Muro de Berlín. En cambio, Cuauhtémoc Cárdenas no tiene ya deudas pendientes: ha hecho un inmenso aporte a la vergüenza cívica de México.

A fin de cuentas, fue un voto que, bien leído –en términos de cantidad y calidad–, significa un mandato de cambio. ¿Lo leerá así Ernesto Zedillo? Alguna vez, curioseando en su oficina, advertí tres retratos: un óleo de Benito Juárez, una pequeña fotografía de José Vasconcelos y un fotomural de Luis Donaldo Colosio. Las figuras que uno admira son como votos retrospectivos y, en este caso, los tres personajes son emblemas de cambio. Si Zedillo considera la magnanimidad de Juárez ante sus adversarios en 1867 y su respeto ante las críticas, si piensa en Juárez como un reformador liberal y republicano, no como un inflexible idólatra de la ley, el ejemplo juarista lo guiará. Si sigue la generosidad cultural, casi ecuménica de Vasconcelos, si lo conmueve su cruzada democrática, si advierte el abismo de intolerancia donde finalmente se precipitó nuestro «Ulises criollo», el ejemplo vasconcelista lo iluminará. Si recuerda la transparencia en la mirada y los propósitos de Luis Donaldo Colosio y esquiva sus fluctuaciones de carácter, el ejemplo de aquel desventurado amigo suyo lo fortalecerá.

La presidencia imperial*

México no es una monarquía absoluta y hereditaria pero los vaivenes de su historia política recuerdan las *Vidas de los doce Césares* de Suetonio. La concentración de poder en el jerarca en turno ha sido una

* Enero, 1995.

constante desde tiempos del emperador Moctezuma, frente a quien sus súbditos no podían alzar la vista bajo pena de morir sacrificados. En cualquier país la actitud de los líderes es un factor clave, pero en México, donde las prácticas republicanas y la democracia son más formales que reales, la historia nacional se explica a menudo por la biografía de sus presidentes. Desde 1929, los mexicanos nos hemos preguntado cada seis años, a veces con esperanza y alivio, otras con incertidumbre y temor: ¿quién es el presidente? ¿Cómo reaccionará ante el legado de su antecesor?

Un buen psicoanalista hubiera ahorrado al país muchos dolores de cabeza. Gustavo Díaz Ordaz sufría de manía persecutoria, tenía un sentimiento (no injustificado) de ser marcadamente feo y el extraño pasatiempo de armar gigantescos rompecabezas; era previsible que interpretara las manifestaciones estudiantiles de 1968 como un rompecabezas político, una agresión personal a la que había que someter de modo violento y sumario. Luis Echeverría vivió todo un sexenio obsesionado con distanciarse de la matanza de Tlatelolco y quiso lograrlo mediante una política populista que multiplicó la burocracia, endeudó al país y, a fin de cuentas, desquició la economía. José López Portillo provenía de una antigua familia arruinada por la Revolución y proyectó a su presidencia sus delirios restauradores: vio en el petróleo un regalo de la Divina Providencia, gastó como un señor feudal en proyectos suntuarios y legó a su sucesor una deuda de ochenta mil millones de dólares: una bomba económica. Miguel de la Madrid, hombre de temple conciliador y cauteloso, comenzó a orientar la economía hacia la apertura comercial, pero en su periodo se cometieron fraudes electorales que desembocarían en los comicios más dudosos de la historia contemporánea mexicana: una bomba política. Para el triunfador de esas elecciones, Carlos Salinas de Gortari, legitimar su posición era una cuestión prioritaria.

¿Quién es Ernesto Zedillo? ¿Cómo ha reaccionado y reaccionará ante el legado de Salinas? Formado durante su infancia y primera juventud en Mexicali, en la frontera con Estados Unidos, es el primer norteño que gobierna al país desde los tiempos de los grandes caudillos revolucionarios. Nacionalistas pero no yankófobos, los mexicanos del norte no se sienten menos que los norteamericanos, sus «primos» del «otro lado»; orientados a la práctica y recelosos de las teorías, suelen ser liberales en sus creencias religiosas, abiertos en su trato, igualitarios en lo étnico y social, espartanos en su régimen de vida.

Zedillo se ajusta al modelo. No sólo por su formación de economista en Yale, sino por sus hábitos de trabajo (austeridad y "workaholismo" agudo), sus posturas éticas (en su hogar, caso excepcional en su posición, no había sirvientas), su temperamento individualista y hasta sus gustos musicales, Zedillo comprende y participa, como ningún otro presidente mexicano, de la cultura norteamericana. Es un *self-made man:* hijo de una familia de clase media, de niño desempeñó diversos oficios (voceador de periódicos, limpiabotas), viajó solo en camión hasta la remota capital del país y, más tarde, se incorporó al Instituto Politécnico Nacional, institución competidora de la antigua, elitista y humanista Universidad Nacional. Un dato significativo de Zedillo es su honradez personal: ningún presidente mexicano ha llegado al poder con menos patrimonio personal en este siglo.

En la campaña presidencial Zedillo fue de menos a más. Mostró valor personal, tenacidad y disposición para aprender de sus propios errores. Su triunfo del 21 de agosto [de 1994] fue claro, si bien manchado por las inequidades de nuestro sistema político. Aunque su gabinete de jóvenes economistas (el primero puramente tecnocrático de la historia mexicana) provocó desconcierto, su discurso de toma de posesión tuvo un efecto sedante: heredero de un presidente todavía popular y de una economía aparentemente sana y reformada, sólo la guerrilla de Chiapas nublaba el horizonte.

Los primeros actos políticos fueron alentadores. A diferencia de Salinas, Zedillo tomó la iniciativa de establecer puentes con la oposición de izquierda e incorporó a su gabinete a un miembro del PAN, introdujo una urgente reforma al maltrecho Poder Judicial y mostró cortesías inusitadas hacia el Poder Legislativo. Ante las amenazas de violencia en Chiapas, Zedillo actuó con una mezcla adecuada de firmeza, flexibilidad y prudencia. «Nuestra paciencia es inagotable», declaró.

Parecía el mejor de los comienzos cuando, de pronto, las finanzas mexicanas se colapsaron. ¿Qué había ocurrido? La realidad se impuso. Mucho antes del conflicto en Chiapas, el peso acumulaba una peligrosa sobrevaluación. ¿Cómo no lo advirtieron los economistas del gabinete de Salinas? Los tecnócratas suelen creer que la realidad es plenamente modulable, planificable, previsible. Por eso no la oyen ni la ven. Por eso la atropellan y periódicamente se topan contra la pared.

Paradójicamente, nuestra desafortunada situación financiera podrá contribuir a la madurez de México y a su reacreditamiento definitivo como una nación confiable en el exterior, si Zedillo enfila su propia biografía –y la del país– hacia tres líneas rectoras: la paz en Chiapas, el realismo económico y la democracia. Además de canalizar recursos productivos federales y privados a Chiapas, quizá la solución de fondo sea idear una forma de autonomía para las comunidades de la región.

El gobierno de Salinas confundió un expediente financiero con la solución económica, y lo endosó a Zedillo. Contar con grandes inversiones financieras del extranjero no es lo mismo que crear una sana planta exportadora. La única salida para México es pagar y crecer exportando. El realismo en la paridad es la condición primera para lograrlo.

El acuerdo de fondo en Chiapas y el establecimiento de una economía sana dependen a su vez de la reforma política mil veces pospuesta. México no podrá convocar la confianza del exterior si no afirma definitivamente su confianza en sí mismo, pero esta confianza depende de la incorporación de México a la normalidad democrática. Si es fiel a los valores morales en que se formó, Zedillo deberá atender el agravio de sectores amplísimos de la sociedad que se sienten manipulados, engañados, tratados como menores de edad por el monopolio político del PRI. En las circunstancias actuales, sólo dos procesos tangibles pueden reavivar las esperanzas: elecciones impecables en todos los niveles y un clima democrático que aliente el continuo debate público sobre los grandes problemas nacionales. Hablar con la verdad es un paso hacia adelante.

Una democracia sin adjetivos es lo que los mexicanos necesitamos para llegar al siglo XXI como personas responsables de nuestra propia historia, no como objetos decorativos de la biografía presidencial en turno.

Nuestra *glasnost*[*]

Los hombres, así sean presidentes, no tienen la culpa de tener ovejas negras en la familia, y menos que éstos resulten ser presuntos asesinos. En México los casos han sido infrecuentes y han terminado mal: el hermano más célebre de la historia presidencial mexicana, Maximino Ávila Camacho, murió en 1945, probablemente envenenado. La novedad es que el presidente Ernesto Zedillo ha roto con una regla clave del sistema político mexicano: la ex presidencia impune, al actuar jurídicamente contra el hermano mayor del ex presidente, Raúl Salinas de Gortari, presunto autor intelectual del asesinato de Francisco Ruiz Massieu.

Estas rupturas no pasaban aquí. Ahora ocurren por la presión de la sociedad mexicana, que ha estado creando desde hace años su propia *glasnost*. En medio del fracaso de nuestra *perestroika*, casi nadie ha no-

[*] Marzo, 1995.

tado su presencia. Hubiese sido ideal que la apertura política se diera en un marco de crecimiento económico sin inflación y con grandes reservas; no así, en medio de una crisis.

«No podemos dejar que nos pase lo que a la Unión Soviética», solía decir Salinas en 1993, implicando que había que modular con prudencia la *glasnost* hasta que la *perestroika* se consolidara (como si la democracia fuera condición de inestabilidad, como si sólo un sistema autoritario pudiese modernizar una economía). Era extraño que lo siguiera creyendo, tras la adopción de la democracia en Rusia y los países de su antigua órbita; cuando, por primera vez en casi doscientos años de vida independiente, toda Latinoamérica optaba por la democracia, salvo dos islas, una geográfica –Cuba– y otra histórica: México. La anomalía política mexicana era insostenible dentro y fuera del país, pero Salinas no quiso verla. Prefirió suministrar el cambio a cuentagotas. En su sexenio no dejó de haber avances políticos –sobre todo en los últimos meses–, pero fueron siempre reactivos, forzados por las circunstancias: una concesión arrancada aquí, una pequeña reforma allá. Parecía razonable: habían sido tan radicales sus reformas económicas (en un país cerrado a la innovación y lleno de tabúes), que lo responsable era protegerlas en una incubadora. «Hay que lograr la permanencia del proyecto», subrayaba Salinas. Muy pronto vinculó esa permanencia con la suya propia en el poder. Buscaría una especie de reelección colegiada con su grupo moviendo los hilos atrás del más fiel, débil y maleable de los candidatos: su protegido, Luis Donaldo Colosio. Alguien del grupo llegó al extremo de poner fechas: la incubación, supervisada por la «generación del cambio», duraría veinticuatro años.

No faltaron voces que insistieron hasta el cansancio en el paralelo con el régimen de Porfirio Díaz. Había logrado avances impresionantes en la economía pero desdeñó el progreso político, con el mismo pretexto: «México no estaba preparado para la democracia». Creyéndose el único garante de la estabilidad, en el cenit de su prestigio internacional, Porfirio Díaz desencadenó la verdadera inestabilidad: una revolución. México no llegará esta vez a esos extremos, pero la reforma política pudo haber desactivado a tiempo la rebelión de Chiapas (o desacreditado sus supuestos fines democráticos), no así los asesinatos políticos. Las mafias del viejo sistema hubieran reaccionado a balazos de cualquier forma. Pero si, a mitad de su sexenio, Salinas hubiese invertido en la democracia el enorme capital de prestigio que tenía, todo el mundo y todo México (menos los dinosaurios del PRI) lo hubieran apoyado. No lo hizo, y la reforma económica se ahogó en un mar de inestabilidad, probando de paso que sólo la democracia garantiza la estabilidad a largo plazo. Con todo, el avance político debido a la acción cívica no ha sido menos notable. No hace mucho, buena parte de la prensa practicaba de una u otra forma la autocensura; la Secretaría de Gobernación limitaba decisivamente la libertad de expresión en la radio y la televisión; en 1986 una gubernatura en manos del PAN parecía el fin del mundo; a principios de los ochenta, la izquierda operaba en sectas que soñaban todavía con un futuro revolucionario; la Iglesia católica no podía abrir la boca; la mayoría de los intelectuales vivía del dinero público; el proceso electoral se manejaba por las secretas reglas de la «alquimia» y, en el PRI, se hablaba abiertamente de los «fraudes patrióticos»; dominados por el Ejecutivo, el Poder Legislativo y Judicial eran casi formales; el presidente de turno (dueño del partido, el ejército, el subsuelo, etcétera) gozaba de un poder absoluto por seis años y una impunidad absoluta al dejar el poder. Era, en palabras de Mario Vargas Llosa, «la dictadura perfecta».

Queda el trecho más largo por recorrer, pero México tiene hoy (con las excepciones que todos conocemos) la prensa más crítica y libre de su historia contemporánea; en la radio se ejerce la libertad de expresión; en 1994 la televisión dio acceso también, aunque con tibieza, a la libertad de debate; el PAN ha ganado elecciones clave, ayer en el importante estado de Jalisco y, mañana, seguramente, en Guanajuato [poco tiempo después de escrito este artículo, Vicente Fox accedió a la gubernatura de ese estado]; si bien no del todo curada de sus obsesiones ideológicas, la izquierda se ha democratizado y, en 1997, podría alcanzar la gubernatura del Distrito Federal [Cuauhtémoc Cárdenas se convirtió en el primer jefe de gobierno de la ciudad proveniente de un partido opositor]; los obispos actúan y opinan con total libertad; ahora hay más intelectuales independientes y críticos; entre las reformas inminentes está la plena autonomía del Instituto Federal Electoral, que podría extinguir a los «alquimistas»; el PRI está corroído por dentro; el Poder Judicial y el Legislativo comienzan a tener vida propia; por último, el presidente sigue teniendo el poder absoluto, pero se ha propuesto avanzar hacia la democracia plena.

Al margen del desenlace, la ruptura de Zedillo con Salinas tendrá repercusiones benéficas en el combate a la corrupción: al arriesgarse a que el siguiente presidente lo juzgue a él (o a gente de su entorno cercano) si comete ilícitos, Zedillo manda una señal sin precedente a toda la estructura del poder: se acabó la impunidad.

El sistema político mexicano nació de una ruptura en la cumbre entre un presidente y un ex presidente. En 1936, Cárdenas subió a Calles a un avión y lo desterró a California. A partir de entonces, los presidentes se han ido sucediendo cada seis años, pacíficamente, como en una monarquía absoluta sexenal, hereditaria por vía de la «familia revolucionaria». Tenía genio el sistema, no sólo por haber desarmado e integrado a los feudos militares anteriores al PRI, sino por exhibir, hasta mediados de los años sesenta, una notable capacidad de auto-corrección. Operaba como una especie de péndulo interno. Como en una inmensa corporación –el símil lo propuso Gabriel Zaid en *El progreso improductivo*–, un general de la familia (Manuel Ávila Camacho) cedió el mando a los universitarios, que imprimieron su estilo personal de gobernar. El último, Carlos Salinas de Gortari, parecía tan exitoso y dinámico que quiso quedarse con la empresa, y lo que consiguió fue la rebelión de los viejos accionistas y la quiebra. En cada sucesión, el presidente entrante se distanciaba simbólicamente del anterior, pero el rito no llegaba más allá de un regaño, un insulto o una embajada en las islas Fidji. El problema entre Zedillo y Salinas es distinto. El sistema puede terminar como empezó: con una ruptura en la cumbre.

Para que la política mexicana deje de manejarse como una corporación, la reforma política debe consolidarse decisivamente en los próximos meses. Los pasos esenciales están en boca de todos: esclarecimiento del asesinato de Colosio, elecciones transparentes en los estados, canalización política de la guerrilla en Chiapas (como en El Salvador y Colombia), ampliación del debate público en los medios de comunicación masivos, fortalecimiento del federalismo y genuina división de poderes. ¿Podrá lograrlo Zedillo?

Los riesgos son enormes, y están también en boca de todos: una posible rebelión de las mafias sindicales, burocráticas, estatales del PRI, crecimiento de la narcopolítica, nuevos asesinatos y la tentación improbable, pero no imposible, de un golpe militar. En suma, en nuestro futuro podría estar nuestro pasado: el fin del PRI podría conducir a la vuelta del caudillismo.

Desde que sonaron los últimos disparos de la Revolución en los años veinte, México fue un santuario en medio de las guerras civiles, étnicas, religiosas, nacionales y mundiales del siglo XX. El mundo en general y Estados Unidos en particular se acostumbraron a esa condición. Ahora que ha llegado el tiempo de pagar la cuenta de nuestro arcaísmo político, es injusto que nuestro aporte de paz y estabilidad se olvide.

Cuando una crisis se desata en Rusia o Medio Oriente, el mundo occidental reacciona con ponderación e interés. Cuando estalla en México o en Centroamérica, es sólo un dolor de cabeza incomprensible, inadmisible. En su crisis económica, México merece apoyo. En su búsqueda de un nuevo orden político, merece paciencia, análisis y comprensión.

El candidato y su fractura*

La vida de Luis Donaldo Colosio –su obra, sus dichos– no pasará a la historia. En el recuerdo colectivo sólo ha quedado su muerte: la terrible foto, el video de aquella marea que lo arrastra hacia la cita puntual con la pistola, la ejecución fría y certera del disparo en su sien.

Busco en mi memoria imágenes de los pocos momentos que pasé con él, datos para un retrato distinto. No el de los carteles del PRI, maquillado como actor de cine. Tampoco el de los discursos –voz impostada y dedo flamígero, resabios de una oratoria escolar que al propio Colosio incomodaba–. No son los actos del Colosio público los que quisiera evocar sino las actitudes de Luis Donaldo Colosio, la persona, hasta donde pude entreverla.

Siempre me llamó la atención su inseguridad. «Es que le teme a los intelectuales», me comentó con cinismo un cercano consejero de Salinas de Gortari, aceptando implícitamente la observación pero desdeñando su importancia. No era desdeñable. Colosio buscaba el apoyo moral de algunos escritores y periodistas movido no por un inútil propósito de cooptación sino por un vacío interior angustioso, insoportable. Antes del estallido guerrillero en Chiapas, creía necesitar un mapa intelectual para pensar a México. Un par de meses después, más que un mapa buscaba una tabla de salvación. No la encontró.

Años atrás me había invitado a desayunar a su casa de las Águilas. Me habló en aquella ocasión de un asunto que le interesaba: la reforma del PRI. Colosio trataba de descentralizarlo y promover en todos los niveles las elecciones primarias. Hablaba con datos de primera mano y una evidente buena fe. Le expuse mis dudas sobre las posibilidades de una reforma tan suave, pero me atajó advirtiendo que pronto daría muestras evidentes de su convicción democrática.

En relación con las elecciones en Guanajuato y San Luis Potosí, buscó dialogar con algunos intelectuales con el propósito de convencernos de que los métodos empleados por Salinas (sendas renuncias de los gobernadores del PRI motivadas por las protestas de la oposición)

* Marzo, 1995.

eran un avance hacia la democracia. En su momento parecieron un pequeño avance, aunque su verdadero propósito era el de escamotear una verdadera reforma política, que debió y pudo haberse hecho en esos días.

Luis Donaldo Colosio tenía una fractura en el carácter. No conozco su vida personal antes de 1992. ¿Tenía esa fractura un origen remoto o cercano, tenía que ver con su niñez en Magdalena de Kino o con la enfermedad de su esposa, Diana Laura? La fractura existía y Colosio, en sutiles comentarios autolesivos, la reconocía. Dada la cercanía de Colosio con Salinas, su nominación como candidato del PRI era una muestra de abierto continuismo, la negación de la reforma democrática. Salinas creyó que la elección de Colosio aseguraba la permanencia de su proyecto. Se equivocó: la única forma de permanecer era no permaneciendo.

Luis Donaldo Colosio era inteligente y conciliador. Tenía ideas económicas claras y una sensibilidad social a flor de piel. Sabía escuchar, cualidad rara en un político. Se veía como un nuevo López Mateos, más popular que populista, delegando el poder en un gabinete eficaz.

A principios de 1994, en el despacho oscuro y frío de su nueva casa en Tlacopac, hablamos algunas noches. Recuerdo su biblioteca: decorativa, formada con libros regalados. El Colosio que yo conocía no era ese, con su lujosa corbata chueca, el pelo muy corto y un traje demasiado vasto. El auténtico era el ranchero de abundante cabellera ensortijada, vestido de mezclilla, chamarra y botas. El hombre de familia que gustaba escuchar fugas de Bach. El «otro» Colosio devoraba implacablemente al verdadero. Por eso, aunque sonreía mucho, reía poco. Había un dejo de tristeza en sus ojos; no era una mirada de incertidumbre sino de desorientación. Vivía en una atmósfera de preocupación.

Lo obsesionaba la legitimidad democrática. Era Hamlet despertándose cada día con una nueva duda: ¿Debía ir o no ir a Chiapas? ¿Convocar o no a los partidos de oposición? ¿Hablar o callar? ¿Son exactas las encuestas? ¿Qué hacer frente a Camacho, a Salinas, a Marcos? ¿Quién está conmigo y quién contra mí? ¿Qué ocurrirá con la salud de Diana Laura, y con los niños si ella falta? Una noche de marzo, al despedirnos, me atreví a decirle algo que, me imagino, quería oír: la presidencia de México es muy importante, pero no a cualquier costo. Nos abrazamos muy fuerte. Días después, le narré la escena a Julio Scherer. Ambos fuimos testigos incómodos y, en algún momento, confidentes de sus dudas, de su sufrimiento. Ambos sentíamos que su renuncia a la candidatura era una salida. Ya no hubo tiempo. Cuando una llamada de larga distancia me avisó del atentado recordé aquel fuerte abrazo. De Luis Donaldo sólo conservo el recuerdo de su mirada triste que aún ahora me pregunta ¿por qué?

El teatro y la plaza*

Este año, como cada 20 de noviembre, el gobierno «emanado de la Revolución» simulará que celebra, o celebrará que simula, el 85 aniversario de la Revolución maderista, la misma que ha desvirtuado desde 1913.

La traición al ideal maderista ha sido continua y sistemática. El «Primer Jefe» Carranza pensaba que la democracia no era cuestión de votos o de «partidarismos» sino de un «gobierno de la razón alta, profunda y serena, que palpando las pulsaciones de la vida de la nación ... busca fórmulas adecuadas para establecer y conservar el equilibrio en sus fuerzas vitales». Es decir, proféticamente, la democracia es el PRI. Álvaro Obregón, admirador de don Porfirio, se apartó muy pronto de la primera parte del lema que enarboló Madero, «sufragio efectivo», y de no ser por José de León Toral se hubiera desecho también de la segunda, «no reelección».

El «Jefe Máximo» tenía más nociones democráticas de lo que se cree (en 1932 criticaba la política del «carro completo»), pero la maquinaria electoral del PNR nació con una dinámica propia que ni siquiera él pudo corregir. Pocas cosas unen más que la complicidad en el asesinato: la mafia del PNR se había bautizado con la sangre de los estudiantes vasconcelistas en 1929. Lázaro Cárdenas, creador del corporativismo, fue aún menos demócrata que su antecesor, pero quizás hubiese entregado el poder a Juan Andrew Almazán de no ser porque la maquinaria electoral actuó de nueva cuenta con criterios militares: tomó a sangre y fuego las casillas «en manos del enemigo». ¿Qué hubiera dicho Madero ante el espectáculo de una Revolución que, a nombre suyo, ametrallaba votantes?

Con todo, la traición no podía ser tan burda. La gente comenzaba a murmurar. Había que dejar atrás la época bronca del fraude y entrar en la etapa del fraude industrial. La nueva generación de abogados no desdeñaría la democracia, ni la combatiría a tiros: se apoderaría de ella desvirtuándola a todo lo largo del proceso electoral,

* Noviembre, 1995.

desde la integración del padrón hasta la emisión de resultados. Lo haría con eficacia empresarial y hasta con buena conciencia.

Fue en 1946 cuando se operó en la clase política mexicana el cambio fundamental que vio Rodolfo Usigli en *El gesticulador:* la simulación se convirtió en una segunda naturaleza, la máscara se fundió con la cara, la Revolución se volvió gesticulación. Don Porfirio nunca pretendió ser demócrata sino una especie de depositario vitalicio de la libertad política de los mexicanos. Tampoco Carranza, los sonorenses o Cárdenas simularon ser demócratas. De Miguel Alemán a Gustavo Díaz Ordaz, los presidentes de la Revolución institucional llegaron a creer que el teatro político que representaban era la mismísima realidad. En una típica reversión orwelliana, ahora eran ellos los demócratas, no los panistas, esos «místicos del voto». Por eso no podían tolerar la más mínima disidencia, no se diga del PAN (al que había que «concederle» tres o cuatro de las dos mil trescientas presidencias municipales cada sexenio) sino de personajes que quisieran introducir un margen de libertad dentro del PRI, como Salvador Nava en 1961 o Carlos Madrazo en 1965. Ceder equivalía a permitir que los votantes comenzaran a actuar y reclamar como tales y no como espectadores pasivos de una farsa democrática. Pero los riesgos de confundir el teatro con la realidad pueden ser graves, sobre todo si los actores están armados. En 1968, la mafia en el escenario abrió fuego contra el sector juvenil del público inconforme con la obra.

Tlatelolco marcó el comienzo del fin del sistema político mexicano. Era el momento de renunciar a la gesticulación, tirar la máscara, cerrar el teatro. Era la oportunidad de abrir la política a la plaza pública. Por desgracia, los presidentes de la crisis (de Echeverría hasta Salinas de Gortari) creyeron que la «democracia a la mexicana» –es decir, la antidemocracia– resistiría. Echeverría y López Portillo quisieron reparar la obra regalando las entradas y comprando a los críticos. De la Madrid pudo desmontarla en Chihuahua en 1986, pero se cruzó de brazos: en tiempos del fraude cibernético, se cayó el sistema (y por poco el teatro). Finalmente llegó Salinas, empresario en grande: no sólo pensó en restaurar la obra sino en quedarse con el teatro. Los actores desplazados terminaron sacando la pistola en el escenario.

Desde entonces, el público ha optado por abandonar la sala. Ya todos saben que la verdadera celebración de la democracia que soñó Madero no ocurre en el escenario del teatro en ruinas, sino en la plaza pública que los ciudadanos han ido conquistando con sus votos.

Breve historia de la corrupción*

«¿De dónde viene la corrupción?» La pregunta de mi hijo mayor me tomó por sorpresa. Cuando tenía su edad, no se me ocurrió formular a mi padre una cuestión similar. La corrupción debió parecerme tan mexicana como los nopales. En sí misma, su inquietud denota un progreso político: cada vez más mexicanos se percatan de que la corrupción no es un rasgo cultural antiguo e idiosincrático sino un proceso histórico relativamente reciente, susceptible de ser controlado y, en gran medida, superado.

Se ha dicho que sus raíces están en la época colonial. El poder patrimonial absoluto de los monarcas españoles sobre sus dominios, transferido casi intacto a sus representantes en las Indias, los virreyes, habría convertido el ejercicio de los puestos públicos en un negocio privado, hábito que a su vez habría persistido a través de los siglos. Es verdad que el enriquecimiento de los oficiales por medio de sus puestos no era mal visto por la Corona, que incluso propiciaba la «venta de oficios». Es verdad también que sólo ahora comienza a desvanecerse la idea de que los políticos son los dueños del país. Pero la vida política colonial era menos opresiva de lo que se cree y su herencia menos decisiva de lo que parece. Piénsese, por ejemplo, en la maravillosa institución del Juicio de Residencia. Cuando los virreyes concluían su función, sufrían un arraigo forzoso para enfrentar, y en su caso reparar, los agravios que hubiesen infligido a particulares o corporaciones. Si el virrey moría en funciones, el resarcimiento recaía sobre sus herederos. En este sentido, la Colonia era más democrática que la época actual: ningún ex presidente ha tenido que responder, no se diga resarcir a la nación, por sus faltas, robos o asesinatos.

Los criollos –escribía Alamán– eran «prontos para emprender y poco prevenidos en los medios a ejecutar, entregándose con ardor a lo presente y atendiendo poco a lo venidero». Iturbide hizo negocios turbios en sus años de general invicto, Santa Anna tuvo haciendas en México y Colombia, pero ambos fueron despilfarradores, desidiosos, descuidados. Buscaban menos el poder que el amor de sus compatriotas. So-

* Diciembre, 1995.

ñaban con guirnaldas de oliva y un sepulcro de honor. El dinero no estaba en su horizonte práctico ni axiológico. Además, de haber querido enriquecerse, el pobre erario se los hubiese impedido.

Los liberales de la Reforma tuvieron todas las cualidades cívicas, incluida, por supuesto, la honradez. (Juárez pedía préstamos personales para sobrevivir.) Pero como sabían que los hombres son falibles, crearon una constitución que limitaba las fallas de un posible Ejecutivo dispendioso o corrupto, por tres vías: la Comisión de Hacienda de la Cámara de Diputados, la Suprema Corte de Justicia y una prensa libérrima. Estas instituciones llamaron a cuentas al ex presidente Manuel González en 1885. México había vivido su primer momento de apertura económica caracterizado sobre todo por la febril construcción de las vías ferroviarias. Al amparo del gobierno se hicieron negocios ilícitos que se tradujeron en un déficit fiscal escandaloso para esos tiempos y que estuvo a punto de provocar la consignación del secretario de Hacienda y el tesorero de la Federación. Don Porfirio, pérfido instigador de la maniobra, terminó por absolver a su compadre y de ese modo se enfiló, sin rival alguno, hacia la reelección perpetua; el precedente había sido sentado. El presidente, dueño de un dominio político absoluto, podía otorgar mercedes, prebendas, concesiones con la liberalidad de un rey, pero en lo personal tenía que ser, y parecer, honrado. Para que la Cámara, la Corte y la prensa no tuvieran que llamarlo a cuentas, las cuentas quedarían a cargo del ministro de Hacienda, quien ejercería un manejo financiero responsable y autolimitado en el que cabían ciertos favores y preferencias, pero no la corrupción. Por lo demás, cosa que con frecuencia se olvida, en tiempos porfirianos los niveles medios del aparato judicial funcionaban con eficacia y honestidad.

En el río revuelto de la Revolución muchos humildes pescadores se hicieron millonarios. El pueblo de la ciudad de México inventó el vocablo carrancear como sinónimo de robar y llamaba «consusuñaslistas» a los constitucionalistas. Pero no hay que confundir el botín de una guerra y los «cañonazos de cincuenta mil pesos» que disparaba Obregón con la corrupción moderna. Es verdad que, al grito de «la Revolución me ha hecho justicia», buena parte de la nueva clase militar cobró generosamente su participación revolucionaria mediante la incautación de haciendas. Es verdad también que el promisorio Banco Nacional de Crédito Agrícola, fundado en 1926, desvirtuó su vocación y arruinó sus finanzas otorgando los famosos e irrecuperables «préstamos de favor» a generales como Escobar, Amaro, Valenzuela y, sobre todo, Obregón. Sin embargo, la reforma agraria cardenista revirtió en

247

buena medida el saqueo. Por lo demás, comparada con la corrupción de la etapa institucional, la de los generales parecería juego de niños.

La corrupción moderna en México está cumpliendo en estos días [1995] medio siglo. La crearon los licenciados, universitarios preparados, civiles de traje y corbata, a quienes el público llamó los «tan prontistas» porque tan pronto como se sentaron en sus puestos públicos comenzaron a servir con diligencia a sus negocios privados. El catálogo era amplio: un ministro establecía una compañía *ad hoc* para surtir a precios inflados los requerimientos de su propia secretaría; desde el poder se alentaban monopolios de distribución de gasolina y transportes; se hacían fortunas gigantescas mediante la especulación monetaria e inmobiliaria. No había límites, sólo las voces aisladas de los débiles partidos de oposición, algunos viejos revolucionarios honrados, un puñado de escritores independientes (Bassols, Cosío Villegas), la revista *Presente* que el gobierno reprimió, y «Palillo», el eterno denunciante de los «pulpos chupeteadores del presupuesto nacional».

A pesar de sus proporciones (millonarias en dólares), la corrupción se hallaba en un estado rudimentario y no mostraba aún sus efectos más perversos. Cuidando todavía ciertas formas, los licenciados alemanistas habían accedido a los dineros públicos a través de arbitrios y mediaciones. Además, debido a la nueva vigencia del paradigma industrial, aquella riqueza mal habida solía quedarse en México, creando nueva riqueza y empleo. En 1952, la propia desmesura de los licenciados creó su antídoto. Ruiz Cortines ejerció una administración honesta y eficaz que, si bien no castigó penalmente a los pillos, ni estableció diques institucionales contra la corrupción (cosa que sólo el equilibrio de poderes y la democracia podían hacer), volvió al precedente porfiriano de autocontención y consolidó la respetuosa separación entre los «neoporfirios» en la presidencia y los «neolimantoures» en Hacienda y el Banco de México. La corrupción creció en tiempos del bohemio López Mateos y tendió a limitarse un tanto en los del austero Díaz Ordaz, pero no mostraba todavía su rostro verdadero. En un país que crecía casi al diez por ciento anual, con un dos por ciento de inflación, la corrupción parecía un «lubricante natural del sistema».

Con Echeverría se inauguró la etapa de los economistas en el poder, esos cachorros de los cachorros de la Revolución, becados en universidades norteamericanas y perfectamente preparados para servir a la patria destruyendo su economía y cobrando millones de dólares por el trabajo de demolición. Con la expansión del sector público (casi dos millones de plazas, cientos de organismos, programas, fideicomisos y un presupuesto «apalancado» con veinte mil millones de dólares de deuda externa) la corrupción cambió de escala. Ahora no sólo los amigos del presidente amasaban fortunas: bastaba un puesto menor en un nivel estatal para echar mano a la colación de la piñata pública. El catálogo se volvería infinito, pero para muestra basta un botón cercano. Un brillante alumno de ingeniería, cuya numerosa familia vivía en una casa de dos recámaras, aprovechó sus contactos personales en el círculo presidencial para alcanzar un puesto en el sureste petrolero, amasar en poco tiempo una fortuna y retirarse a los veintinueve años en una suntuosa casa Tudor que mandó construir. En los tiempos petroleros de López Portillo, esas historias de enriquecimiento incomprensible se volverían lugar común.

Un sector de la opinión pública comenzó a percatarse de la relación funcional entre el poder y el dinero y abrigó desde entonces un agravio moral contra el sistema. Por eso el lema de Miguel de la Madrid, «Renovación moral», le ganó una votación masiva. Era el momento de actuar jurídicamente contra los ex presidentes y abrir el sistema político, pero De la Madrid tomó la tímida opción de volver al ejemplo de Ruiz Cortines. No era suficiente. Se requería nada menos que un cambio en el contrato político de México. Gabriel Zaid lo formuló en 1986 en su ensayo «La propiedad privada de los puestos públicos»: «La corrupción no es una característica desagradable del sistema político mexicano: es el sistema ... La corrupción desaparece en la medida en que las decisiones de interés público pasan de la zona privada del Estado a la luz pública» [ensayo recogido en *La economía presidencial*].

Estaba claro que la corrupción no era una falla moral inherente al mexicano. Era y es universal, y no se combate con prédicas sino con los mismos controles que los liberales introdujeron en la Constitución de 1857: diputados que revisan las cuentas, jueces independientes, una prensa libre, veraz y honrada que llama a los pillos por su nombre, partidos de oposición alertas a cualquier pifia de sus adversarios en el poder, y ciudadanos que a través del sufragio efectivo otorgan, revisan o revocan su mandato sobre los políticos. Esto, que poco a poco se está volviendo realidad en México, debió haberse instituido en los años ochenta y pudo habernos librado de los vergonzosos extremos de corrupción a los que se llegó en el periodo de Carlos Salinas de Gortari.

Ruiz Cortines declaró sus bienes al comenzar su sexenio. Ernesto Zedillo podría hacerlo ahora y seguir haciéndolo cada año hasta el 2000. Pero se necesita más. Hay que asegurar la reforma política, ampliar el debate público y volver al precedente colonial en un solo aspecto: reinstituir el Juicio de Residencia en la persona del ex presidente Salinas de Gortari, que quiso hacer su real gana y tiene mucho que aclarar, reparar y resarcir a los mexicanos.

¿Qué le queda a Salinas?*

En la bolsa mexicana de valores presidenciales no ha habido bonos más devaluados que los de Carlos Salinas de Gortari. Calles fue impopular entre el México católico (el México mayoritario), pero no fue el rechazo público lo que lo llevó al exilio sino la decisión de Cárdenas, su sucesor. La corrupción en tiempos de Alemán fue un foco de desprestigio y escándalo que no tuvo, sin embargo, consecuencias penales para los infractores y se apagó al poco tiempo de terminado aquel sexenio. Díaz Ordaz fue repudiado por la clase media ilustrada y en dos ocasiones tuvo que soportar el abucheo de las multitudes, pero desde 1970 hasta su muerte en 1979, transitaba por las avenidas manejando personalmente su automóvil. Aunque Echeverría no se expone demasiado al veredicto popular, mal que bien se ha hecho presente en ámbitos públicos sin grandes problemas. Con López Portillo el juicio general ha sido más severo debido al agravio que la gente asoció a su sexenio. De la Madrid no desagravió al país pero tampoco ahondó demasiado el agravio y ahora camina por las calles, no entre aplausos como Cárdenas o López Mateos, pero sí a la manera de Ruiz Cortines o Ávila Camacho: sin gloria ni pena. Con Salinas de Gortari, en cambio, se han roto todos los moldes: la reprobación hacia él es casi universal.

Antes de ponderar hasta qué punto el veredicto es justo o injusto, conviene buscar sus raíces. Hay quien asegura que se trata de un «linchamiento» inducido por la prensa o el ominoso síntoma de una enfermedad que ha hecho presa de los mexicanos. Odio, ira, rencor, venganza, resentimiento, desesperanza son cabezas de la hidra que, de acuerdo con esta interpretación, corroe el organismo moral de la nación. Pero si se examina con algún detalle la historia del desprestigio en México, se verá que quizá la opinión pública es más autónoma y espontánea de lo que se cree y no está tan enferma, ni tan errada como se piensa: ha colocado a Salinas de Gortari en un círculo infernal cercano al de López Portillo porque ambos cometieron un error similar: habiendo conquistado el crédito de los mexicanos, los defraudaron.

¿Quién no recuerda el discurso de López Portillo en su toma de posesión? Aseguró que «la solución somos todos» y pidió a todos los sectores algo concreto, a todos menos a los pobres y desheredados, a quienes sólo les pidió una cosa: perdón. Prometió que volverían los tiempos en que nuestra moneda valía por su plata. Más tarde vio en «el oro negro para todos» nuestro pasaporte directo al rentismo nacio-

* Enero, 1996.

250

nal. La propaganda llegó a los rincones más apartados del país haciendo concebir al mexicano esperanzas de un mejoramiento material próximo y tangible. Ningún presidente antes de López Portillo se había atrevido a prometer tanto a tantos en tan poco tiempo. ¿Era su conciencia criolla que buscaba una reivindicación de siglos? En todo caso, el descrédito que siguió al derrumbe de 1982 fue proporcional al tamaño de la fe que el presidente había convocado: con el peso por los suelos y el país hipotecado, no le quedó más que terminar como había empezado: pidiendo perdón a los desheredados.

Los buenos banqueros saben que un deudor puede reacreditarse con un mismo acreedor una vez, pero difícilmente dos veces. Con las espectaculares medidas iniciales de su sexenio, Salinas no legitimó las turbias elecciones de 1988 pero logró que sectores importantes de la opinión nacional volvieran a creer, por segunda vez, en el presidente. En el exterior había intereses empeñados en creer que México –el «patito feo» de la escena mundial en 1982– se volvía el chico bueno de la película, sobre todo cuando muchas de las medidas económicas que el gobierno aplicaba eran certeras. Fue entonces cuando Salinas prometió más y a más personas que López Portillo: México ingresaría al Primer Mundo. Olvidando por momentos el agravio del 82, el mexicano volvió a creer que su progreso particular y concreto era posible y próximo. De pronto, como en 1982, sobrevino la caída. Más abatido e hipotecado que nunca, el país volvió al consabido papel de «patito feo» sin que haya mediado hasta ahora una explicación oficial clara y convincente sobre las razones del derrumbe.

La injusta apreciación pública sobre muchas de las reformas macroeconómicas de Salinas (la privatización, la apertura al exterior, la reforma en el campo) no puede ceder, en el ánimo público, ante un agravio que se creía superado y que la realidad finalmente ahondó. Salinas no es el primer presidente que tolera o favorece a un hermano torvo y corrupto. Pero sí es el primer presidente que, habiendo convocado la fe casi unánime de los mexicanos en torno a su inteligencia e integridad, no supo administrar su éxito, no supo calibrar lo que ese crédito significaba, y lo dilapidó.

A todo lo largo del sexenio, no faltaron voces que señalaron el único camino para consolidar el éxito económico: avanzar en el mismo sentido y con igual decisión en la reforma política. Es posible que esa apertura política hubiera modificado o hasta congelado algunas reformas económicas. Pero valía la pena intentarla porque sólo a través de ella podía alcanzarse un verdadero consenso nacional sobre esas reformas que, de otra suerte, quedaron como imposiciones de la cúspide.

La democratización inmediata era necesaria no sólo por estar acorde con los tiempos. En ensayos, artículos, declaraciones y entrevistas radiofónicas, algunos insistimos en trazar el obvio paralelo con el régimen porfiriano. El tiempo lo confirmó. Salinas pospuso el cambio hasta que el cambio lo arrasó, en un sentido no muy distinto al del legendario dictador. El levantamiento en Chiapas no fue una revolución sino una combinación compleja de revuelta y rebelión que aún no alcanzamos a desentrañar, ni a resolver. Carlos Salinas vive ahora en el exilio, con un desprestigio mucho mayor que el de Porfirio Díaz.

Perdonar una vez es difícil, sobre todo si lo que se tiene que perdonar es imperdonable. Perdonar dos veces es quizás imposible. Pero Salinas no ha tenido siquiera la humildad de pedir perdón, teniendo amplios motivos para hacerlo. ¿Qué le queda? Dar la cara, defender su postura, aceptar sus errores, hablar con la verdad.

Dos películas*

Un presidente discreto, honesto, oriundo de la provincia, sin nexos de sangre o amistad con la «familia revolucionaria». Ha estudiado economía en universidades norteamericanas. Carece por entero de experiencia política. Ha trabajado en la Secretaría de Hacienda y el Banco de México. Ha sido secretario de Programación y Presupuesto. Su antecesor ha cometido errores costosísimos y le ha heredado un país en quiebra. En su campaña incluye de manera insistente la palabra «democracia» y advierte que combatirá la lacra de la corrupción. Al preguntársele por el método que empleará, contesta que él sabe cómo hacerlo. Obtiene una votación copiosa y un triunfo legítimo. Desde su toma de posesión toma medidas draconianas. En el primer año de gobierno, la economía se recupera claramente. Con el severo ajuste a la paridad, repuntan las exportaciones. En el ámbito político sus logros son significativos: importantes plazas del norte del país pasan a manos de la oposición panista. En términos morales, el contraste con el sexenio anterior es notable, no sólo en el estilo personal del presidente sino por el establecimiento de una nueva dependencia del Ejecutivo encargada de vigilar la recta utilización de los dineros públicos. ¿No habíamos visto ya esta película?

En el momento de ascender a la presidencia, el protagonista de aquella versión –Miguel de la Madrid– tenía cinco años más que Er-

* Enero, 1996.

nesto Zedillo. La crisis que enfrentaba era menos profunda que la actual. No había guerrilla en Chiapas, ni una deuda inmensa en el sector privado, ni descomposición social. Tampoco había partidos de oposición con alcance nacional, una prensa libre y un mundo democrático. Y sin embargo, la trama de ambas películas parece escrita por un mismo autor. Lo que pasó después de aquel promisorio comienzo puede guardar lecciones para nuestro futuro inmediato.

La situación comenzó a complicarse a partir del segundo año de gobierno. El plan económico se relajó. En 1984 el gobierno sintió la presión de la línea dura del PRI y terminó por sacrificar sus propósitos democráticos. ¿Fue accidental la explosión en San Juanico o fue un sabotaje fríamente ejecutado por la cúpula sindical petrolera para meter en cintura al presidente? En todo caso, De la Madrid se convenció poco a poco de que su espacio de maniobra era reducido. Si hubo voces que pedían un juicio contra los ex presidentes, la respuesta fue que eran intocables; si se urgía a un recorte severo e inmediato en el tamaño y las atribuciones del Estado, se respondía con la «rectoría del Estado»; si los ejemplos de Asia sugerían la necesidad de abrir la economía, el nuevo modelo se instrumentó con lentitud y vacilación. En abono de Miguel de la Madrid cabe señalar dos hechos. Por una parte, como miembro de una generación formada en el estatismo, le costó trabajo ajustarse al nuevo paradigma; por otro lado, las circunstancias externas y naturales (entre ellas la baja en los precios del petróleo y el terremoto de 1985) le fueron particularmente adversas. Y sin embargo, así como al final optó por liberalizar con decisión la economía, pudo haberlo hecho también con la política. Perdió la oportunidad en Chihuahua y el resultado fue el desastre de 1988, un desastre para la democracia porque los mexicanos nunca sabremos quién ganó de verdad esas elecciones. ¿Qué serían hoy, en las manos de la prensa o la oposición, los paquetes electorales que Salinas, vergonzosamente, mandó quemar?

Las recetas económicas son ahora menos claras que en 1982. El pequeño repunte en los mercados financieros, la confianza y las reservas, puede producir alucinaciones peligrosas en los economistas que nos gobiernan, siempre proclives a aplicar de manera estricta recetas académicas, carentes siempre de ideas prácticas –aunque sean heterodoxas– para reanimar la economía. La renovación moral que propone este régimen puede terminar también, como la de aquél, en un apreciable neoruizcortinismo que deja viva la maligna raíz que envenena a México. ¿Tocar o no tocar a Carlos Salinas de Gortari? El perdón es un signo de madurez –como lo ha demostrado la experiencia polaca, rusa, argentina y chilena–, pero en nuestro caso sería prematuro. Para que un perdón sea eficaz y legítimo, debe provenir de un régimen respaldado por la sociedad y con credenciales democráticas indiscutibles. Por desgracia, nuestra transición a la democracia está siendo más difícil de lo que fue en España, Polonia o Checoslovaquia, por la razón inversa a la que ha sostenido Zedillo: deshacer la red de mentiras y simulaciones de una «democracia formal» es una tarea más ardua que construir la democracia desde cero.

Aquella película no tuvo un final feliz: se cayó el sistema, se quemaron las actas, ganó el villano. Ésta debería tener un final más digno del mundo democrático en que vivimos: calló el sistema, se contaron los votos, triunfó el ciudadano.

Dejar el poder*

La voluntad democrática de un partido o una persona en el poder sólo se prueba de una forma: dejando el poder. Por el contrario, en la historia de México hay innumerables ejemplos de la voluntad antidemocrática de permanecer en el poder. A Santa Anna le fastidiaba ejercerlo (cuando no aprestaba el acero y el bridón, prefería mecerse en las hamacas de su hacienda, bajo el sol jarocho), pero cuando se sentía amenazado, era capaz de discurrir un golpe de Estado contra sí mismo para recobrarlo. Juárez le tomó tanto cariño a la silla presidencial que de no haber sido por la angina de pecho que le causó la muerte, hubiera seguido apoltronado en ella. Su paisano, Porfirio Díaz, intentó derrocarlo en 1871 al grito de «Sufragio efectivo, no reelección», pero tan pronto como se ciñó la banda presidencial [1876], su afecto por ella creció tanto, que la mantuvo en su pecho por los siguientes treinta y cuatro años.

En el siglo XX la autolimitación de quien gobierna ha sido tan rara como en el siglo XIX. Dejemos a un lado a Madero, que hubiese cedido el poder en 1917 al candidato que triunfara por la vía electoral, cualquiera que hubiese sido. Carranza se quiso perpetuar a través de Bonilla; Obregón quiso lo mismo a través… de sí mismo; Calles creó la Jefatura Máxima que actuaba por encima del presidente. Sólo Cárdenas y Ávila Camacho, antes de 1946, fueron las excepciones a la regla. En la renuncia de aquellos dos pacíficos generales a permanecer en el poder está la clave para cruzar con bien el umbral político en que se encuentra actualmente el país.

* Febrero, 1996.

Sin que mediaran presiones de la sociedad o la comunidad internacional, Manuel Ávila Camacho decidió entregar el poder a los civiles: lo hizo por convencimiento propio. Era su forma de cumplir con el legado moral de la Reforma de Madero y Carranza. Admitió así tácitamente que un gobierno militar, aun con el aval de las urnas era una irregularidad histórica que había que corregir. En 1938, Cárdenas había incorporado a los militares al PRM. Dos años más tarde, en sus discursos de campaña, Ávila Camacho postulaba que el ejército debería abandonar la política para convertirse en el «baluarte inmaculado de las instituciones». Ya en la presidencia instrumentó su proyecto, apoyado en una nueva generación de militares, entre los cuales destacaba, por su carácter anfibio –general y licenciado–, Alfonso Corona del Rosal. El paso final consistiría en la cesión del poder a los civiles.

Este acto era algo inusitado en la historia militar del mundo ibérico. España, por ejemplo, tuvo que esperar a la muerte de Franco para transitar a la democracia. Pasaría casi medio siglo para poder ver un espectáculo similar en países como Chile, Argentina, Uruguay, Paraguay, Perú, Nicaragua, El Salvador y Haití. En estos casos ha sido la democracia la que ha desplazado del poder a los militares. El régimen civil que ha gobernado a México por cincuenta años no es siquiera –como aseguró el presidente Zedillo– una «democracia formal», sino una sofisticada antidemocracia. Sin embargo, hay en su origen una renuncia al poder: la de los generales, que no volvieron a buscarlo ni siquiera en los momentos angustiosos de 1968.

Entre los presidentes civiles hubo tres intentos de perpetuación, por fortuna fallidos. Miguel Alemán quiso permanecer a través de su casi homónimo (Casas Alemán), fracasó. Echeverría soñó con la reelección, y no la logró. Salinas de Gortari quiso «destapar» a Salinas de Gortari (recuérdese el episodio en San Luis Potosí), y al encontrar resistencia, eligió a Luis Donaldo Colosio. Se trataba de una reelección colegiada. Con Colosio permanecería todo el equipo salinista. Llegado el momento, en 1999, México entero aclamaría el retorno de su nuevo Porfirio Díaz: Carlos Salinas de Gortari. La historia barrió ese proyecto de reelección como barrió con los anteriores.

Todavía el PRI se aferra al poder. Desde 1946, ha conseguido la inefectividad del sufragio (por medio de la iniquidad en la competencia) y la continua reelección por «consanguinidad revolucionaria». José Vasconcelos definió el sistema como «un Porfirio colectivo». Ernesto Zedillo haría bien en desechar (sin titubeos, ni retorcimientos, ni mensajes encontrados, ni adjetivos inútiles) la herencia autoritaria del porfirismo y la Revolución institucional, y recordar el ejemplo de aquellos generales que cedieron a tiempo lo que era imposible sostener.

Cárdenas y Ávila Camacho dejaron el poder político pero conservaron el moral. Al abrir paso a una competencia impecable (tanto en el contexto general de las elecciones como en el proceso mismo y su calificación), el «Porfirio colectivo» dejaría el poder político sin acreditarse de inmediato el moral (tan largo y penoso ha sido su reinado), quedando en condiciones de reconstituir ambos sobre bases democráticas. Si lo hace, México podrá ofrecer al mundo un ejemplo de madurez que atraería la confianza internacional más que todos los viajes presidenciales de nuestra historia juntos.

Las urnas o las balas*

Si el PRD logra proponer a la sociedad un programa económico práctico, responsable y esperanzador, si abandona para siempre sus reflejos ideológicos, si vuelve a la antigua y probada tradición cardenista, si establece una alianza con los zapatistas que facilite el acceso de estos a la vida política, el EPR quedará aislado, sin más alternativas que el terrorismo desnudo o una negociación política.

Hubo un tiempo turbulento en que las guerrillas azotaron todo el mundo latinoamericano con pocas excepciones, entre ellas, notoriamente, México. Hoy la violencia revolucionaria ha cedido en casi toda América Latina menos en Colombia y México. ¿Cómo explicar esta extraña inversión de situaciones?

Los antecedentes son de sobra conocidos. El huracán revolucionario que comenzó a soplar por toda la América Latina tras el triunfo de Fidel Castro, entró a México por las universidades urbanas y las aulas de Guerrero. Desde mediados de los sesenta, dos maestros normalistas –Genaro Vázquez y Lucio Cabañas– encabezaron un tenaz movimiento guerrillero. Empleando más de veinte mil hombres, el ejército doblegó a la guerrilla, cometiendo a su paso no pocos atropellos contra la población civil. Paralelamente, centenares de maestros y estudiantes de clase media resentidos por la matanza de 1968 y conversos al marxismo, fundaron varias organizaciones clandestinas y practicaron todas las formas de la guerrilla urbana, sin mayor contacto con los campesinos rebeldes en Guerrero. Hacia fines de los setenta, el gobierno

* Septiembre, 1996.

256

los infiltró y redujo. Se repetía, en otra dimensión, la experiencia sud-americana: una generación de poseídos, sacrificada en el altar del fanatismo ideológico.

La clave de aquella victoria sobre la guerrilla que parecía definitiva y no lo fue, tuvo más un carácter político que militar. Aprovechando la ola eurocomunista, en 1978 el gobierno incorporó al Partido Comunista a la vida política, borrando así su antigua condición de marginalidad y proscripción. La diplomacia con Cuba hizo el resto. «Todos nos atacaban y nosotros los atacábamos a todos. La única excepción fue México», recordaba Fidel Castro en 1992. También los sandinistas y los grupos guerrilleros de El Salvador se abstenían de exportar la revolución al país que mantenía con ellos relaciones de franca cordialidad. Los futuros guerrilleros mexicanos que a lo largo de los años ochenta –ahora lo sabemos– reconstruían sus redes de comunicación, campos de entrenamiento y fuentes de abastecimiento en espera de las «condiciones objetivas», visitaban con frecuencia Cuba y Centroamérica –el futuro subcomandante Marcos, estaba entre ellos– pero sin encontrar apoyo tangible. Para colmo, las «condiciones objetivas» se alejaban objetivamente. Sobrevino la caída del Muro de Berlín, la derrota política de los sandinistas, la desaparición de la Unión Soviética. En la ciudad de México, el gobierno de El Salvador firmaba en 1992 la paz con las guerrillas. Los vientos revolucionarios pasaban de moda y México parecía haberse librado para siempre de las doctrinas armadas. Significativamente, en esos años se publicaron dos novelas sobre la guerrilla urbana y rural de los setenta. Leerlas era como volver a la prehistoria.

La prehistoria regresó, en primer lugar, debido a la profundidad de la crisis económica, que si bien no se ha traducido en estallidos espontáneos de violencia popular sí reúne –en la lectura ideológica de los líderes, muchos de ellos universitarios– las «condiciones objetivas» óptimas para un levantamiento. Esta lectura es un punto clave. La crisis ha tenido el efecto ideológico de sacar al marxismo de la tumba. El éxito del zapatismo es otro factor fundamental. Demostró a las diversas organizaciones clandestinas que la guerrilla era todavía posible. Un elemento adicional del que sólo hay leves indicios pero que resulta perturbador, es el aparente apoyo a los guerrilleros desde alguna oscura entraña del sistema.

El Ejército Popular Revolucionario es una reedición de la guerrilla de los setenta en la que seguramente convergen –a diferencia de aquellos años– líderes del campo y la ciudad, maestros rurales del sur del país y antiguos universitarios radicalizados. El gobierno habla hasta ahora de cientos de combatientes que operan en las zonas más deprimidas del mapa mexicano, sobre todo en las sierras vecinas de Guerrero y Oaxaca, pero también en Puebla e Hidalgo. Las comunidades campesinas les prestan cierto apoyo tangible o por lo menos pasivo, todavía difícil de calibrar. El reclutamiento de campesinos es más salarial que ideológico y las fuentes de financiamiento son locales: ellos mismos han reivindicado los multimillonarios secuestros de los últimos años como formas de «expropiación popular». Su objetivo declarado –«derrocar al gobierno» e instaurar «la dictadura del proletariado»– es prácticamente inalcanzable. Carecen de un líder visible y un discurso moderno –o posmoderno, como el de su antiguo aliado y actual competidor, el subcomandante Marcos– pero los fines declarados de la guerrilla ocultan, desde luego, su objetivo real: desmoralizar al gobierno, inducir al ejército a la represión y empujar al país hacia una polarización que frustre las esperanzas nacionales en la democracia y desemboque en una escalada de violencia en la que, entonces sí, todo pudiera pasar.

En la experiencia latinoamericana ha ocurrido una especie de complicidad objetiva de violencia entre las guerrillas y el ejército que termina por llevar a uno de esos dos grupos –o a ambos, alternativamente– al poder. Es muy difícil que esto ocurra en México, no sólo por la dimensión actual de las guerrillas sino por el papel histórico que ha asumido el ejército desde hace medio siglo. Si bien gobernó al país casi ininterrumpidamente desde principios del siglo XIX, en 1946 cedió por propia voluntad el poder a los gobiernos civiles. Desde entonces ha sido un ejército apolítico e institucional. Esta situación ha cambiado un tanto en los últimos años. El ejército maneja ya la policía en la ciudad de México, y tiene una presencia importante en varios estados. Con el incremento de sus responsabilidades podría venir la tentación de una vuelta al poder, pero el ejército no parece inclinado a asumir ese grave y anacrónico papel. A sabiendas de que la reducción *absoluta* de la guerrilla es imposible y los riesgos de una guerra prolongada y sucia muy altos, su interés debe estar en favorecer una salida política a la crisis y concentrar sus baterías en la lucha contra los narcos (que deben estar felices con la distracción militar que representa el EPR, y quizá por eso pudieran aportarle dinero y armas, con lo cual nos aproximaríamos a la situación colombiana).

La verdadera solución está en la transición definitiva a la democracia, para la cual el país vivirá una oportunidad de oro en 1997, cuando se renueve la Cámara de Diputados y se elija, por primera vez, al Jefe de la ciudad de México. De esas urnas puede salir nada menos que un

Congreso dominado por la oposición y hasta un eventual Yeltsin mexicano. No sería el fin del PRI sino de la era del PRI, y el comienzo de una nueva era democrática. Sería también la señal definitiva de que el país repudia el idioma de las balas.

En este proceso, el papel de la izquierda política e intelectual es crucial. La crisis ofrece las «condiciones objetivas» para la consolidación del PRD. En general, sus líderes han rechazado la vía de la violencia y se han deslindado del Ejército Popular Revolucionario (EPR). Si el PRD logra proponer a la sociedad un programa económico práctico, responsable y esperanzador, si abandona para siempre sus reflejos ideológicos, si vuelve a la antigua y probada tradición cardenista, si establece una alianza con los zapatistas que facilite el acceso de estos a la vida política, el EPR quedará aislado, sin más alternativas que el terrorismo desnudo o una negociación política. México habría logrado en breve tiempo lo que a los países centroamericanos les tomó años. En estos días se firma en México la paz entre el gobierno y la guerrilla de Guatemala. En menos de un año podría firmarse en México la paz entre el gobierno y los guerrilleros... mexicanos.

La sociedad civil mexicana está en marcha, empeñada en lograr una transición inmediata y pacífica a la democracia. El gobierno del presidente Zedillo tiene la responsabilidad de propiciar el cambio de régimen para lo cual necesita convencer plenamente a la sociedad de su voluntad democrática. El PRI debe hacer mucho más: convencerse a sí mismo que la democracia ha sido desde hace años, y sigue siendo, el único camino de reconciliación y reconstrucción. Sería terrible que los avances políticos de los últimos años se frustraran por el fuego cruzado entre las fuerzas oficiales y las rebeldes. México no perdería una batalla ni una guerra. Perdería el futuro.

Los *idus* de marzo*

«Carlos Salinas puede terminar como personaje de una tragedia shakespeareana», le dije al corresponsal de *Newsweek* a principios de marzo de 1994. Más que formular una vaga premonición, trataba de afirmar la idea de que el poder en México había adquirido una contextura teatral no muy alejada de la Inglaterra medieval. No era difícil trazar paralelos entre el libreto que había escrito para sí mismo el presidente

* Marzo, 1999.

Salinas y algunos temas shakespeareanos. El más claro era la ilegitimidad de origen, ese espectro culpable que inquieta los sueños de Enrique IV, esa mancha de sangre vengadora en las manos de Lady Macbeth. Salinas no era propiamente, como ellos, un usurpador: no había llegado al poder destronando o asesinando al monarca legítimo, pero una sospecha indeleble sobre su triunfo en las urnas marcó su sexenio. De allí provino quizá su prisa por afirmar su credibilidad, la audacia permanente de su liderazgo y la dimensión de su proyecto: él iba a destronar con hechos a los millones de ciudadanos que votaron en su contra, él iba a disipar la sombra hasta volverla una luz cegadora que disimulara la quema de las boletas electorales en el Palacio Legislativo.

El éxito parcial de esa reversión lo había llevado a incurrir en otra actitud típicamente shakespeareana: el abusivo ejercicio del poder absoluto. Aquí su antecedente era Ricardo III, el conspirador por antonomasia que «enviaba a la escuela al sanguinario Maquiavelo» y trasmutó en voluntad de poder el rencoroso fardo de su atrofia física. Salinas también le daba clases a Maquiavelo, pero sus fardos eran otros: el haber llevado a extremos casi sicilianos –mediante el disimulo, el consentimiento o la abierta complicidad con las actividades ilícitas de su hermano– la práctica del patrimonialismo político. La «familia revolucionaria» podía seguir reinando sobre México, pero la familia Salinas reinaría sobre ella. Buen jinete, a la postre hubiera dado también su reino por un caballo, pero años antes, en plena gloria, buscó seriamente la reelección directa e inmediata o, en el peor de los casos, la indirecta y mediata que preparase su vuelta triunfal en el año 2000. Entonces sí la votación sería mayoritaria en favor suyo y de su partido –Solidaridad o PRI–, entonces sí podría dar pie a una reforma política pausada, regulada desde lo alto de una presidencia imperial en cuyo trono reinaba un César no sólo todopoderoso en México y prestigiado en el mundo sino –por la interpósita persona de su hermano– inmensamente rico. Tal vez entonces, el único problema de Carlos hubiese sido Raúl, que le hubiera reclamado, ya no con dinero sino con poder, sus derechos de primogenitura en la conspiración por adueñarse de México.

Yo apoyé públicamente parte del desempeño económico del gobierno. Pero a todo lo largo de su gestión señalé los gravísimos riesgos que implicaba el relegar la reforma política. En octubre de 1993, el presidente me citó –como seguramente hizo con otros– para sondear mi opinión sobre el proceso sucesorio. Me pidió que le diera una opinión franca sobre tres precandidatos: Pedro Aspe, Luis Donaldo Colosio y Manuel Camacho. Se la di, con una inclinación en favor de Camacho. Dado el éxito de la reforma económica era obvio que la tarea pendiente sería la reforma política: Camacho tenía la voluntad de hacerla. Concedí que era ambicioso, pero ¿qué político de raza no lo era? Aspe, por su parte, era ante todo un economista, y podría seguir –como sucedió con Ortiz Mena– en el equipo de Colosio o de Camacho. En cuanto a Luis Donaldo, mis dudas eran de varias índoles: políticas y psicológicas.

No comenté con Salinas la mayor de ellas: a diferencia de Camacho, que era su hermano político, Colosio era a todas luces el hijo político de Salinas, su protegido. Nombrarlo a él era optar por un «maximato», con Colosio en el papel de Portes Gil, Ortiz Rubio o Abelardo Rodríguez. Esta reelección por interpósita persona anulaba de entrada la posibilidad de cualquier reforma política. No era la reversión y menos la superación de la ilegitimidad de origen: era su consolidación. Toda la historia mexicana del siglo XX estaba construida de frente y en contra de la reelección personal –no de partido–. Atentar contra ese principio era pactar con el diablo, que en México no significa otra cosa que desatar la violencia. Sin embargo, alcancé a formularle una paradoja suficientemente clara: «Para permanecer hay que irse; el riesgo de irse está en permanecer».

Salinas negaba toda intención de permanecer. Tocaba madera –literalmente, en su oficina– al escuchar la palabra *hybris* y decía ansiar el término pacífico de su sexenio, con un futuro idílico entre memorias, amigos y libros. Por eso mi razonamiento crítico se centró en la personalidad de Colosio: «es un hombre limpio, inteligente, bueno (demasiado bueno, tal vez), recuerda un poco a Adolfo López Mateos, habla muy bien en público, pero tiene una fractura de carácter que no alcanzo a descifrar. La fractura existe y un hombre fracturado no puede gobernar».

Salinas me escuchó con esa concentración hipnótica que tenía. «Es difícil no querer a Manuel», me dijo. Pedro era reservado pero sumamente inteligente, y en esa reserva mostraba su talento político. En cuanto a Colosio, evadió el tema de la fractura, me habló de Diana Laura, la mujer de Colosio. Me dijo que era ella quien impulsaba a su marido. Le apenaba su enfermedad, pero de sobrevenir un desenlace el pueblo se volcaría a la calle en manifestaciones de piadosa simpatía hacia Luis Donaldo. De hecho –agregó– la eventual muerte de Diana Laura, por más triste que fuera, le serviría al candidato. Enseguida me hizo ver la experiencia que Colosio había acumulado en Sedesol. «Es cierto», contesté, «además tiene gran sentido humano». «Que no es una cualidad menor», acotó de inmediato. Me pidió que hablara con los precandidatos y volviera a verlo en unas semanas con una opinión más perfilada. Llegué con unos apuntes biográficos en los que fundamenté adicionalmente mis razonamientos –haciendo hincapié en la teoría de la fractura–, pero me atajó implicando que no tenía caso: «todos son tus amigos». Sospeché que la decisión estaba tomada.

Días más tarde viajé a España para acompañar a Octavio Paz a la entrega del Premio Príncipe de Asturias concedido a *Vuelta*. Una noche llegamos al hotel de Oviedo mi padre, mi hijo León y yo. Prendimos la televisión y pude ver el destape de Colosio. Escuché sus primeras palabras. Advertí un lapsus: dijo algo así como «viva el Partido de la Revolu... Revolucionario Institucional». Lamenté en ese momento la decisión que me parecía no sólo irrevocable sino irresponsable. Pero allí estaba la primera prueba de mi hipótesis biográfica: traicionado por su subconsciente en el momento mismo de ser ungido, Colosio había estado a punto de arruinar su campaña presidencial. Era una nueva y aún más macabra representación de Shakespeare: el heredero al trono que no quiere –o no puede, o no debe, o no sabe, o teme– ser rey.

Hablé por primera vez con Luis Donaldo Colosio alrededor de 1991. Antes de aparecer en el comedor de su casa, sus ayudantes pusieron música que seguramente a él le parecía adecuada para mostrar su «nacionalismo»: el *Huapango* de Moncayo. Ya en la mesa dijo lamentar la reciente derrota del PRI en Baja California, pero admitió que era previsible y acaso necesaria. Habló un poco de su origen norteño –franco, liberal, individualista–, criticó los usos patrimonialistas y corporativistas del viejo PRI y explicó con detalle el trabajo de descentralización que estaba llevando a cabo. Hablaba como un político de oposición al PRI, en la cima del PRI.

Cuando sobrevino la crisis postelectoral en Guanajuato, vi a Colosio en su oficina, una casa discreta y modesta, en la calle de Aniceto Ortega. «El candidato del PRI va a renunciar», me dijo, con una satisfacción apenas disimulada. Su actitud en relación con el movimiento del doctor Salvador Nava en San Luis Potosí fue similar: había que abrir ese espacio a la oposición, más aún cuando en las elecciones legislativas federales de 1991 el PRI había recuperado con creces el terreno perdido en 1988. No obstante, en julio de 1992, cuando fue el PRD quien impugnó las elecciones de Michoacán, Colosio –titular, ya para entonces, de Sedesol– no transigió. Al parecer, el candidato del PRI era hombre de su confianza. Lo paradójico es que la apertura era parcial y no incluía al enemigo histórico de Salinas: el partido de Cárdenas.

Alrededor de esos meses cundió el rumor de la reelección salinista. Se decía que al designar a su primer mentor, Gonzalo Martínez Corbalá, como gobernador de San Luis Potosí, Salinas medía las aguas para una posible ampliación de su mandato por dos años e incluso para la reelección. Fidel Velázquez lo proclamaba abiertamente y los jerarcas de la iniciativa privada lo sugerían *soto voce*. No faltaron voces preocupadas, entre ellas la de Fernando Gutiérrez Barrios, que sutilmente negó que la reelección fuese siquiera pensable. Salinas debió modificar entonces su postura y orientarse hacia el dilema que por esas fechas escuché de labios de José Córdoba: «Ser Calles o Cárdenas, he ahí la cuestión». Emular a Cárdenas significaba renunciar al poder, irse, para permanecer sólo como una influencia moral. Seguir a Calles suponía permanecer en el poder, con el riesgo de perder toda influencia e irse al exilio. Optó por Calles.

En mayo de 1993, Colosio convocó a un Congreso Internacional sobre los temas de libertad, democracia y justicia. Me pidió que le sugiriera algunos nombres y le ayudara a diseñar el formato. El Congreso transcurrió sin pena ni gloria, pero en el curso de esos días advertí la marcada inseguridad de Colosio, no digamos en torno a los grandes temas del debate intelectual –cosa natural, porque no era un hombre de ideas– sino a detalles verdaderamente nimios: cómo referirse a los invitados, cómo escribir una carta, la designación de un ayudante o un chofer, qué decir en la inauguración y en la clausura. Tomaba nota de todo. No mandaba: obedecía. En la ceremonia final en Los Pinos, Colosio leyó con voz anacrónicamente impostada un discurso en el que yo había hecho unas observaciones intrascendentes. A la salida me dio, conmovido, una tarjeta que aún conservo con un agradecimiento más que excesivo, pero que revelaba la angustia con la que Colosio había vivido todo el ciclo: «nunca olvidaré tu ayuda». Mi aprecio personal por Luis Donaldo crecía. También mi preocupación. La ternura no se aviene con el poder. La noche del destape en Oviedo entendí que mis modestos afanes de disuasión habían sido inútiles. En la cumbre histórica del Tratado de Libre Comercio, desde las entrañas del poder se fraguaba la mayor reversión política desde los años treinta: el maximato salinista, el «salinato». Colosio, acaso sin advertirlo plenamente, era su instrumento.

O tal vez sí lo advertía. Un amigo le escuchó comparar a los Salinas con los Corleone. No podían ocultársele las consecuencias de su deuda con el clan. Tal vez entendía la incompatibilidad entre sus genuinas convicciones democráticas y el papel en el que Salinas, tácitamente, lo colocaba. Al regreso de España lo visité en su nueva casa en Tlacopac. A mano derecha estaba su estudio: tres paredes con libros más regalados que leídos, una computadora sencilla, cubierta y sin usar, una estatuilla de Zapata. Los sillones de piel eran negros, como de consultorio médico. Colosio me recibió con cordialidad, cargó un instante a su hijita, regañó cariñosamente al pequeño Luis Donaldo por echar chinampinas en la sala, y conversamos un rato sobre la necesidad de inaugurar los debates públicos por televisión. Era obvio que estaba sufriendo y que guardaba para sí el motivo del dolor. No podía no torturarlo la inmensa responsabilidad histórica que había asumido en una condición de fragilidad personal, con sus niños pequeños y una esposa gravemente enferma. Ella, en efecto, lo animaba. Desde joven había mostrado una vocación política de servicio que, a los ojos de su amigo Ramón Alberto Garza, guardaba ciertos paralelos con Evita Perón. Tal vez el poder obraría en ella cualidades taumatúrgicas: la curaría, la salvaría. Luego de esa ocasión, no tuve noticias de Colosio. Hacia fin de año me llamó para «tocar base» y hacerme ver, casi en tono de ruego, que las encuestas desfavorables «estaban mal». Tiempo después supe que había pasado esas semanas decembrinas en medio de una depresión.

Colosio sabía mejor que nadie que Chiapas era un polvorín. Así nos lo comentó a algunos amigos y a mí en una cena en septiembre. El olvido de ese estado por parte de la Federación era una vergüenza nacional lo mismo que las corruptelas e injusticias que en él se cometían. Temió pero no previó el estallido de la guerrilla. Es seguro que lo viviera como una imperdonable falla personal y política, la prueba final de su incapacidad o su mala estrella. Lo vi el martes 4 de enero de 1994 en su casa. Estaba totalmente abatido. «Mis asesores dudan de que mi presencia en Chiapas sirva de algo: si voy es oportunismo, si no voy es indiferencia.» Al parecer, el propio presidente le impidió concentrar su campaña en Chiapas. De ser así, ¿por qué lo permitió? Pocos días después, Salinas encomendó a Manuel Camacho la negociación de la paz. Para Colosio fue un golpe directo. Ya era suficiente afrenta el que su rival político se hubiese rebelado contra la decisión de su nombramiento, pero ahora ese mismo competidor irreductible se haría cargo de un problema que, al menos parcialmente, había sido de su incumbencia directa. Aunque no lo expresaba de manera abierta, creo que interpretó el nombramiento como lo que era en los hechos, un posdestape alternativo, una insólita bicandidatura, la ambivalencia que condenaba a la opinión pública «a hacerse bolas». En la antípoda de Salinas, Colosio se asemejaba al desdichado Enrique VI, que en la víspera de la guerra civil evoca la bucólica vida de los pastores y la compara con la suya, «envuelta en la inquietud, la desconfianza y la traición».

Su campaña «no levantaba», y él lo sabía, lo sentía. Lo lastimaban los abucheos en los mítines. Alguien lo confundió públicamente con Camacho, cuya estrella ascendía con el éxito aparente de las pláticas de paz. Algo ominoso flotaba en el ambiente. Se decía que Colosio no llegaría a las elecciones porque «lo enfermarían». O tal vez él se retiraría. Volví a verlo el domingo 27 de febrero. Ahora su esperanza estaba cifrada en el discurso del 6 de marzo. Me pidió que, como amigo, le diese mi opinión sobre el documento. Creí ver huellas de llanto o de insomnio en sus ojos enrojecidos.

Llegaron los *idus* de marzo. El día 4 por la noche recibí en un sobre sellado el discurso. Lo corregí levemente con plumón rojo, le agregué dos o tres pequeñas frases, taché las tres menciones que hacía de Salinas. Sonó el teléfono. Era Colosio en persona. «No me lo mandes, yo te caigo a las doce en tu casa». Al día siguiente lo recibí. Yo estaba solo. Le leí mis propuestas. «Ya quité las menciones», me dijo. Esta vez parecía confiado. Nos despedimos en la puerta, y para mi estupor noté que su chofer tenía estacionada su camioneta a unos cien metros de distancia. Cubrió la distancia solo, sin guardias personales.

El discurso del 6 de marzo causó revuelo, pero no logró animar la campaña. Muchos pensarían después que fue el epitafio de Colosio. El 15 de marzo por la noche nos invitó a cenar junto con dos matrimonios: Octavio y Marie Jo Paz, Alejandro y Olbeth Rossi. Venía con el rostro descompuesto por una nueva puñalada: en su mismísima *alma mater*, el Tecnológico de Monterrey, lo habían increpado. Charlábamos deshilvanadamente. Colosio, como siempre, guardaba largos silencios, tomaba nota y asentía con un innecesario «sí, señor». Un arpista tocaba junto a la escalera una música celestial. A la salida Isabel, mi esposa, y yo coincidimos en observar la atmósfera sombría de la reunión.

A la mañana siguiente desayuné con Julio Scherer. Le narré la cena de la noche anterior y él me confió su último encuentro con Colosio. No era yo el único en advertir su quebranto. Yo tenía un viaje inminente a España, pero Scherer y yo convinimos en un plan para el regreso: nos reuniríamos con Colosio y procuraríamos convencerlo de retirar su candidatura. Fue en España cuando una llamada nocturna de Ramón Alberto Garza me dio la espantosa noticia: «balacearon a Colosio, extraoficialmente te puedo decir que está muerto».

¿Entrevió Luis Donaldo su muerte? Seguramente no. Apunta Plutarco que el hado de César «no fue tan inesperado como poco precavido». Pero Colosio no era César, no pensaba como César. Tal vez su falta de precaución entrañase una secreta convocación del peligro, un oscuro deseo de apurar al destino y resolver la tensión. Lo cierto es que en él –y en Salinas, que lo ungió– se cumplía una regla de hierro en México: el poder no sólo destruye a quien abusa de él, también a quien lo rehúsa.

En la novela de Thornton Wilder [*Los idus de marzo*], César lamenta la alta probabilidad de perecer «bajo la daga de un loco». No ignoraba los augurios, las señales, las ansiosas conspiraciones, pero era otra la suerte que deseaba:

«¿No sería un descubrimiento maravilloso encontrar que alguien me odia a muerte pero con odio desinteresado? ... Hasta ahora no he descubierto entre quienes me aborrecen sino los impulsos de la envidia, de la ambición personal y de un consolador espíritu de destrucción. Quizás en el último instante me sea dado contemplar el rostro de un hombre cuya única obsesión sea Roma y cuyo único pensamiento la certidumbre de que yo soy el enemigo de Roma».

¿Quién mató a Luis Donaldo Colosio: el odio de la ambición o del desinterés? ¿Fue víctima de una conspiración tramada por el presidente Salinas? Es muy difícil creerlo: la bala que mató a Colosio hirió mortalmente a Salinas. ¿Fue víctima de una conspiración tramada en las entrañas de la familia revolucionaria para destronar a la familia Salinas? Es posible: había sido desplazada y temía seguirlo siendo por varios sexenios. Y bajo esa hipótesis, ¿a cuál de las dos familias pertenecía, en ese momento, Raúl Salinas?

O fue la azarosa daga de un loco, un oscuro resentimiento, el sueño delirante de un «caballero águila» en busca de fama y gloria. De ser así, la muerte de Colosio es doblemente dolorosa porque era el más improbable de los césares. De allí que su asesinato –como el de Madero o Zapata– corresponda más al perfil dramático de un sacrificio que al de un magnicidio, como el de Obregón.

Las balas de Lomas Taurinas recordaron al mexicano la más vieja lección de su historia, algo que había olvidado desde los años veinte: «las fuerzas diabólicas que acechan a todo poder» (Max Weber) y que obligan a ejercerlo, vigilarlo y limitarlo con un permanente sentido de responsabilidad. Diana Laura, en su dolorosa confusión, seguía creyendo que el poder redime: «si no tuve un esposo presidente, tendré un hijo presidente». Esas fueron las últimas palabras que le escuché, meses después del asesinato de su marido.

La corte de la Muerte había cerrado el círculo de fuego. Era ella, la macabra, quien ahora reinaba indisputada, «burlando el poder del rey, riendo de su pompa, concediéndole un soplo, una breve escena para jugar al monarca, ser temido, matar con la mirada, incitando su egoísmo y sus conceptos vanos, como si esta carne que amuralla nuestra vida fuera bronce inexpugnable».

IV
Albores de la democracia

Escrutinio de boletas electorales.

Asumir el poder*

En el contexto inhumano de la historia, a aquel que
rehúsa el poder, por un proceso fatal de reversión, el
poder lo destruye.

Octavio Paz

El contexto al que se refiere Paz es el de las dos grandes revoluciones mexicanas. De allí el paralelo que traza entre Zapata –quien frente a la silla presidencial aconsejaba «quemarla para acabar con las ambiciones»– e Hidalgo, que a la vista de la capital prefirió replegarse hacia el occidente, donde lo esperaban la derrota y la muerte. En ambos casos, los caudillos afirmaron una negación y la negación se afirmó sobre ellos, sacrificándolos.

Aunque la regla no es universal (hay casos en los que el poder no asumido sólo margina a quien lo deja vacante, pero no lo destruye), corresponde efectivamente a otros periodos de la historia mexicana, no sólo en sus momentos de violencia extrema, sino de paz inestable, cuando un poder se encuentra en tránsito de legitimación.

En los albores de nuestra vida independiente, Iturbide asumió de manera embrionaria un poder monárquico que requería de un acto de coherencia y firmeza histórica para consolidarse (someter al Congreso a los límites propios de un orden constitucional). Al rehusarse a ejercerlo, el Congreso lo destruyó. En el México convulso y frágil de mediados del siglo XIX, Santa Anna entraba y salía del poder sin ejercerlo realmente. Pero una nación, por más desorientada que esté, no puede vivir en medio de un paréntesis. Al rehusar un compromiso claro que preservara de una vez por todas el molde virreinal o lo modificara radicalmente, Santa Anna presidió una era de desintegración, la

* Febrero, 1995.

de sí mismo y la de México. Más noble en sus empeños, más trágico, Comonfort se rehusó a decidir entre ser o no ser reformador, y un golpe de Estado decidió por él.

Madero no quiso quemar la silla presidencial: quiso dotarla de una legitimidad definitiva, democrática. Su propósito era loable, el más loable de todos, y el momento era propicio, ¿qué falló? Madero pensó que la realidad se acercaría al mundo ideal de sus convicciones y a la letra de la Constitución. Más aún: terminó por actuar como si la realidad ideal fuese toda la realidad, por eso no vio la necesidad de emplear medios que en una democracia plena hubieran sido innecesarios. ¿Era imprescindible recurrir a medidas ilegales o a la violencia? Seguramente no. Frente a las fuerzas que saboteaban desde dentro el proyecto democratizador, Madero esquivó los actos de coherencia y firmeza histórica que necesitaba para afianzarse y afianzar a la naciente democracia.

Un gabinete propio, compacto, imaginativo, respetado (verdadero brazo ejecutor del presidente), una alianza sólida con gobernadores experimentados, el apoyo al «grupo renovador» en la Cámara, son algunas medidas políticas que lo hubiesen salvado. Ya en plena «Decena trágica», Madero hubiera ganado las dos semanas que necesitaba hasta el arribo de su alma gemela a la Casa Blanca (Woodrow Wilson) con sólo depositar el poder militar en manos leales. Atándose las manos, confiando en el bálsamo persuasivo de su buena fe, Madero creyó que contaba con un tiempo que no tenía. Así fue como el presidente más legítimo de la historia contemporánea rehusó ejercer el poder democrático que sí tenía para construir la democracia mexicana. Y el poder de sus enemigos, brutalmente, lo destruyó.

Llegamos al momento actual. El paralelo que se ha querido trazar entre los dos presidentes –Madero y Zedillo– es falso. Mientras que el primero fue un caudillo de una revolución que derrocó a un régimen autoritario, el segundo –al margen de sus intenciones democráticas y de la voluntad mayoritaria que lo llevó al poder– es todavía la cabeza renuente de un régimen autoritario. Pero en manos de Zedillo está el convertirse en una figura histórica más decisiva aun que la de Madero: la del presidente que propicie el tránsito de México a la democracia, no el apostolado de la democracia.

Lo avalan la elección de agosto [de 1994] y sus actitudes republicanas y federalistas. Pero en el contexto de hoy no sólo hacen falta esas muestras fundamentales de respeto a la libertad de los poderes constituidos, sino acciones contra quienes pervierten las libertades ciudadanas, en particular la libertad de elección. La libertad de los caciques del sistema lleva a la servidumbre de todos. Lo que se requiere son actos de coherencia y firmeza histórica contra esos caciques y sus guardias blancas en estados o municipios. ¿Es imprescindible recurrir a métodos ilegales o violentos? Seguramente no, pero esos grupos no se reformarán por medio de nobles prédicas.

Vivimos uno de esos raros momentos plásticos en los que el rumbo histórico puede cambiar para bien. La oportunidad es fugaz. Los casos de Tabasco [donde se celebraron elecciones muy dudosas que dieron el triunfo a Roberto Madrazo] y Chiapas [otro proceso electoral muy dudoso que condujo –efímeramente– a la gubernatura a Eduardo Robledo Rincón] deben resolverse correctivamente, en un proceso que conduzca a nuevas elecciones. Formas de presión hay muchas. En Jalisco, Yucatán, Guanajuato y los otros estados donde este año habrá comicios, se debe actuar preventivamente, advirtiendo a los delincuentes electorales que su acción será penalizada. Formas de apelación al pueblo por encima del aparato, hay muchas. Hoy por hoy, rehusar el poder es perderlo. Hoy por hoy, asumirlo es democratizarlo.

Cambiar para conservar*

El PRI es el partido de Estado más antiguo del mundo. Su remoto antecedente fue el partido *whig*, que por sesenta años dominó la vida política en Inglaterra durante el siglo XVIII. El monopolio whig terminó a fines del siglo XVIII, cuando grandes reformadores cambiaron radicalmente la vida política del país. Orillado por la prensa, en mitad del duelo histórico ocasionado por la pérdida de las colonias americanas, ahogado por el dispendio, la deuda y la corrupción, aquel antecedente del PRI comprendió, en 1780, que había llegado la hora de admitir la alternancia en el poder. Una considerable ampliación de la base electoral la hizo posible. Los whigs no desaparecieron de la política: aprendieron a competir por el poder, y eventualmente lo conquistaron de nuevo, en un contexto de auténtica salud política. De haber retrasado nueve años la reforma, tal vez el fuego de la Revolución francesa hubiera cruzado el canal de la Mancha. Mientras Europa –y en particular Francia– vivió varios sobresaltos revolucionarios en el siglo XIX, Inglaterra logró prevenirlos con la misma medicina: una reforma política.

En el siglo XIX, al consolidarse las ideas e instituciones liberales de Occidente, los partidos con vocación hegemónica vivieron a la defen-

* Febrero, 1996.

siva, casi siempre ligados a corrientes reaccionarias o monárquicas. En el siglo XX reaparecieron investidos de un aura mesiánica y totalizadora desconocida hasta entonces. Los bolcheviques no organizaban elecciones, ni repartían paternalmente los favores públicos: se presentaban como la vanguardia histórica de la clase obrera, la proa de la inminente utopía socialista. Poco después de la aparición del partido bolchevique, nuevas formaciones totalizadoras se apoderaron de zonas clave en el mapa europeo: el partido fascista en Italia, los nazis en Alemania y, al cabo de la segunda guerra mundial, los partidos comunistas de la región que Milan Kundera ha llamado «la Europa secuestrada».

El prestigio del que gozaron estos partidos hegemónicos correspondió a una mutación en el concepto de Estado. Lo que el siglo XIX esperaba del individuo, el siglo XX lo esperó del Estado. La ilusión autoritaria tardó décadas en disiparse. Los partidos de Estado desaparecieron del mapa: los nazis y los fascistas fueron derrotados en la segunda guerra y sellaron para siempre su destino. Los comunistas, en cambio, terminaron por admitir –tardíamente y a regañadientes– la realidad, y abrieron paso a una reforma política. La reaparición del comunismo es tan difícil como la de sus gemelos enemigos (el nazismo y el fascismo), por lo pronto los comunistas recuperan posiciones en un marco democrático que, por sí mismo, aleja la tentación de restaurar el viejo orden.

Los paralelos formales entre el PRI y los partidos de Estado han sido ya señalados, pero su sobrevivencia se explica por sus diferencias. Sin ser ajeno a la mentalidad estatista que ha recorrido al siglo, lo decisivo en su caso fue la concepción paternal del Estado, proveniente de la tradición neoescolástica española y retomada por la Constitución de 1917. Este rasgo se transmitió de manera natural al edificio partidario inventado por Calles, integrado corporativamente por Cárdenas y convertido por Miguel Alemán en una dinámica maquinaria política.

Aunque obsoleto por mil razones, el PRI conserva cierta legitimidad. El problema es que no sabe qué hacer con ella. La «línea dura» piensa seguir «ganando» elecciones de aquí a la eternidad. Lo cierto es que esa legitimidad se traduce en un pequeño margen de maniobra, milagroso si se compara con los otros partidos hegemónicos del siglo XX. El PRI necesita disponerse resueltamente a competir con los otros partidos en estricta igualdad de condiciones. Esto sólo puede ocurrir en el marco de una reforma política aún pendiente.

El remoto antecedente inglés y los recientes casos en Polonia y la ex Unión Soviética deberían mover a los priistas a la misma reflexión que se hizo Edmund Burke en 1780: «hay que aceptar el cambio y ceder lo que es imposible seguir manteniendo». Don Jesús Reyes Heroles

–lector de Burke y gran reformador por derecho propio– la adaptó a nuestra circunstancia: «cambiar para conservar». El PRI es el partido de Estado que más tiempo ha tenido para cambiar. El tiempo con que cuenta es reducido. Si la reforma política no se concreta pronto, el PRI habrá perdido la oportunidad de cambiar, y con ella la posibilidad de persistir.

Confluencias democráticas*

No se ha escrito la historia de la democracia en México porque la democracia en México no existe. Lo que ha existido a través de los siglos es lo contrario al poder responsable, compartido, acotado, característico de la democracia: el poder irresponsable, exclusivo, ilimitado de los monarcas en turno, cualesquiera que sean sus denominaciones formales. Como grandes montañas en una antigua y sólida orografía histórica, los hombres del pasado nos contemplan: tlatoanis, reyes, virreyes, caciques, sacerdotes, caudillos, emperadores, dictadores, generales, primeros jefes, jefes máximos, presidentes militares, presidentes civiles, presidentes institucionales, presidentes de la crisis. Siempre el uno sobre los muchos. Siempre la espera del hombre providencial que nos conducirá a la tierra prometida. Siempre la decepción que sigue a esa lotería del poder. Ya no más. Desde hace algunos años, los mexicanos hemos tomado conciencia de que la historia del país no puede ser obra individual sino colectiva. La universalidad de la experiencia democrática ayudó a nuestro despertar. Primero fue España, luego Polonia y más tarde cada uno de los países de Europa del Este. Paralelamente, cerca de nosotros ocurría un milagro similar: los votantes arrojaron del poder a Pinochet y a Stroessner, desplazaron a los revolucionarios, desarmaron a los guerrilleros. En la última década del siglo XX, México pareció cada vez más, a los ojos del mundo, una anomalía política en un orden nuevo, abierto, democrático.

Pero el cambio fundamental no vino del exterior sino del pasado propio e inmediato, que para muchos mexicanos ha adoptado la forma de un agravio insatisfecho. Desde aquel vasto y heroico *no* que fue el movimiento estudiantil de 1968, sectores crecientes de esta sociedad han dicho *no* a la represión, la demagogia, el populismo, la frivolidad, la corrupción, la impunidad y el crimen. Se han percatado de que to-

* Febrero, 1996.

dos estos males no son pasajeros sino connaturales al sistema, y entienden que su desaparición no depende de la virtud personal del don Porfirio de turno sino de una competencia política efectiva que llame a cuentas al poderoso durante y después de su mandato. Por eso han tomado en serio las elecciones y han acudido a las urnas.

Si bien es cierto que México no tiene una historia democrática, hay democracia en muchas páginas de la historia mexicana. Son ríos que fluyen, bordean y a veces perforan la dura orografía. Hay países áridos que no cuentan siquiera con esos ríos. Son más y menos afortunados que nosotros. Nuestra desgracia es haber vivido por casi un siglo bajo una democracia formal. La mentira ha adquirido entre nosotros carta de naturalización y parece la normalidad misma. Pero hay también en nuestra historia ejemplos sustantivos de democracia que aportan ahora mismo su caudal al movimiento en que muchos mexicanos estamos empeñados.

Los liberales de la Reforma son nuestros contemporáneos, lo mismo que Madero, vivo, escribiendo para nosotros *La sucesión presidencial en 1910*, o Vasconcelos, llevado en vilo por los batallones estudiantiles que quisieran recobrar, a través nuestro, *las palabras perdidas*. Está también el PAN de Gómez Morin, ya no empeñado en la «brega de eternidades» sino en la conquista democrática del poder. Está asimismo la izquierda heredera de hombres como Bassols, que anteponían la ley a la ideología. Hay, por lo visto, voces dentro del propio PRI que no se engañan sobre sus márgenes de acción y se atreven a arriesgar un cambio que, de no sobrevenir, podría acarrear dolores inmensos para la nación. No faltan tampoco empresarios que asumen por convicción la democracia, organizaciones cívicas que recuerdan a los clubes maderistas de 1909, periodistas independientes que creen en la verdad objetiva, e intelectuales que, siguiendo el ejemplo de Daniel Cosío Villegas, no ofrecen caravanas al Príncipe de turno sino formulaciones críticas para el público lector. Todos estos ríos confluyen en esta hora de México. Representan al nuevo protagonista político de nuestra historia: el ciudadano, el elector, el votante que reclama vivir en una república democrática y federal auténtica, no simulada. Todos marchan hacia el año de 1997 y esperan grandes cosas del año 2000. ¿Ocurrirá el gran cambio? Una cosa es clara. En la futura historia de la democracia en México, estos años, estos meses, aparecerán como cruciales. Si se persuade al régimen a comprometerse sin titubeos, sin ambigüedades, sin retrocesos, sin adjetivos, de una vez por todas con la democracia, los mexicanos habremos abierto una nueva era histórica. Pero si la reforma política se frustra, nosotros no cejaremos. A estas alturas del siglo, con todo el agravio económico, político y moral a cuestas, no hay lugar para el desánimo o la duda: la fe, en este caso la fe democrática, mueve montañas.

La cohabitación del 97*

Hay quien ve con horror el horizonte político de 1998. El argumento *ad terrorem* que emplean estas conciencias temerosas, conservadoras o interesadas, es muy simple: si los votantes ponen la mayoría del Congreso en manos de la oposición, el presidente tendrá un margen mínimo de maniobra y el país entrará en la zona inédita y peligrosa de la ingobernabilidad. Desde una perspectiva democrática, el horizonte de 1997 se ve muy distinto. Aparece con tonos esperanzadores. La cohabitación –llamémosla así– entre un Congreso de oposición y un presidente del PRI puede consolidar la transición hacia una vida política madura, hacia un marco de concordia que devuelva al mexicano la confianza en sí mismo y en su porvenir.

En el caso de producirse, esta cohabitación enfrentará muchas dificultades. La fundamental es la falta de experiencia histórica. En México, los vínculos del Poder Legislativo con respecto al Ejecutivo han sido de tres tipos: serviles, imposibles o, en el mejor de los casos, difíciles. Han transcurrido ciento ochenta y tres años desde el Congreso de Anáhuac. Restando las épocas propiamente revolucionarias en que el Poder Legislativo no pudo siquiera funcionar formalmente como tal, el factor dominante ha sido el servilismo. Con diferencias de matiz, los veintidós años de Santa Anna, los treinta y cuatro de Porfirio Díaz y los sesenta y siete del PRI se han caracterizado por la subordinación absoluta del Legislativo al Ejecutivo.

De mayor interés para el futuro inmediato es la experiencia de tres figuras trágicas del siglo XIX: Morelos, Iturbide y Comonfort. Los tres buscaron una relación fructífera y respetuosa con el Congreso, los tres vivieron en medio de una inestable diarquía y los tres, a la postre, fracasaron en su intento. Ese fracaso no sólo impidió la consolidación del marco institucional que querían construir (la república en dos casos, la monarquía constitucional moderada en el otro), sino que precipitó la desorientación pública, la guerra y la anarquía. Morelos, como se sabe, supeditó innecesaria y prematuramente su poder al del Con-

* Junio, 1996.

275

greso. Fue un suicidio. Iturbide (orillado, es verdad, por la intolerancia de muchos diputados de filiación republicana que lo habían llevado al trono) fluctuó entre dos extremos: la represión sin cortapisas y la más indigna supeditación. Fue un suicidio. Comonfort –el espíritu más moderado que haya nacido en estas extremosas tierras– estaba convencido de que las facultades otorgadas por el Constituyente de 1857 al Congreso volvían imposible la labor del presidente; no le faltaba razón, pero en aquel ambiente de radicalismo doctrinario (azuzado sobre todo por la Iglesia y el ejército), no supo o no pudo propiciar las enmiendas necesarias. Su ambigüedad lo llevó a la ruina. Fue un suicidio. ¿Hay en nuestra historia antecedentes menos oscuros?

Los hay, en cuando menos dos casos: el periodo presidencial de Madero y, mucho más aleccionador, el decenio de la República Restaurada. Juárez y Lerdo de Tejada compartían la convicción de Comonfort en el sentido de que el desequilibrio de poderes sancionado por la Constitución de 1857 en favor del Legislativo, representaba un impedimento para la marcha adecuada de los negocios públicos. En 1867 –como ahora–, México no podía perder tiempo en la urgente labor de reconstrucción nacional. Un Legislativo omnipotente, extraviado en sus deliberaciones como en una interminable y embriagante Convención francesa, podía retardar o bloquear medidas que para el país eran de vida o muerte. Juárez lo sabía y por eso propuso varias reformas: establecer el Senado, limitar en términos temporales las sesiones de la Cámara, otorgar al Ejecutivo un poder de veto temporal sobre los actos del Congreso. Es significativo que, con todo su prestigio a cuestas, Juárez no haya podido pasar ninguna de estas reformas, así de real y efectiva era entonces la división de poderes. El haber gobernado con poderes extraordinarios no convirtió a Juárez en dictador: esos poderes fueron concedidos voluntariamente por el Congreso.

Con estas y otras imperfecciones, lo cierto es que entre 1867 y 1876 el país vivió su único ensayo en la división de poderes. Esta división adoptó la forma de un difícil aprendizaje. El Congreso incurría en dilaciones innecesarias, discutía asuntos irrelevantes, pasaba de largo temas fundamentales. Pero al paso de los años sus funciones se afinaron propiciando una sana convergencia de los poderes públicos. Con buena fe y patriotismo, los representantes populares cedieron al Ejecutivo las zonas de acción y decisión que evidentemente le correspondían. Por su parte, Juárez y Lerdo de Tejada trabajaron con el Congreso, y a menudo contra el Congreso, pero jamás coartaron un ápice su libertad ni imaginaron la opción que adoptaría Porfirio Díaz (y más adelante el PRI): trabajar sin el Congreso, volviéndolo un apéndice del Ejecutivo.

En 1997 se abre la posibilidad de restaurar el equilibrio de poderes. Se necesitará patriotismo y buena fe, pero no parece utópico. Una amplia campaña de comunicación que aclare al votante las funciones y responsabilidades de un diputado, aunada a la multiplicación de debates entre candidatos, son medidas que enriquecerían la contienda electoral. A partir de allí, no es imposible imaginar un Congreso democrático donde los diputados deliberen y voten no de acuerdo con la consigna de sus líderes o patrones sino representando la voluntad de sus electores y de acuerdo con sus propias conciencias. Por lo demás, el Legislativo no podría, aún proponiéndoselo, bloquear al Ejecutivo: la Constitución de 1917, que nos rige, se lo impide.

Al ver funcionando esta inusitada maquinaria, el mexicano comprenderá que el Congreso es la única arena legítima para librar, dirimir y decidir las batallas públicas. Ninguna otra. Cuando esta convicción arraigue en la mayoría, tendrá un efecto liberador. El eterno chantaje de la violencia política desaparecerá del horizonte. Así, el trienio 1997-2000 nos prepararía para abrir el nuevo milenio en una situación parecida a la que mostraba el país en tiempos de Juárez: «México tenía entonces –escribió Cosío Villegas– el aspecto mediocre de una democracia, en la cual cuentan poco muchos hombres, y no el aire majestuoso de la tiranía, en la que un solo hombre cuenta por todos y los demás son meras sabandijas».

Tercera llamada*

En la contabilidad política de México, los resultados democráticos arrojan pérdidas. Durante los ciento setenta y cinco años de vida independiente (1821-1996) sólo en dos periodos el país ha intentado vivir en la democracia: la República Restaurada (1867-1876) y el gobierno de Madero (1911-1913). Once años de libertad son casi nada comparados con los restantes ciento sesenta y cuatro, apenas un seis por ciento. Esta vasta inexperiencia histórica tiene un agravante: no sólo no sabemos bien cómo funciona la democracia sino que sabemos muy bien cómo hacer que no funcione.

Los países de la antigua órbita soviética vivieron bajo la dominación totalitaria y por eso valoran la libertad política que conquistaron en tiempos recientes. Varias naciones de América Latina están en una condición aún mejor. En ellas, la adopción de la democracia ha sido

* Agosto, 1996.

menos forzada porque los paréntesis de libertad en su vida independiente fueron más largos y profundos que los mexicanos. Es el caso de Chile, Uruguay y Argentina. México, en cambio, debe partir de números negativos. Durante los reinados sucesivos de Porfirio Díaz (1876-1911) y del PRI (1929-?) se sedimentaron usos y costumbres que adulteraron de raíz la práctica democrática. En México no sólo debemos aprender la democracia: debemos desaprender la antidemocracia.

Ante la probable inminencia de un nuevo ciclo democrático, la pregunta es obvia: ¿por qué fracasaron los dos anteriores? El primero, representado por Benito Juárez, abortó debido a un golpe de Estado cuya causa fundamental fue la impaciencia con los métodos democráticos. Porfirio Díaz cortó de tajo el proceso. Tomó el poder por la fuerza e instituyó un régimen que dejaba –en sus propias palabras– «intacta la teoría republicana y democrática», pero adoptaba en la práctica una «política patriarcal». En esencia, es el mismo régimen en que México ha vivido desde 1929.

El segundo capítulo terminó también por un golpe de Estado cuyo origen fue, de nueva cuenta, la impaciencia con las morosas reglas de la democracia. Basta hojear el *Diario de los debates* de la XXVI Legislatura (1912-1913) para ver el grado de encono a que llegaron aquellos febriles diputados: unos querían cambiar la realidad en un día, otros querían conservarla un siglo, otros más fluctuaban entre los dos extremos. Casi todos pretendían «devorar al adversario, no vencerlo». Representaban un circo romano, no un parlamento democrático. Algo similar ocurría en la prensa: vivaz pero cruel y soberbia, incapaz de considerar los hechos con objetividad, ponderación y equilibrio, «mordía la mano del presidente que le había quitado el bozal». Aquellas clases políticas parecían ahogarse en los espacios abiertos. Anhelaban la vuelta de un régimen cerrado, y lo lograron.

Dentro del marco de la nueva reforma electoral que –con todas sus limitaciones– se aprobó hace unas semanas, el reloj no se detendrá hasta culminar en las elecciones de la Cámara de Diputados y del jefe del Distrito Federal a mediados de 1997. Será la tercera y quizá la última llamada de la democracia. Las lecciones del pasado deben tenerse en cuenta para no volver a fallar. Cabe resumirlas en cuatro palabras: humildad, paciencia, responsabilidad y tolerancia.

Humildad para reconocer la inexperiencia histórica del país y estar alertas a los errores e impurezas que se derivan de ella. El desaprendizaje de la antidemocracia ha avanzado mucho en los últimos meses gracias al destape de la cloaca política por parte de la prensa nacional y extranjera, pero el aprendizaje de la democracia cabal tomará tiempo y requerirá paciencia. Para que la libertad política no se malogre la clase política deberá actuar con responsabilidad. Tampoco esto será fácil. Hay en la cultura política mexicana una propensión lamentable a mezclar y confundir el espíritu revolucionario con el democrático. No sólo son distintos sino opuestos.

Por un veto presidencial*

El presidente Zedillo ha sostenido que la gran reforma electoral de su gobierno estriba en la autonomía de los órganos electorales y la conformación del Instituto Federal Electoral. Es verdad. Cualquiera que recuerde la cerrazón del gobierno salinista ante este viejo reclamo ciudadano tiene que convenir que este es un paso trascendental. Hoy nos parece natural que las elecciones en Guerrero, Coahuila, el Estado de México e Hidalgo hayan resultado ordenadas, limpias y sin impugnaciones importantes por parte de los partidos opositores; tan natural como que las conversaciones en Chiapas, aunque difíciles y accidentadas, sigan su curso en un clima razonable de tolerancia y paz. Pero nada de esto es natural: es obra conjunta de una sociedad cada vez más alerta y un gobierno que, en estos casos, ha mostrado sensibilidad política y amplitud de horizonte.

Por eso llama la atención y preocupa el paso atrás que representa la reforma electoral votada por el PRI... para el PRI. La explicación parece clara: ante los recientes resultados en las urnas, sobre todo en el Estado de México, el PRI parece cerrar filas. No sostiene ya que «si llegó al poder a balazos, a balazos tendrán que sacarlo», pero en la práctica refuerza la inequidad de la contienda (que el presidente Zedillo reconoció como un elemento que vició su propia elección) y reduce severamente la credibilidad en una posible alternancia, credibilidad que es una condición necesaria para la transición democrática.

Son varios y muy serios los nuevos escollos, entre otros: rebasar los topes de campaña no constituirá un delito electoral sino una falta administrativa; en vez de un sistema de impugnación electoral sencillo y expedito se optó por uno complicado; no podrá haber coaliciones para postular a un candidato a jefe del gobierno del Distrito Federal; no se permitió que los programas de los partidos políticos –que duran aproximadamente media hora y son tediosísimos– fueran divididos en

* Noviembre, 1996.

cápsulas –ésas sí eficaces– de treinta segundos. Aunque no deriva de los cambios en el Cofipe, la situación del jefe del gobierno del Distrito Federal –que podría provenir de la oposición en 1997 [Cuauhtémoc Cárdenas resultó electo en 1997]– es extremadamente vulnerable: no sólo no designará a sus delegados y al procurador sino que el Senado podrá destituirlo y elegir sustituto si entra en conflicto con alguno de los Poderes de la Unión, léase: con el presidente.

La manzana de la discordia fue el tema del financiamiento. El presidente ha defendido con firmeza la ampliación del apoyo oficial a los partidos como un dique al dinero que podría fluir por vía del narcotráfico. Nada impide que ese dinero tenebroso fluya de todas maneras por los albañales del sistema, pero el problema de esta decisión es otro: ¿cómo conciliar –frente a una población agraviada, lastimada, saqueada– una política económica de austeridad ortodoxa con un gasto electoral a todas luces ostentoso? ¿De qué sirve el tope si las sanciones por rebasarlo son meramente administrativas? ¿No era mejor imaginar formas nuevas de competencia electoral a través de los medios de comunicación, métodos más dignos y sobre todo más formativos, que la anticuada e inmoral derrama de dinero que practica el PRI en sus campañas?

No hace mucho el presidente Zedillo llamó al PRI a recobrar sus orígenes maderistas. Que el PRI haya ignorado sus palabras es natural: sus orígenes no son maderistas. Pero que el presidente Zedillo no asuma ese programa en el que repetidamente ha declarado creer, y avale sin más la reforma priista, es incomprensible. En caso de reconsiderar su postura, las circunstancias le serían propicias. Para afianzar la credibilidad nacional en la transición democrática le bastaría hacer uso de un derecho que le otorga la Constitución y que los presidentes de México casi nunca han utilizado por la dependencia servil del Poder Legislativo con respecto al Ejecutivo: me refiero al derecho de veto, total o parcial, consignado en el artículo 72, inciso C, de la Constitución:

«El proyecto de ley o decreto desechado, en todo o en parte por el Ejecutivo, será devuelto, con sus observaciones a la Cámara de su origen. Deberá ser discutido de nuevo por ésta, y si fuese confirmado por las dos terceras partes del número total de votos, pasará otra vez a la Cámara revisora. Si por ésta fuese sancionado por la misma mayoría, el proyecto será ley o decreto y volverá al Ejecutivo para su promulgación.»

Si el presidente veta de manera parcial la reforma aprobada en la Cámara baja e introduce las modificaciones que le parezcan pertinentes, la nación se beneficiará de muchas maneras. Ese solo hecho, presentado no como una querella entre el presidente y el PRI sino como el ejercicio de su legítima autoridad, afianzaría su posición política. Adicionalmente, los mexicanos sabremos qué clase de reforma es la que tiene en mente nuestro mandatario. Si la propuesta se coloca en una zona intermedia entre los acuerdos de Bucareli y la reforma aprobada por el PRI, es muy probable que cuente con las dos terceras partes requeridas para su aprobación.

La transición a la democracia no es una abstracción intelectual. Es una corriente histórica mundial a la que México debió haberse sumado desde hace décadas. Al margen de las reformas y las leyes, a partir de 1997 y, de manera sostenida hasta el año 2000, los ciudadanos la conquistarán con sus votos. Ningún «mayoriteo» podrá contra la decisión cívica de las mayorías. Pero el país requiere que, mediante un acto de Estado, el presidente se convierta en un gestor histórico de la transición. El presidente lo requiere también, para afianzar su liderazgo en esa y otras zonas de su administración. El instrumento está ahí: vetar la reforma priista y proponer una reforma democrática. [La reforma no fue vetada por el presidente Zedillo.]

Breve historia del sistema político*

El sistema político mexicano fue fundado por el general Calles, corporativizado por el general Cárdenas, desmilitarizado por el general Ávila Camacho y vuelto una moderna empresa política por el presidente Miguel Alemán. Éste dejó a cargo al contador Ruiz Cortines, que cedió el paso al director de relaciones públicas López Mateos, quien a su vez encargó el puesto al abogado penal Gustavo Díaz Ordaz.

Por más de tres décadas la empresa funcionó de maravilla. Un mecanismo casi genial víctima de su propio éxito. Fue viable por un tiempo, pero no todo el tiempo. Estaba diseñado para una población mucho menor (México en 1950 tenía veinticinco millones de habitantes, hoy tiene más de noventa millones). Fue un experimento de economía protegida, sociedad tutelada y política cerrada, insostenible en un mundo que se abría a la competencia y la comunicación global. La propaganda decía que el sistema tenía lo mejor de dos mundo: una economía de mercado como en el Primer Mundo (con limitaciones, pero activa y

* Marzo, 1997.

funcional) y un Estado benefactor como en el mundo socialista (sin campos de trabajo, policía secreta ni ideología de Estado). La realidad, a la larga, probó lo contrario: el sistema tenía las desventajas económicas del sistema socialista (pesada e ineficiente burocracia, corrupción, falta de innovación) sin las ventajas políticas del Occidente democrático.

La matanza de cientos de estudiantes en 1968 por parte del «abogado penal» fue la primera señal de alarma. El sistema no toleraba la disidencia. Comenzaba a quedar claro que el poder, los recursos y las decisiones debían distribuirse de acuerdo con reglas republicanas, federalistas y democráticas. Era el momento de desmontar paulatinamente el edificio corporativo, desproteger la economía y transformar la subordinación general en libre competencia.

Por desgracia, entre 1970 y 1982, dos presidentes populistas [Echeverría y López Portillo] desatendieron las finanzas de la empresa y prefirieron reforzar el sistema en vez de reformarlo. El sector público pasó de seiscientos mil a cuatro millones de empleados. El Estado nacionalizó o creó más de mil empresas y financió toda esta expansión masiva con créditos externos. La riqueza petrolera se perdió en proyectos faraónicos o en los albañales de la corrupción. El sistema entró en quiebra económica. México pagaba el costo de poner su vida en manos de un solo hombre. Ningún sistema de partido único, sin diques de contención, está inmune a la falla de sus dirigentes.

Miguel de la Madrid actuó como el síndico de la quiebra: ganó tiempo y paz, pero perdió oportunidades de cambio. A los seis años, cedió el poder a un joven reformista, Carlos Salinas de Gortari, que equilibró las finanzas públicas, privatizó las empresas estatales, decretó la apertura comercial y firmó el TLC. El mundo entero y un sector importante de mexicanos le dieron su aprobación: era el hombre providencial. Pero los buenos números –a veces maquillados– ocultaban un drama político: Salinas pretendía construir una economía moderna, reforzando los métodos políticos más arcaicos. Se sintió un nuevo Porfirio Díaz y acarició la ambición del poder absoluto: preparar su reelección para el año 2000. Por eso eligió como sucesor a su hijo político y por eso consintió el enriquecimiento de su hermano. Quiso lo que nadie: quedarse con la empresa. Pero los «accionistas» –miembros de la «familia revocionaria»– se lo impidieron. Vivimos hoy las consecuencias de ese plan desmesurado.

Tolerancia*

La tolerancia es recomendable al supuesto poseedor de la verdad; con más razón ... debe ser tolerante el que se halle en el error.

Melchor Ocampo

En nuestra tradición la palabra tolerancia tiene una connotación negativa. La Real Academia la define como «respeto o consideración hacia las opiniones o prácticas de los demás», pero agrega una posición reveladora: «aunque sean diferentes a las nuestras». Esta acepción complementaria es la del uso común. Entre nosotros, tolerar es sinónimo de soportar, resistir o aguantar a quien de otra suerte habría que suprimir. El termino «zonas de tolerancia» tiene el mismo sentido: es un coto que la sociedad decente concede a la tenaz supervivencia del pecado. En la cultura católica, la tolerancia fue vista siempre como una actitud permisiva o peligrosa que podía abrir las puertas a la herejía. Por extensión, en el universo de la política quien tolera es el débil, el vacilante, el equivocado.

En tradiciones políticas y religiosas más plurales y abiertas, la tolerancia tiene una connotación positiva: es un valor central que no sólo implica un respeto a las opiniones, creencias y prácticas ajenas sino una afirmación de la propia libertad ante el fanatismo o el prejuicio. Locke y Voltaire escribieron tratados de tolerancia destinados, ante todo, al ámbito de la religión, pero sus ideas se transmitieron intactas al mundo de la política. Tolerar es una palabra noble: equivale a otorgar generosamente un tiempo y un espacio al adversario, a enriquecer el debate público con la diversidad de las opiniones, a dudar de las convicciones rotundas que enturbian el juicio. El hombre tolerante habla menos de lo que escucha, pondera con paciencia y buena fe los argumentos ajenos. En política, quien practica la tolerancia se empeña en limar las aristas y crea un espacio común para la solución racional de los problemas.

La tolerancia deberá ser la virtud cardinal en el orden democrático que debemos construir a partir del 7 de julio de 1997 [día en que se eligió una nueva composición de la Cámara y al jefe de gobierno de la ciudad de México]. Por desgracia, ninguna de las tres fuerzas contendientes se distingue por su tolerancia. El PRI estará obligado a tolerar el triunfo de la oposición admitiendo dignamente la eventual derrota y concediéndole con lealtad la oportunidad de gobernar. Si triunfa de-

* Julio, 1997.

berá dejar atrás su tradicional prepotencia. La oposición que acceda al poder en el Distrito Federal, los gobiernos estatales o la Cámara, deberá practicar la tolerancia y superar los ánimos de venganza. Si se trata del PRD, su programa de gobierno no puede recurrir a la descalificación del adversario ni partir de postulados absolutos o demagógicos que por sí mismos cancelen la posibilidad del diálogo tolerante y civilizado. En cuanto al PAN, tolerar significará renunciar a la pretensión de legislar sobre la moralidad y las creencias privadas.

La experiencia democrática de Madero se frustró por falta de tolerancia. Las Cámaras opositoras, la prensa y los intelectuales fueron intolerantes con el nuevo régimen en un doble sentido: descalificaron el cambio histórico que había propiciado y no le dieron tiempo para consolidarse. El resultado fue que México retrasó por más de ochenta años su acceso pleno a la democracia. El 7 de julio se abre una oportunidad de oro para retomar el proyecto liberal del siglo XIX y de Madero. Si, como parece muy probable, ninguna de las tres fuerzas políticas que compiten en México alcanza la mayoría absoluta del electorado –y aun en el caso de que alguna logre una mayoría relativa–, el mandato del ciudadano será claro: las tres fuerzas deben seguir dirimiendo sus diferencias en un clima de libertad y respeto.

La tolerancia no es un valor que mueva al entusiasmo o al éxtasis, no es una aurora histórica ni el imposible sueño de una concordia universal. Es un modo de convivir, el único que nos acercará al país maduro y responsable que aspiramos ser.

La democracia restaurada*

1911. Por primera vez, en casi medio siglo, México estrenaba, con júbilo y esperanza, un régimen democrático. Una revolución breve y casi incruenta había enviado al exilio al viejo dictador que desde 1876 era el monarca absoluto de México: Porfirio Díaz. El caudillo que encabezó el movimiento, el rico empresario Francisco I. Madero, era conocido como «el apóstol de la democracia». A su llegada a la ciudad de México la tierra tembló. Poco después, Madero refrendó ampliamente su triunfo en las urnas. Su promesa fue establecer un régimen apegado estrictamente a la letra de la Constitución: división de poderes, plenas libertades cívicas, elecciones limpias.

* Julio, 1997.

1997. Ochenta y seis años más tarde, México estrena, con esperanza y júbilo, un régimen democrático. La historia parece repetirse. El país ha vivido tiempos de violencia y zozobra: revueltas indígenas, brotes guerrilleros, asesinatos políticos, inseguridad en las calles, escándalos de corrupción y drogas, una severa crisis económica. Mientras el volcán Popocatépetl arrojaba nubes de cenizas, el pueblo mexicano se manifestó en las elecciones más limpias y ordenadas desde tiempos de Madero. El ganador y próximo jefe de gobierno en la ciudad de México es Cuauhtémoc Cárdenas. El PAN aunó dos gubernaturas a las cuatro que ya tenía y ahora gobernará a casi el cincuenta por ciento de la población. El PRI no se ha exiliado en París, pero para sorpresa de propios y extraños, en la Cámara de Diputados ha perdido la mayoría que tuvo desde su fundación.

¿Se repetirá el ciclo perverso de la historia mexicana? Largos periodos de régimen estable pero autoritario, fugazmente desplazados por periodos democráticos que no se sostienen sino que estallan en sangrientas guerras civiles encabezadas por caudillos que luchan y se matan entre sí hasta que surge el hombre fuerte que disciplina a los que quedan y reconstruye el régimen sobre pautas cada vez más rígidas. El sistema que ha gobernado México desde los años veinte fue un vasto mecanismo de dominación que superó al de Porfirio Díaz, porque subordinó políticamente a casi toda la sociedad a través de las más variadas técnicas: desde el patronazgo y la corrupción hasta la violencia. Simuló tan bien sus formas democráticas que nadie lo veía como lo que en verdad era: una monarquía absoluta con ropajes republicanos.

Madero mantuvo su promesa: el Poder Legislativo fue independiente, la prensa fue libre, las elecciones limpias. Pero su ensayo democrático terminó en un desastre. La mayoría opositora en las Cámaras bloqueó sistemáticamente sus iniciativas y le impidió gobernar. La prensa y los intelectuales proyectaron la imagen de un débil lunático y soñador que carecía de fuerza. El resultado previsible fue el golpe de Estado militar. Madero murió asesinado en 1913, y ese hecho dio paso a una revolución que duró diez años y costó un millón de muertos.

Este no será, con toda seguridad, el desenlace actual, no sólo por el carácter plenamente institucional del ejército mexicano que no incurriría en el error y el anacronismo de buscar el poder, sino por tres factores esenciales: el mundo ha cambiado, México ha cambiado y la relación de México con el mundo ha cambiado también. El siglo XX ha terminado por adoptar el paradigma democrático purgándose a sí mismo de su fe en el Estado como agente principal del cambio histórico. México, sencillamente, se ha puesto al día. Puertas adentro, el proceso ha llevado décadas. Poco a poco, los agentes de la vida democrática han tomado en serio su papel: la prensa y los medios hacen uso de una libertad que ya nadie podrá quitarles porque hay un vasto público que la sustenta. Cada día son más numerosas las organizaciones cívicas que promueven y vigilan los procesos democráticos. En el mapa de México, que todavía en 1988 era completamente priista, aparecen varios gobiernos locales y estatales de oposición. Pero faltaba la prueba de fuego: la elección en la ciudad de México y las elecciones para la Cámara de Diputados. En ambas triunfó la oposición, dando sustancia a un sistema multipartidista. Un nuevo organismo ciudadano y autónomo ha manejado ejemplarmente las elecciones dando resultados creíbles e inmediatos. Los ganadores mostraron nobleza; los perdedores, humildad. En este cambio, la apertura económica ha favorecido a la política porque ha restado poder e influencia al viejo aparato estatal. A diferencia de lo que ocurrió con Madero, en su última visita a México el presidente Clinton habló con la oposición, señal clara de que Estados Unidos quiere un socio comercial democrático no una «dictadura perfecta».

Las tareas que esperan al presidente Zedillo son infinitamente más complejas que las de Madero. Por momentos enfrentará una Cámara difícil pero no hostil: hay señales de que el equilibrio de poderes no se traducirá en un bloqueo sino en una vigilancia responsable de las iniciativas, actos y presupuestos del Ejecutivo. Habrá alianzas alrededor de casos, no oposiciones sistemáticas. Además, Zedillo no es Madero: su activo papel como propulsor del cambio y las claras señales de recuperación económica le han dado una fuerza y una credibilidad que, traducidas en un clima de confianza, le ayudarán a consolidar su proyecto económico y propiciar la reforma del PRI: a semejanza de los partidos de Europa del Este, el PRI puede refundarse como un partido democrático. Pero la diferencia esencial entre 1911 y 1997 radica en los propios mexicanos: México en 1911 tenía quince millones de habitantes, la inmensa mayoría pobres, casi todos analfabetas e ignorantes de la noción misma de democracia. Ahora tiene noventa, muchos de ellos pobres, pero ya no analfabetas ni ajenos a la vida pública. Han entendido que su voto cuenta, por eso hicieron cola para elegir a sus gobernantes y representantes en todo el país. Fueron ellos los verdaderos ganadores en las históricas elecciones del pasado 6 de julio.

Prudencia*

Las relaciones entre el Poder Legislativo y el Ejecutivo no han sido un ejemplo de prudencia: uno ha sabido vivir contra el otro, vivir sin el otro, pero no con el otro. Toda la historia política del México independiente, moderno y contemporáneo da cuenta de un movimiento pendular en el cual el Legislativo predomina fugazmente en tiempos revolucionarios, pero lo hace con una agresividad tal, que provoca la reacción contraria y abre la puerta al largo predominio del caudillo, el hombre necesario, jefe máximo o presidente imperial que subyuga, adultera o de plano suprime a los órganos parlamentarios.

Desde el vislumbre mismo de la república, en tiempos de Morelos, el Congreso se extralimitó en su esfera de poder, provocando la postergación de la causa que embrionariamente representaba. Lo mismo ocurrió con los ensayos monárquicos y republicanos en la primera década del México independiente. Refiriéndose a la tiranía del Legislativo, el doctor Mora escribió: «número pequeño de facciosos charlatanes y atrevidos que a fuerza de gritos sediciosos y amenazas arrancan de la representación nacional todo lo que conviene a sus miras». El resultado fue el advenimiento de esa caricatura napoleónica que fue Santa Anna, el «hombre providencial» que hacía y deshacía Congresos dependiendo del humor con que se levantaba.

Tras la interminable comedia santanista, era natural que los constituyentes de 1857 fortalecieran al Legislativo por encima del Ejecutivo, y tal vez exageraron un poco en su empeño. «El presidente», lamentaba Comonfort «ha quedado reducido a ser menos que un jefe de oficina». La guerra de Reforma y la Intervención disolvieron de hecho al Congreso y dotaron a Juárez de facultades extraordinarias, pero tan pronto se restauró la república fue el propio Juárez quien buscó reformar la Constitución con el objeto de equilibrar debidamente los poderes públicos.

Como se sabe –aunque nunca de manera suficiente– aquel decenio representó el único experimento exitoso de democracia parlamentaria en nuestra historia. Ese Congreso toleró derrotas y victorias para ambos poderes. Hubo escarceos, fricciones, equívocos, burlas, todo menos rompimientos que pusieran en peligro o bloquearan la marcha de la nación. Los debates del Congreso llamaban la atención por la honestidad del gobierno y sus adversarios. Un diputado leal a Juárez comentó: «¿Cómo no vacilar teniendo como adversarios a los titanes de

* Agosto, 1997.

las palabras?» Aquellos hombres sabían detener en el borde del abismo sus pasiones. Fieles a la voluntad de sus electores y a la voz de su conciencia, antes que a la consigna de su partido, descubrían esa virtud política y moral que no está en los libros sino en la experiencia: la prudencia.

Porfirio Díaz clausuró esa práctica y se convirtió en supremo juez, legislador y gobernante. No sólo monopolizó el ejercicio de la fuerza sino el de la prudencia. Hasta que por amor al poder dejó de ser prudente y se desató la Revolución. Con ella llegó la venganza del Legislativo, que tuvo páginas lamentables –como la imprudente deturpación de Madero– y otras memorables –como las tormentosas sesiones de la Convención de Aguascalientes o las no menos intensas del Constituyente de 1917–. Pero es muy significativo que el propio Constituyente de Querétaro estableciera nuevos equilibrios entre los poderes públicos en beneficio del Ejecutivo. Tristemente, el resultado fue un porfirismo que duraría ochenta años. Con matices y excepciones, entre 1917 y 1997 el Legislativo ha sido un poder formal, un apéndice del presidente de turno, a cargo de un partido, el PRI, integrado orgánicamente al Ejecutivo.

A partir del 6 de julio de 1997 el mandato ciudadano es muy claro: desechar la presidencia imperial y volver a la división cabalmente republicana de poderes. Se trata de comenzar una nueva era de convivencia respetuosa, de discusión inteligente, de comedimiento y tolerancia. No un trato aburrido y beatífico entre ángeles, pero tampoco una cena de negros ni un festín demagógico. Por desgracia, los presagios no son buenos. A propósito del Informe del 1º de septiembre –ritual imperial que debe reformarse radicalmente–, la nueva mayoría legislativa ha buscado un gesto del Ejecutivo que demuestre simbólicamente la alternancia de poder en el Legislativo. ¿Era prudente? ¿Era necesario? ¿No fue suficiente el voto mayoritario por la oposición y el hecho incontrovertible de la minoría priista en la Cámara? Tal vez las transiciones históricas, como las personales, requieren esos ritos de pase que pueden parecer traumáticos, pero en el futuro, la crítica de los opositores a la gestión presidencial en presencia del Ejecutivo no debería formar parte de la relación entre los poderes porque aviva los encones y es funcionalmente innecesaria.

El episodio del Informe pasará. Aunque la polarización que ha evidenciado es peligrosa, esperemos que no sea más que una tormenta en un vaso de agua. Quizá lo importante no ocurrirá mañana sino a partir de mañana. El país no tiene tiempo que perder. En esta tercera y definitiva restauración republicana, los ciudadanos no podemos consentir la discordia entre los poderes. La agenda nacional está repleta de problemas que necesitan atención.

La hora del Congreso*

El Congreso tiene frente a sí la oportunidad de consolidar la democracia en México y comenzar a revertir el desánimo general. Para lograrlo necesitará actuar con una dosis suprema de responsabilidad política. No ha sido esa la característica de su errático desempeño en el primer año de su mandato. Pero no es difícil vislumbrar un cambio ni llevarlo a cabo. Se trata de asumir un liderazgo colectivo. El presidente Zedillo no ha logrado construir ese liderazgo. No es que le falten méritos. Sólo una mentalidad mezquina puede negarle el haber propiciado las decisivas transformaciones democráticas de los últimos años pero, extrañamente, ese progreso político –que con el tiempo se apreciará en su justa medida– no se ha traducido en una clara capacidad de liderazgo. Quizá la contracción del lugar histórico del Ejecutivo sea consecuencia natural de ese mismo progreso y, en ese sentido, es un rasgo positivo. Pero en nuestro caso el péndulo ha ido demasiado lejos.

Por eso, a poco más de un año de las nominaciones de candidatos presidenciales, ha llegado la hora del Legislativo. La agenda pendiente es inmensa e inaplazable. El costosísimo embrollo Fobaproa, la ley indígena, el problema de Chiapas, la reforma judicial, la reforma laboral, el destrabe de la petroquímica, los cuellos de botella en la energía eléctrica, la inseguridad y el crimen son algunos de los asuntos que la Legislatura deberá abordar, no para deliberar interminablemente sobre ellos perdiendo un tiempo que no podemos perder, sino para aportar soluciones prácticas que la legitimen ante la nación como un protagonista confiable y dinámico, digno de la reelección de sus miembros.

No es la primera vez en nuestra historia que el Legislativo tiene una oportunidad semejante. En todos los casos la ha desperdiciado. A mediados del siglo pasado, la querella entre los puros y los conservadores ahogó en sangre una constitución sensata y moderada. Diez años más tarde, la inexperta aunque patriota legislatura liberal tardó demasiado tiempo en aprender las reglas elementales del equilibrio de poderes. El resultado fue el arribo violento de Díaz que pensaba lo mismo que Lucas Alamán: «no necesitamos más congresos, sólo unos cuantos consejeros,

* Agosto, 1998.

sólo unos cuantos consejeros planificadores». En tiempos de Madero, una promisoria representación tripartita (los renovadores, los católicos y los porfiristas) se perdió en un alud de recriminaciones, venganzas y excesos oratorios, creando un ambiente de pánico e incredulidad que se revirtió contra el orden democrático, destruyéndolo en el embrión.

Nuestra actual división tripartita corre riesgos semejantes, aunque el peligro no sea un golpe de Estado sino el ahondamiento de la discordia y el asomo del caos. Ningún partido se libra de responsabilidad. Salvo excepciones, el PRD ha actuado con una radicalidad crítica que quizá podría redituarle en el año 2000, pero sobre esas bases su eventual victoria puede resultar pírrica: si el deterioro del país avanza paralelamente, sus márgenes de acción serán mínimos. Por su parte, el PAN sufrió una especie de parálisis: huyendo de la sombra de la «concertacesión» que los homologaba con el PRI, muchos de sus legisladores creyeron que su único deber era ser o parecer tan radicales como los perredistas. Por fortuna, la buena recepción de su propuesta en torno al Fobaproa debería convencerlos de que el electorado desconfía de los extremos y está urgido de soluciones razonadas y sensatas. Finalmente, en el PRI debería cundir el ejemplo del Grupo Galileo, que intentó marcar y fundamentar sus distancias con el Ejecutivo. Por lo demás, sería de desear que los diputados actuaran con plena civilidad, con respecto al Ejecutivo y movidos por las convicciones e intereses de sus votantes más que por la línea de sus partidos.

El papel del Congreso en la circunstancia actual es a tal grado decisivo, que las sesiones deberían tener una «ventana» en los medios. Como en muchos países, un canal de cable o de televisión debería transmitir en vivo las deliberaciones en la Cámara. Las agendas legislativas deberían ser tan habituales como las carteleras de los cines o la programación televisiva. Los partidos deberían publicar sus ideas rectoras sobre cada tema en la prensa.

Si el año que viene el Congreso desahoga con prontitud al menos una parte de su agenda, la carrera presidencial podrá comenzar en una atmósfera menos enrarecida. Los electores podrán juzgar con mayor aplomo las propuestas de los partidos y el perfil de los candidatos porque el equilibrio de poderes habrá probado su bondad. Si el Legislativo responde a las exigencias de la hora, el Ejecutivo podrá acotar más claramente su papel para el siglo XXI, y entre ambos podrían rehacer –casi de las cenizas– al tercer protagonista sin cuya fortaleza y autonomía el país no podrá construir ningún orden estable y las leyes seguirán siendo letra muerta: el Poder Judicial.

Tareas políticas*

«Año nuevo, vida nueva», reza el refrán tan frecuentemente repetido como impracticado. Para la vida política mexicana el año de 1999 no sólo invita a la renovación sino que la impone. Todos sabemos lo que nos va en juego: la consolidación de nuestra democracia. En el proceso intervendrán muchos protagonistas, factores, situaciones y ese dios inescrutable: el azar. Pero acaso bastaría con que los cuatro poderes clásicos de toda república (y alguno más) cumplieran con su encomienda histórica para que el tránsito hacia el siglo XXI sea más firme y seguro.

El Ejecutivo ha estado, en términos generales, a la altura de las circunstancias. Por décadas buscamos imponer diques a la presidencia imperial. Ahora que los tenemos sobran quienes añoran una vuelta a la mano dura. Zedillo no la ha empleado –ni hubiese podido emplearla– al menos en la esfera política. En la recta final de su sexenio, su tarea sería mantener la acotación de su área de influencia y resistir la tentación de manipular en cualquier forma el proceso electoral, no sólo en el ámbito nacional sino en el de su propio partido, que sin el más elemental padrón interno estará intentando al menos una «auscultación de las bases». En todo caso, los empeños del presidente deberían dirigirse a afianzar la autonomía del IFE y las demás instancias que gobiernan las elecciones en todos los niveles. En cuanto a los futuros candidatos a la presidencia, su tarea será ofrecer algo más que el carisma de una imagen o un nombre legendario: una visión precisa del México que proponen.

La tarea más difícil, a mi juicio, corresponde al Legislativo. Es el nuevo poder de esta nueva república… y se nota. Salvo excepciones meritorias, como cuerpo incurrió en todos los vicios de sus anteriores, efímeras y malogradas encarnaciones (las legislaturas de la República Restaurada y la maderista, ambas depuestas por un Ejecutivo fuerte): le faltó celeridad, eficacia, atingencia, realismo, sentido de las prioridades, sensibilidad a las demandas urgentes de la población, le sobró protagonismo, retórica, ideologización, espíritu de partido. La sensata propuesta de permitir la reelección de los diputados para que éstos puedan desarrollar una estrecha vinculación con sus electores se vio contradicha con la postura uniformemente partidaria de los diputados: salvo honrosas excepciones, no actúan como individuos sino en bloque. En la percepción pública, las Cámaras están muy lejos de alcanzar la respetabilidad y el perfil de un poder que no sólo contrapesa al

* Enero, 1999.

Ejecutivo sino que delibera y legisla con responsabilidad. El tiempo se ha venido encima y el Congreso –sobre todo en el segmento mayoritario de oposición– puede despertar en el año 2000 con una vuelta a la presidencia imperial democráticamente electa y acompañada por un Legislativo obsecuente. Habrán perdido su oportunidad, no por un golpe de Estado sino por su propia mano.

El Judicial es un poder inexistente. Lo ha sido desde tiempos de Porfirio Díaz, que lo expropió para beneficio del Ejecutivo. Se habla mucho de la reforma del Estado, pero la reforma que verdaderamente hace falta es la reforma del Poder Judicial. La justicia social nos nubló a través del siglo la necesidad de atender a la justicia sin adjetivos. Aquella remota frase de Francisco Bulnes a Porfirio Díaz sigue siendo válida: «queremos que el sucesor de usted sea… la Ley». Si esperamos, como sugieren algunos análisis redentoristas, a que con un cambio de modelo advenga una sociedad perfecta, estaremos condenando a las futuras generaciones a la discordia perpetua y a su desenlace natural, el gobierno militar. Es obvio que en estos asuntos es más fácil decir que hacer. Pero nadie debe arredrarse ante la tarea de proponer soluciones jurídicas al difícil tránsito en el que estamos: de un orden autoritario a uno democrático.

El cuarto poder ha hecho bien su trabajo. En términos generales, la prensa, la radio y, en tiempos recientes, la televisión han ampliado y profundizado la conciencia pública sobre los grandes problemas nacionales. Ahora sabemos más sobre nosotros, aunque lo que sabemos no nos guste. Si bien existen todavía medios oficiosos que distorsionan la información, el público se ha alejado de ellos. Es verdad que incluso en los casos exitosos falta un trecho de profesionalismo por recorrer, pero quizás el defecto mayor de nuestros buenos medios impresos esté en lo que en inglés se llama *political correctness,* esa forma del fariseísmo que busca estar siempre con las llamadas «causas justas» pero que, en el fondo, oculta una complicidad con los gustos y prejuicios de los lectores. Bertrand Russell tituló a uno de sus libros *Unpopular Essays* e incluyó en él textos que no transigían con el lugar común y las buenas conciencias. La tarea de muchos editorialistas y comunicadores sería emularlo.

Hay otros poderes incidiendo sobre la realidad: poderes formales e informales, trasnacionales, nacionales, regionales y locales, nuevos y tradicionales, gremiales y sindicales, reales y simbólicos, morales y económicos. Pero el quinto poder podría ser decisivo: el poder de los ciudadanos. Es un poder difuso, que se expresa en las urnas y a veces se configura en organizaciones no gubernamentales. El defecto de muchas de éstas ha sido su orientación: sirven para denunciar no para proponer. Una tarea posible sería la de crear (en escala pequeña, para empezar) centros de información sobre la ilegalidad y así contribuir a hacer de México un país en el que el poder supremo lo tenga la ley.

México como isla*

No es esencial en una empresa pública el ser ineficiente. Ha habido ejemplos, aún en México, de empresas públicas que cumplen con su misión, atienden su mercado y muestran un desempeño productivo. Inversamente, tampoco la empresa privada tiene una ventaja «esencial» sobre la pública; puede ser tan fallida o improductiva como aquélla. No obstante, una de las duras lecciones del siglo XX, impuesta por la experiencia, revela que el Estado ha sido un mal empresario.

Una de las causas fundamentales del derrumbe de las economías en el mundo del socialismo real fue la crisis o quiebra de sus empresas. En las empresas similares de Europa y Latinoamérica, estatales o paraestatales, se advirtió desde fines de los setenta la misma tendencia estructural de aquéllas, sobre todo si eran monopólicas: falta de innovación y creatividad, burocratismo, ineficiencia, corrupción, mala calidad en los productos, manipulación de los precios. Apoyadas por subsidios y créditos blandos de toda índole, las empresas disimularon o maquillaron por decenios su situación real, hasta que la realidad se impuso: había que redimensionarlas –cuando era posible– y si no cerrarlas o venderlas. Desde entonces, la tendencia hacia la privatización ha sido incontenible y en general benéfica para los consumidores.

México es una isla en este consenso mundial, una isla acompañada de otra: Cuba. Sólo en México y en Cuba la privatización se vive como una entrega de la nación a los intereses privados a costa de la soberanía nacional. Con una diferencia de matiz: en Cuba es un delito poner un negocio propio, pero la inversión extranjera es bienvenida. La cruel hipocresía de esa política es tan evidente como el carácter totalitario del régimen que la promueve. Sin embargo, los pocos enfebrecidos ideólogos que aún apoyan a Castro todavía le ven sentido; no advierten los terribles costos que ese capricho personal del dictador impone a los cubanos de hoy y de varias generaciones futuras.

En México, el recelo contra la privatización y la globalización tiene raíces profundas que pueden remontarse a la cultura económica virreinal:

* Marzo, 1999.

293

sus leyes, sus convenciones, sus realidades prácticas. Con todo, la persistencia de esa mentalidad es tan anacrónica como la apelación a la pérdida del territorio en el siglo XIX o a los paradigmas nacionalistas de los años treinta. Sin embargo, el anacronismo no sólo persiste sino que prospera: marcha multitudinariamente por la ciudad, domina el pensamiento y la cobertura de varios periódicos, es artículo de fe de editorialistas e intelectuales y, lo más importante, constituye uno de los dogmas de la vasta coalición de fuerzas políticas y sociales que se aglutinan alrededor del PRD y su eterno candidato: Cuauhtémoc Cárdenas.

El neopopulismo es la factura que tal vez tendremos que pagar los mexicanos por el fracaso político del régimen pasado y la inhabilidad del presente en vender adecuadamente su política económica. En términos mercadotécnicos, quizá la sobreventa de Salinas provocó un rechazo en el consumidor que ahora relaciona toda aquella reforma económica con el fango de corrupción y muerte que el régimen arrastró a partir de 1994. Con Salinas pudo haberse dado un proceso nuevo de autocrítica de la Revolución mexicana, no en cuanto a los fines irrefutables que ésta se propuso sino a la imposibilidad práctica de alcanzar esos mismos fines por la vía de un Estado como el que generó. Por desgracia esa autocrítica se volvió contra sí misma y terminó por prestigiar la dudosa viabilidad de los viejos paradigmas de la Revolución.

Hoy la leyenda continúa: hay una revolución nacionalista, socialista, interrumpida, inacabada, posible. En ella, la nación y su encarnación –el Estado– seguirán siendo dueñas de sus recursos naturales y de sus empresas estratégicas, que explorarán con responsabilidad, pulcritud y eficacia. Lo que ha fallado en todo el mundo aquí terminará por operar maravillosamente. Y si no, siempre podrá culparse de todo a la larguísima hegemonía del PRI. Mientras tanto, como en Cuba, la economía de millones de personas se sacrificará en el altar de esas ideas abstractas. Pero eso sí, seguiremos siendo, como Cuba, más que Cuba, un país soberano: sin luz, sin energía, sin crédito, sin inversión, sin capital, pero soberano.

No los candidatos: los programas*

Los malos hábitos tardan en morir. Los hábitos políticos aún más. Es el caso del presidencialismo mexicano, heredero de varias tradicio-

* Mayo, 1999.

nes prehispánicas y virreinales, pero sobre todo del caudillismo providencialista: la ilusión de que por fin advendrá el hombre que nos sacará de nuestros problemas y nos llevará, con mente clara y brazo firme, a la tierra prometida.

Con el avance sustantivo de la democracia, los poderes históricos del presidente se han acotado. Cualquiera que sea la recomposición que se adopte para el siglo venidero, esos poderes no volverán a ser los mismos. Enhorabuena. Sin embargo, extrañamente, la cultura política no parece haber registrado la dimensión del cambio y sigue aferrada al paradigma presidencial. Por eso seguimos hablando obsesivamente sobre los precandidatos para el 2000, sin advertir que la verdadera discusión debería girar hacia otro lado: no en torno al hombre sino al proyecto.

Quienquiera que gane en el año 2000 enfrentará, con toda probabilidad, una presencia decisiva y tal vez predominante de oposición en el Congreso. Ante esta circunstancia, no parece fácil la aparición entre nosotros de un Hugo Chávez que, con un programa populista, apele directamente al ciudadano y busque una domesticación de los otros poderes. El avance de la libertad de expresión, las fuerzas reales de la economía, los reflectores internacionales y la pluralidad política misma del país le restarían el campo de maniobra del que por ahora disfruta el hombre fuerte de Venezuela, tan parecido a su homólogo peruano [Alberto Fujimori]. El presidente, entonces, tendrá que lidiar y convivir con un Congreso en el que los diputados y senadores hagan alianzas diversas que no deberán ser vistas ya como «concertacesiones» sino como convergencias naturales en toda democracia, acuerdos que cristalicen en decisiones cuya obediencia, una vez convertidas en leyes, se vuelva un deber universal.

Por eso es tan importante que la discusión se centre en los grandes problemas nacionales y los programas de solución práctica que los partidos discurran para resolverlos o aliviarlos. En torno a esos programas se establecerán los debates, las divergencias y las alianzas. Por desgracia, el ciudadano común no tiene una orientación programática. Atado a la cultura política presidencialista, el ciudadano común no advierte la importancia que revestirá para él la elección de su diputado o senador. Acaso ni siquiera los propios representantes ponderen aun el grado de su responsabilidad. Pero al margen de estas limitaciones, la realidad es una: la elección del año 2000 en el ámbito Legislativo será tan importante como la del Ejecutivo, o más aún.

Esto no quiere decir que el próximo presidente será una figura decorativa. A sus dotes personales tendrá que aunar una virtud escasa en estos días: la capacidad política de comunicación. El Ejecutivo y el Legislativo deberán competir por la opinión pública. Si el Ejecutivo propone una medida aparentemente impopular –y habrá muchas, si actúa con madurez y sin demagogia– deberá construir una verdadera ingeniería de la comunicación. Esa capacidad se llama liderazgo, atributo vacío y hasta contraproducente si no hay una visión de país que le dé cimiento y sentido.

El papel del PRD en este cuadro puede ser problemático. Está a años luz de sus predecesores en el siglo XX, pero sigue fluctuando entre los dos paradigmas contradictorios inscritos en sus siglas: la revolución y la democracia. Si gana o pierde las elecciones presidenciales del 2000, su tentación –ante un congreso de oposición– será irse por la libre, inducir o alentar esas formas suaves de la revolución que son las movilizaciones que paralizan la ciudad, o la actividad económica o la vida universitaria. Por lo demás, no estará solo: el PRI es un experto histórico en esos menesteres.

El respeto a la ley, la vigente y la futura, debería ser el denominador de todos los partidos. Pero eso sólo se logrará si el ciudadano entiende cabalmente la significación de las leyes. Por todo ello es urgente que el IFE emplee recursos en una campaña de concientización sobre el espíritu de las leyes y la naturaleza del Poder Legislativo. Será allí, en gran medida, donde se dirima el destino nacional. Y es urgente también que la prensa y los medios dejen de hablar un poco de Fox, Cárdenas y Labastida, para centrar la atención del público en los programas: no en el quién, sino en el cómo.

El parto que viene*

La alternancia en el Poder Ejecutivo es el capítulo pendiente de la democracia electoral mexicana. El hecho de que pueda no advenir tras los comicios de julio del 2000 no invalida los recientes avances políticos del país, pero sí retrasa nuestro acceso definitivo, como república federal, a la saludable normalidad democrática de que ya gozan varios estados del país. Se dirá, con razón, que el impedimento mayor está en la inercia del PRI, con sus setenta años de historia y setenta mil mañas acumuladas, pero en las circunstancias actuales un desenlace así tendría cuando menos dos posibles explicaciones adicionales:

* Noviembre, 1999.

las iniciativas del PRI en los últimos tiempos y la torpeza relativa de la oposición.

La excentricidad biográfica de Zedillo con respecto a la «familia revolucionaria» –sus pactos secretos, sus grandes jerarcas, sus métodos corporativos– ha resultado funcional a la democracia mexicana y, cosa que parecía imposible, a la incipiente democratización del PRI. Zedillo es tal vez el único mandatario latinoamericano que se define a sí mismo como un liberal. Lo es por partida doble: en la economía y en la política. Por mucho tiempo, esta actitud fue percibida como falta de gusto, gana, vocación o capacidad en el uso del poder. Pero en el último tramo de su sexenio y tras la inusitada transfiguración del «dedazo presidencial» en dedazo electoral (con todas las irregularidades, acarreos, inducciones, manipulaciones y compras de votos, que sin duda hubo), hay que admitir que Zedillo –el tecnócrata puro– ha resultado más político de lo que se pensaba: ha inoculado en el dinosaurio un germen democrático que parece rejuvenecerlo y que será difícil erradicar: por un efecto de cascada, ahora hasta en los más pequeños municipios el PRI requerirá abrir su elección interna.

La oposición haría mal en no ver de frente y ponderar con claridad la dimensión del cambio. La jornada del 7 de noviembre [día en el que se celebraron, por vez primera, elecciones primarias para elegir al candidato del PRI a la presidencia] dejó al menos dos lecciones: el carácter efímero y tal vez contraproducente del puro discurso confrontacional y la tendencia de un voto conservador en el 2000: «más vale malo por conocido que bueno por conocer». En este contexto, es una lástima que no se concretara la alianza opositora. Ahora los candidatos de oposición tendrán que luchar contra un dinosaurio reanimado por una súbita inmersión en las aguas bautismales de la democracia. Podrán hacerlo con buen éxito, si muestran una auténtica capacidad de liderazgo, ofrecen una visión clara del México futuro (proyectos, programas, soluciones concretas) y apelan al entusiasmo –no sólo a la indignación crítica– de las mayorías. Los ansiosos votantes están allí: después de todo, en las elecciones del 7 de noviembre sufragó menos de la sexta parte de la ciudadanía con credencial.

Faltan nueve meses para el 2 de julio, un parto en el que cualquier cosa puede pasar. El papel de los medios de comunicación será crucial. El propio Zedillo admitió en Londres, al principio de su periodo, que las elecciones de 1994 habían sido «inequitativas» en favor suyo. Si esa condición se repite los resultados pueden ser desastrosos: desbandada de la izquierda hacia posiciones violentas, desmoralización del PAN, vuelta al «carro completo» y desesperanza ciudadana.

Con todo, los avances de los últimos tiempos son notables: un órgano electoral autónomo, alternancia relativa del Poder Legislativo y Ejecutivo en niveles locales y estatales, elecciones limpias. Más importante aún es la mutación silenciosa en la cultura democrática del mexicano: ha comenzado a entender y hacer suyo el legado de los liberales del siglo XIX. La libertad de expresión en el México de hoy, imperfecta si se quiere pero sustantiva, es acaso el mejor signo de la década que termina y un augurio de esperanza para el siglo que comienza.

Saber perder*

Aunque a nadie le gusta perder, perder es una experiencia tan natural en la vida de las naciones, las sociedades, las empresas, las familias y las personas, que quien no aprende a perder tampoco sabe ganar. El asunto es bastante obvio en términos morales, pero tratándose del progreso democrático de un país merece el rango de un mandamiento: aceptarás tus derrotas.

No basta perder para asimilar la derrota. La historia nos ha infligido varias derrotas de las que no siempre supimos extraer una lección de prudencia. Hay que leer bien las derrotas para ponderarlas con claridad y prevenirlas. A través de los siglos hemos exagerado, por ejemplo, la dimensión negativa de la Conquista, ya sea olvidando sus varias facetas constructivas, generalizando la experiencia mexica o trasfigurando su drama en un agravio latente que tarde o temprano encontrará su compensación o su venganza. Esta persistencia en «la visión de los vencidos» no nos ha conducido a la sabiduría sino al derrotismo.

La derrota contra Estados Unidos fue mejor asimilada. Aquel traumático episodio indujo casi de inmediato una reflexión de los mayores pensadores de la época, no sólo de Alamán –que lo había previsto y temido por muchos años– sino de los liberales, para quienes la invasión significaba un doble cataclismo: el del país y el de su idealización de Estados Unidos. Sin la comprensión realista de la derrota las causas remotas, las motivos prácticos, las vías de evitar su recurrencia– es inimaginable la victoria de los liberales frente a la intervención francesa y la larga y fructífera tradición de nacionalismo mexicano que se fincó desde entonces.

Los conservadores y los liberales fueron malos perdedores y, por eso mismo, malos ganadores. En vez de concebir la política como un mé-

* Noviembre, 1999.

todo de convivencia, la degradaron convirtiéndola en un arma de supresión: no «tu y yo» –en competencia abierta, civilizada, racional– sino «tu o yo», en guerra santa. Maximiliano supo perder con gallardía y tal vez por eso Juárez –que también había perdido batallas, compañeros y hasta familiares muy cercanos– dictó al restaurar la república uno de los documentos de concordia más ejemplares de nuestra historia política. Pero la inconformidad de Porfirio Díaz ante la derrota electoral de 1871 y su golpe de Estado en 1876 desterraron por más de treinta años la posibilidad misma de la competencia. La Revolución continuó esa tradición: entrar a balazos, salir a balazos. La muerte antes que la derrota. Y ¿qué otra cosa ha sido hasta hace muy poco el PRI, sino una vasta y complejísima maquinaria para disipar el fantasma de la derrota?

Por querer prevenir una derrota que a sus ojos parecía casi cósmica, el régimen de Díaz Ordaz se manchó de sangre. Por querer ganarlo todo en 86, el gobierno perdió en Chihuahua la oportunidad de una derrota que le hubiese dado la iniciativa democrática. Dos años más tarde, la victoria electoral del PRI fue en el fondo una derrota, pero ni siquiera una derrota aleccionadora (salvo en la ambigua aceptación de los resultados electorales adversos al PRI en algunos estados.) Sólo ahora, ante la presencia de una oposición real que en su conjunto es mayoritaria, el PRI ha empezado a conocer el sabor de la derrota.

«El PAN pierde porque tiene mentalidad perdedora», decía Francisco Barrio en su primera campaña para la gubernatura de Chihuahua en 1986. Tenía razón. No en balde Gómez Morin había hablado de la estoica vocación del PAN como una «brega de eternidades». La eternidad se adelantó algunos siglos y el PAN ha ganado un espacio político inimaginable hace apenas una década, pero su ascenso ha sido tan súbito que no está clara la actitud que asumirían sus caudillos y sus huestes en el caso de una derrota absoluta o relativa en las próximas elecciones federales. La conducta de Barrio en Chihuahua debería ser su pauta; perdió por fraude en 1986 y ganó limpiamente en 1992. En el tránsito, prestó un servicio invaluable a su estado; en la alternancia, Chihuahua aprendió no sólo las reglas sino que hizo propia la cultura de la democracia.

Cuauhtémoc Cárdenas ha seguido un camino similar al de Barrio: «perdió» en las turbias elecciones de 1988, pero no llamó a la revolución y ni siquiera a la desobediencia civil sino a crear la más sólida institución de la izquierda democrática en el siglo XX: el PRD. Perdió nuevamente –esta vez sin comillas– en el 94, pero no se desanimó. La estrategia democrática rindió dividendos: en 1997 Cárdenas arrasó en el Distrito Federal y su partido alcanzó el segundo lugar nacional en la Cámara de Diputados. Desde entonces, por razones varias y complejas, el PRD y su cacique-caudillo han declinado en la preferencia ciudadana. ¿Sabrían asimilar una eventual derrota –en el Legislativo, el Ejecutivo, el D.F.– en julio del 2000? Los riesgos están menos en la actitud –por lo general prudente– de Cárdenas, que en un desprendimiento revolucionario por parte de las alas impacientes del PRD. Esas mismas formaciones radicales deberían recordar la experiencia de Vallejo en 1959 y los líderes estudiantiles de 1968: el «todo o nada» lleva a la nada.

Pero es el PRI, aferrado ininterrumpidamente al poder desde hace setenta años, quien tiene la responsabilidad mayor en la consolidación de la democracia. Será difícil que en el 2000 recupere su hegemonía en la Cámara de Diputados. Más aún, quizá la pierda en el Senado. Lo mismo puede ocurrir respecto al Poder Ejecutivo. ¿Cuál sería su actitud en esos casos? ¿La desbandada, el cisma, la rebelión interna, el boicot al gobierno de oposición entrante? ¿O un escenario de madurez: un PRI autocrítico que replantea sus estrategias, sus proyectos y su organización? Si el día de mañana [en las elecciones primarias del PRI celebradas en noviembre de 1999], las elecciones son transparentes y tras ellas prevalece un espíritu de concordia, el PRI habrá pasado una prueba de fuego: la buena administración interna de la derrota. Si el que pierde no pierde sino arrebata, entonces el mensaje al ciudadano estará claro: el nuevo PRI es el viejo PRI.

La ética católica y el espíritu de la democracia*

En al menos dos pasajes de *La democracia en América,* Alexis de Tocqueville traza una comparación iluminadora entre la vida política de Estados Unidos y México. Los mexicanos, dotados de un rico territorio y situados «tan admirablemente» como Estados Unidos, habían copiado casi en su integridad la Constitución de sus vecinos, pero «al trasladar la letra de la ley» no pudieron imprimirle al mismo tiempo el espíritu que la animaba: «se vio cómo se estorbaban sin cesar los engranajes de su doble gobierno. La soberanía de los estados y la de la Unión, al salir del círculo que la Constitución había trazado, se invadieron mutuamente. Al día de hoy México se ve arrastrado una y

* Febrero, 2000.

otra vez de la anarquía al despotismo militar y del despotismo milita a la anarquía».

Tocqueville escribía a principios de la tercera década del siglo XIX y sus noticias eran fidedignas. Aunque ya advertía en el horizonte la pérdida de Texas debido al predominio –material, cultural– de la inmigración anglosajona, la condición natural de ambos países era en efecto comparable. México semejaba un cuerno de la abundancia, sobre todo en su zona septentrional, casi inexplorada, que a los pocos años, tras la guerra de 1847, pasaría a poder de los norteamericanos. Pero en términos de la geografía humana, las diferencias entre ambos ensayos nacionales saltaban a la vista. Estados Unidos era un país de inmigrantes en perpetuo movimiento «desde el fondo de Europa hasta las soledades del Nuevo Mundo», la tierra promisoria de trece millones de hombres industriosos volcados hacia el futuro. México, en cambio, era el sedentario y atribulado hogar de ocho millones de personas –oriundas del propio país, en su inmensa mayoría– casi sin conciencia de su identidad nacional, sin un proyecto político viable, un mosaico numeroso y variado de comunidades, pueblos, pequeñas ciudades, ranchos y haciendas autárquicas, cuya vocación –salvo en ciertas elites urbanas– era perdurar en la matriz heredada del siglo XVII.

El nacimiento de Estados Unidos y la Revolución francesa habían influido centralmente en el estallido de la guerra de Independencia al cabo de la cual, en 1821, se estableció una monarquía sin legitimidad posible: España –a diferencia de Portugal con Brasil– se rehusó a enviar un vástago de la casa real. Tres años más tarde, la elite políticamente activa promulgó una constitución republicana y federal muy similar a la de «la República floreciente de nuestros vecinos del norte»,* documento que les parecía «una de las creaciones más perfectas del espíritu». No obstante, como señalaba Tocqueville, aquella constitución y sus homólogas en varios estados de la República no pasaron de ser letra muerta. Al concluir la primera década de vida independiente, México –al igual que la mayor parte de los países de la América española y de la propia España– se había vuelto el escenario de una política volcánica: asonadas, pronunciamientos, revoluciones, cada cual con una nueva propuesta de constitución.

Aunque la caracterización dicotómica de las tensiones políticas e ideológicas de la época no corresponde por entero a la realidad (había intensidades, matices y combinaciones distintas, a veces contradictorias),

---

* José Miranda, «El liberalismo mexicano y el liberalismo europeo», *Historia Mexicana*, núm. 32, abril-junio de 1959.

en el México de mediados de siglo los campos se polarizaban entre dos bandos irreconciliables y un débil centro moderado. Para acabar con la oscilación entre dictadura y anarquía señalada por Tocqueville, los conservadores se inclinaban por preservar lo más posible la matriz histórica española, sobre todo la de los Habsburgo: leyes e instituciones centralistas, una economía proteccionista, cotos a la inmigración de razas o creencias ajenas a la tradición, una orientación internacional favorable a la Europa católica, la vinculación privilegiada y estrecha del Estado con la Iglesia, y un sistema político que fortaleciera al Poder Ejecutivo sobre un débil y casi innecesario Legislativo. Los liberales buscaban punto por punto el esquema contrario: un «borrón y cuenta nueva». Su modelo explícito era Estados Unidos, y uno de sus libros de cabecera *La democracia en América*. La primera traducción al español es de 1837. Los personajes centrales del liberalismo moderado de mediados de siglo (Manuel Crescencio Rejón, José Fernando Ramírez y Mariano Otero) la consideraban «admirable», la citaron con frecuencia y desprendieron de ella el embrión de leyes federales, garantías individuales y prácticas republicanas (como la soberanía de la Suprema Corte en querellas entre los poderes de los estados y la Federación) que se plasmarían finalmente en el código fundador de la vida constitucional mexicana: la Constitución de 1857.* Aquella legislación fue el motivo inmediato de la guerra entre liberales y conservadores que si bien concluyó, en lo militar, con la victoria de los primeros, en términos políticos condujo –tras el breve interludio democrático de la República Restaurada: 1867-1876– a un extraño compromiso histórico que no establecía la competencia democrática con la oposición conservadora sino que la asimilaba subrepticia y contradictoriamente. En términos políticos, ese régimen dual, liberal-conservador, perduraría esencialmente –con el largo paréntesis de la Revolución mexicana– hasta fines del siglo xx. La Constitución de 1857 (y los artículos que conservó de ella la Constitución de 1917) sería venerada simbólicamente pero desvirtuada en la práctica. Se celebrarían elecciones periódicas, pero manejadas sutil o abiertamente por el Poder Ejecutivo. Se mantendría en el papel la división republicana de los poderes y el sistema federal, pero los gobernadores, legisladores y jueces serían, bajo diversas modalidades, designados y controlados por el presidente. Sólo las libertades cívicas y las garantías individuales adquirirían carta de naturalización, pero la libertad política sería coartada en lo esencial: el libre derecho a elegir, criticar y, en su caso, deponer pacíficamente al gobernante.

* Véase Jesús Reyes Heroles, *El liberalismo mexicano*, FCE, México, 1982, 3 vols.

Como en un fenómeno de mímesis –con diferencias de grado pero con paralelos sorprendentes en las formas y los tiempos–, la simulación democrática de México coincidió con la de España del siglo XIX. Ambos liberalismos –escribe José Miranda– «elaboraron una fachada de democracia, hábilmente montada sobre un tinglado electoral que respondía perfectamente a los requerimientos del gobierno». Pero a diferencia de España –donde la opción monárquica siguió vigente–, en México la distorsión entre el hecho y el derecho condujo al cumplimiento puntual de una profecía temprana de Simón Bolívar: «los mexicanos ... intentarán establecer una república representativa en la cual tenga grandes atribuciones el Poder Ejecutivo concentrándolo en un individuo que si desempeña sus funciones con acierto y justicia, casi naturalmente vendrá a conservar su autoridad vitalicia».[*] Ese fue el signo de la dictadura paternal de Porfirio Díaz, que gobernó de 1876 a 1911, y más tarde, de ese Porfirio de once caras que sexenalmente ha gobernado al país desde 1934 hasta nuestros días.

A lo largo de casi todo el siglo XX, México vivió apenas quince meses de plena normalidad democrática –el régimen de Madero– y ha cerrado el siglo dando pasos importantes en esa dirección. El resto –sin contar la década revolucionaria y la diarquía caudillista de Obregón y Calles– transcurrió bajo un régimen difícil de caracterizar, no una dictadura desembozada pero tampoco una democracia: una monarquía con ropajes republicanos. ¿Qué había fallado? Una clave, ahora lo podemos ver con claridad, radicaba en las costumbres, que según el propio Tocqueville son «el punto central» de todas sus ideas.

«Entiendo aquí la expresión de *costumbres* en el sentido que atribuían los antiguos a la palabra *mores*. No solamente la aplico a las costumbres propiamente dichas, que se podrían llamar hábitos del corazón, sino a las diferentes nociones que poseen los hombres, a las diferentes opiniones que tienen crédito entre ellos, y al conjunto de ideas que forman los hábitos del espíritu» (*La democracia en América*).

«Las costumbres las ha hecho el tiempo», escribió Benito Pérez Galdós, «con tanta paciencia y lentitud como ha hecho las montañas, y sólo el tiempo, trabajando un día y otro, las puede destruir. No se derriban montes a bayonetazos».[**] Los demócratas liberales en España,

---

[*] Citado por Francisco García Calderón, *Las democracias latinas de América*, Biblioteca Ayacucho, Caracas, Venezuela, 1979.

[**] Citado por Octavio Paz, *El peregrino en su patria. Historia y política de México*, FCE, México, col. «México en la obra de Octavio Paz», tomo I, 1987.

México y los países iberoamericanos quisieron a menudo derribar montes a bayonetazos, pero las costumbres políticas cambiaron lentamente, trabajando un día y otro, al ritmo pausado del tiempo y por el influjo sucesivo de los nuevos tiempos.

A primera vista, los pasajes de la obra de Tocqueville dedicados a las costumbres parecerían una prefiguración política de la obra de Max Weber, *La ética protestante y el espíritu de la democracia.* Pero al recorrer los «hábitos del espíritu» en Estados Unidos, el viajero francés advierte que no sólo los inmigrantes puritanos contribuían al éxito de las instituciones democráticas sino también la minoría católica. En una de las reflexiones más notables del libro, Tocqueville refuta una hipótesis habitual, entonces y ahora, sobre la supuesta incompatibilidad entre el catolicismo y la democracia: «si el catolicismo dispone a los fieles a la obediencia, no los prepara para la desigualdad». Removida, en términos políticos, la autoridad del Papa, el católico norteamericano había podido transferir el concepto original de igualdad cristiana del ámbito religioso al político: «quitad al príncipe y reinará la igualdad». De hecho, esta separación radical del Estado y la Iglesia era para Tocqueville el fundamento cultural de la democracia en Norteamérica. Los ministros de la fe, protestantes o católicos, se alejaban voluntaria y orgullosamente del poder temporal –siempre azaroso, agitado e inestable– y así atendían con mayor cuidado las zozobras del alma. La separación resultaba benéfica para ambas esferas. Fortalecida en su propio santuario individual, la moral religiosa «templaba a la política», favorecía la obediencia a las leyes y los hábitos de la libre investigación en los asuntos humanos: en una palabra, «el espíritu religioso y el espíritu de libertad marchan unidos».

Tocqueville no fue el único viajero que advirtió las derivaciones democráticas del individualismo religioso en Norteamérica: «pasma sin duda a un católico tibio que llega de nuestros países», escribió Domingo F. Sarmiento, «ver la escala grande y elevada en que la religión obra, en medio de aquella extrema libertad». Hasta el «acento nasal de los yankees», decía Sarmiento, «les viene de la lectura cotidiana de la Biblia». Lo más notable eran los efectos de esa religiosidad en la convivencia: «la tolerancia se muestra en la impasibilidad con que un metodista oirá contradecir sus dogmas por un católico y viceversa; porque en Estados Unidos los católicos que profesan el dogma de la intolerancia religiosa son como aquellos tigres sin uñas ni dientes que solemos criar en las casas». Otro aspecto que interesó a Sarmiento era el espíritu de asociación religiosa o filantrópica «que pone en actividad millares de voluntades para la consecución de un fin laudable». Por contraste, preguntaba

Sarmiento, «¿a quién se le ha ocurrido en la América española intentar una cruzada contra la borrachera?». La conclusión es similar a la de Tocqueville: «en todo este enorme y complicado trabajo nacional, predomina una grande idea, la igualdad; un sentimiento, el religioso, depurado de las formas exteriores; un medio, la asociación, que es el alma y la base de toda la existencia nacional e individual de aquel pueblo».*

En términos de *mores* o costumbres, el contraste de México con Estados Unidos no podía ser más marcado. La Iglesia seguía siendo fuente de jerarquías y privilegios, no de igualdad, una institución exclusiva y excluyente, la más arraigada y poderosa de las tradiciones. Aunque las tímidas leyes liberales comenzaban en 1833 a disponer la separación de la Iglesia y el naciente Estado nacional, en el plano profundo de las costumbres poco había cambiado desde los siglos virreinales. En primer lugar, desde luego, la Iglesia administraba y sancionaba los santos sacramentos, las ceremonias de unión de los hombres consigo mismos y con Dios. Mantenía también un predominio en la educación impartida en los colegios y universidades fundados desde el siglo XVI y en los seminarios que había ordenado erigir el Concilio de Trento. Sus hospitales ofrecían cuidado y ayuda a los menesterosos. En cada ciudad o pueblo, la Iglesia seguía reuniendo a su rebaño para celebrar las fiestas del calendario religioso. Y la alta cultura, en cierta medida, pasaba todavía por su tamiz. Tal vez la permanencia de los jesuitas ilustrados hubiese propiciado el tránsito hacia una cultura católica liberal. Pero los jesuitas habían sido expulsados en 1767 y su labor había quedado trunca. Con todo, aun en las ciudades más piadosas del país, las ideas, los gustos, las instituciones y costumbres del siglo liberal comenzaban a enfrentarse –no a convivir– con sus homólogos tradicionales.

El poder espiritual de la Iglesia requería, para sustentarse, de una fuerte dosis de poder temporal: en tiempos de Tocqueville, la Iglesia era todavía un gran terrateniente, una vasta burocracia, una institución bancaria y de recaudación fiscal independiente, y una corporación dotada de un buen residuo de fueros e inmunidades judiciales. En los pequeños pueblos del viejo México, ninguna autoridad civil era respetada y a menudo obedecida como la del sacerdote. No en balde, apuntaba el historiador jesuita Francisco Javier Clavijero, a fines del siglo XVIII los indios seguían refiriéndose a los curas con una palabra infinita, *Notlazomahuizteopixcatatzin,* que significa, literalmente, «mi apreciable señor padre y reverenciado sacerdote».

* Domingo Faustino Sarmiento, *Viajes,* ALLCA XX, Madrid, 1997.

En México, «el espíritu de la religión y el espíritu de la libertad» marchaban en sentidos opuestos. Sobre las conciencias individuales pretendía reinar, indiscutida, la Iglesia católica: «lo que ella no enseña», escribió uno de sus prelados más notables a mitad del siglo, «no es verdadero, lo que a su enseñanza se opone es error, herejía». La libertad de cultos le parecía un «programa impío» que sólo podía acarrear la devastación universal».* Frente a esta actitud, no sorprende que el pionero del liberalismo mexicano, el doctor José María Luis Mora, haya pasado de ser sacerdote católico a representante de la Sociedad Bíblica Americana. Y es natural también que Melchor Ocampo –creador de las Leyes de Reforma– se haya esforzado en documentar el rezago social derivado del predominio económico y político de la Iglesia, y haya escrito unas «Reflexiones sobre la tolerancia» que parecieron heréticas a los irascibles espíritus de su tiempo: «¿Por qué para con todos los errores inofensivos hemos de mostrar indulgencia, y ninguna se ha de tener para con el de adorar a Dios de diverso modo que del que creemos bueno? ¿Por qué la reprobación de las doctrinas ha de cambiarse en odio a las personas?»**

El rasgo específico que distingue al liberalismo mexicano de sus homólogos en Chile, Argentina y el resto de la América española, pero lo vincula con España, fue la necesidad de limitar primero el poder de la Iglesia para después construir un orden democrático y liberal.

«Tanto en México como en España», escribe José Miranda, «los liberales hicieron magnos esfuerzos para convencer y apaciguar a la Iglesia... convertida en principal baluarte del absolutismo. Adujeron que el liberalismo no perjudicaba a la religión sino, al contrario, la beneficiaba poniendo a la Iglesia en su sitio y alejándola de los tratos mundanos que la dañaban; y fueron difiriendo la introducción de la libertad religiosa y el atenuamiento de la riqueza del clero que tanto reforzaba su enorme poder social. Pero ni con los llamamientos al buen sentido ni con concesiones que entrañaban una seria mutilación para el liberalismo, lograron sus directores nada; no les quedó otra salida que recurrir a la fuerza y la violencia.»

En México, por añadidura, fue la Iglesia quien encendió la mecha en uno de sus bastiones, la ciudad de Puebla. La querella condujo

* Clemente de Jesús Munguía, obispo de Morelia, citado por Enrique Krauze, *Siglo de caudillos*, Tusquets Editores, México, 1994.
** Melchor Ocampo, *Obras completas*, edición de Ángel Pola y Aurelio J. Venegas, México, 1900, vol. 3.

–caso único en el continente y aun en España– a una contienda civil llamada (con absoluta precisión histórica y lingüística dado su sustrato religioso) guerra de Reforma. En opinión de Luis González, la Reforma es el «tiempo-eje» de la historia mexicana. Su resultado fue un cambio profundo e irreversible que aun en España tardó decenios en llegar: la libertad religiosa, la separación de la Iglesia y el Estado y la desamortización de los bienes eclesiásticos. Pero en cierto sentido fue una derrota en la victoria. El liberalismo –cuya vocación esencial es limitar al poder– había nacido en México con un imperativo contrario: fortalecer el propio poder para enfrentar al de la Iglesia.

Entre 1870 y 1910, con un entorno internacional propicio a la paz y el crecimiento económico, surgió una especie de concordato entre la Iglesia y el Estado: limadas las aristas jacobinas, las dos entidades pudieron convivir sin demasiadas fricciones. Las condiciones parecían presagiar el fortalecimiento de los valores democráticos que habían inspirado a la generación de la Reforma, pero el dilatado conflicto con la Iglesia había penetrado hasta las entrañas del Estado liberal al grado de mimetizarlo con ella. Ya en tiempos porfirianos, las diversas corrientes del positivismo que preconizaban el carácter orgánico y evolutivo de la sociedad, pusieron el énfasis en los elementos ejecutivos y los métodos «científicos» del gobierno a expensas de los órganos deliberativos y las libertades públicas. Fue así como el liberalismo clásico y constitucional, más que una práctica política efectiva, se volvió una reliquia del pasado, un mito oficial dotado de su panteón cívico y su calendario ritual. * Al concluir el siglo XIX, el Estado y la Iglesia vivían en santa paz, pero la democracia liberal seguía siendo una alternativa inédita.

No es casual que frente a esta convergencia de las dos entidades rivales, la primera reacción del siglo XX haya sido puramente anarquista: la gesta del Partido Liberal y los hermanos Flores Magón. Al poco tiempo, Madero introdujo un programa menos radical y más práctico, cuyo único objeto era recobrar el espíritu de la letra en la Constitución de 1857. A su triunfo en 1911, México vivió el momento cumbre de su utopía democrática. Madero proponía un cambio inmediato en la inveterada costumbre de simular. Los conservadores no tenían que insinuarse vergonzantemente dentro del cuerpo político liberal: con la legalización del Partido Católico podían luchar abiertamente por sus ideas.

Fue una quimera. En una anacrónica vuelta de la Reforma que confirma su condición de «tiempo-eje», la Revolución mexicana, sobre

---

* Charles Hale, «Political and Social Ideas in Latin America, 1870-1930», en *The Cambridge History of Latin America*, Cambridge University Press, 1986, vol. IV.

todo en su vertiente «fronteriza» venida de las regiones vecinas a Estados Unidos, reabrió la batalla y llegó al extremo de buscar una *suplantación histórica integral* de la Iglesia por parte del Estado: en la imaginación de los generales jacobinos y vagamente socialistas (formados algunos de ellos –como Francisco J. Múgica– en los seminarios católicos o el pensamiento social católico posterior a la encíclica *Rerum Novarum* [1891] del Papa León XIII), el Estado debía asumir la vocación educativa, asistencial, recreativa y hasta salvadora que la Iglesia había encarnado a través de los siglos (para lo cual, a su vez, la burocracia estatal llegaría a acumular poderes temporales que la Iglesia no había soñado). La suplantación se dio en diversos niveles, pero en cuanto el Estado quiso reeditar con absoluta radicalidad la antigua potestad del Patronato Indiano supeditando a la Iglesia en aspectos centrales de su administración, la consecuencia fue una guerra religiosa que tampoco tendría precedentes en la Iberoamérica moderna: la Cristiada.

A partir de los años treinta y sobre todo en la última década del siglo, el concordato se ha restablecido, seguramente de manera definitiva. Pero en la dilatada competencia, convergencia y querella entre la Iglesia y el Estado –sin duda uno de los ejes de la historia mexicana– el individualismo democrático y liberal tuvo poco espacio para desarrollarse. Gracias al legado de la Reforma se afianzaron, es verdad, libertades esenciales de pensamiento y creencia; se propició la apertura del país a la inmigración y a las principales corrientes intelectuales del siglo; se consolidó, a la larga, un clima general de tolerancia religiosa. Pero se habían perdido eras completas de posible maduración cívica en el sentido prescrito por Tocqueville: a través de las costumbres o *mores* religiosas. Por el contrario: en el siglo XX el dogmatismo y la intolerancia se secularizaron, se desplazaron de la esfera religiosa hacia la ideológica: formarían parte sustancial de la retórica del PRI, pasaron a los partidos y sectas de derecha e izquierda, llegaron a las aulas universitarias confesionales o radicales y, en los albores del siglo XXI, siguen lastrando la cultura política en México.

Para la Iglesia, a pesar de sus grandes batallas contra el sistema comunista, la opción democrática y liberal sigue siendo incómoda y problemática. Entre los extremos irreductibles de las teologías de la liberación y la derecha ultramontana, existen sin duda sacerdotes democráticos que buscan conciliar «el espíritu de la religión y el de la libertad», pero son excepcionales. Y sin embargo, como demostró Tocqueville, por el principio de la igualdad cristiana el catolicismo puede ser no sólo compatible con la democracia sino funcional.

Si la Corona, esa otra «majestad» que precedió al Estado nacional, hubiese prohijado una cultura democrática, tal vez el progreso político de sus antiguos reinos hubiera sido más expedito. Pero era impensable. Un Tocqueville norteamericano, el historiador Richard M. Morse, fue el primero en descubrir hacia 1954 las antiguas premisas culturales –los «hábitos del espíritu»– que han normado la vida política de Iberoamérica. El derrumbe del edificio patrimonialista de los Habsburgo (reformado, con mayor énfasis centralista, por los Borbones) había dejado un vacío de legitimidad. Desde un principio, la elite ilustrada buscó imponer la legitimidad legal o racional sobre las inercias corporativas de la legitimidad tradicional. En la tensión entre ambas corrientes, el poder central se disgregó regionalmente y se fortalecieron los caudillos carismáticos, surgidos en las luchas de Independencia. Años más tarde, Morse afinó aún más su teoría sustancialmente weberiana. Pudo haber escrito un libro con el título *La ética neotomista y el espíritu del estatismo*, seguido de un segundo volumen: *La ética maquiavélica y el espíritu del caudillismo*.

A su juicio, con diversos matices y diferencias, en el siglo XIX y parte del XX Iberoamérica encarnó dos paradigmas culturales que se enfrentaron de hecho en el siglo XVII español: el pensamiento neotomista, representado sobre todo por el célebre teólogo Francisco Suárez (1548-1617), y la impronta de Maquiavelo, no leído sino verdaderamente reencarnado por esos hombres de horca y cuchillo, esos dueños de vidas y haciendas, esos émulos de los señores feudales del Medioevo, los caudillos: Páez en Venezuela, Quiroga en Argentina, Santa Anna en México. «Casi en cada página de sus *Discursos* y aun de *El príncipe*», escribe Morse, «Maquiavelo da consejos que parecen destilados de la trayectoria de los caudillos americanos»: la presencia física, el valor personal, el conocimiento de montañas y llanos, ríos y pantanos. No obstante, el propio Maquiavelo reconoce la necesidad de que el príncipe se rija por «leyes que proporcionen seguridad para todo su pueblo», lo cual implicó en casi toda la América hispana la adopción, al menos formal, de una legitimidad constitucional, pero dotada de características peculiares, muy lejanas del liberalismo democrático y fincadas en las costumbres. Esa fuente primaria de legitimidad –aduce Morse– la proporcionó la tradición del Estado patrimonial español, arraigado en la doctrina política neotomista.*

La tradición neotomista –explica Morse– ha sido el sustrato más profundo de la cultura política en estos países. La caracteriza un concepto

* Richard M. Morse, *Resonancias del Nuevo Mundo*, Vuelta, México, 1995.

paternal y corporativo de la política, la idea del Estado como una arquitectura orgánica y corporativa, un edificio hecho para durar; o, más aún, un «cuerpo místico» cuya cabeza corresponde a la de un padre que ejerce con plenitud la «potestad dominativa». En el fondo de esta concepción hay una anterior: el predominio de la ley natural sobre los dictados de la conciencia, «la sociedad y el cuerpo político son concebidos como si estuvieran ordenados por preceptos objetivos y externos de la ley natural, no por los dictados de conciencias individuales». El pueblo –punto central– no sólo está dispuesto a delegar el poder sino a *enajenarlo* de hecho a un centro patrimonial –rey, virrey, cacique, caudillo, dictador, presidente– que coordina, en un marco corporativo y estático, la energía social. La enajenación del poder en la tradición neotomista es casi total (la atemperaban instituciones como el Juicio de Residencia, las Audiencias y los Cabildos) pero difícilmente revocable por medios pacíficos: si a juicio de la «soberanía popular» el príncipe se comporta como un «tirano», o si flaquea en su apego teórico a «la ley» su vocación de bien común (o de justicia o nacionalismo, en tiempos modernos), el camino es la insurrección y hasta el «tiranicidio»: «será lícito resistir al príncipe, hasta matándolo, si de otro modo no puede defenderse».*

Los casos que avalan esta interpretación cultural de la historia iberoamericana del siglo XIX son claros: Portales en Chile, Guzmán Blanco en Venezuela, el propio Rosas en Argentina, Porfirio Díaz en México y, más inclinados a un extremo teocrático, el doctor Francia en Paraguay y García Moreno en Ecuador. El paradigma siguió vigente durante casi todo el siglo XX:

«...hoy día», escribía Morse hacia 1987, «es casi tan cierto como en tiempos coloniales que en Latinoamérica se considera que el grueso de la sociedad está compuesto de partes que se relacionan a través de un centro patrimonial y no directamente entre sí. El gobierno nacional no funciona como árbitro de grupos de presión, sino como fuente de energía, coordinación y dirigencia para los gremios, sindicatos, entidades corporativas, instituciones, estratos sociales y regiones geográficas.»

Varios momentos de la historia latinoamericana caben en esta definición: desde el patrimonialismo presidencial de los gobiernos del PRI o el populismo peronista, hasta el extremo vergonzoso y trágico de la permanencia de Fidel Castro en el poder.

* José M. Gallegos Rocafull, *La doctrina política del P. Francisco Suárez*, Editorial Jus, México, 1948.

La consideración sobre la ley natural «como regla próxima intrínseca de los actos humanos» (Gallegos Rocafull), superior y anterior a la conciencia individual, es más relevante y aun crucial, en nuestros días. Escribe Morse:

«El sentimiento de que el hombre construye su mundo y es responsable de él es menos profundo y está menos extendido que en otros lugares ... el latinoamericano puede ser sensible o crítico de su mundo pero parece menos preocupado por construirlo. Este sentimiento innato para la ley natural va acompañado de una actitud menos formal hacia las leyes que formula el hombre ... Donde prevalece una actitud así las elecciones libres difícilmente se revestirán de la mística que se les confiere en países protestantes.»

A la luz de la política suareziana se explica otro fenómeno generalizado: la proliferación de movimientos revolucionarios y guerrilleros en el continente, luchas en las que se advierte antes un eco de la teoría tomista de la «guerra justa» que el diseño propiamente bolchevique o maoísta de la revolución. El recurso inmediato a la violencia por mandato de una «voluntad general» casi rousseauniana, vagamente circunscrita, y no idéntica a la suma o mayoría de las voluntades individuales. Nada más lejano a las nociones de división de poderes, crítica pública y *accountability*, y aun de los procesos electorales propios de las democracias occidentales.

Con todo, no parecía imposible la construcción democrática. En los intersticios de las legitimidades carismáticas y tradicionales, varias figuras del siglo XIX habían luchado por cimentar una cultura política liberal: Rivadavia en Argentina, Balmaceda en Chile, la generación de la Reforma en México. Al despuntar el siglo XX, algunos países de la América española habían fincado las bases igualitarias de una clase media y una educación pública que parecía acercarlos al diseño tocquevilliano. Y nunca faltaron, en el siglo XX, pensadores y políticos liberales que generación tras generación intentaron consolidar en nuestros países la democracia liberal. Pero desde el siglo XIX esta América había comenzado a jugar a las escondidillas con la democracia debido a un nuevo factor disuasivo: el agravio infligido por la patria misma de la democracia: Estados Unidos. El tema es vastísimo, pero baste señalar que nada contribuyó más a minar el prestigio de la democracia liberal en la América hispana que el desdén de los gobiernos norteamericanos a los representantes genuinos del liberalismo democrático en América Latina (baste recordar el asesinato de Madero) y el apoyo a las dictaduras desembozadas que comenzaron a proliferar en el continente. El propio Tocqueville había señalado que las virtudes internas de una democracia podían volverse vicios en su política exterior. La presencia norteamericana –percibida, no sin razón, como abusiva, expoliadora, servil a los intereses comerciales más que a una juiciosa política de cooperación y convivencia– fue uno de los motivos de la generalizada reacción nacionalista que dio la espalda a la herencia liberal del siglo XIX y acentuó los rasgos arcaicos de la vida política latinoamericana. En el contexto de la crisis de 1929 que afectó severamente el crecimiento de los países latinoamericanos, surgió un caudillismo de nuevo cuño, el populismo, alimentado por las ideologías estatistas que dominaron buena parte del siglo XX: desde las más moderadas como el propio nacionalismo o el socialismo, hasta el fascismo y el comunismo. Y el subconsciente persiste y actúa hasta ahora, incrustado en la dura roca de las costumbres. Así se explica, al menos en parte, el resurgimiento de figuras como Fujimori –ese émulo porfiriano del Perú– o Hugo Chávez –esa caricatura peronista en Venezuela.

Y sin embargo, la democracia liberal se mueve. Y sin embargo, hemos llegado a los límites del determinismo cultural. Han pasado ciento cincuenta años desde que Tocqueville visitó Norteamérica. Si viajase por los países al sur del Río Bravo lo esperaría una sorpresa. El tiempo ha hecho su labor, ha movido montañas, ha comenzado a modificar desde abajo las costumbres. Por primera vez en casi dos siglos de historia independiente, Iberoamérica está llenando de espíritu la letra de sus constituciones democráticas. Diversos factores inciden en el proceso. Hay un agotamiento real de las ideologías políticas que dominaron el siglo XX. Hay un desprestigio de los paradigmas políticos latinoamericanos: el crudo militarismo, la insurrección guerrillera y, en gran medida, el Estado corporativo y el caudillismo providencialista. Hay, por último, un salto cualitativo en la comunicación: las costumbres, las *mores* de la democracia son parte de la cultura global y nuestros países participan en ella con vivacidad. La responsabilidad y la conciencia individual comienzan a reemplazar los ciegos o fatales dictados de la ley natural. Si la Latinoamérica democrática se da a sí misma el tiempo suficiente, y si recobrando los aspectos positivos de su herencia política los gobiernos actúan con probidad y eficacia logrando mejoras fragmentarias pero tangibles en los ámbitos económicos y sociales, este podrá ser, para nosotros, el siglo de Tocqueville.

Se solicitan biógra...

Hipótesis casi axiomática: la riqueza de experiencia práctica hace buenos políticos. En la historia norteamericana, el ejemplo supremo fue Abraham Lincoln, sin cuyo liderazgo firme, claro y prudente Estados Unidos no existiría como tal, o hubiese permanecido atado a una tradición patriarcal, esclavista y racista que habría socavado las bases de su democracia, los fundamentos de su economía y la relativa cohesión de su tejido social. Antes de llegar a la Casa Blanca, Lincoln, increíblemente, fue todas estas cosas: leñador, duelista, capitán de milicia, marinero, jefe de correos, tendero, agrimensor, abogado postulante en cortes federales y tribunales de circuito, diputado local y representante de Illinois al Congreso (donde, por cierto, a fines de 1846 introdujo una serie de resoluciones exigiendo al presidente Polk «todos los hechos que esclarezcan si el lugar exacto donde se derramó sangre de nuestros ciudadanos fue o no parte de nuestro territorio». Lincoln quería evidenciar que la guerra contra México era injusta y había partido de una provocación ordenada por el general Taylor y avalada por Polk).

La falta de una experiencia práctica integral, o al menos amplia, en nuestros presidentes, ha sido una condena de la historia nacional. Cuando tienen una virtud les falta otra, necesaria, complementaria. Cuando tienen defectos suelen ser marcados. A Madero, empresario romántico, le faltó realismo político. A Díaz Ordaz, abogado penal, le faltó piedad. Al idealista Cárdenas y sus émulos, el político Echeverría y el abogado López Portillo, les sobró emoción social pero les faltó realismo económico. Al realista Miguel Alemán, empresario del poder, le faltó instinto social. El civilista Carranza, municipalista puro, presidió sobre una dictadura relativamente benévola, más patriarcal que tiránica. Su defecto no sólo fue envejecer –como decía Obregón– sino perpetuarse en el poder. A López Mateos, burócrata social, lo favoreció el carisma pero lo venció la adversidad física. Los tecnócratas De la Madrid y Salinas reformaron certeramente la economía pero el primero relegó el avance político y el segundo incurrió en un patrimonialismo suicida. Los prudentes del elenco –Ávila Camacho, Ruiz Cortines y, hasta ahora, Zedillo– salen mejor librados, acaso más por su discreción que por sus prendas políticas positivas, aunque no es poca cosa el que los tres hayan propiciado, respectivamente, el tránsito a la vida civil, una mínima decencia en los usos del poder y la transición a la democracia.

* Marzo, 2000.

313

Los grandes políticos de la historia independiente de México son, a mi juicio, Juárez, Porfirio Díaz y Calles. Los tres, hombres de vasta y variada experiencia. Juárez transitó de una condición de atraso ancestral a la modernidad de su tiempo, conoció por dentro la dimensión eclesiástica y civil, ocupó numerosos cargos en el Poder Judicial, Legislativo y Ejecutivo de su estado natal y de la República. Tal vez por eso fue un líder cívico en la guerra y en la paz. Porfirio Díaz fue carpintero, bibliotecario, gimnasta, caudillo, cacique, jefe político, soldado, gobernador, legislador (efímero) y presidente. A los treinta y siete años tenía treinta y siete batallas en su haber. Aprendió política como César, en la dura escuela de la guerra. Asimismo, existen pocas trayectorias comparables a la del parco Plutarco Elías Calles: maestro, agricultor, hotelero, alguacil, soldado, gobernador, ministro de Gobernación. No es casual que haya sido el primer constructor del sistema político mexicano, un mecanismo ahora obsoleto pero que en su momento y por varias décadas realizó servicios históricos al país.

Si la hipótesis funciona, el problema es obvio: no conocemos la experiencia práctica de Francisco Labastida, Vicente Fox y Cuauhtémoc Cárdenas. Más allá de sus trayectorias convencionales, el votante requiere un acercamiento real al hombre de carne y hueso, no tanto en su vida privada sino pública y profesional. Necesitamos saber datos concretos sobre los primeros pasos en la carrera pública de Labastida, la experiencia empresarial de Fox y la gubernatura michoacana de Cárdenas. Los medios nos dan una idea abstracta de ellos: desplantes, vagas propuestas, pronunciamientos, dimes y diretes. Hace falta interpelarlos en público, observar sus reacciones, hurgar en viejos periódicos, entrevistar querientes y malquerientes: ejercer el difícil arte de «la historia de prisa»: reportear. Se solicitan biógrafos. A estas alturas, aunque sea sin referencias.

V
Prensa e intelectuales

Raymundo Riva Palacio, Miguel A. Granados Chapa y Guadalupe Loaeza entre otros frente a la Cámara de Diputados.

México en la prensa norteamericana*

En agosto de 1847, momento crucial de la guerra entre Estados Unidos y México, el periódico *The Sun* de Nueva York fue más agresivo que la Casa Blanca: introdujo en la opinión pública norteamericana la fiebre de la anexión de México a Estados Unidos. Veinticinco años más tarde, en tiempos del presidente Benito Juárez, cuando después del retiro de las tropas francesas y el fusilamiento de Maximiliano, México ensayaba una vida democrática calcada orgullosamente de Estados Unidos, el *New York Herald* opinaba: «México no es más que el asesinato legal, un bandolerismo universal atemperado por el sufragio universal». Durante el largo periodo de Porfirio Díaz, varios periódicos norteamericanos insistieron en que era natural la intervención en el débil vecino del sur, receta que la cadena Hearst repitió con monotonía hasta fines de los años veinte. Nunca faltaron, desde luego, órganos como *The Nation,* donde Ernest Gruening y Frank Tannenbaum explicaron que la Revolución mexicana no era un *western;* pero en términos generales aquella prensa fue un reflejo fiel de la actitud de los gobiernos de Estados Unidos frente a México, una actitud en la que el juicio moral –positivo o reprobatorio– y los argumentos de fuerza han predominado sobre el espíritu de comprensión.

Lo que es importante para la prensa norteamericana es importante para Estados Unidos y, consecuentemente, dado su carácter de primera potencia, para el mundo. Los principales diarios han formado o reforzado en generaciones de norteamericanos una opinión vaga, turística y muchas veces irreal sobre México, pero su influencia ha llegado aun más lejos: esa prensa ha sido protagonista decisiva en varios momentos de la historia mexicana. Mucho antes de Watergate, por ejemplo, una entrevista de James Creelman con Porfirio Díaz, aparecida en el *Pearson's*

* Julio, 1984.

317

Magazine a principios de 1908, tuvo el curioso efecto de precipitar la caída del antiguo régimen y encender la mecha de la Revolución. No sólo pensando en los *marines*, los banqueros de Wall Street o los petroleros texanos, Porfirio Díaz llegó a exclamar alguna vez: «Pobre México, tan lejos de Dios, tan cerca de Estados Unidos». Su veredicto incluía a la prensa. ¿Han cambiado las cosas desde entonces? ¿La prensa norteamericana informa de modo responsable y objetivo? ¿Analiza con sensibilidad e inteligencia la vida mexicana? La difícil relación entre México y Estados Unidos depende, en buena medida, de la respuesta que pueda darse a estas tres sencillas preguntas.

Primero algunas cifras. Según una investigación cuantitativa [que cubre el periodo 1972-1978], la cobertura mexicana en cuatro de los diarios más prestigiosos de Norteamérica *(Chicago Tribune, Los Angeles Times, New York Times* y *The Washington Post)* dejó mucho que desear. México es el tercer cliente comercial de Estados Unidos pero los dos diarios principales de la costa este lo colocaban en el lugar número veinte de su atención con poco más del uno por ciento del total de sus noticias. Aunque los otros dos periódicos concedían una prioridad mayor a las noticias de México, el peso relativo de su cobertura rebasaba apenas el tres por ciento de un total de cuarenta y nueve países. Es obvio que a raíz de la crisis de 1982 la periodicidad ha aumentado en estos y otros órganos, pero sigue siendo baja si se piensa en la importancia geopolítica de la vecindad. Sólo dos ejemplos: entre diciembre de 1983 y marzo de 1984 las noticias sobre México recopiladas por ISLA para Latinoamérica correspondieron al siete por ciento del total, la mitad de las dedicadas a El Salvador. Por otra parte, en ese mismo periodo, el *Financial Times* inglés publicó más noticias mexicanas que los otros periódicos consagrados.

El análisis temático descorazona aun más. A la prensa norteamericana le interesan los gritos, no los susurros, lo cual puede resultar muy efectivo en términos comerciales pero muy pobre en cuanto a información. Durante 1973 Chile mereció cinco veces más noticias que México y esto a pesar de que 1973 fue para México un año de guerrillas y asaltos. Sin embargo, el factor determinante para la prensa es el interés del público: ningún país o ningún asunto suele ser noticia en sí mismo sino en función del interés norteamericano en ellos. ¿Quién piensa o escribe ahora en Estados Unidos sobre Haití? Nadie, porque no supone un riesgo o una oportunidad. Granada hubiese seguido en el anonimato histórico a no ser por los *marines* y sus reflectores. Todo lo cual es comprobable empíricamente. En 1974, por ejemplo, el veinte por ciento de las noticias sobre México publicadas en el *New York*

Times fueron acerca del secuestro de un vicecónsul norteamericano. Entre 1972 y 1978, los cuatro diarios citados concentraron más del sesenta por ciento de su atención en problemas de contrabando de drogas, trato a turistas en las carreteras mexicanas, maltrato a prisioneros norteamericanos e inmigración ilegal, y sólo un quince por ciento en aspectos no violentos de la vida en México.

El problema de la crisis económica amenaza con nublar el panorama. Desde fines de 1983 hasta abril de 1984, el dieciseis por ciento de los artículos y noticias computados por ISLA abordan asuntos relacionados con la capacidad de pago mexicano, otro treinta por ciento corresponde a los vaivenes de la política interna y exterior, y un pobre nueve por ciento a la vida social en el campo y la ciudad. Esta distribución temática no sería tan grave si no se concentrase, a su vez, en cinco puntos importantes pero que no deberían ser excluyentes: comercio e inversiones, deuda, petróleo, relaciones bilaterales y corrupción. Los cuatro primeros son de un interés inmediato para Estados Unidos y el quinto es noticia no por su sentido interno sino por su carácter de escándalo: Arturo Durazo ha llegado a las páginas del *New York Times* con los mismos merecimientos –aunque con una fortuna mayor– que los gángsters de Chicago.

El tratamiento de la prensa norteamericana sobre estos temas, principalmente el del *Wall Street Journal* y el *New York Times* –con Alan Riding a la cabeza–, ha sido, en términos generales, detallado, objetivo y atento. Del *Washington Post* no puede decirse lo mismo porque su indiferencia hacia México sólo desaparece cuando uno de sus columnistas trata de provocar a un presidente. En todo caso, no sólo de deuda, petróleo, comercio y corrupción vive México. Si el lector norteamericano busca conocer otros aspectos del país, es mejor acudir al *Financial Times*. Su distribución temática es más equilibrada. Durante el mismo periodo dedicó un espacio predominante a la vida económica –no sólo a la situación financiera– de México: artículos sobre economía estatal no petrolera, reportajes sobre problemas de inflación, obreros, empleo, etcétera. En vez de dejarse llevar por lo aparatoso, el *Financial Times* pone la mira en intersticios decisivos, como el precio de las tortillas, por ejemplo. Mientras que el *New York Times* y el *Wall Street Journal* se concentraron en problemas macroeconómicos, el *Financial Times* publicó no menos de cinco artículos sobre el sector privado mexicano incluyendo un rastreo detallado de la reprivatización de las empresas nacionalizadas. La débil cobertura de estos temas en Estados Unidos distorsiona la realidad: pareciera que México viviese ya en una economía enteramente planificada donde el único balance que vale es el estatal.

«Balance» es la palabra justa. Un periodismo «contable» cuya principal misión es dar elementos al lector norteamericano –sobre todo al hombre de negocios– para evaluar los riesgos u oportunidades «al sur del Río Grande». Las noticias pasan por el prisma de los intereses creados –mercantiles, políticos– y al salir arrojan un haz limitado que no corresponde a la compleja realidad. Las corrientes profundas de la vida mexicana pasan de noche: los campesinos, la familia, la cultura, los conflictos regionales, la religión, la fiesta, las tradiciones, las llagas históricas, etcétera. Ni siquiera un tema crucial para Estados Unidos ha merecido mayor atención: el tema del nacionalismo.

Resultado: un conocimiento fragmentario. El lector se entera de cifras y hechos recientes, de declaraciones importantes y sucesos escandalosos. Pero su conocimiento vital de México –aquella noticia que no es la del día anterior sino la que se ha ido urdiendo por periodos más largos– resulta pobre. Es como querer conocer a una compañía con sólo ver sus balances, o a veces sólo sus pasivos, ignorando que una compañía es mucho más que sus números.

Se pueden señalar estas y otras limitaciones temáticas en el periodismo norteamericano sobre México pero no dudar de su profesionalismo. El lector mexicano cansado de la amarilla retórica de su prensa, acude a los diarios estadounidense en busca desesperada de datos empíricos, escasos en México. Si en el norte el periodismo se reduce a la contabilidad, en el sur se le confunde con la oratoria.

Parte de esta oratoria insiste en culpar de manipulación a las agencias y órganos informativos norteamericanos. Según esta versión, un periodista del *New York Times* es un demiurgo que prepara con malévola precisión sus brebajes noticiosos deformando los textos con subtextos que engañan al indefenso lector. Creo que los pecados de la prensa norteamericana son menos recónditos. Por lo general hay veracidad en su cobertura, prenda importante pero no suficiente. El problema radica no sólo en la precisión de lo que se escribe sino también en la importancia de lo que se omite.

Si el estilo es el hombre, ¿qué decir del estilo noticioso del periodismo norteamericano? Pienso, por ejemplo, en una *«cover story»* de *Time* o *Newsweek,* especie de *collage* en el que las noticias y los hechos van atrapando la atención del lector con párrafos breves, frases ingeniosas, citas epigramáticas en las que los entrevistados opinan justamente lo que el reportero estaba esperando. Este estilo informativo y ligero tiene un aire de inmediatez y vivacidad, la virtud casi mágica de colocar al lector *in situ,* pero no resiste la prueba de fuego: la de la permanencia. Luego de leer un reportaje es difícil retener una idea central, una estructura analítica. Periodismo evanescente. Si a esto se agrega, como en México, que los entrevistados suelen ser, con muy honrosas excepciones, académicos propensos a la ideologización de la realidad –expertos en el movimiento obrero que jamás han visto un obrero–, el reportaje puede introducir elementos serios de distorsión.

Se trata de una cobertura escasa en su periodicidad, estrecha en sus temas, que incurre más en la superficialidad que en la inexactitud. El fondo del problema es múltiple: uno de sus orígenes radica en la propia cultura académica norteamericana y en particular en el predominio del funcionalismo; otro, en el carácter parroquial de Estados Unidos, la manía de ver al mundo como un reflejo: incapacidad por reconocer otras culturas y países en sus propios términos. Y claro, tanto en el estilo como en la prioridad noticiosa está la naturaleza mercantil de casi toda la prensa. Hace más de cincuenta años, en su libro *America: A Dutch Historian's Vision from Afar and Near*, Johan Huizinga lo expresó casi con crueldad:

«"Es la tienda de verdades", dice el voceador en su puesto de periódicos cuando se le reprocha el carácter mercantil de su producto. ¿Es verdad? ¿Es tan simple y claro este espejo de la cultura? ¿ O será, más bien, que este acto de dar a la realidad forma simbólica –mediante efectos románticos y pintorescos– para que todo el mundo la entienda y se interese en ella, no representa sino una mentira enorme, horriblemente animada y vulgar?»

Si un periodista desea aprender rápidamente lo que debe hacerse para no entender a México recomiendo ampliamente el programa de la cadena ABC: *México, Times of crisis*. Comienza fabricando una historia con todos los visos de sensacionalismo. ¿Y qué más sensacional que el Apocalipsis? Con esa idea en mente se visita Monte Líbano, en Chiapas, al sur de México y en la frontera con Guatemala. Ocurrió un enfrentamiento por problemas de tierras, en el que hubo balazos y muertos. La gente está inquieta. El reportero recuerda que Zapata y Villa lucharon por el reparto de tierras y pregunta a un campesino: «¿Le gustaría ver otra Revolución?» Contesta el campesino: «Sí, quizá es el único camino». El reportero concluye: «Muchos, como sus vecinos en Centroamérica, piensan que es tiempo para el cambio político».

Perfecta mistificación: la realidad no siempre es apocalíptica. En el Archivo General de la Nación, en la ciudad de México, descansan centenares de miles de expedientes sobre litigios de tierras ocurridos desde el siglo XVI: cuatro siglos ininterrumpidos de problemas en todo el país que sólo excepcionalmente han derivado en una explosión nacional. Este pequeño dato podría restar fuerza dramática al episodio. Mejor omitirlo. Lo importante es ser fiel a la inexactitud y nunca consultar la historia: porque Villa no luchó por la distribución de tierras como Zapata, del mismo modo que el campesino entrevistado, a quien se le indujo la respuesta, no podía querer «*ver* una nueva Revolución» no sólo porque la Revolución mexicana ocurrió en 1910, sino porque la Revolución apenas llegó a Chiapas donde lo característico fue, curiosamente, la contrarrevolución. El cierre es ideal: amalgamar implícita o potencialmente la situación en Chiapas con la violencia guerrillera centroamericana es desconocer con toda precisión Chiapas y las guerrillas, sobre todo las de El Salvador, cuyo liderazgo es universitario y representa a un sector pequeño de la sociedad. [Precisamente por esos años, un grupo de universitarios radicales se asentó en Chiapas con el propósito de implantar en ese estado una base guerrillera que, años más tarde, adoptaría el nombre de Ejército Zapatista de Liberación Nacional.]

No termina allí la lección. El reportero ve las ciudades perdidas con ojos de un *new yorker.* No digo, por supuesto, que la miseria, el desempleo, la desnutrición, la insalubridad no sean crecientes, pero culturalmente la realidad es más complicada. La familia mexicana conserva aún formas comunales de apoyo, protección y autoempleo, invisibles para el reportero que juzga todo con valores y medidas aplicables a un suburbio de Detroit pero no a una cultura todavía muy cercana al ámbito tradicional.

No todo en ese programa es distorsión. Aquí y allá asoman actos fallidos de objetividad: la cara oscura del auge petrolero, la pérdida de apoyo del PRI, la corrupción. Pero el aprendiz de Apocalipsis debe desilusionarse: «estamos en el ojo del huracán». En la imagen final aparece una mujer que dice: «Luchando… y Dios nos socorra para salir adelante». El televidente hace una mueca de preocupación, se sirve un whisky y cambia el canal creyendo que la palabra clave de la mujer fue *luchando*. Pero era otra: *Dios.*

En el ámbito académico norteamericano se han escrito desde hace décadas importantes análisis sobre la política contemporánea de México. Basta recordar unos cuantos nombres: Frank Tannenbaum, Frank Brandenburg, Roger Hansen, Raymond Vernon y una larga lista de investigadores que han contribuido al conocimiento de México para los norteamericanos y para los propios mexicanos. En varias universidades norteamericanas se sigue estudiando la vida mexicana pero estos análisis no llegan a la prensa.

En un recorrido impresionista por las principales revistas estado-unidenses a partir de septiembre de 1982 [y hasta 1984] encontré una tipología variada. Para mi sorpresa fueron pocos los ensayos del tipo: «El próximo Irán». Un género mucho más socorrido es el ensayo que evalúa, y muchas veces aprueba, el desempeño económico del gobierno mexicano. Un ejemplo típico es el que aparece en *Fortune,* que pasó de la sima: «*In the grip of the Mexican madness*» a la cima: «*The so far so good Mexican recovery*». Menos «contable» pero más apocalíptico fue el reportaje: «Mexico, the crisis that won't go away» aparecido en *Forbes:* a una buena interpretación del costoso populismo mexicano le seguía una visión tétrica, pero eso sí, original, del futuro: «La incapacidad para manejar los recursos hidráulicos ha contribuido a la destrucción de muchas civilizaciones ... México se acerca ahora al punto de un desastre hidráulico». Para el reportero de *Forbes,* México se morirá de sed y necesita con urgencia un tratamiento de país centroafricano. Tanto en su comprensión global de la crisis como en las vías de solución que propone, la revista inglesa *The Economist* ha abierto más horizontes al proponer una revolución exportadora para México, la difícil adopción del modelo asiático: que los empleos que se pierdan en Pittsburgh o Buffalo no reaparezcan en Taipei o Seúl sino en Guadalajara o Monterrey.

De mayor trascendencia es el comentario editorial donde se arriesgan opiniones y juicios de un carácter más variado pero cuyo común denominador es la superficialidad moralista: México ha progresado, México se ha detenido, México tiene un crecimiento demográfico (o corrupción o un largo etcétera de obviedades) que ha detenido su progreso. El *Wall Street Journal* ha publicado análisis más pausados, artículos escépticos donde México aparece como peón de Cuba y el Grupo Contadora padece una condición «etérea». Estos textos tampoco brillan por su imaginación. Si no se penetra en los resortes históricos del nacionalismo no se comprende la actitud internacional de México. Una mentalidad de blanco y negro no resulta útil para apreciar las diferencias entre el tercermundismo galopante de Echeverría, el caudillismo criollo de López Portillo y la actitud ideológicamente sobria y pragmática de Miguel de la Madrid. ¿Qué diario norteamericano ha intentado este triple retrato psicológico? Por fortuna, no todo es incomprensión; se han publicado también propuestas aisladas de especialistas en asuntos mexicanos que piden un cambio radical en las relaciones de Washington con su vecino.

Por último, destacan los ensayos con mayor pretensión analítica escritos por académicos, pero que aparecen sólo en revistas especializadas como *Current History* o *Foreign Policy*. En el mejor de los casos estos textos dan cuenta de las situaciones políticas y económicas con una seca objetividad funcional pero sin imaginación analógica ni perspectiva histórica. Por lo general parten de una hipótesis: los mexicanos vivimos bajo el volcán. ¿No es más plausible la idea contraria? ¿No será que la austeridad ha tenido un extraño efecto sedante, natural en una cultura estoica? Y aun si la hipótesis de estabilidad fuese inexacta: ¿el sistema será rebasado por un conflicto social o, como ha sucedido varias veces en la historia mexicana, por una querella política?

¿Qué falta, en definitiva, en todos estos textos, tanto en los benévolos como en los venenosos, en los coyunturales como en los más analíticos? Antes que nada comprensión histórica. No hay que invocar a Max Weber para justificarla. Nada menos que el *Wall Street Journal* comentó en un editorial: «Los americanos debemos entender que México es una nación con una historia seria y con una herencia seria».

Existe –explicaba otro editorial del mismo diario– una larga historia de desconocimiento. Y para probarlo involuntariamente, añadía:

«Muchas de las tensiones entre los dos países se originan en perspectivas históricas distintas. Los niños en Estados Unidos aprenden que la guerra de la década de 1840 que condujo a la adquisición de Texas *[sic]* fue parte de una expansión natural. En cambio, los jóvenes mexicanos leen en sus libros de texto que los americanos les arrebataron esa tierra que constituía, en su momento, la mitad de todo su territorio.»

El analista norteamericano que escribe en la prensa diaria podría argumentar que estos asuntos son de la competencia de un historiador, que su obligación es informar o comentar el pulso diario. Por desgracia, el pulso no es el corazón; y el corazón, muchas veces, está en el pasado. Las finanzas de un país se prestan a un tratamiento contable, pero su vida no se entiende sin la historia.

La incomprensión de la historia es sólo una parte de una incomprensión más amplia: la cultural. Cuando España conquistó América no faltó el soldado, el misionero o el funcionario (como Bernal Díaz del Castillo, Sahagún o el propio Hernán Cortés) que viajase por el territorio y buscara entender y explicarse una cultura extraña a través de la crónica. Estados Unidos, en cambio, sólo alternó –con excepciones– la diplomacia del *big stick* con la del *dollar*. Era difícil que hombres con la divisa «*the business of America is business*» tuvieran el más mínimo interés antropológico en sus áreas de influencia, así fuese para sacar mejor provecho de ellas. Esta incapacidad para entender los va-

lores éticos, estéticos, religiosos de otras culturas, el etnocentrismo norteamericano, ha sido causa directa de muchos malos pasos en política
exterior. Una prensa culturalmente sensible pudo haberlos evitado.

Un tema casi escandaloso de incomprensión, tan válido en 1914
como en 1984, es el nacionalismo. Quizá por su reciente origen histórico, su pluralidad étnica y cultural, por su *ethos* protestante o su disposición geográfica, Estados Unidos es un país ajeno a la mentalidad
nacionalista: ni las viejas querellas europeas, ni la insularidad inglesa
o japonesa, ni la paranoia o el paneslavismo ruso. Un país de individuos.
Pero en América Latina, como en casi todo el mundo, los verdaderos
conflictos nacen de la lucha de identidades nacionales, no de clases o
de individuos. Ante este fenómeno Estados Unidos –y su prensa– han
reaccionado con particular insensibilidad. El ejemplo mayor: Cuba.

En pleno macartismo, durante los *gay fifties,* nadie recordó las
llagas psicológicas de los cubanos: los *marines* rompiendo huelgas a plena luz del día; los negocios azucareros de los funcionarios de Washington pugnando por una «juiciosa política colonial» e interviniendo
abiertamente en la política interna; la presencia machacante del norteamericano que usaba a Cuba como ahora usa a Las Vegas. Para cualquier turista medianamente atento, el agravio era visible y explotaría
tarde o temprano. ¿Qué diario lo registró? Uno de los mayores escritores cubanos, Enrique José Varona, pronunció una frase terrible
y profética: «el odio hacia el norteamericano será la religión de los cubanos», pero el *New York Times* tenía noticias más importantes que vo-
cear: quizás un descarrilamiento en Arequipa o el nacimiento de
quíntuples en Caracas. Así fue como, leyendo el continuo pero miope
reportaje de los árboles de cada día, la opinión pública norteamericana careció de ojos para ver el bosque de la historia.

No faltaron periodistas aislados que entendieron a tiempo el fenómeno del nacionalismo militante en América Latina. «Nada indignaría más
a los latinoamericanos», escribió uno de ellos en los años veinte, «y nada
sería más peligroso para la seguridad norteamericana» que «creyeran que
Estados Unidos ha adoptado, a la manera de Metternich, una política
destinada a consolidar intereses creados que atenten contra el progreso
social de esos países, tal y como ellos lo entienden», y añadía, más
proféticamente: «Eso que los ignorantes llaman bolchevismo en estos países no es en esencia más que nacionalismo ... y es una fiebre mundial».

Porque entendía estos hechos, Walter Lippmann pudo aconsejar
debidamente a su amigo Dwight Morrow (nuevo embajador norteamericano en México hacia 1927) que cambiase la desafiante e ineficaz actitud de su antecesor Sheffield. Morrow y Lippmann jugaron un papel

central en el arreglo de la guerra cristera y el problema financiero de México. Es claro que en algunas partes de Centroamérica, lo que los ignorantes actuales llaman bolchevismo sí es bolchevismo, pero salvo en los casos más radicales no deja de haber un fuerte componente nacionalista. Se necesita un nuevo Walter Lippmann para apreciar que en el fondo de los problemas políticos centroamericanos puede haber también un elemento de dignidad herida, y para discurrir –sin renunciar a valores universales como la democracia o la justicia– soluciones creativas a los viejos agravios nacionales.

Me doy cuenta de que estoy pidiendo una prensa intelectual, una prensa que no se contente con informar el hecho escueto sino que busque insertarlo en estructuras más amplias. Entiendo que el cambio no sería sencillo. El etnocentrismo, la falta de un interés profundo en América Latina, la diaria competencia de corresponsales por el espacio periodístico, y el criterio predominantemente mercantil, entre otros factores, seguirán manteniendo a México en un lugar secundario. Para todos los efectos prácticos, a pesar de nuestros frecuentes *hard pieces* de deuda, petróleo y corrupción, los lectores norteamericanos pensarán del Río Grande lo que los antiguos franceses de los Pirineos: «más allá comienza África».

Al sur de la frontera norteamericana está ocurriendo un reacomodo de fuerzas históricas que afecta ya de modo directo la vida en Estados Unidos, un reacomodo para el cual nuestros vecinos carecen de teorías. El moralismo positivo o negativo, los golpes de pecho o los golpes de Estado, sólo contribuyen a la incomprensión. Estados Unidos necesita un Tocqueville que descubra lo que en verdad hay más allá de los Pirineos y literalmente repita la experiencia intelectual de *La democracia en América*, aplicada ahora a los países de cultura iberoamericana.

Por desgracia, no sólo la prensa norteamericana sino toda la tradición intelectual anglosajona ha descuidado –y desdeñado– la cultura ibérica e iberoamericana. Edmund Wilson aprendió hebreo para leer los rollos del Mar Muerto, pero nunca se le ocurrió aprender español, un lenguaje que seguramente equiparaba al maya. En su *Anatomy of Criticism*, Frye –apunta Octavio Paz– privilegia la literatura anglosajona sobre la francesa, alemana e italiana pero casi ignora la ibérica: para él no existió el Siglo de Oro español. Se podrían citar mil ejemplos de esta omisión etnocentrista: desde los diccionarios de citas que no mencionan a Cervantes hasta las más elaboradas antologías que desconocen la literatura, el arte y el pensamiento del tronco ibérico.

Este bloqueo mental se completa con el funcionalismo en los programas universitarios. Richard Morse, uno de los pocos norteamericanos que en verdad conoce las entrañas de Iberoamérica, escribió:

«Si uno examina la "oferta" académica en las universidades de mayor prestigio en Norteamérica, resalta de inmediato la distorsión: se estudia el poder, no el contexto, se favorece lo que es reductivo, instrumental y sistémico sobre lo matizado y lo culturalmente significativo: carreras de programadores o manipuladores ... En la medida en que los jóvenes se especializan en los arcanos del control, se alejan más de la condición humana.».

Lo curioso es que las limitaciones epistemológicas del funcionalismo se parecen mucho a las del marxismo. Ambos subrayan el poder. Para un funcionalista o para un marxista el contexto cultura no importa; si Nigeria tiene petróleo, deuda, corrupción –y lucha de clases–, ¿en qué se distingue de México?

Quizá son demasiados los factores adversos para esperar una prensa sensible, comprensiva e inteligente. Pero los reacomodos históricos seguirán ocurriendo y una prensa responsable no podrá contentarse con tomarles el pulso diario. Las situaciones inventarán a los pensadores periodistas, y quizá mañana una *cover story* contenga algo más que una efímera relación de hechos. Un texto tocquevilliano en el que dos culturas se encuentren, se complementen, se reconozcan: una revelación.

Nuestra prensa doctrinaria y los dictadores*

Si la historia –como decía Cicerón– «es la maestra de la vida», sus enseñanzas se transmiten fundamentalmente a través de analogías. Aunque el flujo de los acontecimientos no se repite, hay actos y personajes que configuran, de pronto, situaciones semejantes a otras ocurridas en el pasado. En la guerra del Pérsico, por ejemplo, hubo ecos de la etapa preparatoria de la segunda guerra mundial. Uno de ellos es la figura del propio Saddam Hussein. Compararlo con Hitler es, a todas luces, excesivo: su designio explícito de dominación directa no abarcaba el mundo entero ni preveía la servidumbre integral y el exterminio sistemático de pueblos completos; la desproporción entre la fuerza de Irak y los Aliados no existía en el caso de Alemania y las democracias; en el lugar de Hussein durante la Navidad de 1990, Hitler hubiera enviado a los rehenes no a sus casas sino a campos de concen-

* Abril, 1991.

tración. Con todo, los paralelos –no las identidades– existen: el caudillo iraquí ha cometido genocidio contra la población kurda; es el líder de una agresiva potencia militar cuya voluntad de expansión territorial y de afirmación nacionalista provocó una guerra inútil de ocho años con Irán, en la que murieron un millón de personas; el Partido Baat tiene un carácter fascista o semifascista cuya ideología, aparentemente secular, se funda en una pasión tan profunda como el racismo: el fanatismo religioso.

La situación ofrecía otras semejanzas. Después de la anexión violenta de Kuwait era natural que la memoria histórica de Occidente gravitara sobre las maniobras de Hitler entre 1937 y 1939. Si algo enseña la historia de aquella terrible década de los treinta, es que la segunda guerra mundial pudo haberse evitado en varias ocasiones. Cuando el ejército nazi era aún inferior al de las potencias rivales, Hitler discurrió la ocupación de Renania. Se trataba de una hábil jugada de póquer. Los primeros sorprendidos por la falta de respuesta francesa e inglesa fueron los propios oficiales nazis, que tenían instrucciones de retirarse en caso de encontrar oposición. A partir de entonces, habiendo calibrado el poco temple de sus enemigos, el dictador alemán ejecutó el *Anschluss* austriaco; luego –con la bendición de Munich– engulló la región sudetina y, finalmente, toda Checoslovaquia. Sólo entonces, Francia e Inglaterra comprendieron que su irresolución había vuelto inevitable lo evitable. La política de «apaciguamiento» costaría decenas de millones de vidas, horrores nunca antes vistos en la historia humana y una opresión sobre pueblos como el checo, el húngaro y el polaco, que no terminaría sino hasta medio siglo después: en 1989. Con esta analogía viva en la memoria, se entiende mejor la resolución de los gobiernos europeos frente a Hussein. La presencia del pequeño contingente enviado por Checoslovaquia resulta simbólica: esa pequeña nación aprendió en 1938 que el apaciguamiento de líderes como Hussein es falaz y contraproducente. George Orwell resumió esta experiencia política cambiando dos letras a una palabra, pues hay situaciones en que el pacifismo es en realidad un «fascifismo».

Estas lecciones de la historia moderna no son particularmente apreciadas, ni siquiera muy conocidas en México. La razón está quizás en la distancia temporal que nos separa de la segunda guerra. Aunque la actitud que desplegaron frente a ella los gobiernos de Cárdenas y Ávila Camacho fue digna y cuerda, nuestra intervención fue sólo tangencial y casi simbólica. Sin embargo, parecía que desde entonces compartíamos con el resto de Occidente, incluso con la Unión Soviética, un acervo común de ideas sobre la naturaleza de aquella guerra que nos permitiría juzgar, con objetividad y sentido de las proporciones, no sólo la guerra del Pérsico sino cualquier otra. Parecía, pero no fue así. Un sector importante e influyente de la prensa mexicana ha tratado editorialmente esta guerra como si la experiencia del siglo XX no hubiese dejado lección alguna. El origen de esta distorsión, que a veces desembocó en la mentira flagrante o la ceguera completa, puede ser múltiple. Me interesa destacar su raíz histórica: la enfermedad ideológica que contrajo la prensa mexicana en la década de los treinta.

Un sector de la prensa doctrinaria mexicana ha defendido en la guerra del Pérsico la causa de Hussein. No es la primera vez que nuestros diarios hacen el juego a los dictadores. Ocurrió durante el gobierno de Madero. Los periódicos fueron los primeros en suspirar por el retorno del orden porfiriano, los primeros en mofarse del mayor demócrata de nuestra historia y los primeros también en celebrar el golpe de Victoriano Huerta. No en balde Gustavo Madero llegó a decir: «Muerden la mano que les quitó el bozal». A partir de 1913, el trato de la prensa a los presidentes no ha vuelto, en general, a ser mordiente. O no en el mismo sentido. De hecho, con el tiempo los gobiernos revolucionarios instituyeron otro tipo de mordidas que obraron milagros: nadie les coloca el bozal, muchos periódicos se lo ponen solos.

Ojalá que los problemas de nuestra prensa hubieran sido únicamente el bozal y la mordida. Nos hubiésemos resignado al ocultamiento de la verdad pero no a la mentira. Por desgracia, en los años treinta comenzó una forma nueva y compleja de pervertir la vocación histórica de la prensa, una actitud que ha cruzado los decenios hasta llegar intocada a nuestros días: la falsificación y distorsión ideológica de los hechos. Para verla operar, imaginemos la mañana del 1°de septiembre de 1939, día en que comenzó la guerra. En el centro del Distrito Federal, frente a un kiosco, un ciudadano examina las publicaciones periódicas de contenido político. Distingue los dos diarios más leídos e independientes: *Excélsior* (con sus tres ediciones) y *El Universal*. Junto a ellos, *El Popular* y *El Nacional,* ambos oficiales aunque de distinta jurisdicción: el primero dependía del gobierno, el segundo de la CTM. Entre las revistas destacaban *Hoy* y, con menos penetración, *Todo, Futuro, Ahora, Sucesos, México al Día, Candil,* etcétera. ¿Qué tan preparado estaba aquel ciudadano, ávido lector de la prensa mexicana, para entender lo que ocurriría? ¿Qué elementos de información y juicio le habían proporcionado las principales publicaciones de la ciudad? ¿Habían contribuido a formar en él un criterio democrático? Demos una hojeada rápida a aquellas páginas, a sus editoriales y articulistas, a sus cabezas y reportajes.

Hasta unos cuantos meses antes de la guerra, hasta la invasión de Checoslovaquia en marzo de 1939, *El Universal* mantuvo una actitud de germanofilia moderada. «El mundo espera la paz», fue la cabeza del 29 de septiembre de 1938, día en que se firmó el acuerdo de Munich. *El Universal* creyó, sinceramente, que Munich deshacía los entuertos territoriales creados por el Tratado de Versalles y prevenía una guerra en la que «doce, quince o veinte millones de las juventudes de los pueblos europeos quedarían tendidas en los campos de batalla». Para el diario, la ventaja adicional del acuerdo consistía en aislar a la URSS, país de filiación «asiática» cuya revolución había sido obra de «judíos». Aun colaboradores de la talla moral del gran anarquista cristiano que fue Antonio Díaz Soto y Gama llegaron al extremo de escribir: «Mi oposición ideológica al fascismo y a los fascistas, no obsta para que yo pueda inclinarme, como de hecho me inclino, ante la voluntad formidable y ante el talento excepcional de los dos máximos representantes de las tendencias totalitarias: Mussolini y Hitler».

Como tantas otras voces en Occidente, *El Universal* llegó a la verdad demasiado tarde. Perdió las esperanzas con la invasión nazi a Checoslovaquia de marzo de 1939 y no se sorprendió ya del Pacto entre Stalin y Hitler que preludió la guerra. Cuando en 1941 Hitler lanzó la Operación Barbarroja contra Moscú, *El Universal* declaró: «En la guerra que ahora desgarra al totalitarismo, acaso está la salvación de la humanidad».

La edición principal de *Excélsior* mantuvo, a lo largo del segundo lustro de los treinta, una actitud similar a la de su competidor. No faltaban, desde luego, los comentarios editoriales en favor de la democracia como «régimen equitativo, de tolerancia, de civilidad y de paz verdadera». Con todo, el énfasis crítico se cargaba más sobre «la farsa trágica del comunismo» que sobre la «dictadura fascista». A raíz de Munich, *Excélsior* publicó en su editorial: «Apenas pudo rehacerse el movimiento sudetino por obra de la energía titánica de Hitler y la incomparable disciplina del pueblo alemán, los oprimidos de Checoslovaquia sintieron que podían contar con un protector poderosísimo y reclamaron su derecho». Seis meses después, *Excélsior* corrigió, también tardíamente, su entusiasmo por el «bien inestimable» de la política de Chamberlain: «Checoslovaquia ha desaparecido del mapa en unas cuantas horas ante la inmóvil expectativa del mundo ... Las democracias no tienen más que un solo deber: combatir la conquista ... Ir a la guerra, si es preciso, contra el fascismo y contra el comunismo, en defensa de su soberanía como naciones libres». A raíz del Pacto, su opinión ya no variaría: «Bolchevismo y fascismo son hojas de la misma mata, e ingenuo el que crea que, en materia totalitaria, los totalitarismos no se entienden».

Las *Últimas Noticias* de *Excélsior* incluía con frecuencia una sección muy leída y comentada: «Perifonemas». Sus anónimos autores eran Salvador Novo y Porfirio Barba Jacob. Una breve antología: «Roma recibe al dictador de la magna Alemania como antaño recibiera a los césares y a los generales victoriosos»; «¿Por qué esa discreción de quienes siempre fueron tan deslenguados? ¡Ah, es que ahora saben que las legiones de un Hitler omnipotente en la nueva y fuerte Alemania están ahí cerca, separados de la URSS por un frágil país»; «En este caso [ante la desaparición de Checoslovaquia] la fuerza está en manos de Alemania gracias a la índole de ese gran pueblo y a la circunstancia fatal de la aparición de un hombre de la talla de Adolfo Hitler que ha consolidado y engrandecido a Alemania»; «[Hitler es] el iracundo, el guerrero cuya voz el mundo escucha. Sus palabras son dignas de meditación ponderada, contundentes como martillazos pero claras y luminosas como la razón más depurada, sin demagogia, pero dotadas del más auténtico patriotismo, sin cobardía, pero dotadas hasta la médula de voluntad de paz, de una paz duradera».

Frente a Hitler la brújula de *El Popular* fue precisa. Lo criticó siempre. Cuando sobrevino la invasión de Checoslovaquia, un editorial señaló: «Dijimos hace meses, cuando lo de Munich, que el plan de conquistas y absorciones fascistas no estaba completamente realizado con la anexión de la zona sudetina. La traición de Chamberlain y Daladier dio a Hitler pacíficamente el derecho de hacer pedazos a Checoslovaquia ... El nazismo encamina sus pasos a otras tierras de otros continentes».

El diagnóstico de *El Popular* no podía ser más exacto: «Se prepara la guerra más cruel de todos los siglos». En cuanto a los periodistas que «elogian sin recato la gloria de Hitler, destructor de pueblos débiles y amordazador de toda libertad, es bueno saberlo, para aplicarles en México una regla más de acuerdo a sus gustos». El momento desconcertante para *El Popular*, la hora de la verdad, llegó con el Pacto entre Stalin y Hitler. Los titulares del 23 de agosto de 1939 hablan por sí solos: «Resonante triunfo de la URSS en beneficio de la paz mundial/ El eje fascista, de hecho, anulado por el convenio». La convicción antinazi de *El Popular* había durado hasta que su matriz ideológica en Moscú había querido. Cuando el Pacto se rompió en 1941, *El Popular* tomó, con idéntica incoherencia, la causa de los Aliados.

Entre las publicaciones políticas semanales de aquel momento, ninguna tenía el público de la revista *Hoy*. Su simpatía por el Eje era menos moderada que la de los diarios. En *Hoy* publicó José Pagés Llergo varios reportajes desde Alemania y Japón que se hicieron célebres: «Tuve el honor de ser el primer periodista que habló con Hitler en los últimos tres años», recordaba poco tiempo después. En una larga reseña de un libro contra Hitler, Pagés lo comparó con Napoleón y Julio César; apuntó:

«Los objetivos de Hitler son tales, que pueden aplicarse a él los principios que Nietzsche expuso en su teoría del superhombre ... Claro está que si se le juzga desde un punto de vista de la moral burguesa, de la moral del hombre de la calle que quiere estar bien con sus vecinos sin hacer mal a nadie, Hitler resulta un monstruo ... pero nadie cree ahora que esas cúspides de la humana grandeza hayan sido engendros del infierno y el Anticristo.» Estos hombres, agrega Pagés, «actúan y piensan en un mundo diverso de los seres vulgares». «[Hitler] es el hombre del destino para Alemania ... un cerebro de intuiciones prodigiosas ... como Napoleón, es un realista de pura cepa, odia las ficciones y las farsas ... no obstante sus raptos de ira, su excesivo egoísmo y sus anomalías fisiológicas, Hitler tiene respuestas violentas pero geniales ... [su] mirada da escalofríos ... es un iluminado genial.»

Pasado el tiempo, sobre todo una vez que el mundo se enteró de los campos de exterminio, ¿qué pensaría Pagés Llergo sobre esos reportajes? Ignoro si lamentó públicamente sus opiniones; sé que en 1953 fundó la revista *Siempre!,* que fue, lo es todavía, una asamblea civilizada y tolerante de voces plurales. Hay que ver en ella una crítica tácita a las posiciones juveniles de su fundador.

Las actitudes de las revistas políticas frente al Eje oscilaban entre la simpatía y la franca adhesión. En este extremo incurrió *Timón,* la efímera revista financiada por los alemanes que dirigió José Vasconcelos. El proceso interior que llevó a una de las almas más extraordinarias del mundo hispánico a abrazar la causa de Hitler deberá ser objeto, alguna vez, de un análisis biográfico hecho con rigor y equilibrio. ¿Habría que considerar como paliativo el que la realidad de los campos de exterminio no se conociera cabalmente sino hasta muy avanzada la guerra? Seguramente, pero Vasconcelos guardó silencio sobre este tema durante sus últimos años. Por eso, la relectura de *Timón* entristece y sorprende. Cuando entra en juego un conjunto tan explosivo de «antis» (anticomunismo, antiamericanismo, antisemitismo, antiliberalismo), el resultado no puede ser más que una literatura del odio.

Pero el odio ideológico que conduce a la ceguera frente a la realidad no era privativo de las revistas de derecha. También la izquierda, cuyo origen moral –la tradición socialista del siglo XIX– tenía una nobleza de la que el fascismo y el nazismo carecían, incurrió en actitudes de fanatismo. Piénsese, por ejemplo, en otra efímera revista política: *Combate*. La dirigía Narciso Bassols. Como representante de México ante la Liga de las Naciones, Bassols condenó con energía la invasión de Mussolini a Abisinia. De vuelta a México, escribió artículos que denunciaban el convenio de Munich como una «infamia» y una «capitulación». De pronto, el cuadro se le complicó: ¿cómo interpretar el Pacto Molotov-Von Ribbentrop? Bassols, como casi toda la izquierda, lo justificó y lo apoyó. Roto el Pacto, Bassols dio con una explicación ingeniosa: vivimos «dos guerras en una»: «Si se quiere asimilar y confundir dos cosas tan distintas como son, por una parte, el choque armado interimperialista que estalló en septiembre de 1939, y por otra la guerra de defensa, no imperialista, justa, que sostiene el país soviético a partir del 22 de junio último, se pierde el camino». Alemania, decía Bassols, es sólo la «avanzada bárbara del capitalismo decadente». La URSS, en cambio, «es, por su estructura económica y social, una fuerza de paz en el mundo».

Como casi todos los intelectuales de izquierda en aquel momento, Bassols se aferró a sus opiniones. En uno de sus discursos, publicado en *Combate,* citó ciertas palabras de Stalin que, a la luz de los testimonios que había dado Trotski, debieron provocar no admiración sino repudio, o cuando menos sospecha: «Hay que llevar ante el tribunal militar –había declarado Stalin– sin contemplaciones, a todos aquellos que por su espíritu desmoralizador y cobarde obstaculicen la defensa». Para entonces, en el Gran Terror de 1937 a 1938, Stalin había llevado ante «el tribunal militar» a doce millones de «cobardes y desmoralizados»: un millón había sido ejecutado, dos millones habían muerto en los campos de concentración, un millón más vivía en prisión y ocho millones, en campos de trabajo. ¿Cabe invocar aquí también la ignorancia de estos hechos? Seguramente, pero Bassols no modificó sus ideas durante sus últimos años.

En suma, al concluir aquella década, Hitler había dado muestras suficientes –en sus actos, sus discursos y sus escritos– de sus propósitos genocidas. Por su parte, Stalin había ejecutado ya a millones de personas, no sólo en el Gran Terror sino durante la colectivización forzosa, que costó por lo menos cinco millones de vidas. Pero aquel imaginario lector de la prensa diaria mexicana que el 1º de septiembre de 1939 se detenía a curiosear frente a un kiosco en busca de noticias, carecía de los mínimos elementos necesarios no para adivinar –cosa imposible, que ni el *Times* de Londres hizo–, sino para apreciar con alguna claridad, malicia y equilibrio la terrible desgracia que advendría: la prensa se lo había negado.

México protestó contra la invasión italiana a Etiopía, rompió lanzas contra Franco, apoyó como ningún otro país la causa republicana, condenó la invasión japonesa a China y fue, además de la URSS, el único país que repudió el *Anschluss* austriaco de Hitler. Esta coincidencia con la URSS de Stalin no implicó connivencia alguna. Para Cárdenas, la persona humana estaba por encima de las ideologías y los poderes: por eso otorgó asilo a Trotski y a muchos otros perseguidos de otras tierras. El periódico oficial, *El Nacional*, reflejó con fidelidad esta postura. El 22 de mayo de 1940, Cárdenas escribió para sí mismo, en su diario personal: «Alemania está desarrollando una propaganda activísima y busca por otros medios hacer adeptos a su causa. Su campaña de expansión, como todo atropello a cualquier país, está en pugna con los sentimientos del pueblo mexicano».

No sólo el gobierno navegó con prudencia y rumbo claro entre Escila y Caribdis. También algunos intelectuales. Muchos de los exiliados republicanos reunidos alrededor de revistas como *Taller* y *El Hijo Pródigo*, y de instituciones como La Casa de España en México y el Fondo de Cultura Económica, conservaron la brújula y desconfiaron de las ideologías totalitarias. Los trotskistas como Víctor Serge, los surrealistas como Benjamin Péret y un puñado de anarquistas remontaron esos años con una idea más cercana a la realidad que la que transmitía la prensa diaria. En su fuero interno, hombres buenos de conciencia mística y atormentada, como José Revueltas, albergaban dudas que con el tiempo harían explícitas. Al borde de la locura y de la muerte, Jorge Cuesta debió de pensar que sus temores de 1933 sobre «la nueva clerecía intelectual» se confirmaban: las ideologías habían desplazado, expropiado en cierta forma, el flujo natural de la vida cívica. Solitario como siempre, Cosío Villegas ponía su grano de arena práctico: publicaba en el Fondo de Cultura Económica libros de autores sólidos y temas actuales, informativos, reveladores; traducía él mismo *Mi diario en Berlín* de William Shirer y daba conferencias radiofónicas para desentrañar lo específico del fascismo japonés. Su maestro Antonio Caso no podía estar más de acuerdo; por esos mismos años publicó un libro memorable en la historia del liberalismo cristiano en México: *La persona humana y el Estado totalitario*. Antonio Caso no era anti-nada era anti-anti.

Los «antis» se mezclan de modos extraños: las anteojeras del antinorteamericanismo, combinadas con el anticomunismo, impidieron a muchos periodistas de aquellos años *ver* a Hitler. Era el caudillo que desafiaba al doble tentáculo materialista de los bolcheviques y los yanquis: ¿cómo resistírsele? El adocenamiento ideológico de la prensa de izquierda –su aversión a los valores políticos liberales, su dogmatismo de manual marxista, su repudio genérico a los yanquis– impidió a muchos periodistas y lectores de aquellos años *ver* a Stalin. Era el líder del «mundo del porvenir» (Lombardo), ¿cómo resistírsele?

Cincuenta años después, la prensa doctrinaria mexicana sigue esclavizada a los «antis» y, por lo tanto, no puede ver más que las pequeñas franjas de realidad que con dificultad se cuelan en la densa capa de su ideología. El antinorteamericanismo se ha vuelto la ideología omnicomprensiva. Basta una rápida hojeada a la cobertura que dio el importante diario *La Jornada* a la guerra del Pérsico (editoriales, artículos, cabezas, caricaturas) para advertir que hemos avanzado muy poco desde los años treinta. La información internacional sobre los crímenes de Hussein era mucho más detallada que la que se tenía en 1940 sobre Hitler y Stalin. Organizaciones intachables como American Watch o Amnistía Internacional documentaron ampliamente la historia del antiguo policía torturador que se soñó el nuevo Nabucodonosor pero que sólo imitó y superó a aquel monarca babilonio en sus crueldades: expulsiones de centenares de miles de shiítas durante la guerra con Irán, uso de gases venenosos contra jóvenes y niños, asesinatos a sangre fría de decenas de miles de kurdos, etcétera. Mientras que *Pravda* o *Izvestia* las comentaron con un horror no exento de culpa –«Irak ha invadido Kuwait con armas que nosotros les proporcionamos»–, *La Jornada* y las demás publicaciones diarias o semanales que leen los jóvenes mexicanos omitieron esta cara de la historia. Su odio ideológico –y casi teológico– contra Estados Unidos les impidió *ver* a Saddam Hussein. Encabezaba la revuelta contra el imperio del mal, ¿cómo resistírsele?

En nuestros días, un periodista de buena fe podría admitir toda la argumentación anterior y aún así señalar con indignación el peligro de una ceguera tan grave como las otras: la que impediría *ver* los abusos cometidos por los yanquis. Como preocupación, el reparo puede ser válido, pero necesita varios matices que de una vez por todas conviene hacer. En la historia norteamericana hay sin duda páginas repugnantes, pero en la gradación histórica del mal, en la historia universal de la infamia, los sistemas totalitarios y autoritarios del siglo XX (incluidos, por supuesto, los regímenes de Pinochet, Videla, Stroessner, Trujillo, Somoza, y toda la caterva de fascistas latinoamericanos) lo han superado con creces. La diferencia no reside en el «genio de los pueblos». Los norteamericanos, o sus antecesores ingleses, no son personas «más buenas» que los alemanes o los rusos. La diferencia está, sencillamente, en su sistema político: la democracia les ha impuesto ciertos límites de conducta. Las decenas de millones de muertos en campos de concentración nazis y comunistas no tienen equivalente en la historia de las democracias occidentales.

Un síntoma de la enfermedad profunda que padece la prensa ideológica mexicana consiste en *homologar* los horrores del totalitarismo del siglo XX con los abusos, pecados y errores de los norteamericanos, al grado de querer convertir a éstos en los nuevos nazis. Por momentos, sospechosamente pareciera que estos periodistas necesitaran con avidez que la conducta norteamericana se acercara a sus fantasías. No hay garantía alguna de que eso no suceda, pero a juzgar por la experiencia histórica, es improbable. Y sin embargo, el periodista ideologizado sostiene que ya está ocurriendo ahora mismo y ante nuestros ojos. Durante la guerra, *La Jornada* aportó abundantes ejemplos de esta distorsión y falsificación de los hechos. Un lector que con candidez dependiera sólo de la información aparecida en ese diario –y, sobre todo, de sus artículos, cabezas y editoriales– habría concluido que el Cuarto Reich de George Bush atacó al nuevo Gandhi Saddam Hussein. En un encabezado de fines de febrero de 1991 –para citar un caso– *La Jornada* anunció que Estados Unidos había utilizado napalm contra las tropas iraquíes. Una caricatura en la portada recordaba la aterradora escena del niño vietnamita con sus ropas ardiendo por el napalm. El joven lector de *La Jornada* se quedó con la noticia indeleble, pero lo cierto fue que el uso de napalm no fue contra los soldados sino contra la barrera de petróleo depositado en las zanjas que como defensa al paso de los tanques habían cavado los iraquíes. El napalm haría que el petróleo se consumiera en las hondonadas y, amainado el fuego, los tanques podrían pasar. En manos de Saddam Hussein, una foto como la del niño de Vietnam habría dado la vuelta al mundo.

Se dirá que la prensa ideológica mexicana es minoritaria, que su lectura se concentra en ámbitos académicos, que es la hoja parroquial de las universidades. Es posible, pero esa prensa activa, inteligente y vivaz importa porque es independiente del gobierno y honesta en su régimen interno, porque está hecha por jóvenes y es leída por jóvenes. El que México llegue alguna vez a ser un país democrático dependerá en una medida importante de la transformación de esa prensa. Como en España, el cambio democrático de México podría venir desde la izquierda, pero de una izquierda radicalmente distinta a la actual, una izquierda moderna como la que representa Felipe González. La prensa objetiva, responsable, que podría acompañar ese proceso de maduración, simplemente no existe en México. Esa prensa nueva tendría que estar a la altura de su sociedad civil y comprometerse de lleno, sin ambages, con la búsqueda de la verdad y con los valores de la civilización occidental, que es la nuestra. Lo cual implica, necesariamente, la decisión de compartir un mismo código histórico con países como Polonia y Checoslovaquia, Suecia y Costa Rica, Francia e Inglaterra, España y Estados Unidos. Se puede diferir de ellos y hasta combatirlos en torno a asuntos concretos. Lo que desde una posición democrática se ha vuelto imposible es ignorar las lecciones históricas del más terrible de los siglos, el nuestro, y seguir rindiendo pleitesía a un conjunto anacrónico de ideas abstractas, de *antis* totales, furibundos y simplistas, cuya puesta en práctica condujo al mayor sacrificio de la historia humana. Los diarios y revistas que insistan en ese camino se leerán probablemente, dentro de cincuenta años, como ahora leemos aquellos engendros de los treinta: ríos de tinta al servicio no de la sociedad sino de la pasión ideológica, es decir, de la mentira.

La engañosa fascinación del poder*

Hubo un tiempo en que la colaboración de los intelectuales con el poder rindió grandes frutos al país. Parecía tan honrosa como su participación en un congreso constituyente o su magistratura en la Suprema Corte de Justicia. Melchor Ocampo fue ministro de Relaciones, Gobernación, Guerra y Hacienda del gobierno de Juárez en Veracruz y México. Francisco Zarco ocupó la cartera de Relaciones y Gobernación del gobierno de Juárez, tras la guerra de Reforma. Ignacio Ramírez dirigió la Instrucción Pública y el Fomento en ese mismo periodo. Guillermo Prieto fue administrador de Correos en el gobierno trashumante de Juárez durante la Intervención francesa. Estos y otros grandes intelectuales, juristas y legisladores, sirvieron al Poder Ejecutivo de su tiempo (en el caso fugaz de Sebastián Lerdo de Tejada, de hecho lo ocupó) sin que nadie se los reprochara jamás. Sesenta años más tarde, José Vasconcelos convirtió a su secretaría en una agencia apostólica de educación, cultura y arte; Manuel Gómez Morin reformó la política económica y financiera del país; Genaro Estrada dignificó a la diplomacia mexicana mediante la doctrina que lleva su apellido; Lombardo Toledano fue un factor decisivo en la política obrera y agraria de Cárdenas. Nadie albergó tampoco mayor suspicacia sobre la cercanía de estos hombres de letras con los generales revolucionarios. Por el contrario,

* Febrero, 1996.

su intervención en la construcción nacional parecía la justa culminación de su trayectoria intelectual.

A partir de los años setenta, la percepción empezó a cambiar hasta llegar el extremo opuesto: ahora toda colaboración y aun cercanía del intelectual con el poder no sólo parece deshonrosa sino deshonesta. En ciertos momentos lo ha sido. El tránsito entre las dos percepciones no es cuestión de moda o capricho: tiene sustento en casos lamentables que han llegado al dominio público en las últimas décadas. Pero el tema reclama una explicación de fondo que revele su liga íntima con la historia política de México. Está claro que la integración del intelectual al poder no rinde frutos a la sociedad. Está claro que es un vestigio inútil del pasado. No está claro por qué.

Hay una pauta que se repite a lo largo de nuestra historia moderna y contemporánea, desde el instante en que el Estado-nación comenzó a consolidarse. Un sector entre los hombres de letras –el de los llamados «intelectuales»– siente el impulso de hablar o escribir abiertamente sobre los asuntos públicos. Hay un lector que los sigue. Ese público fue minúsculo por un siglo y ha crecido considerablemente, en cantidad y calidad, durante los últimos años. Una parte de estos intelectuales comprende que su poder específico radica en su ascendiente moral sobre ese público y se dedica a servirlo con las armas de la crítica. Pero otra parte siente una fascinación por el gran poder, el Poder Ejecutivo, y se incorpora a él en diversos grados para «cambiar las cosas desde adentro». En ocasiones excepcionales lo logra, aunque en general fracasa. Una vez integrado, descubre cómo la lógica del poder se impone a la lógica del saber. No puede ejercer la crítica en público, no puede buscar con libertad la verdad, y si la encuentra, a menudo debe ocultarla o mentir. Es un político, pero ha dejado de ser intelectual.

Max Weber explicó que existe una incompatibilidad de fondo entre la vocación del intelectual y la del político: «El poder tiene sus propias tareas que, en última instancia, sólo pueden ser cumplidas mediante la fuerza». En México, el intelectual que se integra suele comprender tardíamente –si es que alguna vez lo comprende– la gravedad de su dilema, porque su mente confunde las esferas: piensa y escribe como si fuera él y no el político quien gobernara. Pero es el político, por supuesto, quien gobierna y lo gobierna. Finalmente las cosas terminan mal. Unos intelectuales se doblegan moralmente: optan por la complicidad o la franca corrupción de vender su pluma (algunos han tenido el cinismo de confesarlo en público). Otros se apartan cuando ya es demasiado tarde para volver a escribir (la libertad es una gimnasia exigente) y se pierden en una esterilidad rabiosa o resentida. Algunos, por excepción, han salvado su obra personal y se han salvado con ella. Cumplido el ciclo, entienden que la mejor relación entre los intelectuales y el Estado es la separación de sus poderes.

La fascinación del intelectual por el poder es muy antigua y quizá por eso ha persistido a través de los siglos. Para algunos se remonta, en el caso de nuestro país, a la noble fama de Nezahualcóyotl, el rey poeta de Texcoco, consejero muy respetado por los tlatoanis aztecas; o a la biografía de ese Maquiavelo mexica que fue Tlacaélel, poderoso ministro o *ciuacóatl* que quemó los códices reminiscentes del pasado bárbaro y reescribió la historia para vincular al nuevo imperio con la tradición tolteca.

Pero el verdadero origen de la atracción está en los dos troncos vivos de la cultura política mexicana: el virreinal y el liberal. En la tradición española, adoptada fielmente en Nueva España, los letrados eran una parte orgánica del cuerpo político a cuya cabeza estaban los príncipes, que a su vez «no son tanto vicarios de Dios ... sino una imagen viviente suya o un Dios terreno» (Sigüenza y Góngora). Ya sea de viva voz o por escrito (mediante el género llamado «espejo de príncipes»), el letrado cortesano o burócrata aspiraba a convertirse en consejero, como lo fue Quevedo del conde duque de Olivares. En aquella arquitectura del poder, la disidencia no era sólo imposible sino impensable. Las diferencias de los letrados o los teólogos con el príncipe, o entre sí, no se ventilaban de cara a un público lector o elector (apelando a la conciencia individual de las personas, como empezaba a ocurrir en la tradición protestante), sino dentro del espacio político y dogmático de las dos majestades: la monarquía absoluta y la Iglesia. Así pasaron casi tres siglos, hasta que en las postrimerías del periodo virreinal apareció en la plaza pública un heterodoxo de la política y la fe: fray Servando Teresa de Mier. Su crítica, a un tiempo precursora y legitimadora de la Independencia, le valió el exilio. Con él, la vocación de libertad triunfaba sobre el espíritu de servidumbre. No es casual que fray Servando se inspirara en fray Bartolomé de las Casas. Ambos prefiguran al intelectual moderno que no obedece más que a la voz de su conciencia.

Durante el siglo XIX, los intelectuales mexicanos pasaron a primer plano y desempeñaron un nuevo papel, presagiado por los jesuitas criollos de fines del siglo XVIII: el de constructores de la nación. Como secretario de Relaciones (por breves periodos), Lucas Alamán tendió cimientos culturales y económicos que aún perduran: el Museo Nacional, el Archivo General de la Nación, el Banco de Avío (antecedente de Nacional Financiera). Con ideas opuestas pero actitudes similares, sus adversarios irreconciliables siguieron su ejemplo en el ámbito de la política y la cultura. A lo largo de dos decenios (1857-1876), México fue el dramático escenario en el que los liberales de la Reforma levantaron el edificio constitucional de garantías individuales y libertades cívicas que aún nos sostienen.

Los hombres de la Reforma no sabían obedecer, sabían deliberar y votar. Traían la renuncia bajo el brazo. Cuando Juárez se excedió en sus atribuciones y manipuló las elecciones, su generación tomó distancia del Poder Ejecutivo y afianzó los otros tres: el Legislativo, el Judicial y el periodismo doctrinario y combativo, que fue su vocación permanente. Republicanos ejemplares, defendieron y encarnaron la división de poderes al extremo de crear un «quinto poder»: el de los «publicistas», como se conoció por mucho tiempo al escritor político.

En ambos troncos de la cultura política mexicana se aprecia en embrión la misma pauta: el paso de la fascinación a la crítica, de la integración a la separación.

La tendencia se define con más claridad a partir del porfiriato. Díaz clausuró la construcción republicana, federal y democrática y volvió al paradigma colonial: acalló a la prensa y domó a los intelectuales convirtiéndolos en nuevos y obedientes letrados. «Este gallo quiere maíz», solía decir, y maíz se les daba bajo la forma de puestos (diputaciones, senadurías) y prebendas (becas, viajes). Así los tenía «agarrados de las tripas». Las críticas debían ser dichas sin «escándalo» (es decir, en privado, insinuadas con respeto al real oído del señor presidente). Los intelectuales eran conscientes de la indignidad de su condición, pero cerraban el pico: «¿Por qué quiero a fuerza vivir con empleo del gobierno?», se preguntaba Federico Gamboa en 1895, «es el viejo pacto tácito: nosotros contamos enteramente con el gobierno para vivir, y todos los gobiernos, desde los virreinales hasta nuestros días, cuentan con que nosotros contemos con ellos». El joven Justo Sierra ideó la filosofía autoritaria del régimen; el viejo Justo Sierra se atrevió a criticar a Díaz por carta y, en lenguaje cifrado, en sus libros. Sólo su obra formidable lo salvó ante la posteridad. Algo similar ocurrió con Andrés Molina Enríquez: lo salva la crítica social que propuso en *Los grandes problemas nacionales,* pero nunca se cansó de alabar la política integral de don Porfirio. Le parecía orgánicamente ajustada a la naturaleza social y étnica del mestizo mexicano. Los otros dos grandes pensadores políticos del porfiriato no pasaron de ser ideólogos del régimen. Emilio Rabasa escribió en 1912 una defensa casi ontológica del porfirismo: *La Constitución y la dictadura.* Y el furibundo Francisco Bulnes, tan soberbiamente dotado para la crítica, la enfiló contra todos los regímenes del pasado... menos el de Díaz, a quien sólo se atrevió a criticar cuando estalló la Revolución.

El clima de triunfalismo llegó a ser abrumador pero nunca absoluto. Siempre hubo notas disonantes. Desde fuera del «sistema», dos políticos idealistas terminaron por salvar con sus actitudes y escritos la dignidad de los intelectuales: Ricardo Flores Magón y Francisco I. Madero. El Ateneo de la Juventud ha pasado a la historia como el grupo intelectual precursor de la Revolución. La interpretación es exagerada: muchos de los miembros de esa institución fueron porfiristas convencidos, enemigos de Madero y colaboradores de Huerta. No obstante, la crítica intelectual de Antonio Caso, Pedro Henríquez Ureña, José Vasconcelos y Alfonso Reyes desacreditó a la filosofía oficial y le restó al régimen sustento ideológico. Significó también un presagio del renacimiento cultural que vivió el país desde los años veinte. Al finalizar el ciclo porfiriano, los nuevos letrados habían descubierto a tiempo su vocación de libertad. De esa distancia con respecto al poder partirían los mejores momentos de la generación: el apostolado filosófico de Antonio Caso, la tensión profética de Vasconcelos, la fuerza moral en las novelas de Martín Luis Guzmán.

Con el triunfo de la Revolución, el péndulo osciló hacia la construcción nacional. Tal vez Vasconcelos haya sido –como creía Cosío Villegas– «el único intelectual que gozó de la plena confianza de un jefe revolucionario [Obregón] y alcanzó una fuerza propia y directa, como atestigua el hecho de que resultara a poco un contendiente serio a la presidencia». Pero lo cierto es que el fracaso de aquella campaña presidencial no impidió a la generación heredera de Vasconcelos –la de 1915, llamada de «los Siete Sabios», que habían nacido entre 1890 y 1905– emular con éxito su gestión constructora en el campo de la economía, la reforma social y la cultura. Fundaron decenas de instituciones, entre ellas: el Banco de México y el de Crédito Agrícola (Gómez Morin), la Confederación de Trabajadores Mexicanos (Lombardo Toledano), el Instituto Nacional de Cardiología (Ignacio Chávez), el Instituto Nacional de Antropología e Historia (Alfonso Caso), el Fondo de Cultura Económica y El Colegio de México (Daniel Cosío Villegas), *Cuadernos Americanos* (Jesús Silva Herzog).

La luna de miel terminó en 1940. Cuando el poder desvió el rumbo que cada uno de ellos consideraba revolucionario, los intelectuales de la generación de 1915 marcaron su distancia siguiendo dos caminos: la política de oposición y la crítica independiente. Gómez Morin fue el caso más notable de la primera postura: fundó el PAN en 1939. Lo siguió Lombardo Toledano, creador del Partido Popular en 1947. (El tiempo ha demostrado que la opción de ambos era correcta: basta imaginar la vida política actual sin partidos de oposición.) Como ensayistas, los intelectuales de 1915 mantuvieron un temple que no desmerece frente a la obra de Caso, Vasconcelos, Azuela o Martín Luis Guzmán. Los ejemplos sobresalientes son: Narciso Bassols, Jesús Silva Herzog (críticos del modelo político y económico poscardenista) y Daniel Cosío Villegas (que demostró el agotamiento de las tesis revolucionarias en 1946). Sin embargo, su obra como escritores no guarda proporción con su talento. «El deseo de servir y de cumplir con una tarea colectiva», escribió sobre ellos Octavio Paz en *El laberinto de la soledad*, «y hasta cierto sentido ascético de la moral ciudadana, entendida como una negación del yo, muy propio del intelectual, ha llevado a algunos a la pérdida más dolorosa: la de la obra personal». El juicio es cruelmente exacto. Sólo Cosío Villegas asumió tardía y apasionadamente su vocación de escritor. Los demás terminaron sus días convertidos en «actores mudos e inmóviles» de una realidad muy distinta de la que habían imaginado. Los constructores descubrieron demasiado tarde, entre la frustración y la amargura, su vocación de libertad.

Un poco más jóvenes que los Siete Sabios, los Contemporáneos siguieron la lección de Alfonso Reyes: cuidar a toda costa la obra literaria personal. El riesgo en que incurrieron fue el del propio Reyes, polígrafo admirable que sin embargo obturó en sí mismo la dimensión crítica. Algunos alcanzaron los más altos puestos en Educación (Torres Bodet) y Relaciones (el propio Torres Bodet, Gorostiza), o terminaron en un cinismo hedonista (Novo). Otros, con mejor fibra moral, asumieron su responsabilidad crítica transfiriéndola a la esfera más sutil y profunda de la cultura y el arte. Jorge Cuesta escribió los ensayos más lúcidos de los años treinta contra el dogmatismo ideológico y el nacionalismo ramplón. Rodolfo Usigli desnudó la simulación revolucionaria en una pieza tan fundamental como profética: *El gesticulador* (1938). Fueron ellos, y no los funcionarios, quienes perduraron en el aprecio público.

En la generación siguiente –la de «los Cachorros de la Revolución», nacidos entre 1905 y 1920– el péndulo comenzó a regresar hacia el modelo de obediencia virreinal. Quizá su representante prototípico fue Antonio Carrillo Flores, quien puso su gran inteligencia y su buena pluma al servicio del sistema. Estos nuevos letrados (abogados y juristas en su mayoría) formaron parte de los gabinetes presidenciales de Alemán a Díaz Ordaz. Su relación con el poder es exactamente igual al de «los Científicos» del porfiriato. No inventan instituciones, las consolidan con eficacia. No tienen obra personal que salvar: su obra es el sistema político mexicano. Por eso no escriben memorias. Para su desgracia, el sistema que crearon no fue la legendaria monarquía de los

Habsburgo: fue apenas un paréntesis en la historia mexicana. Nadie los recuerda como intelectuales. Pocos los recuerdan como políticos.

En la misma zona de fechas se encuentra una promoción más joven: los intelectuales vasconcelistas. Algunos volvieron al jugoso redil de la Revolución mexicana. Otros encontraron vías de creatividad en la literatura y el arte. Varios más recurrieron a las vías probadas de la disidencia que iban desde el periodismo crítico (Alejandro Gómez Arias, José Alvarado) hasta la más radical militancia de oposición inspirada en los grandes iconos de la *intelligentsia* bolchevique (Trotski, Bujarin, Lenin). El mito de la Revolución hechizó desde entonces a dos de los más notables intelectuales del siglo XX en México, nacidos ambos en 1914: José Revueltas y Octavio Paz. A los ojos de Paz, Revueltas vivió la pasión revolucionaria como un fervoroso y desgarrador calvario. Al igual que Revueltas, Paz incorporó esa pasión a su literatura, salvó su obra personal y se salvó con ella. Ambos vieron renacer la esperanza revolucionaria en el movimiento estudiantil de 1968. Pero mientras Revueltas –espíritu religioso– se soñó inútilmente, entre excomuniones y abjuraciones, como profeta del poder revolucionario que redimiría de una vez por todas la miseria humana, Paz –espíritu humanista– se desligó de burocracias y dogmatismos, perdió sus ilusiones redentoras y, a raíz del 68, descubrió en la tradición republicana, una vía más asequible para la acción del intelectual.

En el México de los cincuenta no había casi lectores ni electores: era el país del gran elector. La libertad parecía tan rara como en tiempos porfirianos. Los partidos de oposición eran débiles, las críticas serias al gobierno se hacían en revistas de poca circulación. En medio del nuevo triunfalismo, el viejo «pacto tácito» se hacía explícito en la frase de un escritor: «Vivir fuera del presupuesto es vivir en el error» (César Garizurieta). Es verdad que la Universidad, El Colegio de México, el Centro Mexicano de Escritores y otras instituciones ofrecían modestas becas. Para algunos, el periodismo y el cine fueron una alternativa. Pero en términos generales, los intelectuales seguían «agarrados de las tripas», viviendo de aquello que detestaban. El mecenazgo integral de Estado no dejó de tener efectos benéficos para la cultura (como prueba el caso de Arnaldo Orfila, bajo cuya dirección en el Fondo de Cultura Económica floreció la literatura mexicana: Paz, Rulfo, Arreola, Fuentes); pero el ensayo político era terreno vedado. A pesar de los espléndidos suplementos culturales dirigidos por Fernando Benítez, en términos de crítica política los periódicos no ofrecían mayor salida: «la prensa mexicana es una prensa libre que no usa su libertad», escribió Cosío Villegas en 1953, lamentando el servilismo del «cuarto poder» con respecto al Ejecutivo. Sólo una revista semanal, que reunía las voces más disímbolas de la arena intelectual (de Nemesio García Naranjo a Lombardo Toledano) tuvo el mérito de consolidar un margen de independencia: *Siempre!,* fundada en 1953 por José Pagés Llergo.

Hacia los años sesenta, como consecuencia del desarrollo sostenido por más de dos décadas, el público de clase media creció. En respuesta al autoritarismo oficial contra los movimientos sindicales, un sector de la prensa comenzó a usar su libertad. *Siempre!* se fortaleció sin apoyo del gobierno, igual que la más radical *Política,* editada por Manuel Marcué Pardiñas. Nacieron o se afianzaron editoriales independientes (Era, Siglo XXI, Joaquín Mortiz) que publicaron obras perdurables de crítica política como *La democracia en México* de Pablo González Casanova. Las instituciones académicas (la UNAM, en particular) consolidaron su autonomía. Todo ello representaba una fuente potencial de independencia para los intelectuales jóvenes, a quienes Cosío Villegas aconsejaba romper de una vez por todas con la tradición integrista: «El buen intelectual mexicano», escribió en 1965, «debiera darse cuenta de que ... hoy por hoy todo o casi todo le es adverso. Desde luego, la vida política actual de México ha llegado a un grado tal de convencionalismo, que nada urge tanto como devolverle su sentido real, verdadero o desnudo, y el buen éxito de esa empresa exige mucho más trabajar fuera que dentro del gobierno».

El movimiento estudiantil catalizó las opciones de independencia. En aquel julio de 1968 Cosío Villegas cumplió setenta años de edad y se jubiló de la propia Secretaría de Relaciones. Ya no tenía que vivir vicariamente en la República Restaurada: ahora podía revivir las hazañas de sus admirados liberales en la página semanal de *Excélsior* de Julio Scherer, cuya página editorial llegó a ser la más rica en la historia contemporánea del país. A raíz del 2 de octubre de 1968, Octavio Paz (que había trabajado por más de dos décadas como funcionario y embajador en la Secretaría de Relaciones) sentó un precedente histórico: su renuncia a la embajada de la India fue un grito de independencia para los intelectuales mexicanos. En 1970 Paz volvería al país. Pronto fundaría *Plural* (revista independiente que nació asociada al *Excélsior* de Scherer) y más tarde *Vuelta.* Fue en *Plural,* significativamente, donde Paz convocó en 1972 a una memorable mesa redonda sobre la relación del intelectual y la política. En su texto introductorio, Paz señaló: «Como escritor mi deber es preservar mi marginalidad frente al Estado, los partidos, las ideologías y la sociedad misma. Contra el poder y sus abusos, contra la seducción de la autoridad, contra la fascinación de la ortodoxia».

Las generaciones, como los hombres, no experimentan en cabeza ajena. Luego de la tragedia de 1968, y con la experiencia reciente y remota de tantos intelectuales que sacrificaron su ascendiente moral y su obra en el trono del príncipe, la Generación del Medio Siglo (nacida entre 1920 y 1935) incurrió en una regresión: se integró al régimen de su coetáneo Luis Echeverría para «cambiar las cosas desde adentro». En teoría, sus razones eran impecables y Echeverría las adoptó como un credo: corregir el rumbo de la Revolución, cumplir las promesas postergadas, reintroducir la justicia social, cambiar el reparto desigual de la riqueza, volver al ideario cardenista, defender los recursos naturales, someter a la burguesía y al imperialismo. Pero ¿necesitaban integrarse al gobierno para propiciar su programa? Ellos lo consideraron indispensable.

No toda la Generación del Medio Siglo (sin duda la más nutrida, variada y talentosa de la historia cultural contemporánea) emprendió ese camino. Un sector mayoritario dentro de ella siguió la pauta de los Contemporáneos: eligió desde un principio vivir al margen de la política y a veces de espaldas a ella. La generación incluía poetas de primer orden, novelistas, pintores y artistas que alcanzarían fama internacional, filósofos que introdujeron rigor y pulcritud lógica en su disciplina, sociólogos innovadores, historiadores de todos los géneros y para todas las épocas, sólidos científicos, demógrafos, economistas, lingüistas. Su aporte a la cultura mexicana ha sido admirable.

Dentro de este mosaico, un grupo formado en la Facultad de Derecho y El Colegio de México se orientó desde un principio hacia el pensamiento político y la acción. En los años cincuenta, gracias a sus maestros –los españoles transterrados, sobre todo José Gaos y Manuel Pedroso– y a sus viajes por Europa, el grupo amplió sus horizontes. Habiendo llevado hasta sus límites la indagación existencial sobre «el mexicano», los jóvenes superaron definitivamente el solipsismo de la cultura mexicana y rompieron «la cortina de nopal». Su «camino a Damasco» fue la Revolución cubana.

Introdujeron en México el marxismo académico. Publicaron textos de crítica social y reportajes contra el gobierno y el orden capitalista en la *Revista de la Universidad* y en el suplemento cultural *México en la Cultura* de *Siempre!*. Fundaron la revista *El Espectador,* escribieron en *Política* y se afiliaron al Movimiento de Liberación Nacional, embrión de la izquierda independiente, apadrinados por Lázaro Cárdenas. Lectores y amigos de C. Wright Mills, concebían la misión del intelectual como una vanguardia revolucionaria ligada orgánicamente a los movimientos populares.

Para influir en el rumbo del país, en 1971 tuvieron al alcance varias opciones al margen del Estado: crear un partido de oposición (que abandonaron a los pocos meses, dejando casi solo a Heberto Castillo); fundar empresas culturales independientes (labor que, por lo general, dejaron a la generación anterior y la siguiente); aprovechar el fugaz clima de libertad para penetrar en los medios de comunicación (que no aprovecharon en lo más mínimo); elevar el nivel del debate académico y afianzar los centros de investigación hasta darles un nivel internacional (área en la que hicieron importantes contribuciones); y, desde luego, ejercer la crítica por escrito (que acallaron durante todo el sexenio o convirtieron en elogio al régimen). Su empeño principal fue colaborar con el presidente que se proclamaba «revolucionario». En la práctica todo se tradujo en una vuelta al paradigma porfiriano: los intelectuales se volvieron los nuevos letrados de la izquierda oficial.

Bien vista, su integración se había dado mucho antes, a mediados de los sesenta. Díaz Ordaz conservó en su archivo las listas con los nombres precisos de algunos de estos intelectuales incorporados a las nóminas de los candidatos presidenciales y hasta al mismo PRI. Ya en el régimen de Echeverría ocuparon varias zonas del poder: secretarías, subsecretarías, direcciones, consejerías, embajadas. Allí alcanzaron una influencia colectiva sin precedente en la historia contemporánea del país. Allí acompañaron a Echeverría en sus giras y excentricidades sin límite. ¡Antes la muerte que la renuncia! (o siquiera la distancia), con respecto al compañero presidente. Cualquier desviación (y hasta el crimen del Jueves de Corpus) podía atribuirse, convenientemente, a los «emisarios del pasado». Sin darse cuenta o con los ojos abiertos, sacrificaron lo más preciado: la vocación crítica y la libertad intelectual.

«La falta de libertad intelectual», escribió George Orwell, «mutila al periodista, al historiador, al novelista, al crítico y al poeta, en ese orden». Con el propósito de limpiar su responsabilidad en el 68, Echeverría mutiló a los intelectuales de la Generación del Medio Siglo que declararon o asumieron el célebre *dictum*: «Echeverría o el fascismo», sólo para comprobar –en el golpe final del gobierno a la libertad de prensa y a *Excélsior*– que el régimen, al que con tanta asiduidad habían servido, podía ejecutar tranquilamente medidas fascistas. Fue en esos años en que Echeverría subía a los intelectuales en «aviones de redilas», cuando la integración del intelectual al poder comenzó a parecer deshonrosa y deshonesta.

Con el tiempo, algunos miembros de este grupo tomaron distancia del poder y regresaron a la posición moral de intelectuales. Otros se sumaron al pequeño contingente de periodistas críticos que siempre existió en la generación, o emprendieron el camino de la disidencia política: salieron valerosamente del PRI y fundaron el PRD. Otros más siguieron aferrados al poder hasta que el poder se deshizo de ellos. Fue entonces –y sólo entonces– cuando descubrieron, de pronto, las bondades de la democracia.

Un caso digno de admiración y análisis fue el de Jesús Reyes Heroles. Algo mayor que el grueso de esta generación, trabajó dentro del gobierno logrando una extraña síntesis entre las dos vocaciones. Devoto y estudioso de los liberales, quiso probar con su obra escrita la continuidad del liberalismo y la Revolución. Lo logró muy a medias (llamar liberal al PRI es torturar el lenguaje). Y sin embargo, paradójicamente, el mejor ejemplo de esa continuidad la dio él mismo, con la reforma política que ideó y puso en práctica como secretario de Gobernación en tiempos de López Portillo. Esa reforma que abrió las puertas de la democracia a la izquierda fue un aporte histórico a la vida republicana de México. Así, la biografía de Reyes Heroles no contradice la pauta, la confirma: operó desde adentro para separar los poderes de la república. Vivió siempre entre libros, nostálgico del libro que nunca escribió. En sus últimos días, resumió toda su sabiduría en un ensayo a la manera de Ortega: «Mirabeau o el político» [publicado en la revista *Vuelta]*.

Finalmente está el caso heterodoxo de Gabriel Zaid: sus convicciones democráticas y su distancia absoluta del príncipe no han variado desde mediados de los sesenta, cuando empezó a publicar. Fue él quien primero acotó el tema de los intelectuales en 1972 como un problema de división de poderes: «El poder literario es tan real, aunque sea minúsculo, que los otros poderes tratan de sumárselo, desconocerlo, ridiculizarlo o aplastarlo. Lo que a su vez puede crear la ilusión (hasta en el público) de que es un poder mayor o de otro tipo del que realmente es».

Quienes participamos en el movimiento estudiantil de 1968 y vimos con nuestros propios ojos la matanza del 10 de junio de 1971, nacimos a la vida pública con una vocación definida: procurar un cambio en el estado de cosas que había llevado al sistema a cometer esos crímenes.

La generación intelectual del 68 se formó sobre todo en las facultades humanísticas de la UNAM y El Colegio de México y se lanzó a la arena pública en los periódicos y suplementos culturales de la capital. Un foro de especial importancia (había varios otros) fue *México en la Cultura*, que dirigía Carlos Monsiváis. Desde un principio, y a diferencia de los antecesores inmediatos, la generación desechó por mínima salud moral las opciones de hacer política dentro del gobierno: ni fantasear siquiera con la presidencia, aspirar a una secretaría, una gubernatura, un lugar en el PRI, una embajada, una empresa descentralizada o hasta la más inocua comisión o empleo oficial. Aquel antiguo «pacto tácito» perdió vigencia. Los intelectuales dejaron de estar «agarrados de las tripas».

Los caminos políticos de la generación han sido muy variados, pero el tono general ha sido la disidencia de izquierda manifestada o ejercida en ámbitos académicos, periodísticos, partidistas, y en algunos casos, revolucionarios. Más factible pareció a algunos la alternativa de participar en la creación de empresas culturales e intelectuales con algún apoyo del Estado. Es el caso de quienes fuimos discípulos de Cosío Villegas. Veíamos en él un ejemplo a seguir. Su trayectoria ofrecía varios caminos, a veces cruzados, que él volvía compatibles gracias a su inmenso prestigio, su obra tangible y su solidez intelectual. Por un lado estaba su labor de empresario cultural e historiador: en pleno periodo de Echeverría logró el apoyo del Estado para la serie, en veintitrés volúmenes, *Historia de la Revolución Mexicana* de El Colegio de México, que él mismo coordinó por un tiempo. Paralelamente, ejercía una crítica sin precedentes ni cortapisas que exasperaba al régimen.

Había pasado mucha agua bajo el puente desde que Cosío Villegas creó el Fondo de Cultura Económica o El Colegio de México. Había que operar dentro de límites más estrechos y acreditar la propia independencia crítica de manera continua y pública, como lo hizo Cosío frente a Echeverría. Si la empresa que se establecía tenía un sentido puramente cultural, académico o artístico, el mecenazgo mayoritario podía provenir legítimamente del Estado (sobre todo ante la ceguera histórica de la iniciativa privada en asuntos de cultura). Pero si la empresa que se fundaba (revista, editorial) iba a tener una vocación crítica y de servicio a la opinión independiente, era fundamental diversificar las fuentes de financiamiento entre el Estado y la iniciativa privada (que tímidamente comenzaba a contribuir a estos esfuerzos) y apoyarse sobre todo en el nuevo público lector (que casi no existía en los tiempos en que Cosío creó el Fondo). De no seguir por ese camino, la dependencia del gobierno podía resultar peligrosa. La más distraída revisión pública de las fuentes de ingreso y financiamiento de las principales revistas intelectuales fundadas desde los años sesenta, demuestra a las claras cuál de ellas se ajustó, y cuál no, a las reglas de la independencia.

El contacto esporádico del intelectual con el poder es un dato habitual en nuestra vida política que en sí mismo no tendría por qué ser satanizado. No es un pecado: es, antes que nada, una pérdida de tiempo. Pero la cercanía es una cuestión de grados y en este sentido es preciso, de nueva cuenta, hacer distinciones. Cuando el contacto esporádico con el poder se vuelve franca y amistosa asiduidad (innumerables y públicas comidas, cenas, fiestas, viajes intercontinentales), la química mental de los intelectuales sufre una transformación. No sin incurrir en contradicción y anacronismo –puesto que su bandera ha sido la modernización–, algunos escritores de la generación del 68 volvieron al viejo e ilusorio paradigma de cambiar las cosas «desde adentro», o «desde (muy) cerca». Se repetía con ellos el caso de Echeverría: necesitado de legitimidad tras el fraude de 1988, Salinas propiciaba la «mutilación intelectual» de un pequeño sector de la generación. Acaso con buena fe, estos intelectuales adoptaron la perspectiva, el programa y por momentos hasta la retórica del poder. De nada sirvió al público lector su asiduidad con el príncipe: vieron lo que no existía y no vieron lo que había que ver. Perdieron contacto con la verdad.

Por fortuna, este sacrificio del saber al poder ha sido la excepción a la regla. Salvando en varios casos la obra personal (literaria, histórica, artística), la generación intelectual de 1968 ha hecho su mayor aporte a la vida pública de México en terrenos autónomos y aun contrarios al sistema. Habiendo partido de una formación revolucionaria y marxista que esterilizó muchos destinos, el grueso de la generación ha descubierto finalmente los valores democráticos y republicanos. La generación del 68 incluye varios ensayistas políticos. A ella se debe, en gran medida, la reforma del periodismo en México, un periodismo libre, profesional, exigente y crítico que empieza a recordar al que ejercían los liberales. La alternativa de crear partidos de oposición, o militar en ellos, es hoy más válida y eficaz que en tiempos de Gómez Morin y Lombardo Toledano. En el PAN y el PRD hay casos notables de vinculación creativa entre el quehacer político y el intelectual.

La mayor parte de la generación de 1968 entendió a tiempo la lección de nuestra historia: en una democracia inexistente, en una república en ciernes, como ha sido México por casi doscientos años, la responsabilidad del intelectual está en fortalecer su autonomía y procurar la separación de su propio poder con respecto al gran poder del príncipe de turno. La sociedad mexicana rechaza la integración del intelectual al poder porque intuye que la receta clásica que Montesquieu aplicaba a los poderes formales debe ser la regla de todos los demás poderes: Iglesia, empresarios, prensa, universidades, partidos e intelectuales.

La clave –como escribió Cosío Villegas– está en «rehusarnos a participar en un juego cuya primera "regla de caballeros" es renunciar a ser intelectual». Ni príncipes poetas, ni avatares del *ciuacóatl*, ni letrados de la corte, ni teólogos del dogma revolucionario, ni consejeros áulicos, ni gallos que quieran maiz, ni agarrados de las tripas, ni firmantes de pactos tácitos, ni becarios del presupuesto, ni embajadores de lujo, ni ministros sin (o con) cartera, ni viajeros de primera clase en «aviones de redilas», ni tinterillos a sueldo, ni ideólogos, ni voceros, ni asiduos. La misión de los intelectuales no es gobernar, sino criticar.

Cuauhtémoc Cárdenas encabeza la fundación del Partido de la Revolución Democrática.

Tinglados ideológicos*

México es un país dotado para la teatralidad ideológica, inumerables representaciones históricas lo demuestran: proclamas, planes, gestos ante el Supremo Tribunal de la Historia, constituciones celestiales, etcétera. No modificamos la realidad, pero sabemos transfigurarla en un teatro de palabras. Un momento estelar se dio con aquella obra *Educación Socialista* (de varios autores). Su puesta en escena provocó conferencias, mesas redondas, batallas editoriales y hasta algunas polémicas y ensayos que alcanzaron un respetable nivel intelectual. El argumento lo merecía: La Revolución socialista, corolario obligado de la lucha de clases, no ha ocurrido en México por razones objetivas, históricas, necesarias. Para darle cuerda al reloj de la historia no es preciso cambiar la realidad sino la conciencia de la realidad. La Revolución no necesita actuar en los campos y las fábricas; debe optar por una acción más sutil: conquistar la mente de los niños; resolver las contradicciones de clase de raíz, es decir, en los pupitres, plantar allí el árbol generoso de la utopía cuya sombra descenderá con los años, pacífica y apostólica, hasta cubrir a la sociedad entera... No pasó mucho tiempo para que Lázaro Cárdenas comenzara a actuar en los campos y las fábricas y olvidara paulatinamente las revoluciones culturales, pero la desorientación que provocó aquella pastorela educativa había afectado ya a miles de maestros y alumnos que nunca entendieron la «nueva política clerical» del régimen.

Casi cincuenta años después, en una escala menor, asistimos a una nueva representación. Como entonces, hay ahora un desplazamiento ideológico de la lucha social, desde sus escenarios naturales hacia el espacio –en cierta medida simbólico– de la vida cultural y académica. De nueva cuenta se arma un tinglado ideológico para legitimar un

* Octubre, 1980.

353

proyecto político. En los treinta se trataba de un viejo propósito jacobino: desalojar a la competencia clerical de su bastión educativo. Ahora la escenificación ha estado a cargo de un grupo de jóvenes intelectuales, académicos y periodistas, que la han presentado en páginas editoriales, suplementos culturales, manifiestos y conferencias. El proyecto político que favorecen (aparte, claro, del suyo propio) es el de un partido injustamente relegado por varias décadas –perseguido incluso–; hoy, vuelto a la superficie y con el ánimo de ganar influencia y posiciones en el campo de la lucha de clases, necesita el control, como base proletaria para la conquista del poder, de los trabajadores administrativos y un sector de. los profesores en las instituciones de educación superior.

Convengamos desde ahora: hay mucho más que un proyecto político y una pastorela ideológica en el sindicalismo universitario. Hay la lucha concreta y legítima de miles de trabajadores por mejorar sus condiciones de vida. No se necesita ser marxista para entenderlo y apoyar plenamente la libertad sindical (derecho a la contratación colectiva, de huelga, etcétera) en las instituciones públicas. Pero es obvio que los conflictos sindicales en las instituciones académicas han sido piezas de un tablero mayor. Ni la política partidista ni el discurso de los intelectuales que en distintas ocasiones han abordado estos conflictos se limita a un «economicismo» que, por lo demás, ellos abiertamente desprecian. La tormenta que se creó durante el paro en El Colegio de México lo probó. Allí también, como en la UNAM en 1977, hubo una legítima lucha sindical que debió haberse planteado, desarrollado y resuelto por las vías que prevé nuestro derecho laboral. Con todo, no se trata ahora de analizar los procedimientos que utilizó el sindicato minoritario ni la forma en que las autoridades terminaron el paro. Se trata de ilustrar el uso ideológico del sindicalismo, la nueva representación que llegó a extremos de caricatura durante los dos meses que duró el conflicto en El Colegio de México. Su propósito no era otro que el de instaurar una determinada política educativa y cultural ajena al pluralismo y acorde con la ideología y los intereses materiales y políticos de quienes la sustentan.

El argumento de la nueva pieza no es muy distinto del de la Educación Socialista de Bassols. Antes había que justificar la doctrina con silogismos y dogmas. Ahora no hacen falta los actos de fe y de razón, porque la prueba empírica que sustenta al nuevo proyecto se encuentra, supuestamente, en el mismo espacio de la academia: a bordo del Potemkin de la cultura, el proletariado nacional (encarnado místicamente en unas decenas de empleados) emplaza a la Academia y al

Saber Inútil a esconder la cabeza en las mezquinas, somnolientas, mórbidas atmósferas cubiculares. Los intelectuales están obligados a definirse frente al supremo tribunal de la Razón y la Historia. Se trata –según el ritornelo de los ideólogos– de optar entre dos culturas. Quienes apoyan al sindicato que se autodesigna de izquierda están con la nueva cultura que democráticamente emanará de las bases: exenta de privilegios, comprometida con la nación, auténticamente popular. Quienes no lo están, devienen (galicismo obligado) patrones objetivos, representantes de la otra cultura: anticomunista, autoritaria, bronca, clasista, conservadora, cubicular, elitista, espiritualista, inmovilista, opresora, reaccionaria, regresiva, reversiva, sacralizante (términos que no son sino una pequeña muestra de moderación adjetival tomada de sus textos).

Ninguno de los ideólogos aclaró cómo operará intelectualmente el «compromiso con la nación»: temas, proyectos, métodos, teorías, etcétera. Hubo alguno que redefinió el arcaico concepto de mayoría: para él una minoría consciente equivale a una mayoría y viceversa. Otro utilizó abyectamente el crimen de un periodista mexicano en El Salvador para cargarle el muerto, en cierta forma, mediante sofismas idiotas, a las autoridades del Colegio de México. Lo que vinculó a los múltiples exordios, además de su maniqueísmo, fue el tono de soberbia e intolerancia y el expediente terrorista del chantaje ideológico que apela al sentimiento de culpa y otras tentaciones autolesivas de muchos intelectuales. Para estas personas, todo aquel que no eleve el sindicalismo universitario a una categoría histórica y cultural absoluta es, *ipso facto,* un «anticomunista». Para ellos, un anticomunista como McCarthy y un socialista democrático o un liberal reformista, digamos un hombre con las ideas sociales de Bertrand Russell, entran en un mismo saco.

El fondo de su discurso ha variado poco: del predominio sindical en las universidades resultará (salto cualitativo hegeliano) una actividad académica acorde con los intereses populares. El argumento desplaza siempre al ideal igualitario de su ámbito social natural al del quehacer intelectual, concebido para ese efecto como una réplica del mundo en torno. La relación docente se vuelve entonces una forma de «relación de clase» y no hay autoridad intelectual que valga. Las investigaciones no se juzgan por sus valores intrínsecos (verosimilitud, consistencia, claridad) sino por su supuesta filiación de clase. Cualquier persona mínimamente familiarizada con los procedimientos antiintelectuales de los países totalitarios sabe que cuando estas ideas se ponen en práctica, la libertad intelectual, sencillamente, desaparece.

Lombardo Toledano tenía en mente una universidad así en 1933:

«O se es burgués o se es socialista. Desde el punto de vista ideológico para mí no hay más que esa alternativa posible, pues aun la posición intermedia es preferentemente burguesa o preferentemente socialista. Y digo que no hay más que esa alternativa porque ante la crisis de la sociedad contemporánea, no hay más que dos caminos: o el mantenimiento del régimen burgués o la sustitución de éste por el sistema socialista.»

Pero entre Lombardo y sus nietos ideológicos hay un abismo intelectual y moral. Lombardo no se hacía perdonar sus convicciones antiliberales, su aversión al pluralismo ideológico. Desde 1924 había luchado abiertamente por una educación dogmática. Su acción, además, no tuvo entonces –y quizá no tuvo nunca– más resortes que los de una cierta mística educativa. Ahora los neolombardistas dejan caer, aquí y allá, declaraciones tolerantes con el pluralismo, con la libertad de cátedra: añejos valores de la cultura liberal.

Aun entre los intelectuales orgánicos del sindicalismo universitario hay conciencias desgarradas que critican en privado el maniqueísmo ideológico que personifican en público. Su apuesta política no les deja alternativa. No ignoran, por ejemplo, lo que ha ocurrido en otras partes del mundo y en otros momentos históricos cada vez que los heraldos de la «Nueva cultura» alcanzan el poder. No pueden pasar por alto los extremos a que han llegado algunas universidades de provincia en México, frente a las cuales la universidad estatal de Albania es inocentemente liberal. No puede ocultárseles la reducción de muchos centros universitarios mexicanos a sitios de adoctrinamiento donde imperan hábitos antiintelectuales, intolerancia, libros sagrados, santos y santones, atmósferas inquisitoriales. Politizar la academia, en el sentido en que ellos lo entienden y lo piden, equivale a instaurar el tipo de universidad militante que previó y temió, en su tiempo, José Medina Echavarría (aquel gran sociólogo transterrado):

«[En ella se presenta] la trasmutación del enfrentamiento crítico de las teorías dentro de la esfera intelectual, admisible y necesaria ... en una pugna de personas y agrupaciones. Acarrea necesariamente la interpretación de la libertad de cátedra como libertad de plataforma; el análisis científico toma la figura de propaganda y el mantenimiento razonado de una convicción se convierte en adoctrinamiento sin mesura. De modo también inevitable, los partidos y movimientos combatientes en el ámbito nacional aprovechan sin empacho la plasticidad juvenil para manejar sin dificultad al estudiantado ... La Universidad acaba por abandonar en su ardor militante su propia tarea ... desde la aparición de las tensiones clasistas y, sobre todo, de la formulación de partidos con una dialéctica de violencia, la concepción de la Universidad militante ha sido un fermento de caos. El problema es grave porque el destino de una sociedad liberal marcha unido al destino de la Universidad libre y no puede aceptar el fácil corte al nudo gordiano que es la salida totalitaria.»

El hecho de que muchos intelectuales inconformes con el *establishment* académico y cultural de México hayan optado por el teatro ideológico en lugar de la auténtica crítica, es lamentable también en otro aspecto. Al hacerlo, desperdiciaron la oportunidad de ejercer un análisis independiente de las muchas fallas específicamente intelectuales que aquejan a varios centros de cultura. En vez de acudir al venero de la Escuela de Francfort, en cuyas lecturas se formaron los mejores entre ellos, estos intelectuales orgánicos del campus universitario prefieren descender al chismorreo y la bruma ideológica. Aquellas críticas de Marcuse a la cultura progresista en sus «Notas para una definición de la cultura» les hubieran servido de maravilla. Con Marcuse habrían podido vindicar la fuerza liberadora de la cultura humanista (que El Colegio de México, por ejemplo, ha abandonado desde los años sesenta) y oponer la carga normativa, crítica, la tensión utópica, aquello que (con todas sus letras) Marcuse llama «la autonomía» de la cultura, a las corrientes funcionalistas y tecnocráticas que prosperan ampliamente en la academia. Y habrían podido apuntar otras cosas: la improductividad (El Colegio de México de los años cuarenta le publicaba a cada uno de sus investigadores tres libros por año; El Colegio de México de los últimos años publica un libro cada cinco años por investigador); las taras burocráticas; el descenso en la calidad de sus investigaciones y, en fin, la beatería cientista, infecunda para explicar la vida e inoperante fuera de sus propias reglas.

Pero era pedirles demasiado. Habrían tenido que apuntar también las aportaciones recientes de El Colegio. Imposible: se trataba de destruir no de criticar. La pasión ideológica (que en México suele atemperarse con una tajada de poder político: tiempo al tiempo), la tentación parricida y hasta la defensa de posiciones materiales (dar al público lector lo que el público lector quiere leer) fueron mejores incentivos. Para hacer una crítica de buena fe, limitada a los problemas específicamente intelectuales de la academia, habrían tenido que creer en la relativa autonomía del quehacer intelectual, una convicción de la que quizá los aparta la otra vertiente de la Escuela de Francfort: la crítica relativista o dialéctica a la posibilidad misma de descubrir la verdad científica en las ciencias sociales. George Steiner la ha resumido así:

«Esta crítica», dice Steiner, «tiene sus orígenes distantes en el escepticismo griego. La escuchamos en la observación de Pascal de que hay una verdad a este lado de los Pirineos, pero otra en el lado de España. O en la frase de Lenin: "No pregunte si una cosa es verdadera o no; pregunte sólo: *¿verdadera para quién?*". La forma más reciente de este ataque se halla en la teoría social de la Escuela de Francfort, en las críticas a la Ilustración de Horkheimer, Adorno y Marcuse. El argumento es este: la objetividad, las leyes científicas, el concepto de verdad y falsedad, la lógica misma no son ni eternas ni neutrales. Expresan y aplican la visión del mundo, los objetivos económicos y las estructuras de poder, los intereses de clase de la elite dominante ... La Verdad es una variable compleja que depende del contexto social. No hay historia objetiva sino la historia del opresor y el oprimido ... La verdad, tal como os la enseñan vuestros amos, os hará esclavos.»

Lo más serio del caso, para el país, es que la nueva representación teatral no es un hecho aislado. Las pulsiones intelectuales, las creencias, la retórica y las actitudes de quienes la escenifican corresponden precisamente a las de un sector activo, numeroso e influyente de alumnos y maestros dentro de las propias instituciones académicas. Este sector prosperará independientemente del apoyo que logre del sindicalismo universitario y las luchas partidarias. Presenta rasgos de unidad (ideológica, social, económica) que permiten hablar de una «nueva clase académica», cuya condición concreta es la de ganar dinero, poder y prestigio personal, creyendo siempre que hace todo para beneficio de un México pobre que rara vez estudia en el campo y para el cual –como ha mostrado Gabriel Zaid– no ofrece casi nunca salidas operativas, realistas, inmediatas de mejoramiento, que no sean, claro, las de la revolución. Su situación social y económica concreta vincula a este sector académico con su aparente opositor: el tecnocrático. Unos predican una religión secularizada; otros practican el conductismo a ultranza. Ambos desprecian la libertad intelectual. Unos proyectan en sus ámbitos académicos e intelectuales los usos y valores de los regímenes políticos totalitarios. Otros proyectan los procedimientos y creencias de regímenes dictatoriales que veneran a la eficacia y degradan al hombre. A todos, técnicos o salvadores, los mueve una gran voluntad de poder. ¿Hay todavía en la academia quien se acuerde de la voluntad del saber?

Medina Echavarría soñó alguna vez con la tercera opción. No una universidad tecnocrática y aséptica: tampoco una universidad militante: una universidad participativa. En la Universidad, como congregación de afanosos del saber, todo puede y debe ser examinado, en efecto, sin restricción alguna; lo que en la calle circula como demagogia, como cobertura ideológica, como encuentro de intereses, puede acrisolarse en la cátedra y ser reducido a sus modestas proporciones de verdad limitada, si es que la tiene. La sociedad no pierde sino gana con lo que puede ser excepcional conducto –precario sin duda– de serenidad; de él puede venir, aunque no se escuche, el consejo desapasionado que da el conocimiento de lo objetivamente posible.

Pero ¿quién asume ahora una vocación tan exenta de gloria? ¿Quién cree –en el ámbito de nuestras ciencias sociales y humanas– en valores intelectuales como la crítica, la duda, la comprobación empírica, la imaginación, la fundamentación, la claridad expresiva, el ideal formativo y moral en la enseñanza, las ventajas de la contemplación sobre la acción? ¿Quién sustenta ahora estos valores científicos y humanistas de artesanos del intelecto, no de burócratas intelectuales ni de gurús de la academia? Una minoría. Pero tal vez en ella germina la semilla de la cultura de mañana, que será liberal o no será.

El Estado, la izquierda y la democracia*

> Las teorías abstractas de la democracia y la efectiva y práctica aplicación de las mismas, necesariamente y con frecuencia, son diferentes.
>
> Porfirio Díaz a James Creelman

> ... del liberalismo más vulgar, del más formal republicanismo, de la trivial democracia.
>
> Karl Marx

«Por una democracia sin adjetivos» propuso una vida pública más abierta, madura y sana para México. La triste experiencia del pasado

* Mayo, 1985.

inmediato, los vaivenes de nuestra historia moderna y contemporánea, y algunas analogías históricas con la política inglesa sugerían no esperar a la benévola o terrible acción de las fuerzas sociales y económicas sino tomar conscientemente la iniciativa política en cuatro puntos concretos: 1) aliviar el agravio histórico del pueblo mexicano mediante un acto de justicia contra quienes fueron los responsables de la crisis; 2) exigir que el gobierno tome al pie de la letra la Constitución e imponga sobre sí diques de contención a la improductividad, irresponsabilidad, corrupción, autoritarismo e injusticia; 3) buscar una auténtica y plural vida de partidos que comience por una absoluta transparencia electoral y crezca cuando menos en tres direcciones: un PRI competitivo e independiente del gobierno; un PAN que ofrezca un panorama propio y no sea sólo un antiPRI, y una izquierda que evolucione hacia formas modernas de acción y pensamiento; 4) promover una prensa liberal que use su libertad con imaginación, profesionalismo y sentido crítico.

El ensayo provocó diversas opiniones públicas. Algunos periodistas creyeron, sin razón, que proponía un bipartidismo. Otros pensaron, con razón, que fue injusto con la prensa, sobre todo con la prensa liberal de provincia que enfrentó al Poder Ejecutivo con una tenacidad y honradez que el ensayo le negaba. *Vuelta* publicó [abril, 1985] tres textos críticos en respuesta a mi ensayo: «La batalla democrática», de Manuel Camacho, «La democracia socialista: ¿una utopía?», de Manuel Aguilar Mora, y «Una crítica escéptica» de Eduardo Valle. Con ser muy distintos entre sí, los tres textos –aunados a otros que se mencionan en esta réplica– se empeñan en adjetivar la democracia. Pero hay un hecho en el que coincidimos todos: discutir con franqueza y tolerancia este tema es ya un ejercicio de democracia… sin adjetivos.

Voz del gobierno

Para Manuel Camacho, mi ensayo propone una ruptura, una «entrega del poder», un viraje riesgoso, innecesario, ajeno a nuestra tradición histórica y, a fin de cuentas, limitado. Las prevenciones de Camacho –más pragmáticas que ideológicas, y escritas, por desgracia, sin mayor felicidad literaria– se resumen en cuatro puntos:

1) A través de una nueva actitud del régimen –nuevos estilos de campaña y comunicación, renovación moral, uso racional de los fondos públicos, etcétera– el gobierno ha «convencido gradualmente» a la

sociedad sobre la necesidad de una «reordenación económica profunda». En la crisis, hay avances sin sacrificio de las libertades.

2) Se ha mantenido el «proceso inclusivo». Se han logrado «procesar» las principales demandas de la sociedad a través de nuestras «muy particulares instituciones políticas». Entre ellas, el PRI cumple aún importantes funciones de «representación, influencia y negociación de intereses, y abanderamiento de inquietudes ... sociales ... Resulta apresurado anticipar la inviabilidad de las instituciones políticas que ... han acreditado su eficacia ... [y] han sido decisivas para enfrentar la crisis».

3) Nuestro proyecto democrático de nación es producto de una larga continuidad histórica que concibe al Estado como «promotor del bienestar colectivo» y nace de «acuerdos profundos de las fuerzas sociales y políticas en momentos decisivos de la historia». En él confluyen y siguen vigentes la herencia liberal y la revolucionaria.

4) La democracia es «punto de partida de nuestro sistema político» pero no puede ser «un fin en sí mismo». Debe complementarse con igualdad social, acceso a la educación, mejores niveles de vida, etcétera. La democracia debe adjetivarse: debe ser una democracia integral.

La lectura de Camacho parte de un equívoco: creer que el ensayo invita a un suicidio. Reconocer las derrotas electorales no es sinónimo de entregar sin más el poder, sino de cederlo a quien democráticamente le corresponda. Pedir que el gobierno imponga diques de contención a su propia desmesura económica, política y moral no supone tampoco una ruptura sino un cambio consciente y profundo. Ni siquiera el juicio a un ex presidente tendría por fuerza un carácter disruptivo: no lo tuvo cuando se practicó con el fundador del sistema: Plutarco Elías Calles. ¿Por qué esa lectura extrema? Camacho ve en mi propuesta una anulación del poder constitucional. Lo cierto es lo contrario. El ensayo busca la verdadera reforma política: cumplir la Constitución.

Los cuatro argumentos de la defensa son igualmente discutibles:

1) Existen varios elementos nuevos en el estilo del régimen: mayor prudencia, sobriedad, veracidad, rectitud. Aunque persiste la incertidumbre en torno a la recuperación económica se ha evitado caer en una espiral inflacionaria. Se vive en un clima general de libertad. Todo esto es verdad, pero Camacho exagera la parte del gobierno. ¿Cuál sería la utilidad económica de no mantener las libertades? Los gobiernos de Polonia y Chile las han suprimido y no por ello salen a flote. Es meritorio mantener las libertades cuando éstas están amenazadas. (Suprimirlas fue el demérito –y el crimen– de Díaz Ordaz.) Pero el argumento parece apuntar a la existencia de fuerzas que dentro o fuera del

gobierno quisieran desestabilizarlo. Sería ingenuo negar el riesgo. ¿Cuál es el antídoto?

Camacho opina que el sistema tiene amplios recursos para encarar el riesgo. A mi juicio, el camino más seguro es fortalecer con decisión la vida democrática mediante la aplicación de los puntos que menciona mi ensayo. El mexicano adquiriría madurez y responsabilidad pública. Habría un renacimiento de la fe y un nuevo pacto social que alejarían aún más el fantasma de una caída autoritaria. En cambio, el continuo fraude electoral, la inmovilidad, la imposición, la impunidad, como ha sucedido en otros momentos de nuestra historia, podrían precipitarla.

Un factor providencial descorazonará por largo tiempo a quienes piensan en «soluciones de fuerza»: el «efecto demostración» latinoamericano. Las dictaduras no resuelven nada. Las democracias tampoco garantizan la prosperidad pero sí la libertad. Argentina es el ejemplo perfecto. La democracia plena les ha traído solidaridad, dignidad, concordia y hasta alegría. Con ellas les será menos difícil traer lo que les falta: divisas.

La fortaleza y estabilidad del sistema mexicano no debe ser, como en el porfiriato, un argumento defensivo, una premisa para no cambiar. Gracias a ese sistema tenemos una democracia dirigida que puede transformarse en una democracia sin más.

2) Incluir, procesar, acoplar son términos nuevos en la tecnología política mexicana, pero designan viejos métodos de piramidación. Sobre las espaldas del México rural, tres pirámides –empresarios, obreros, burócratas– prosperaron durante cuatro décadas de jugosa alianza. En el sexenio de Echeverría se aunó al improductivo banquete una pirámide más: la académica. Cuando estas pirámides agotaron el subsidio del México tradicional entró al relevo el petróleo del México providencial. Las pirámides quisieron crecer –como en Babel– hasta el cielo, llevaron la economía –y su corrupción– a sus límites naturales (que Gabriel Zaid previó en *El progreso improductivo)* y así llegamos a la crisis. Una moraleja elemental de esta historia es preguntarse por el costo material de la inclusión y por sus desastrosos efectos morales: los hombres «incluidos» se vuelven dependientes universales. La creatividad de los hombres piramidados suele, literalmente, petrificarse.

Mi ensayo no decreta la «inviabilidad» del PRI. Propone su transformación: de una agencia de empleos a un partido moderno. Decirlo no cuesta trabajo, lo difícil es imaginar su nueva configuración. La democratización interna, válida y necesaria, no compaginará fácilmente con los objetivos naturales –de clase– de un núcleo fundamental de poder: los obreros. En teoría, el PRI podría avanzar en la elección de personas prestigiadas en cada nivel, pero tampoco este avance equivaldría a la democracia interior: en los partidos únicos del Este se suele escoger personas idóneas que, sin embargo, por sistema, no pueden representar posiciones políticas diversas ni pueden por eso mismo influir en las decisiones del Estado. La verdadera salvación está en la democratización del PRI en relación con su exterior. Es contradictorio reaccionar inclusivamente frente a una realidad exclusiva. El país es mucho más vasto y plural de lo que fue en las sucesivas reformas del PRI. Imposible abarcarlo. Tarde o temprano la presión electoral lo llevará a la necesidad de optar: o es partido o es pirámide.

«Las instituciones políticas han sido decisivas para enfrentar la crisis.» Pero ¿cómo olvidar que las instituciones políticas –el enorme poder del presidente, por ejemplo– fueron decisivas para crear la crisis? ¿Y una vez en ella no era y es preferible, al menos parcialmente, lidiar con los innumerables conflictos, no a través de la piramidación corruptora, paternalista y costosa, sino del fortalecimiento de nuestra vida republicana, democrática, representativa y federal?

3) Junto con la legalidad y el carisma, la historia –la tradición– es, según Weber, una fuente primordial de legitimación política. El problema es que también las tradiciones se erosionan, se deslegitiman, se pierden. Luego de tres presidencias en crisis y de muchas décadas de escuchar una gesticulación vacía, el mexicano piensa que estamos precisamente en otro «momento decisivo de la historia» y requerimos un nuevo «acuerdo profundo de las fuerzas sociales y políticas». Para evitar la peligrosa legitimidad carismática y atenuar la pérdida de legitimidad tradicional, queda el camino franco de la plena legitimidad legal, cuya condición *sine qua non* sería sustituir «los valores políticos no escritos pero finalmente acatados», de los que habla Manuel Camacho, por valores políticos escritos y acordados legal y democráticamente.

Por lo demás, la continuidad histórica entre los regímenes de la Revolución y los liberales del siglo XIX es dudosa. Cosío Villegas pensaba que el porfiriato y la Revolución negaban el sentido moral del liberalismo político mexicano y para demostrarlo escribió su *Historia moderna de México*. Al leerla uno se pregunta: si Juárez –o Lerdo, Iglesias, Zarco, Ramírez, Mata, Ocampo, Zamacona, Vigil, Riva Palacio, Arriaga, Payno, Altamirano– no hubiera muerto, ¿avalaría al Estado mexicano de las últimas décadas como encarnación de la historia e indiscutido «promotor del bienestar social»?

4) Vaciar la democracia de contenido político es vaciarla de contenido. La democracia busca la libertad y la igualdad políticas, igualdad

de participación, influencia y vigilancia sobre decisiones políticas. En este sentido, la democracia es un objetivo distinto de otros no menos importantes: igualdad material, bienestar, paz, seguridad, orden, fraternidad, etcétera. La consecución de estos fines no crea automáticamente la democracia, pero ésta sí suele ser el camino más racional, menos inhumano, de conseguir aquellos fines. ¿En qué forma, en qué casos concretos, la instauración en México de una democracia plena podría anular, retardar u obstaculizar la consecución de otros fines, en particular el de la apremiante recuperación económica? ¿No fue la falta de democracia –sobre todo, la falta de diques al Poder Ejecutivo– lo que nos llevó, en buena medida, a la postración económica? Hay un argumento implícito en la defensa de Camacho: la vocación del Estado mexicano es perseguir integralmente todos los fines. Vocación no es realidad. Algunos países han logrado acercarse más hacia esos fines sin un Ogro Filantrópico de las proporciones del nuestro. Y otros países –con ogros mayores y menos filantrópicos– los han suprimido.

Desde su título, el texto de Manuel Camacho admite que México está librando una «batalla democrática». Reconoce la necesidad de desterrar «manifestaciones de autoritarismo y prácticas patrimonialistas», «fortalecer la sociedad» y «sujetar la autoridad». Pero para alcanzar esos fines propone doblar las apuestas por un sistema de adecuaciones, acuerdos, alianzas y relaciones estratégicas. No la plaza pública sino la negociación privada. Para Camacho, la «nueva realidad» del país «se irá traduciendo» en progreso político. A mi juicio, «la nueva realidad» del país reclama una transformación ordenada y generosa de un régimen de democracia dirigida que vive de sus pasadas y justificadas glorias a un régimen democrático pleno que se abra a un futuro de madurez, imaginación y responsabilidad.

Tres izquierdas

Muchas de las desventuras de nuestra izquierda provienen de su desvinculación de origen con el liberalismo político mexicano y su marcada dependencia ideológica de la tradición bolchevique. Aunque esta última condición es común a gran parte de la izquierda en Occidente, en México se acentuó de modo particular no sólo por el enorme prestigio inicial de la Revolución soviética –un prestigio casi mesiánico– sino por la ruptura de la Revolución mexicana con el siglo XIX. De las tres típicas banderas revolucionarias –la libertad, el nacionalismo y el socialismo–, los revolucionarios mexicanos posteriores a Madero –Calles, Carranza, Cárdenas– consideraron que la primera se había izado con exceso en la Independencia y la Reforma y que, por lo tanto, faltaban las otras dos. Por su parte, la izquierda mexicana supeditó el nacionalismo al socialismo y liquidó muy pronto su ala anarcosindicalista. Su tránsito se desenvolvió desde entonces entre dos ejes: el proyecto social y nacional de la Revolución mexicana y la continuación del proceso revolucionario hasta sus últimas consecuencias: el leninismo.

A partir de la segunda década del siglo XX hasta nuestros días [1985], tres generaciones de hombres de izquierda han pasado por la pantalla histórica montados sobre esas dos tradiciones estatistas que dan la espalda –cada una a su modo y medida– a la democracia pura, y sólo conservan del liberalismo su elemento jacobino, su postura antirreligiosa. Durante la década de los veinte predominó la actitud radical casi bolchevique, atemperada, en los años treinta, con el Frente Popular y el cardenismo. Durante los años cuarenta y cincuenta los distintos grupos de izquierda mantuvieron una conducta fluctuante pero siempre dentro de la franja autoritaria. (En esos años –como en los veinte– la represión del gobierno favoreció estas tendencias.) Hacia 1956 [Hungría y el informe Jruschov] se comenzó a hablar de una «tercera vía» ajena al capitalismo y al socialismo burocrático. Parecía que la izquierda se decidía por fin a redescubrir las tradiciones democráticas, republicanas y libertarias, a imaginar sistemas que conciliasen la reforma social con la libertad, a abandonar la ideología totalitaria. La Revolución cubana interrumpió el proceso.

La ensoñación con la alternativa bolchevique volvió a estar de moda. Cuba era el ejemplo que había que seguir. La Revolución mexicana pareció entonces una «seudorrevolución», y los liberales, pobres seres del paleolítico. El antiimperialismo de la Revolución cubana le granjeó simpatías no sólo de la izquierda sino incluso en ámbitos liberales. Con el tiempo los entusiasmos liberales se enfriaron pero la solidaridad irrestricta de la izquierda siguió firme a pesar del carácter autoritario del régimen. En definitiva, el impulso ideológico de la Revolución cubana bloqueó el redescubrimiento de valores republicanos. Con la Revolución, todo. Contra la Revolución, nada. Y la Revolución era «la verdadera democracia».

El movimiento estudiantil de 1968 no abrevó inicialmente de esta ni de ninguna otra tradición. Fue, como se ha dicho muchas veces, una floración espontánea, una fiesta trágica. Sin darse cuenta, los jóvenes descubrieron las viejas banderas de la libertad política. En sus labios y pancartas la palabra democracia sonaba a *libertad de,* no *a libertad para.* Intuitivamente comprendían que sin una profunda renovación política el país acabaría petrificándose y desembocaría cada vez más en la desigualdad y la injusticia. La respuesta del Estado benefactor se dio en Tlaltelolco.

El echeverrismo quiso reiniciar el proceso: colocar a la joven izquierda dentro de la eterna franja, pero cada vez más cargada hacia el eje de la Revolución mexicana. En buena medida lo logró. Una parte de los intelectuales de la generación del 68 –acompañada por los maestros de las generaciones anteriores– despertó en los años setenta cómodamente instalada en el lombardismo que había despreciado. ¿Quién si no el Estado podía ser la palanca del progreso, la estación forzosa rumbo al socialismo? Había que subirse al carro de la Revolución que muy pronto cruzaría por las doradas ciudades del oro negro. Había que vivir a sus costillas haciendo manifiestos, haciendo Patria y gozando de todas las ventajas; presentarse frente a la izquierda como los intelectuales, frente a los intelectuales, como la izquierda. Para caer siempre parados.

Dentro de la misma franja, pero con mayor margen de independencia que el neolombardismo, prosperó en los años setenta –gracias a la vitalidad del 68 y a la reforma política– una nueva, variada y compleja izquierda partidaria (el Partido Revolucionario de los Trabajadores, el Partido Socialista Unificado de México, y varias otras agrupaciones). No es una izquierda intelectual sino universitaria. No utiliza ya en sus siglas la palabra «comunista», pero sí el símbolo y algo menos simbólico: la mentalidad. A pesar de la honradez de muchos de sus miembros, sus discursos y métodos, su escolástica y sus querellas siguen pareciendo derivaciones del árbol imaginario de la historia bolchevique, no del árbol real de la historia mexicana.

Por último, está también la vertiente que siguió fiel al impulso libertario y democrático del movimiento estudiantil. Parte de ella pasó años en la cárcel o el exilio. De vuelta a la vida pública, han persistido en el trabajo político independiente a través de la prensa, las universidades, las franjas disidentes y renovadoras de los partidos con registro, o la militancia en partidos y grupos que buscan una vía no autoritaria, una vía mexicana hacia el socialismo.

Las reacciones que provocó mi ensayo confirman esta división tripartita de la izquierda mexicana. Hasta este momento el neolombardismo ha guardado silencio, aunque no deja de ser curioso y hasta significativo leer en uno de sus más destacados representantes –Rolando Cordera– frases como estas: «la tradición no democrática y las prácticas antidemocráticas permean a toda la izquierda mexicana», la centralización de los medios de producción en la URSS «significa un alejamiento de cualquier posibilidad democrática» y socialista; «quizá fuera suficiente» el grado de estatización de nuestra economía; «que el Estado se convierta en el propietario o gestor directo de *todos* los medios de producción es una tontería política». O reflexiones como la siguiente: «Yo creo que los reflejos automáticos de la mayor parte de la izquierda en México, y me atrevería a decir en el mundo, siguen poniéndole a esta *vía democrática* adjetivos que terminan acusándolo a uno de enemigo del socialismo, porque le hace trampas al socialismo proponiéndole rodeos innecesarios».

¡Gran descubrimiento! La reforma inconclusa de la izquierda mexicana es... la democracia. Pero ¿pensarán igual que nuestro súbito demócrata otros representantes del neolombardismo mexicano? ¿Suscribirían estas líneas de Rolando Cordera?: «La izquierda se comporta como si ya hubiera superado la democracia representativa. Es increíble».

Sí, es increíble.

No hay una sino muchas actitudes de la nueva izquierda partidaria frente a la democracia. El texto de Manuel Aguilar Mora representa una renovación: «La cuestión de la democracia es la más candente de la política actual ... hoy existe una convicción generalizada de que en México todo avance social y económico es imposible si no es acompañado de una profunda transformación democrática de la sociedad». Esta valoración de la igualdad política es, en sí misma, un avance democrático. Pero el aprendizaje será largo, aún para los trotskistas.

Hay cierta ambigüedad. Los reflejos antidemocráticos siguen allí. Los cuatro axiomas de Aguilar Mora revelan su cultura canónica, no su convicción democrática: 1) el cretinismo liberal (¡hasta la fecha!) no acepta que la igualdad política y jurídica es «superestructural» y que «cubre y justifica una desigualdad social flagrante»; 2) la decadencia de las viejas democracias liberales ya dio sus frutos en el fascismo, bonapartismo y militarismo; 3) la democracia socialista debe admitir «derecho de tendencias» dentro de los partidos socialistas; 4) el movimiento obrero mexicano debe y puede aspirar a la hegemonía democrática.

«¡Hasta la fecha!» uno se pregunta: ¿en qué sentido la igualdad política y jurídica –que disfruta el PRT [organización en la que militaba Aguilar Mora]– «cubre y justifica» la desigualdad económica y social? Habría que averiguar con los polacos de Solidaridad si la igualdad política y jurídica es «superestructural». Por otra parte, no se ve que las viejas democracias occidentales estén tan viejas. La italiana y la alemana tienen casi cuarenta años, igual que la japonesa; la francesa, inglesa y norteamericana tienen siglos de vida, no signos de decrepitud; el ascenso socialista en Grecia, Portugal, España, Francia, Italia, o la vuelta a la democracia en Argentina ¿anuncian la senectud? Decir que el fascismo y el militarismo son «frutos» de la democracia es un chiste, pero predicar la tolerancia «dentro de las tendencias socialistas» no lo es. ¿Qué hacer con las «tendencias» de fuera? A pesar del calvario de Trotski, Aguilar Mora –como Trotski– no ve en esa palabra («dentro») el germen mismo de la antidemocracia: se empieza por no tolerar a los de fuera y se termina por colgar a los de dentro. Finalmente, la frase «hegemonía democrática de la clase obrera» esconde una doble contradicción: 1) una hegemonía puede conducir a una vanguardia o una dictadura pero no, por definición, a la democracia; 2) la clase obrera mexicana es sólo una parte, numéricamente inferior, de la ciudadanía mexicana, ¿por qué habrían de conceder las personas que no viven de su salario, que son la mayoría, la hegemonía a los asalariados?

Por una sola razón. Aguilar Mora no la menciona pero Pablo Gómez sí: porque Marx (Karl) *dixit:* «la elevación del proletariado a clase dominante es la conquista de la democracia». Para Pablo Gómez, dirigente del PSUM, el liberalismo político es «inconsecuente» en cuanto a sus fines democráticos porque no busca «la democracia hasta el fin». Si la palabra inconsecuente se aplica a las personas cuya conducta no guarda correspondencia lógica con los principios que profesan y el propio Gómez admite que la «democracia –así, sin adjetivos– es un medio de igualar frente a la ley a los desiguales», ¿en dónde está la «inconsecuencia» de pedir una igualación? Si democracia quiere decir «gobierno en el cual la mayoría de los ciudadanos manda», ¿no es más «inconsecuente» pensar que la «democratización hasta el fin» pertenece sólo a un sector minoritario de la sociedad y no a toda?

La izquierda que representa Pablo Gómez cree que la lucha democrática consiste en «acorralar» a la concepción liberal, «arrancar» el derecho al Estado, «influir» en todos los asuntos de éste, a través de una participación privilegiada en el Poder Legislativo: «la representación proporcional completa en todos los órganos colectivos de representación estatal –legislaturas y ayuntamientos–». El fortalecimiento del Poder Legislativo es sin duda alguna necesario, pero el objetivo en este caso no es volver a la concepción clásica del Legislativo como un poder que tamice, pondere, vigile, equilibre y corrija al Ejecutivo a través de la deliberación sino en volver Ejecutivo al Legislador. Nadie mejor que Marx (Groucho) para definir a este sector de nuestra izquierda: el poder para los que gritan «el poder para el pueblo».

Esta concepción de la democracia como incorporación y reparto del poder entre representantes proporcionales puede entrar en contradicción, por ejemplo, con el federalismo: ¿bajo qué criterios de proporcionalidad democrática tendría derecho un partido con escasos electores en algún estado, a contar con más representantes de los que numéricamente merecería? Pero lo más grave es que esta idea ejecutiva de la democracia soslaya el verdadero problema de toda organización política: el problema de limitar el poder del gobernante sin hacer ineficaz su autoridad. No es casual que este sector de la izquierda desdeñe la importancia de las leyes positivas y la necesidad de un Poder Judicial independiente. Para ellos la democracia es un asunto de poder, no de límites. Su propósito es asaltar el Palacio de Invierno del Estado, no conocer y proteger los derechos de la sociedad.

Finalmente queda la vertiente libertaria que representan algunas voces. Hay quien se atreve a hablar de la proverbial intolerancia de la izquierda y –¡horror!– del diálogo necesario con Estados Unidos. Roger Bartra, miembro del PSUM, critica con valor el totalitarismo dentro de la izquierda, aunque –vieja táctica– *ningunea* al precursor de esa misma crítica: Octavio Paz. Pero pocos textos más abiertos a la posibilidad de una izquierda realmente democrática que entronque por primera vez con el liberalismo político, como el de Eduardo Valle [*Vuelta* 90]. Si el lector pasa por alto los elogios iniciales, la «critica escéptica» de Valle revela su verdadero rostro: un texto dictado por la desesperanza, no la desesperación, la tristeza más que el odio, las ideas propias, no las ideologías. No hay huella de satanización o de soberbia escolástica. En unas cuantas cuartillas, Valle devuelve a nuestra historia su dimensión trágica. No cree que habrá renovación, límites, justicia, división de poderes o prensa libre y crítica. «La revolución de la democracia en el régimen de la Revolución agotada es quizá la más grande e irrealizable utopía en el México de hoy.»

Pero tampoco cree en el libreto inalterable y ascendente de la historia. ¿En qué cree? En el mexicano concreto y en su espontaneidad, una espontaneidad que puede significar violencia. Y es aquí donde la crítica de Valle se atreve a romper con el dogma mayor: el de la violencia buena. Sabe que «la violencia es la partera de la historia», pero no ignora que muchas veces ha sido también su asesina: «Terrible situación la nuestra que nos hace pagar con sangre y destrucción los cambios necesarios, indispensables».

Alguna esperanza habría –según Valle– «si la izquierda tuviese un conocimiento cierto del país y de las demandas y aspiraciones del pueblo», si buscase el sentido original del liberalismo humanista. Pero ya lo dijo Eliot:

> «Para llegar a aquello que no conoces
> Debes ir por un camino que es el de la ignorancia.»

La intemperie, la oscuridad. Se requiere temple moral para habitarlas. Valle escribe desde allí, pero su nihilismo puede resultar suicida.

Inminencia

El gobierno, el neolombardismo, un sector importante de la izquierda partidaria y la derecha oligárquica y clerical comparten una misma distancia frente a la democracia. En la izquierda sigue pesando el desdén por los padres fundadores de la vida republicana, el dogma que relega la política al nivel de las superestructuras. En el gobierno, prospera aún la vieja tesis porfiriana: los mexicanos –menores de edad, irresponsables, ignorantes– no estamos aptos aún para la democracia. En cuanto a la rancia derecha, ¿ha sabido alguna vez con qué se come la democracia?

Pero al margen de esas estructuras existe en México una sociedad que reclamará cada vez más su derecho a autogobernarse. El gobierno puede cerrar los ojos, el PRI cambiar de nombre, la izquierda cerrar el puño y la derecha santiguarse; nada de esto variará la presión de la sociedad exigiendo el desarrollo político.

Frente a este movimiento histórico sigo pensando que la salida de México está en el encuentro de dos iniciativas: un gobierno que se imponga límites drásticos y rinda cuentas, y una sociedad que participe afianzando esos límites y llamando a cuentas. ¿Qué mejor comienzo para el gobierno –necesitado como nunca antes de apoyo y credibilidad– que desagraviar al pueblo mexicano, pedir cuentas y juzgar al ex presidente López Portillo, respetar escrupulosamente el voto, fortalecer sobre todo al Poder Judicial y poner límites más claros y definitivos a la corrupción, el centralismo, la improductividad y el autoritarismo? ¿Y qué mejor comienzo para la sociedad que organizar nuevas estructuras –partidos, clubes, periódicos– que en verdad la representen?

Quizás 1985 será el año clave en que la sociedad desborde al sistema político por la vía electoral. El gobierno no debe esperar hasta entonces para tomar la iniciativa democrática. Si opta por la inmovilidad –o por la simulación de movilidad– los propios acontecimientos lo llevarán a la disyuntiva: democracia o represión. Por la primera se accede al mundo moderno, si no de prosperidad, sí de tolerancia, pluralidad, responsabilidad y convivencia. Por la segunda se vuelve a un pasado que la mayoría de los mexicanos no queremos revivir ni recordar.

Falsos profetas*

De los falsos profetas, líbranos Señor, no sólo por aburridos y patéticos sino por equivocados y peligrosos. Los pueblos en nuestros tiempos los han desmentido de modo contundente, aunque, por lo visto, no definitivo. Hasta hace unos cuantos años, los manuales proféticos más populares en nuestras universidades sostenían que la historia es una marcha incesante, predeterminada y triunfal desde las horrendas simas de la economía de mercado hacia las nevadas cumbres del socialismo. Varias generaciones de «científicos sociales» se educaron en esta fe sin saber que era eso una fe, y algo menos, una fe vulgar. La revelación de 1989 tomó a estos devotos por sorpresa. Al principio pareció que la inmensa lección que se desplegaba iba a desencadenar en ellos un proceso sin precedentes de autoanálisis. No ocurrió. Ninguno, que se sepa, entró en una crisis de identidad moral comparable a las célebres de Gide, Koestler y tantos otros intelectuales de izquierda que asumieron con valentía y sinceridad los costos de su equivocación. No faltaron, es verdad, quienes dejaron que la duda se insinuara en ellos tímidamente. Pero de la vaga admisión declarativa de «errores», «desviaciones», al estudio pormenorizado de los hechos había un abismo. A poco tiempo de la caída del Muro de Berlín, la mayoría de nuestros intelectuales en la academia, el periodismo y la política han pasado la dura prueba, han superado heroicamente la tentación de dudar, han logrado mantener incólume la profecía: el socialismo, aunque tuvo fallas en el siglo XX, se cumplirá en el XXI o el XXII.

Nuestros falsos profetas tienen una curiosa peculiaridad: en su mayoría no se consideran a sí mismos socialistas, ni se presentan públicamente como tales. Es importante mostrar que lo son de hecho. En sus escritos se adhieren al dogma número uno del marxismo y aún de todo socialismo: la aversión por la economía de mercado. Consecuentemente –aunque tampoco lo declaran de modo abierto–, creen en el Estado como en un inmenso padre benefactor, que si bien se ha portado un poco mal a últimas fechas, debe seguir siendo el dueño de empresas «estratégicas» y ejidos miserables, el empleador cuasi universal, el único posible protector de los desheredados y de la soberanía, la encarnación natural de los «más altos intereses nacionales». En su vida material, nuestros profetas son casi sin excepción empleados de la burocracia pública, en particular de la académica. Tal vez creen en la eterna viabilidad del socialismo porque viven en socialismo.

* Febrero, 1991.

Si nuestros profetas no variaron su cuerpo de creencias después de 1989, no se ve cómo lo variarán. El mecanismo psicológico que los caracteriza es sencillo: los datos incómodos de la realidad se bloquean, difuminan y relativizan frente a una «realidad ideal» cuyo cumplimiento se difiere siempre y, por lo tanto, no puede desmentirse. El estribillo de fondo es: «El socialismo soviético o europeo se aplicó mal, fallaron los líderes y las burocracias que lo desvirtuaron. Su corrección es un proceso abierto. Esquemas adecuados, burocracias desinteresadas y líderes honestos lo aplicarían bien». Otro mecanismo muy socorrido es la discriminación arbitraria de procesos políticos y económicos que en la práctica histórica de esos países siempre estuvieron vinculados. Se admite, por ejemplo, que toda la cara autoritaria y antidemocrática del socialismo real fue deplorable, pero se reprueba la vuelta al mercado sosteniendo que hay formas económicas colectivas, no coercitivas y eficaces. Las hay, en efecto, en el mundo de los ideales, no en este valle imperfecto donde la cooperación autogestionaria y todas las variantes de un espectral «socialismo de mercado» han implicado, en la práctica, una presencia ubicua, y a menudo opresiva, de la burocracia estatal. Pero ¿qué importa la práctica si la desmiente la teoría?

Muchos devotos son personas de buena fe, sensibles e inteligentes, ¿cómo explicar entonces que las evidencias más brutales y palmarias los tengan sin cuidado? «La humanidad tolera muy poca realidad», escribió T.S. Eliot, pero debe haber otras vías de explicación para la persistencia entre nosotros de las falsas creencias y profecías. Una de ellas, nada despreciable, es la simple y llana ignorancia, la falta de información sobre lo que verdaderamente ocurrió en los países que asumieron el socialismo (real) a partir de 1917. Aunque los medios de comunicación masiva y los libros y revistas han revelado cifras, hechos y escenas terribles, nuestras clases intelectuales, tradicionalmente ensimismadas, pueden no haberse enterado de su magnitud. «Es verdad», se dice, «que el socialismo real fracasó, pero su fracaso no nos compete. México y América Latina en su conjunto son territorios pobres sojuzgados por los yanquis, donde el capitalismo dependiente ha fracasado. Nuestro problema no es el socialismo real sino el neoliberalismo real.» Este razonamiento apuntala la falsa profecía por dos vías contradictorias. Por un lado, oculta la responsabilidad histórica del estatismo político y económico en el desastre latinoamericano y de ese modo evita la natural comparación de nuestros fracasos con los socialistas, como si unos y otros ocurrieran en Marte, como si burocracia, desperdicio o centralización significaran cosas distintas aquí y en China. Por otra parte, al señalar el supuesto fracaso de la economía de mercado en nuestros países, implícitamente proponen para ellos «la única medicina económica efectiva» inventada por el hombre. ¿No conviene, entonces, examinar de cerca qué ocurrió con los países que, adelantándose a nosotros, adoptaron hace décadas la propiedad estatal, sólo para volver, extrañamente, a la propiedad privada y la economía de mercado?

Tal vez la explicación más justa está en el viejo dicho: «Nadie experimenta en cabeza ajena». Al parecer, el hombre no comprende cabalmente ni asimila lo que no encarna de modo práctico y concreto en su vida. Alguna vez le pregunté al economista húngaro János Kornai (quizá la mayor autoridad mundial en transiciones de la economía planificada a la economía de mercado) cómo había sido su proceso de decepción. Su historia es ilustrativa. Nacido en 1929, había estudiado economía marxista en la URSS. Al principio de los cincuenta, alguien le refirió la existencia de campos de trabajo y concentración en aquel territorio de utopía. Primero no lo creyó, luego lo atribuyó a la propaganda occidental propia de la Guerra Fría, luego lo creyó pero pensó que eran prisiones reservadas para espías y delincuentes, luego supo que un amigo suyo intachable había sido torturado y muerto en uno de esos campos, luego conoció de primera mano detalles sobre el terror, luego vio fotografías, luego temió por su familia, por él mismo, por sus propios pensamientos heterodoxos, luego... se sumó a la rebelión de 1956. Si Kornai, una de las inteligencias más claras que he conocido, necesitó de la tragedia familiar y la revolución para desmentir su fe, ¿qué evidencias necesitarán nuestros falsos profetas que siguen creyendo, por ejemplo, en los avances indudables de la Revolución cubana?

Cualesquiera que sean los motivos de su resistencia a la verdad, la crítica a nuestros falsos profetas nos compete directamente por varias razones. Dominan la escena académica y, en buena medida, la periodística e intelectual de México. Turbiamente representan a un dios que falló arrastrando en su fracaso a millones de seres humanos y privando a varias generaciones de los más elementales instrumentos materiales y espirituales de sobrevivencia digna e independiente. Nos compete también porque en México se han vestido con la piel de cordero de la democracia. Súbitamente, sin previa aclaración de sus silencios ante el totalitarismo, sin previa expiación de sus dogmas autoritarios, han adoptado las creencias políticas del liberalismo. Ahora hablan dulce y conmovedoramente de los valores que toda su vida combatieron –pluralidad, tolerancia, libertad individual y derechos cívicos–, pero no se sienten obligados a confrontar el modo en que sus profecías históricas y sus creencias económicas impusieron sobre la mitad de la humanidad las realidades contrarias: uniformidad, intolerancia, servidumbre, opresión, oscuridad y miseria.

Esta crítica a los falsos profetas puede y debe hacerse sin dejar de señalar que el principal obstáculo para la democratización del país está, y ha estado siempre, en el sistema y el PRI. Nos compete enfrentar a los profetas –que más bien son sacerdotes de una fe sin sustento– porque representan un segmento real de la opinión y el electorado, porque se sienten poseedores privilegiados de la verdad y el bien, porque oscuramente sueñan con la vieja violencia mexicana, porque su proyecto llevaría de regreso a México a la época del caudillismo populista que ahora mismo se reproduce dentro de su principal organización política: el PRD. Y porque en este mundo de perplejidades no es imposible que, a despecho de sus querellas internas, lleguen algún día al poder.

Zapata contra Cárdenas*

«Las cosas perseveran en su ser», escribió Spinoza. También las maneras de pensar. Uno de los métodos intelectuales que «persevera en su ser» es la falsificación de la historia. Si la evidencia histórica ha revelado que el sistema soviético llevó a la muerte a diez millones de campesinos, no falta quien afirme que, «en caso de ser reales», esos hechos terribles, lamentables, son meras desviaciones y no refutaciones del ideal. Discutir con quienes piensan así no es difícil: es simplemente inútil. Ninguna verdad comprobada mueve o conmueve el sólido edificio doctrinal de sus «verdades» ideales, es decir, de sus mentiras.

Que esta rigidez del intelecto «persevera en su ser» ha quedado claro en el debate sobre las reformas al artículo 27 constitucional [emprendidas por el gobierno de Carlos Salinas de Gortari]. Quienes afirman que cambiar «es traicionar los principios históricos de Zapata y Cárdenas» incurren en una gran mentira. Desde que John Womack publicó hace más de veinte años su clásico estudio sobre Zapata, han aparecido varios libros y artículos que han enriquecido el conocimiento sobre los antecedentes y la especificidad del zapatismo, así como los rasgos propios de episodios muy distintos e igualmente complejos: el agrarismo, el programa callista para el campo, la guerra campesina de los cristeros y la reforma agraria cardenista, entre otros. Ninguno de es-

* Noviembre, 1991.

374

tos hallazgos mueve o conmueve a los devotos del idealismo agrario. Son los sucesores –autodesignados– de Zapata y Cárdenas.

Se trata, por supuesto, del viejo discurso oficial, ahora expropiado por la izquierda. En vez de constituirse en heredera de la verdad histórica, la izquierda ha decidido constituirse en heredera de la historia de bronce. Mientras continúa la rebatinga por los héroes entre los hermanos siameses –el PRI y el PRI fuera del PRI: el PRD– conviene recordar qué buscaban en la práctica los héroes cuando eran personas de carne y hueso.

Zapata luchaba por la restitución de la tierra que las haciendas habían arrebatado a los pueblos. Quería restaurar un orden tradicional, casi mítico, en el campo. Su querella fue semejante a la de los yaquis que defendían «el Valle que Dios les dio». Los títulos de propiedad que el virrey de Velasco había otorgado a Anenecuilco en 1609 eran también el testimonio sagrado de un agravio de siglos. En la vindicación de esos títulos estaba, según la fórmula perfecta de Sotelo Inclán, la raíz y la razón de Zapata, que Womack rescató de manera definitiva.

Pero además de buscar el restablecimiento de un orden perdido, Zapata era una especie de anarquista natural. Un anarquista, no un socialista. Hay varias anécdotas que refieren su desconfianza del poder central, del gobierno en general, de la política como profesión y hasta de la fisonomía externa de la ciudad-estado, la ciudad de México. Por lo demás, en lo económico, Zapata era enemigo de los grandes propietarios, no de la propiedad individual, de los grandes capitalistas, no del mercado. Sentía orgullo de ganarse la vida por cuenta propia. Por eso le indignaba sobre todas las cosas que los catrines de la ciudad, asociados con los hacendados semifeudales, lo llamaran bandido. Por lo mismo sus primeras declaraciones en la ciudad de México, luego de entrevistarse con Madero, se refirieron a su ética personal de trabajo: «Tengo mis tierras de labor y un establo producto no de campañas políticas sino de largos años de trabajo honrado». En otra ocasión recordaba: «Uno de los días más felices de mi vida fue aquel en que la cosecha de sandía que obtuve con mi personal esfuerzo me produjo alrededor de quinientos o seiscientos pesos».

No sólo los lemas zapatistas –como el célebre «Tierra y libertad» tomado de Herzen– recogen esta ética individualista. También las leyes. «En virtud de que la inmensa mayoría de los pueblos y ciudadanos mexicanos no son dueños más que del terreno que pisan», el Plan de Ayala preveía la expropiación de una tercera parte de las haciendas. La ley agraria del 28 de octubre de 1915, la más radical del zapatismo, se refería al «derecho indiscutible que asiste a todo mexicano de poseer y cultivar una extensión de terreno cuyos productos le permitan cubrir sus necesidades y las de su familia».

No es casual que Zapata haya atraído a los intelectuales de la Casa del Obrero Mundial que, por permanecer fieles al código moral y político anarquista, se resistían a cambiar la libertad por el poder y reprobaban el pacto con el carrancismo. El anarquismo cristiano de Antonio Díaz Soto y Gama se avenía muy bien con los propósitos de aquellos campesinos autónomos, autárquicos, «que no querían cambiar». Por eso Soto y Gama defendió en 1926 el proyecto de Ley de Patrimonio Parcelario Ejidal que veía al ejido como «forma transitoria para preparar el advenimiento de la pequeña propiedad». Por esta razón quiso siempre deslindar el espíritu del zapatismo de las prácticas colectivistas: «Tierra libre, parcela libre, hombre libre ... Sin capataces y sin amos dentro del ejido, sin tiranías individuales, pero también sin tiranías ejercidas por el Estado y por la colectividad ... Zapata y los zapatistas no podían pensar de otro modo ... eran hombres que ponían por encima de todo su autonomía y su dignidad». Por eso en sus libros, en sus artículos de *El Universal* y en su cátedra de Derecho agrario, este hombre olvidado, coherente y puro, que murió en la absoluta pobreza, señaló siempre las diferencias esenciales entre zapatismo y cardenismo.

Cárdenas representa un proyecto diferente que cabe resumir en una fórmula: artículo 27 más colectivismo socialista. El término «comisario ejidal» y su función política es representativo: lo comisario –el control– viene de la URSS, lo ejidal –el paternalismo– de la Colonia. En el agrarismo del general michoacano, explícito desde su gestión como gobernador entre 1928 y 1932, confluyen dos tradiciones: la tutelar novohispana sancionada por el Constituyente de 1917 y la socialista, muy en boga durante los años treinta. En la leyenda idílica creada por la historia oficial, Cárdenas fue un redentor de los humildes. La verdad histórica –vivida y sentida por los campesinos– es un poco distinta. Lo fue por sus generosas intenciones, por su instinto popular y por su bonhomía personal, no por los frutos de su gestión. Lo que la historia ha puesto en entredicho son las consecuencias prácticas de sus acciones, consecuencias visibles no sólo en su propio tiempo sino previsibles –y de hecho previstas– por los propios campesinos.

Según la leyenda, Cárdenas repartió la tierra como El Señor los panes. Por desgracia, la verdad no cuadra del todo con la leyenda. Para muestra un botón. Nueva Italia, Michoacán, una hacienda altamente productiva de poco más de treinta y dos mil hectáreas, fue repartida entre 1,375 campesinos. Tras una visita a la URSS –«la tierra del mañana»– e inspirado por lo que vio –es decir, por lo que los burócratas le enseñaron y por lo que quiso ver–, Vicente Lombardo Toledano había aconsejado a Cárdenas la importación del ejido colectivo. Como en otros sitios del país –la Laguna, Atencingo, etcétera– en Nueva Italia se creó un inmenso ejido colectivo. Los campesinos, en su mayoría, no habían solicitado la tierra ni querían constituirse colectivamente. Temían el reparto porque «la cobija no iba alcanzar para más» y porque preveían la sustitución del viejo patrón –arbitrario en muchos casos, pero humano– por un nuevo patrón más poderoso e impersonal: el gobierno.

Sus temores tenían raíz y razón. Desconfiaban del gobierno por los mismos motivos de Zapata: nada bueno podía provenir del centro y de arriba. En varios sitios la tierra había sido repartida no a los campesinos del lugar sino a campesinos importados del norte del país y aun a personas ajenas al trabajo del campo: peluqueros, sastres, etcétera. Parecía que lo importante para el cardenismo era la realización del ideal abstracto, no beneficiar a esos campesinos concretos. El gobierno estaba a cargo de su redención. Ellos no tenían edad, medios ni criterios para redimirse solos, ni siquiera para opinar sobre su redención.

Al poco tiempo, comenzaron las malas nuevas: conflictos entre el banco y los ejidatarios, conflictos entre ejidatarios, desorden, ineficacia, reparto de utilidades ficticias, condonación –por Cárdenas, claro– de deudas reales, pérdidas, desintegración del ejido colectivo, emigración, parcelación del ejido, arrendamiento de parcelas –en 1956, sólo cien de 1,036 campesinos no incurrieron en esta herejía–, reparto individual de dieciocho mil cabezas de ganado, venta inmediata de esas dieciocho mil cabezas, renta de parcelas a compañías trasnacionales. Según el antropólogo Ángel Palerm, aquel experimento, uno de los muchos que Cárdenas intentó en su periodo pero el más cercano a su corazón y a su querencia, terminó en «un fracaso absoluto». (Los datos provienen de Susana Glantz: *El ejido colectivo de Nueva Italia,* SEP-INAH, 1974.)

Cárdenas no concebía al ejido como una institución transitoria sino permanente: «Por su extensión, calidad y sistema de explotación, el ejido debe bastar para la liberación económica absoluta del trabajador ... Será un nuevo sistema económico-agrícola [que liquidará] el capitalismo agrario de la República». No simpatizaba particularmente con la pequeña propiedad. Detestaba la acción individual, la consideraba «anárquica». Creía en la acción colectiva tutelada, pastoreada, controlada por el Estado: la consideraba justa, eficaz y humanitaria. Pensaba que era la fuente natural de la democracia. Hubiera querido instituirla en todo México, pero el tiempo sólo le permitió instituirla en varios enclaves decisivos del país. En la mayoría de los casos el experimento fracasó social, económica y moralmente: no arraigaron las costumbres colectivas, no liberó económicamente al campesino, no fortaleció su sentido de independencia.

La leyenda cardenista –creada muchas veces por los presidentes en turno para disminuir a sus inmediatos antecesores– niega este fracaso, o admitiéndolo en parte (como en el socialismo real), lo atribuye a «fallas» de quienes instrumentaron las reformas, o a «retrocesos y traiciones» sobre la marcha. La verdad histórica demuestra que el fracaso se debió a motivos atribuibles personalmente a Cárdenas y a motivos de orden estructural, implícitos necesariamente en su proyecto. Entre los primeros destacan dos: la prisa y la indiscriminación. ¿Había necesidad de repartir tantos millones de hectáreas bajo el sistema ejidal y en los sitios estratégicos en que se hizo, en el brevísimo lapso de dos años? ¿Por qué aplicar un solo traje, un solo diseño y una sola medida a un país variadísimo en culturas y prácticas económicas? El caso de Yucatán fue ilustrativo. El gobernador López Cárdenas, enemigo jurado de la hacienda, tenía un proyecto paulatino, racional y sobre todo autónomo de reforma agraria. Cárdenas lo desechó a cambio de una solución repentina y radical, tutelada por el gobierno central, que mostró su inviabilidad casi inmediata. ¿Por qué? Quizá porque Cárdenas tenía más prisa por destruir a la clase terrateniente –sobre todo a los generales neolatifundistas– que por construir un orden nuevo, variado, eficaz para el campo. Su ética redentora se supeditó a su lógica política.

Las razones estructurales de su fracaso son aún más decisivas. La instrumentación y quiebra del proyecto colectivista en México no costó vidas, como en la URSS, porque el paternalismo estatal no fue tiránico ni se ejerció mediante el terror. Tampoco conculcó la libertad de movimiento (los ejidatarios perdían su parcela, pero podían emigrar), ni –dato decisivo– abolió el mercado. El fracaso consistió en un largo proceso de empobrecimiento, desarticulación y desánimo que llega hasta nuestros días. La pequeña premisa escondida en el esquema de redención cardenista suponía la inclusión en cada núcleo ejidal de un funcionario honrado, eficiente, prudente, un padre atento siempre a los problemas de sus hijos, un hombre todo bondad y todo oídos, un... Cárdenas. Por desgracia, aquí y en China, los burócratas se sirven a sí mismos antes que servir a su comunidad. Las autoridades de las dependencias oficiales para la redención citadina del campesino, sus representantes *in situ*, los funcionarios del Banco Ejidal y los comisarios ejidales comenzaron un ciclo de corrupción y dominio que aún no termina. En tiempos de don Porfirio el campesino vivía en la pobreza y a veces soportaba la opresión pero no la indignidad del acarreo con fines políticos. El PRI instituyó esa conquista revolucionaria: convirtió al campesino en ganado electoral. Ahora mismo está por verse si la liberalización propuesta en el artículo 27 puede incidir, efectivamente, en la vida del campesino. ¿Cómo se garantizará la libertad de decisión en cada ejido si persiste la amenaza velada o abierta de los comisarios ejidales? La mayoría de los campesinos ha votado tácitamente por esas liberalizaciones desde hace décadas. ¿Podrán las leyes reglamentarias quebrar el cacicazgo priista? Aquí, como en otros ámbitos de la vida nacional, la reforma económica topa con la necesidad de una reforma democrática.

Nada de esto estaba en los planes de Cárdenas, pero sí en la previsión de muchos campesinos. El viejo y positivo ideal de acabar con la propiedad en manos muertas de las haciendas improductivas se logró a costa de crear una sola inmensa hacienda y un solo, poderosísimo, hacendado: el gobierno. ¿Qué no cabía otra solución? Siempre caben otras soluciones. Con menos prisa e improvisación, las haciendas semifeudales debieron repartirse entre los campesinos nativos y de acuerdo a las modalidades que dictara la relación hombre-tierra en cada lugar. Otras haciendas, no semifeudales sino capitalistas, pudieron haberse dividido parcialmente, de modo racional, sin afectar la unidad productiva y protegiendo a los trabajadores mediante su plena incorporación a las disposiciones del artículo 123.

De haber sobrevivido hasta los años treinta, Zapata hubiese seguido haciendo su revolución. Las buenas intenciones de Cárdenas no hubieran paliado la enorme diferencia entre ambos. Sus proyectos opuestos son un capítulo de una querella centenaria entre el individualismo y el colectivismo, entre el anarquismo y el socialismo. Así como Bakunin reveló el rostro totalitario detrás de Marx, así como Kropotkin resintió la indiferencia de Lenin por los proyectos de convivencia autónoma en los Soviets, así como Makhno –el Zapata del anarquismo ruso– luchó contra los bolcheviques, así Emiliano Zapata, anarquista natural, hubiese regresado a los cañaverales del sur a luchar contra un enemigo infinitamente más suave y humano que los jerarcas soviéticos, mucho más suave y humano que los propios generales carrancistas, pero cuyo paternalismo colectivista no haría sino reproducir, en una escala nacional, el ancestral problema de los hombres de Anenecuilco: vivir a merced del poder central y ser dueños sólo de la tierra que pisan.

El *Titanic* de la izquierda*

Aunque el término «izquierda» se sigue usando en México como si viviéramos en tiempos de los Beatles, la identidad que éste denota, ya sea como sustantivo o como adjetivo, atraviesa por una profunda crisis. Hasta hace unos cuantos años, ser «de izquierda» no sólo significaba estar –de modo exclusivo y excluyente– del lado de los pobres, las causas justas, las esencias nacionales, los caminos del progreso, los valores igualitarios. Implicaba, también, poseer el monopolio de los métodos para alcanzar esos ideales. Para lograr la ecuación óptima entre los más entrañables fines del hombre –libertad, igualdad, fraternidad, justicia, paz– los medios preferidos de la izquierda se reducían, en el fondo, a uno solo: encomendar al Estado el papel de empresario, interventor, planificador, regulador, rector, vigía, policía y demás avatares de la figura paterna en la vida de las naciones.

El derrumbe del socialismo real no trajo consigo, por supuesto, el derrumbe de aquellos fines. Lo que se ha hundido como un inmenso trasatlántico es el conjunto de métodos con que el socialismo se propuso alcanzar esos fines. El hundimiento no sólo incluyó a la proa marxista del barco sino a la variada tripulación formada por los «compañeros de viaje» que han profesado, digamos, un «marxismo suave». La izquierda mexicana, en sus mil grupúsculos y sectas, es parte de esa tripulación. Su primer problema es que no lo acepta.

Mientras el transatlántico «hacía agua» por todos lados, nuestra izquierda tuvo su momento climático en las elecciones de julio de 1988. Con su habitual falta de sentido práctico y su propensión a utilizar anteojeras ideológicas para ver la realidad, incurrió en dos costosos errores: creyó que la alta votación por la coalición que apoyó a Cuauhtémoc Cárdenas era una votación ideológica de izquierda y creyó que el voto cardenista era un apoyo al hijo del general por sus propios méritos. La realidad, como el tiempo se ha encargado de demostrar, fue otra. El voto de 1988 no fue un voto socialista ni cuauhtemocista: fue la última batalla (póstuma) del general Lázaro Cárdenas. La geografía del voto cardenista en aquel 6 de julio fue elocuente por sí misma: Michoacán, la Laguna, ciertas zonas campesinas y feudos petroleros… las zonas consentidas del general misionero. Por otro lado, los muchos mexicanos que en el campo y la ciudad votaron por el hijo del general no reclamaban un gobierno socialista, ni siquiera estatista. Querían un gobierno eficaz que los atendiera. El aura alrededor del apellido Cárdenas –más

* Octubre, 1992.

que su régimen histórico– cristalizaba esos deseos. El único voto de izquierda fue, como siempre, el voto universitario.

Al margen de esta significación, que a mi juicio fue la mayoritaria, el voto por Cárdenas –el vivo y el muerto– representaba algo más, una especie de mandato: el de crear pacientemente un partido moderno de izquierda que, conservando en su ideario moral los fines del socialismo, aceptara con madurez y realismo las lecciones clave de la historia contemporánea: el triunfo de la «mano invisible» del mercado sobre la mano visible –y negra– del Estado, y el triunfo de la sociedad abierta, democrática y libre sobre los sistemas cerrados, autoritarios y opresivos.

El mandato fue, y sigue siendo, desoído. Cuauhtémoc Cárdenas y su grupo quedaron marcados, fijos, en la experiencia de 1988. En lugar de aprender de la experiencia vasconcelista que aconsejaba no apostar todas las cartas a una contienda electoral y a un caudillo, Cárdenas ha querido jugar el papel del presidente vicario. No le funcionó a Vasconcelos –que hasta su muerte reclamaba para sí el título de presidente de México– ni le funciona a Cárdenas. Si Vasconcelos hubiese seguido en 1928 el consejo de Manuel Gómez Morin que lo instaba a fundar un partido político permanente bajo el manto de su inmenso prestigio, México hubiera nacido al auténtico bipartidismo en 1929. Vasconcelos lo desoyó y aquel embrión de estructura política que tanto hubiese beneficiado al país se perdió. Salvando las diferencias, Cuauhtémoc Cárdenas y su grupo han perdido una oportunidad similar.

Un motivo de su fracaso en las urnas está en el fundamentalismo ideológico. Del hundimiento del *Titanic* socialista no parece haberse enterado la tripulación mexicana. Aunque en cátedras universitarias, mesas redondas, artículos periodísticos y libros se toca obsesivamente el tema, las referencias son siempre defensivas. A menudo ocurre incluso una curiosa transferencia de responsabilidades en la que responsabilizan no al socialismo sino al «neoliberalismo» de los males del planeta. Esto se aprecia muy claramente en la plataforma ideológica del PRD. Sus proclamas se aferran a un estatismo trasnochado, a un nacionalismo defensivo y xenófobo, a un socialismo populista. En el fondo, hay en todos una nostalgia apenas disimulada por los viejos y buenos tiempos del general Cárdenas.

La prueba de fuego para medir la modernidad del PRD está en su actitud ante la democracia y ante el mercado. Aunque la conversión democrática de muchos de sus miembros es tan reciente que resulta sospechosa, muchos de sus escritos y discursos parecen, en efecto, dictados por el espíritu de Madero. Tienen la vehemencia típica del converso. Con todo, la identidad democrática de estos hombres no ha logrado pasar una prueba de congruencia elemental. Frente a México son demócratas absolutos, frente a Cuba son demócratas relativos. Su frase favorita es: «Que decida el pueblo cubano su destino», que traducida a sus verdaderos contenidos significa: «Que decida Castro el destino de los cubanos».

¿Por qué el partido que tiene la palabra democracia en sus siglas no reclama la democracia en Cuba? «Porque las condiciones históricas de Cuba son peculiares», dijo Cuauhtémoc Cárdenas alguna vez. Con ese criterio, de llegar al poder, podría decretar que las «condiciones históricas» de México se han vuelto «peculiares» y reclaman una dictadura populista.

El otro bloqueo ideológico del PRD aparece en su noción del mercado. A pesar de todas las evidencias empíricas, no admite que el mercado asigna de modo más eficiente, democrático y amplio los bienes económicos que el Estado. Siguen sus dirigentes sin respuestas para estas dos preguntas: ¿cuál es la manera más eficiente de producir los servicios que ha ofrecido tradicionalmente el Estado, y cómo y quién paga por esos servicios? Atados ideológicamente a los dogmas, métodos y principios que fincaron el proyecto socialista se niegan a ver, con sentido pragmático, los elementos dinámicos del mercado y a pensar formas distintas, imaginativas, en las que el Estado puede ayudar efectivamente a la población pobre.

En esto el régimen de Carlos Salinas de Gortari les ha ganado la partida. Al margen de su explotación publicitaria, el programa Solidaridad tiene un rasgo notable, sobre todo si se le compara con el burocratismo que empantanó a otros proyectos en el pasado: es un programa eficaz. Esta era la demanda mayor del voto de protesta en 1988. Esta es la afirmación mayor en el voto por el partido oficial en 1991.

Mientras la izquierda no ejerza una radical autocrítica de su pasado, mientras no cuelgue sus hábitos fundamentalistas, mientras no abandone sus cómodas e ineficaces ideologías, su presencia política será cada vez menor y menor también su incidencia en la inaplazable democratización de México.

Caudillismo, personalismo, cuauhtemocismo, cardenismo, castrismo, estatismo, chovinismo, nacionalismo, socialismo, antiliberalismo, antinorteamericanismo... el *Titanic* de la izquierda mexicana se hunde en un mar de *ismos* ideológicos que lo apartan de la tierra firme que pisa el resto de los mexicanos.

Los nuevos protestantes*

¿Hay alguien que haya escuchado recientemente el grito «¡Viva el PRI!»? No, pero el hecho de que la crítica al PRI se haya vuelto un lugar común debería servir para acotar la responsabilidad de ese partido en los problemas políticos del país. Nuestra atávica mentalidad providencialista nos hace pensar en la democracia como un futuro que advendrá al día siguiente de la muerte del PRI, no como lo que realmente es: un proceso que se construye en la práctica, día a día.

Que el PRI debe divorciarse del gobierno, que el financiamiento de los partidos debe ser equitativo y transparente, que los gastos de campaña deben ser limitados, regulados, publicables y públicos, que es necesario abrir el debate en los medios de comunicación, que es preciso integrar un cuerpo imparcial y legítimo de calificación electoral, que las credenciales y los padrones deben coincidir, que empaquetar gente en forma de corporaciones es un uso que está en desuso... todo eso lo sabemos. Son demandas legítimas, crecientes, ineludibles, y el gobierno no tendrá más remedio que atenderlas en vistas de las elecciones de 1994.

Pero hay otros protagonistas de la transición que deben examinar su papel. No me referiré en este caso al PAN por razones de elemental justicia: más de medio siglo de lucha cívica por la democracia puede no haber representado una «brega de eternidades» como decían sus fundadores, pero es prueba suficiente de convicción democrática. Es evidente que sus líderes y su programa pueden y deben ser criticados y que su reciente divisionismo interno ha sido lamentable. Pero negar la adhesión histórica del PAN a los principios democráticos sería igual de absurdo que vitorear al PRI como su campeón.

El PRD es otra cosa. Sus líderes provienen de dos partidos antidemocráticos: el PRI y el PCM. De pronto, hace unos años, advinieron a la democracia y, como es natural, la defienden con el celo fervoroso del converso. Es un cambio que hay que aplaudir. El PRD ha contribuido a catalizar el movimiento democrático en México. Ese cambio, sin embargo, no borra el pasado. Uno tiene derecho a cambiar pero no a cambiar sin explicar la mudanza. La siempre pospuesta autocrítica de los perredistas avala su credibilidad revolucionaria, pero opera en contra de su credibilidad democrática. Sus fines declarados son democráticos, pero muchos de sus medios no lo son. Un ejemplo: el acarreo de campesinos armados a los plantones y tomas de alcaldías en Michoacán

* Octubre, 1992.

383

y en otros sitios puede verse –a la manera del viejo PRI– como un acto de apoyo «espontáneo», o puede verse –a la manera del viejo PCM– como un acto en el que las masas campesinas afirman sus derechos históricos de clase. Lo que no puede es verse como un acto democrático.

Un sector importante de la opinión pública desconfía de las súbitas conversiones a la democracia y no le falta razón. A la luz de su conversión, el neocardenismo tendría que explicar su postura frente a las prácticas perfectamente antidemocráticas de Lázaro Cárdenas, entre ellas la integración corporativa del PRI, el fraude de 1940 contra Almazán y, desde luego, las reelecciones del general y su hermano Dámaso, por interpósitas personas, en Michoacán. La respuesta «eran otros tiempos» no es respuesta. Con esa razón los perredistas en el poder podrían decretar que «esos tiempos» deben ser de nuevo «nuestros tiempos». El propio Cuauhtémoc tendría que explicar por qué diseñó la Ley Electoral de Michoacán que ahora combate. Hay tonos, en los ex priistas del PRD, que denotan más su resentimiento que sus convicciones democráticas. Hay tonos, en los antiguos marxistas del PRD, que hablan más de los dogmatismos borrados por el fin de siglo que de una verdadera fe en la democracia.

La fe sin actos que la demuestren es poca fe. Y a veces es mala fe. Hasta Lutero tuvo que dar razones públicas de su cambio espiritual. Nuestros nuevos «protestantes» piensan que su nueva fe los justifica sin más. Pero el haber sido por tantos años cómplices o partes de la maquinaria del PRI o del PCM, los vuelve necesariamente corresponsables del abatimiento político en que nos encontramos. Al margen de los justificados agravios, cuyo origen está en las elecciones de 1988, el PRD no puede ya seguir actuando con una mano en las urnas y otra en los fusiles de la sierra michoacana.

Se dirá que esta visión es poco generosa con un partido entre cuyos militantes hay varios antiguos presos políticos. Se dirá que la izquierda puso muchos muertos en la historia contemporánea de México. Es verdad. Sin embargo, respetables y a veces admirables, esos muertos no luchaban por la democracia sino por la revolución. ¿Contribuyó su lucha a la democracia? Quizá sí, pero de modo involuntario y tangencial. Al romper su liga histórica con el liberalismo, la tradición socialista rompió también con la democracia. Es difícil ser generoso con una tradición cuya premisa mayor ha sido la violencia.

Tres pruebas de fe democrática activa han faltado al PRD: autocrítica del pasado, respeto a los campesinos y diálogo abierto con los otros partidos y las autoridades para sentar las bases prácticas de la transición.

El neocardenismo debe enfrentar la contradicción de sus propios términos: el legado de Lázaro Cárdenas, notable en muchos sentidos, no es un legado democrático. Si los propios perredistas no ven esta contradicción, y si tampoco encaran su propio y vitalicio «presidencialismo interno», la maliciosa opinión pública perderá la fe y terminará por creer que la «D» de sus siglas no es de democracia: es la «D» del dedazo.

Fábula de las dos niñas*

Érase una vez una pequeña niña que jugaba a las carreras con una amiguita suya en un parque. La que corría menos no dejaba de gritar: «Voy más rápido, voy más rápido». Después de un rato, la que iba a la cabeza se echaba a llorar y corría a los brazos de su madre, lamentándose: «No quiero que ella corra siempre más aprisa que yo». Esta anécdota –referida alguna vez por Leszek Kolakowski– es una imagen perfecta del poder que tuvo la mentira ideológica en nuestro tiempo. La niña de atrás representa la ideología comunista. La de adelante es la voz que representa a las sociedades abiertas. El parque es el siglo XX.

A pesar del testimonio de varios observadores que desde los orígenes visitaron el «futuro» comunista y advirtieron que no funcionaba (Bertrand Russell fue quizás el primero de ellos, en 1920), cada generación avivó el espejismo: aquel era el paraíso de la ciencia, la educación, la salud, el bienestar material, la igualdad social, la «verdadera» democracia, la «auténtica» libertad.

En el México de los años treinta, por ejemplo, no faltaron los viajeros al «mundo del porvenir» que en sus visitas a la URSS creyeron a pie juntillas la propaganda sobre la colectivización agrícola. Allí estaban las estadísticas (oficiales) que (oficialmente) demostraban la verdad (oficial): esa economía era más productiva, más variada, más equitativa que cualquier esquema de producción libre. Era también –pequeño dato– la más costosa en vidas humanas (ocho millones en ese momento), pero los entusiastas ideólogos que gritaban como la niña del cuento no tenían ojos ni oídos para esas verdades incómodas: iban más rápido, más rápido.

Treinta años después, en la fervorosa década de los sesenta, una nueva generación no sólo asumió esos mismos dogmas sino que los acrecentó. Si el estalinismo era el inconveniente, siempre cabía descartarlo

* Junio, 1993.

como un accidente en la larga marcha hacia el fin del parque. Nuevos regímenes más depurados tomaban la estafeta. China durante la Revolución cultural, por ejemplo. El sacrificio de millones de personas era una minucia. El juicio del Gran Timonel era la única realidad posible, deseable, necesaria: iba más rápido, más rápido. Lo más notable de esta carrera ideológica que hechizó al siglo XX es la complicidad que se estableció entre las sociedades contendientes. Contra todas las evidencias, hubo muchos momentos en que la retrasada se creía en verdad adelantada y la adelantada se creía en verdad atrasada. Más aún, mientras que dentro de la sociedad comunista un creciente número de personas empezaba a desconfiar de la versión oficial y a jugarse la vida diciéndolo o escribiéndolo, los apoyos más decididos a la mentira se dieron dentro de las sociedades abiertas.

Ningún testimonio, por más atroz que fuese, refutaba a los fieles. La lista de profetas fue inmensa (Russell, Orwell, Silone, Koestler Milosz, Solyenitsin, Herbert, Sajarov, el propio Kolakowski), pero la de crímenes y fracasos lo fue más: Kronstadt, la «Gran hambruna», las matanzas durante la colectivización forzosa, los procesos de Moscú, el Gulag, el aplastamiento de la Revolución húngara, la invasión a Checoslovaquia, la invasión a Afganistán, el golpe al Sindicato Solidaridad en Polonia, fueron argumentos insuficientes. Para muchos, no fueron argumentos siquiera. Si los hechos desmentían a la teoría, peor para los hechos.

A pesar de los accidentes del parque, naturales en toda carrera histórica, en términos de felicidad humana –sobre todo de felicidad material, puesto que su dogma era, ante todo, materialista– ellos iban «más rápido, más rápido». A mediados de los ochenta, muchos creímos que la carrera sería eterna. De pronto, sorpresa histórica, la carrera terminó del modo más extraño: la niña de atrás que se creía adelante aflojó el cansado paso y finalmente murió expiando la mentira con un grito de verdad. A esta muerte lúcida y valerosa, único argumento irrefutable, se le llamó *glasnost*.

Fue una muerte y una resurrección. Una liberación masiva de las conciencias puertas adentro y una liberación de los pueblos sojuzgados puertas afuera. Era mejor volver a empezar desde el siglo XIX, era mejor retomar la carrera aunque costara décadas y generaciones, era mejor admitir que nunca se había ido más rápido que los sistemas democráticos.

¿Podemos llamar a este fin de la carrera «convergencia de ideologías»? Esto es posible en Europa del Este, que ha vuelto a los cauces naturales de su historia con todo y sus encarnizadas querellas nacionales y étnicas; también en la propia Rusia, donde a pesar de la terrible crisis económica la mayoría vota por no volver a un pasado que sabe ya inhabitable; lo mismo en China, donde existe todavía un Partido Comunista pero cuya amplísima liberalización económica volverá mansos a los actuales tigres del Sureste asiático; igualmente en Europa occidental, donde la muerte del comunismo ha arrastrado consigo, por desgracia, valores de la noble tradición socialista y libertaria que deberían conservarse.

Todas estas son regiones de convergencia. Pero hay un rincón del parque donde el fantasma de la niña todavía corre, vocifera y en algún caso hasta gobierna: América Latina. Se trata –no hay que exagerar– de una versión muy atenuada de la fábula. La corriente principal en nuestros países vive un proceso de convergencia similar al del resto del mundo: la economía de mercado (con sus variantes y limitaciones), la democracia como régimen político, las libertades individuales y los derechos humanos son valores compartidos en todo el continente. En Chile, por ejemplo, los socialistas más radicales no sólo se han vuelto demócratas sino partidarios de la libertad de mercado. Todos aceptan un marco de desarrollo republicano, liberal, democrático. Si Bolívar viviera, no pensaría que había arado en el mar.

Pero la fábula se escucha todavía en las calles y las aulas universitarias de Brasil. En Perú –uno de los casos más dramáticos– sus abanderados están en esos lugares y en la sierra, donde se matan mujeres y niños campesinos para llevar al pueblo por un sendero luminoso. En El Salvador se ha dado el curioso fenómeno de líderes guerrilleros vueltos grandes empresarios sin que nadie ofrezca una explicación: ¿qué pasó con aquella fe?, ¿fue la guerrilla el camino más largo al capitalismo? En Nicaragua, los sandinistas dejaron el poder por la vía democrática –cosa que los honra–, pero su posición al fin de la carrera es confusa porque no han hecho un examen de su ascenso, su administración y su derrota. En cuanto a Castro, Cabrera Infante ha dicho que «está muerto y no lo sabe». En todo caso, es un muerto poderoso: ha logrado convencer a muchas personas, dentro y fuera de su isla particular, de que el secuestro de un pueblo equivale a su liberación.

Aunque en nuestros países la niña de adelante (la que representa a la sociedad abierta) conoce ahora su verdadera posición histórica, el fantasma de la de atrás vocifera con un grito novedoso. Ya no es «voy más rápido, más rápido» sino «ella va para atrás, para atrás». Esta variante se escucha en algunos partidos políticos, ciertos ámbitos eclesiásticos y en el aparato académico, periodístico y cultural de México. La consigna ideológica ahora es culpar al «neoliberalismo» de la pobreza.

No pretendo afirmar que la política económica liberal sea una panacea. Menos aún que el Estado, sobre todo en nuestro país, deba permanecer al margen de la vida económica. Por el contrario, creo que podría tener un papel destacado en la promoción de la economía y que debería ampliar, afinar y fortalecer la red de seguridad social. Todos estos argumentos sobre la intervención pertinente del Estado pueden darse dentro de una franja de discusión moderna, pero el caso es que los fabuladores que quedan se aprovechan de la mala memoria histórica para escamotear la responsabilidad de los verdaderos causantes del mal que nos aqueja, dos ideologías que como el comunismo han sido suficientemente refutadas por los hechos: el populismo y el estatismo.

En el fondo de sus autoritarios y resentidos corazones, muchos de ellos suspiran por los viejos tiempos en los que la URSS y sus satélites eran «el mundo del porvenir». ¿Cómo explicarlo? Basta escuchar la voz de la extrema derecha mexicana para advertir su semejanza con los doctrinarios de izquierda: ambos extremos son hijos de la Inquisición y la escolástica. Pero la mayor responsabilidad de la mentira ideológica en México es patrimonio exclusivo del PRI.

Nuestro sistema político corporativo es alérgico a la libertad de pensamiento. Por eso requiere de mecanismos de control en la prensa y los medios de información. Este clima adverso a la verdad y la discusión es el mejor caldo de cultivo para el rumor, la calumnia, los espejismos ideológicos y las mentiras, porque inhibe la creación de una cultura democrática. En nuestra prensa y nuestros medios de comunicación la verdad no se razona o fundamenta: se oculta, se distorsiona o se decreta.

México ha liberalizado su economía pero no es todavía una sociedad abierta y democrática. Por eso no sabemos si vamos más rápido o más lento. Mientras nuestro sistema político (esa anomalía histórica disfrazada de originalidad) subsista, México no podrá orientar desde abajo y con claridad su destino: fluctuará confusamente, tomará la verdad por mentira y la mentira por verdad, como las niñas de la fábula: irá «más rápido» sin darse cuenta de que va más lento.

Los neoconservadores*

Los fanatismos convergen. Recientemente convergieron en México tres memorables pronunciamientos que lo comprueban. Todos tienen

* Abril, 1996.

que ver con esa plaga peor que el fascismo, el nazismo y el comunismo, ese monstruo contra el que se levanta la profética voz de nuestros teólogos de diestra y siniestra: el neoliberalismo.

Primero fue el padre de la Teología de la Liberación, el ex sacerdote Leonardo Boff. Llegó a México con su *marxian look*, dejando a su paso un olor a santidad y exordios inolvidables, como este: «El neoliberalismo se propone la desaparición de tres mil cuatrocientos millones de seres humanos». Luego vino la homilía conjunta de varios obispos mexicanos, émulos de aquellos venerables varones del siglo XIX que se levantaron en guerra justa contra los impíos predecesores del neoliberalismo: Ocampo, Lerdo, Juárez, Prieto. Finalmente, en Chiapas, se anuncia la convocatoria a un próximo concilio mundial «contra el neoliberalismo y en favor de la humanidad».

La máscara ha dejado de ser una argucia publicitaria y visual de la guerrilla chiapaneca y se ha convertido en una categoría intelectual y moral que comparten las derechas tradicionales enmascaradas de humanitarismo y las izquierdas retrógradas enmascaradas de progresismo. La máscara no oculta su verdadero blanco: la denostación de la economía de mercado. La máscara tampoco oculta su verdadera fe: un pensamiento neoconservador de izquierda.

La palabra «socialismo» apareció como un cometa verbal en los primeros días de la rebelión zapatista. A los pocos días, alguien la borró del discurso. Muchos creyeron que su fugaz inclusión en el programa guerrillero había sido un imprudente *lapsus* de algún comandante. Las palabras sagradas eran otras, no las de 1917 sino las de 1789: justicia, libertad, democracia, dignidad. Pasó el tiempo. En México sobrevino la crisis [económica de 1995]. Había que aprovechar el descrédito del régimen para proponer un silogismo que sutilmente reintrodujera al socialismo en el discurso: el salinismo produjo la crisis, el salinismo es neoliberalismo, el neoliberalismo (es decir, la economía de mercado) produjo la crisis. Así llegamos al momento actual. Ahora sabemos que el *lapsus* no era tal: la palabra, y la ideología que representa, permanecían ocultas, enmascaradas.

Si ninguno de los sacerdotes de derecha o de izquierda defiende la economía de mercado (con los matices que se quiera), es obvio que todos ellos proponen la única alternativa histórica que se ha conocido, la misma que llevó a la ruina a tantos países y que ahora ha sido abandonada en todos ellos. Con su sentido de la oportunidad, el subcomandante Marcos fue más claro. Al reivindicar al «Che» Guevara y asumir como propia la vieja mitología del «hombre nuevo», la guerrilla zapatista se quitó la máscara: no es una guerrilla posmoderna, ideológicamente, es una guerrilla premoderna, a la que sigue una nueva cauda de «compañeros de viaje». Es como volver a empezar. Parece que la experiencia de los países del antiguo bloque soviético no sirvió de nada.

La batalla ideológica contra los neoconservadores mexicanos apenas comienza. ¿Por dónde empezar a refutarlos? Quizá por el silogismo, porque es notoriamente falso. Salinas fracasó por no tomar en serio la reforma democrática, por la corrupción de su hermano (y seguramente la suya propia), por sentirse el Maquiavelo de Agualeguas, por querer perpetuarse en el poder, por sobrevaluar la paridad del peso frente al dólar, por mil razones más, todas lamentables, pero no por sus reformas económicas básicas. Que la demagogia actual diga misa: la privatización, el Tratado de Libre Comercio, la disciplina monetaria, etcétera, fueron medidas coherentes en el mundo que vivimos. Salinas, es verdad, instrumentó muchas de ellas de manera vertical, despótica, discrecional, caprichosa. Pero el sentido de esas reformas era el único posible a fines del siglo XX. Por lo demás, el «liberalismo social» salinista –al margen de sus procedimientos manipuladores y corruptos– no era precisamente una institución neoliberal.

El gobierno actual no ha logrado reanimar la economía. ¿Es culpa de la economía de mercado? ¿Debemos volver a los tiempos del estatismo galopante? Es mejor admitir que las razones del fracaso rebasan la esfera económica: tienen que ver con la *falta de espíritu* en el gobierno, con el vacío de liderazgo y de esperanza. En circunstancias parecidas, otros pueblos y otros líderes hicieron milagros. Roosevelt decía «hay que ensayar, ensayar siempre, y si algo no sale, ensayar de nuevo». De su ensayo económico keynesiano salió la recuperación de su país. El caso de Churchill reanimando a Inglaterra en la hora más oscura de la segunda guerra, es quizás el mejor ejemplo de liderazgo en el siglo XX. Hay otros más. Hombres así, ensayos así, son los que necesitamos, y tarde o temprano llegarán con la transformación política que se avecina. Pero una cosa es *ensayar* dentro de la economía de mercado y abanderar el cambio hacia la democracia, y otra, opuesta, es reinstaurar los ideales económicos, políticos y sociales de los años setenta.

La prueba histórica en favor de la economía de mercado no está sólo en el desarrollo de los grandes países occidentales y el Japón, está también en las naciones de América Latina y en las economías emergentes de Asia y Europa del Este. La comparación con los antiguos sistemas que esos mismos países practicaban arroja diferencias abismales en favor de la economía abierta, diferencias de las que los nuevos teólogos nunca hablan. En contraste, no hay una sola experiencia de economía cerrada, controlada, estatizada, que haya crecido o se haya mantenido. Ni siquiera la cubana, que ahora opta por una apertura disimulada. Mucho más grave que este fracaso fue el costo humano que cobró el comunismo: millones de muertos (atribuibles directamente a la implantación y sostenimiento de ese sistema) que nunca aparecen en la contabilidad de Boff y sus apóstoles. Con toda «la sangre y el lodo que el capitalismo arrastra por la historia» (Marx), el saldo doloroso de las democracias liberales asociadas a él no se acerca ni remotamente al del comunismo.

Hay que preguntarle a los hombres de sotana y pasamontañas algo que el propio subcomandante Marcos advirtió en las postrimerías de su concilio: ¿qué alternativa económica *concreta* proponen? No vaguedades, no arrebatos sentimentales. Las buenas conciencias pueden levantar el puño o desgarrarse las vestiduras, pueden amalgamar el mercado con el fascismo y sentirse víctimas de la opresión universal. Ganarán las páginas de la prensa universitaria, alcanzarán más de una vez las del *Time* y formarán una cofradía en Internet. Pero el hecho lamentable persiste: enamorados de su propia demagogia, llamando realidad a un sueño y sueño a la irrealidad, los neoconservadores de izquierda y derecha pierden su tiempo y el de México. Porque mientras en las montañas del sureste mexicano se discute sobre la maldad del mercado capitalista y neoliberal y se anuncia una vez más el advenimiento del «hombre nuevo», en las planicies de la China comunista y en los arrozales del antiguo Vietcong nacen una, dos, tres mil... pequeñas empresas.

Por una izquierda empresarial*

La izquierda –política, periodística, académica, intelectual– tiene una infinita capacidad de indignación ante los males de México y una incapacidad no menos infinita de discurrir métodos prácticos para compartir esa indignación. Lo práctico les suena a pragmático, lo pragmático a capitalista, lo capitalista a neoliberal, lo neoliberal a demoniaco. En cambio, la indignación les sugiere idealismo, desinterés, compromiso. Lo cierto es que indignarse en marchas, mítines, cartas a la redacción o congresos sirve para tener buena prensa y buena conciencia, pero es un método dudoso para cambiar la realidad. La izquierda necesita menos predicadores y más ingenieros sociales.

* Marzo, 1998.

Todos identifican al adversario –el neoliberalismo– pero no han aportado alternativas a ese modelo. Es extraño que el libre mercado sea, junto con la democracia, uno de los paradigmas indiscutibles de nuestro fin de siglo en casi todo el mundo –incluyendo a China y Vietnam–, menos en Corea del Norte, Cuba y en ciertos círculos de la izquierda latinoamericana y mexicana. El paradigma ha triunfado no por su fuerza ideológica sino por su fuerza real, reflejada en las contabilidades nacionales. Pero para la izquierda mexicana, los aspectos centrales del paradigma –el respeto al derecho de propiedad, el mercado como mecanismo de asignación de los factores productivos, la privatización, la desregulación, la política antiinflacionaria, no se diga la apertura a la inversión foránea– siguen siendo un tabú. En un libro reciente, Jorge G. Castañeda y Roberto Mangabeira ponen en tela de juicio algunos de estos dogmas, pero está por verse si la izquierda adopta sus ideas.

Si en términos macroeconómicos la izquierda ha estado ayuna de ideas prácticas, en asuntos de negocios sale francamente reprobada. Lo cual es todavía más grave, porque el país necesita con urgencia la proliferación de empresarios. En el esquema imaginario de la izquierda, México es un país de desempleados y debería ser un país de empleados (¿de quién?, nunca se especifica). En un esquema moderno (que Gabriel Zaid ha explorado en varios de sus libros) México es, y debería serlo mucho más, un país de autoempleados. Pero la izquierda sigue fija en visiones grandiosas o idílicas de autarquía nacionalista y colectivismo social. Acaso por un vestigio de vago pensamiento tomista mezclado con una fuerte dosis de marxismo residual, los negocios se ven con recelo. Error costosísimo: nada tiene que perder la izquierda con tender puentes hacia la actividad empresarial, nada que perder salvo sus prejuicios.

Mientras la frase «empresario de izquierda» parezca una contradicción en los términos, la izquierda permanecerá encerrada en su fortaleza ideológica. Una oportunidad para la convergencia inédita entre la izquierda y la actividad empresarial está en el sureste. ¿Es imposible pensar en proyectos de desarrollo regional en Chiapas auspiciados por ambos? Hay antecedentes históricos. Cuando un sector de la izquierda neoindigenista se acerca al sector de la Iglesia que profesa la Teología de la Liberación, vale la pena recordarles a ambos la figura de aquel venerable obispo cuya memoria sigue viva en Michoacán y que abordó la cuestión indígena no como un asunto de redención a través de leyes autonómicas ni de adoctrinamiento puro de la verdad revelada, sino de economía práctica y salud social: Vasco de Quiroga.

La izquierda mexicana, representada por el PRD, tiene frente a sí la oportunidad del siglo. El compromiso con las causas populares seguirá siendo su fuente de legitimidad, pero este compromiso debe medirse en términos concretos, no en frases retóricas, ideales maravillosos o leyes que decreten la felicidad universal. La izquierda debe terminar por ajustar sus estructuras mentales y programáticas a esta nueva realidad. En los últimos tiempos ha aportado mucho al desarrollo democrático de México pero ahora debe hacer lo mismo en el terreno económico. La autocrítica es su asignatura pendiente. Sólo ejerciéndola terminará por comprender hasta qué grado los paradigmas revolucionarios de 1917 –los mexicanos y los socialistas– no corresponden ya al mundo actual.

El legado inconcluso*

A la memoria de Armida de la Vara.

La historia ha dado un veredicto definitivo sobre el 2 de octubre de 1968 al menos en un aspecto: su terrible significación moral. Fue un crimen masivo, un sacrificio inútil e injustificable, un acto de terrorismo de Estado contra un movimiento estudiantil que, al margen de sus manifestaciones radicales, nunca empleó métodos violentos. En todos los países donde sopló –Europa occidental, Europa del Este, Asia, Norteamérica– el viento histórico de 1968 se desvaneció por sí mismo, o fue encauzado a través de medios exclusivamente políticos. México fue la vergonzosa excepción. El sistema mexicano, admirado a lo largo de los años sesenta como un mecanismo milagroso, mostró su congénita incapacidad para la tolerancia, su carácter esencialmente antidemocrático. Con la matanza, el régimen selló su destino: un orden político que asesina a su disidencia cívica es una dictadura, y en el siglo XX las dictaduras han terminado por entrar en un proceso de extinción.

El complejo entramado de personas, intereses, pasiones, errores y cálculos que condujo a la masacre está menos claro. A mi juicio, la psicología de Gustavo Díaz Ordaz jugó un papel determinante: operó como un lente de aumento que distorsionó los hechos. Con todo, es obvio que muchos otros factores incidieron en el proceso y desenlace, factores independientes del estilo personal del presidente. Las preguntas clave siguen allí, esperando respuesta: el papel del ejército y la Secreta-

* Septiembre, 1998.

ría de Gobernación, la integración y el funcionamiento del Batallón Olimpia, la ingerencia de agentes provocadores internacionales. A treinta años de la masacre, estamos lejos de tener un cuadro completo y fiel de lo que en verdad ocurrió.

Pero más allá de su anatomía política o de su cruel moraleja, hay un ángulo del movimiento estudiantil que nos atañe a todos los que de alguna forma participamos en él, sobre todo a los diversos grupos de izquierda que fueron sus verdaderos impulsores y que ahora ocupan un lugar de creciente influencia. Me refiero al legado democrático del 68. Por muchos años me pareció claro. Ahora tengo ciertas dudas. Había algo intrínsecamente democrático en aquel gigantesco No que coreaban las masas estudiantiles contra el gobierno autoritario. Había también una genuina espontaneidad democrática en las asambleas, los mítines, las marchas y las «tomas» de la calle. Pero a esas actitudes las caracterizaba la libertad más que la democracia. Y la libertad, siendo condición necesaria para la democracia, no es suficiente. Hace falta su complemento: la responsabilidad.

El movimiento fue festivo, irracional, emotivo, imaginativo, maniqueo, generoso, romántico, expansivo, contestatario, destructivo, irreverente. No conocía las visiones matizadas, los argumentos complejos, los claroscuros de la vida real. Todo lo contrario: rechazaba por entero el orden establecido. No tuvo noción de sus propios límites, no imaginó un proyecto constructivo de transición política para sí mismo y para el país, apenas vislumbró la necesidad de la prudencia, la tolerancia, la autocrítica, la negociación, la racionalidad. Quería poco, pero ese poco era de todo o nada. Fue, esa es la verdad, un movimiento revolucionario, si no en las armas sí en las ideas y las palabras. Por eso se inspiró en los ídolos e ideales de la Revolución cubana, y por eso se topó con los tanques de esa otra mítica revolución que los políticos del sistema creían encarnar: la petrificada Revolución mexicana. Pero hay que subrayar que este carácter embrionariamente revolucionario del 68 no justifica en absoluto la represión desatada contra él.

La izquierda mexicana de hoy es la heredera natural del 68 y, por lo tanto, la principal responsable histórica de aquel legado. Esta izquierda originalmente revolucionaria ha jugado un papel decisivo en la transición política, y en ese sentido ha contribuido a impregnar democráticamente el significado del movimiento. Pero la última palabra no está escrita. Si esta constelación no renuncia a su retórica revolucionaria, si no repudia sin ambigüedad a los movimientos guerrilleros que anacrónicamente sobreviven en el país, si no actúa en todos los foros como la voz de las soluciones prácticas y no de las utopías fundamentalistas, si no adopta una actitud de tolerancia y no deja atrás los fáciles desplantes expansivos del todo o nada –ese reflejo automático del 68–, en el año 2000 el país podría precipitarse a un abismo populista ante el cual el 2 de octubre perdería una parte fundamental de su significación democrática.

¡Hasta la derrota, siempre!*

En un país como México, cuya experiencia central –histórica y mítica– en el siglo XX fue una revolución social; en un país como México, que sigue siendo –en las palabras de Humboldt– el reino de la desigualdad, la izquierda debería haber accedido al poder público desde hace mucho tiempo. Nacida en 1919 –si se parte de la fundación del Partido Comunista– o en 1901 –si la fecha clave es la creación del gran bastión anarquista, el Partido Liberal–, puede afirmarse con plena certeza que, en términos políticos, la izquierda mexicana dejó escapar el siglo XX. Lo peor para ella, y para quienes quisiéramos su transformación en un movimiento realmente moderno, es que su horizonte parece sombrío. A despecho de los extraordinarios avances en las elecciones legislativas y del Distrito Federal en 1997, no sería difícil que en el año 2000 el PRD (la más sólida y seria institución de la izquierda política en el siglo) descienda en la preferencia de los electores. Una derrota de Cárdenas podría significar una vuelta a la marginalidad.

Las razones de ese probable fracaso van más allá de sus recientes descalabros. No hay duda de que el triste espectáculo de sus elecciones internas [celebradas en 1999 en medio de denuncias de fraude] y las acres querellas entre sus líderes y facciones dañaron su imagen. Pero el problema estructural de la izquierda (no sólo del PRD sino de sus diversas organizaciones políticas, sociales, académicas, periodísticas, cívicas y, desde luego, revolucionarias) es su terco apego a paradigmas insostenibles en el mundo de hoy. No me refiero a los valores generales de preocupación social que siguen vigentes y constituyen su identidad. Me refiero sobre todo a su impronta revolucionaria. Ese apego produce estupendos manifiestos a la opinión pública, tumultuosas manifestaciones, artículos incendiarios, airadas protestas en Internet, valerosas cartas a la redacción, eficaces secuestros de instituciones, calles, plazas o territorios: ríos, mares, océanos de buena conciencia. Lo que no produce son votos.

* Septiembre, 1999.

Hay razones que explican esta vasta vocación de irrealidad. La izquierda mexicana nació absurdamente divorciada del liberalismo. Ese fue su pecado de origen: la renuncia a un impecable espacio ideológico que muy pronto ocupó el camaleónico PRI. (Por su parte, los gobiernos «emanados de la Revolución» no dejaron nunca de atraer a su ancho seno personajes, instituciones o programas de izquierda). Otra falla profunda, más de índole moral que intelectual, ha sido su falta de autocrítica. La izquierda mexicana nunca vio de frente la sangre y lodo que dejó a su paso el socialismo real en el siglo XX.

Pero hay otros motivos, más cercanos y decisivos. Uno de ellos es la conducta errada de sus líderes. En la década de los noventa dos han alcanzado estatura nacional: Cuauhtémoc Cárdenas y el subcomandante Marcos. Ambos han estado por debajo de las exigencias. Tal vez Cárdenas ha hecho un mejor papel en el Distrito Federal de lo que sus detractores –que son legión– quieren reconocer. Pero ya sea por razones de mala comunicación o de simple ineficacia, lo cierto es que su popularidad en el Distrito Federal ha decaído. Más grave aún es su relación con el PRD: puertas adentro, la figura de Cárdenas corresponde más a la de un cacique que a la de un líder.

En algún lugar de las montañas del sur fuma su pipa el otro protagonista, un caudillo de vieja cepa apodado Marcos. Su error, repetido en varias ocasiones, fue la renuncia a convertirse en el líder largamente esperado de la izquierda mexicana. Prefirió seguir labrando su leyenda: el coqueteo con el martirio, la romántica gloria, el destino heroico, las cada vez más cursis y soporíferas homilías a la nación, a la humanidad, al universo.

Junto al desvarío de sus líderes está la infinita proliferación de sus sectas radicales. Son ellas, a no dudarlo, las que mantienen secuestrada a la Universidad. El ciudadano común y corriente no deja de homologar estos actos de chantaje social con las esporádicas apariciones de la guerrilla dura en Guerrero y Oaxaca. Para un sector de la opinión pública, la izquierda aparece como un entramado de actitudes e ideas violentas. Las balas, así sean virtuales, son un mal argumento electoral.

Finalmente incide el carácter reactivo, negativo, anticuado y vago de su programa. El ciudadano sabe lo que la izquierda, por excelentes razones, rechaza (desigualdad, analfabetismo, pobreza, inseguridad, injusticia social) pero no sabe qué planes alternativos concretos tiene para desplazar y superar a ese monstruo de mil cabezas: el neoliberalismo.

¿Qué hacer? Justamente lo contrario: alentar el crecimiento de auténticos líderes (no caudillos ni caciques), deslindarse clara y definitivamente de las sectas milenaristas, ejercer la crítica de las revoluciones en el siglo XX (desde la soviética hasta la cubana, desde las duras hasta las blandas) e idear un programa positivo, práctico, basado en unos cuantos temas (el campo, la mujer, los indígenas, la pobreza extrema).

De cara al pasado, su mejor proyecto sería retomar la casi perdida vinculación con el liberalismo clásico y convertirse en la vanguardia de una profunda reforma jurídica en México. De cara al futuro, su mejor proyecto sería aliarse selectivamente con el PAN (en los niveles municipales, estatales y federales) para lograr la alternancia del poder en México. No diré que para la izquierda negarse a la alianza es un suicidio, pero sí un error, uno más en su larga historia, pero un error que le resultará muy costoso.

Decálogo de corrección política*

1) Sumérgete diariamente en las aguas bautismales de tu buena conciencia. Cada mañana, frente al espejo, admite sin falsa modestia tu ejemplaridad. Tienes –no lo olvides– el monopolio de la preocupación por los condenados de la tierra, los desheredados, los perseguidos. Eres la voz de los que no tienen voz. Por eso, sea cual sea el asunto de tu escrito desliza al menos una referencia a tu piedad personal.

2) Por simetría natural –el mundo, lo sabemos, es blanco y negro–, nunca omitas mencionar a los malos de la película, ante todo al gobierno y los empresarios (con la Iglesia no te metas, te lo aconsejo). Salvo excepciones «nacionalistas» que no necesitas aclarar, fustiga a los empresarios por partida doble: si emplean explotan, si desemplean empobrecen. Reprobar sin miramientos al gobierno siempre es útil. Lo contrario es veneno puro: un gesto de aprobación –por matizado que sea– puede costarte la vida o, peor aún, la devoción y complicidad de tus lectores.

3) Descalifica, siempre descalifica a los necios, arrogantes y equivocados que opinan de manera distinta a ti. Los adjetivos «reaccionario» y «conservador» han perdido un tanto su filo, pero «neoliberal» y «derechista» siguen siendo letales.

4) No aceptes sino de dientes para afuera los errores incidentales de la buena causa que defiendes: dizque secuestros de territorios, ins-

* Febrero, 2000.

tituciones, calles y plazas; pretendidos actos delincuenciales de diversa índole; imaginaria destrucción de obras, escuelas y símbolos culturales; supuesto desquiciamiento de las sacrosantas y muy burguesas costumbres democráticas. Minucias, falacias, exageraciones. En todo caso, atribúyelas a la crisis, a la desesperación, o –remedio infalible– a las vastas fuerzas impersonales de la globalidad.

5) No pierdas la oportunidad de convocar, o al menos abajo-firmar, cartas de airada protesta: exigimos, condenamos, rechazamos, etcétera.

6) Si no puedes organizar marchas o encabezarlas, incorpórate a las que aparezcan y asegúrate de que te tomen una foto. Con mirada concentrada, a la altura de las circunstancias, haz declaraciones incendiarias frente a las cámaras y micrófonos.

7) No faltes a los aniversarios luctuosos de los grandes héroes progresistas. Escribe obituarios. Recurre con frecuencia al noble arte de la dedicatoria: «a Longino, en su lucha».

8) Apela al sentimentalismo de tus lectores. Gánate su corazón. No los sometas al árido tormento de pensar. Cuantificar, ponderar, fundamentar, probar, refutar, son todos fútiles juegos del llamado método científico. No caigas tan bajo. Escribe por pálpito, no por cálculo. Usa el impetuoso hígado en vez de los blandos sesos. Indígnate y mueve a la indignación. Al cliente lo que pida: dile lo que quiera oír, dale lo que quiera leer.

9) Deturpa al imperialismo yanqui. Sé piadoso con el imperialismo inverso, el vencido, el soviético: pobre, no sabía lo que hacía. Considera que los crímenes de Stalin, Mao y Pol Pot han sido exagerados por los historiadores reaccionarios; y si en verdad ocurrieron, aunque fueran millones (no te consta, no los viste), fueron ejecutados en el sentido correcto de la Historia y en nombre de la Utopía. Deslíndate levemente de Castro pero enseguida subraya los logros de esa magna revolución. Ponle Ernesto a tu hijo. Descúbrete ante la romántica figura del subcomandante Marcos: peregrina hasta la Selva Lacandona, navega por su página en Internet, proclama que no hay más realidad que La Realidad.

10) Si te llega a ocurrir la desgracia de pertenecer a un partido político que triunfe en elecciones estatales o locales y te ves en la penosa necesidad de gobernar, aplica la dialéctica a tu vida: actúa como si siguieras siendo oposición, pon en práctica los nueve preceptos anteriores. En caso extremo declárate en asamblea permanente y protesta contra ti mismo.

VII
La universidad y los universitarios

El Consejo General de Huelga impide el acceso al edificio de rectoría en la Universidad.

Por mi raza hablará la huelga*

No se ha escrito la historia de los movimientos estudiantiles en México. Podría tal vez remontarse a las algazaras de la época virreinal pero en realidad comenzó a fines de 1884, cuando estudiantes de toda la República protestaron contra el acuerdo al que se llegó respecto a la deuda inglesa –el famoso Convenio Noetzlin–, que no sin razón consideraban oneroso y antipatriótico. *El Monitor Republicano,* órgano del crepuscular pensamiento liberal, consideraba que el país debía a sus estudiantes «la resurrección política». La insurgencia duró poco pero sentó precedente: a partir de entonces, decenio tras decenio, los alborotos estudiantiles se han ido produciendo con rigurosa puntualidad.

El recuento es impresionante. En 1892, en tiempos preelectorales, se manifestaron en contra del proyecto de reelección indefinida de Porfirio Díaz. Hubo marchas en las calles, reparto de propaganda, organización de clubes, apelaciones a la solidaridad de la clase obrera, tensiones con las autoridades académicas, enfrentamientos con estudiantes gobiernistas y choques con la policía. Los rebeldes tenían un órgano irreverente que los representaba: *El Hijo del Ahuizote.* A principio de siglo, algunos se adhirieron a los ensayos anarquistas de los Flores Magón. En 1911 recorrieron las calles para defender las ideas antiimperialistas del escritor argentino Manuel Ugarte, de visita en México, y atacar al joven abogado que fustigaba a Ugarte: José Vasconcelos. En 1912 pusieron de cabeza a la Escuela Nacional de Jurisprudencia y fundaron la Escuela Libre de Derecho. Entre 1917 y 1919 pugnaron por la autonomía universitaria, que se alcanzaría una generación más tarde, en 1929, por obra de los batallones democráticos del vasconcelismo. En 1934 apoyaron al rector Manuel Gómez Morin contra el embate del gobierno que pretendía acabar con la Universidad por

* Mayo, 1999.

401

vía de la inanición. En 1944 –desde una plataforma ideológica de izquierda que a partir de entonces sería la predominante–, indujeron la renuncia del rector Brito Foucher. En 1949 organizaron un paro nacional en reacción al asesinato de un estudiante en la Universidad de Morelia. En el segundo lustro de los cincuenta se levantaron en el Politécnico contra las cuotas de los transportes y, más tarde, apoyaron a los sindicatos insurgentes: petroleros, magisteriales, telefonistas y ferrocarrileros.

«Que vivan los estudiantes porque son la levadura, del pan que saldrá del horno con toda su sabrosura.» La famosa canción nos hacía sentir protagonistas de la Historia. En los sesenta, los jóvenes hicieron –hicimos– de la protesta una cultura. No había más ruta que la nuestra, la «contestataria», y más enemigo que el «*establishment*». Sobrevino 1968 y con él la matanza de Tlatelolco. En los setenta, esta actitud generacional tuvo derivaciones trágicas –el Jueves de Corpus, la guerrilla–, convergencias político-sindicales como las que resultaron del movimiento de 1977, y no pocos momentos de patético fanatismo. Los ochenta tuvieron una doble cara: por un lado vieron el conmovedor bautizo cívico de los jóvenes en el terremoto de 1985, y por otro el ascenso de un nuevo populismo estudiantil cuyas banderas vuelven a ondear en el movimiento actual, el último del siglo xx, especie de fiesta posmoderna en la que se mezclan agravios sociales acumulados y propósitos legítimos de participación, con desplantes de una marcada irresponsabilidad cívica y existencial.

Las autoridades debieron tomar en cuenta esta larga historia y actuar con suprema cautela. Más allá de la justificación académica y financiera –para mí indudable– de la propuesta del rector, es claro que el doctor Barnés y el gobierno leyeron mal el calendario político y menospreciaron la siempre combustible materia estudiantil. Faltó instrumentar y «vender» el proyecto. Por lo demás, no parece sensato promover una reforma de esa naturaleza en tiempos preelectorales. Era obvio que la Universidad iba a ser una vez más teatro de provocaciones e instrumento partidista.

Pero más triste aún es la comparación de este movimiento con sus antecesores. Nadie podrá sostener que a los huelguistas de hoy se debe la «resurrección política» de México. Por el contrario: sus prácticas políticas han sido una regresión al imperio de la agresividad, la demagogia y la intolerancia. Hasta los años sesenta, los estudiantes buscaban un ideal político nacional e hicieron contribuciones decisivas al progreso democrático. A partir de los setenta y más acusadamente en 1987, en parte por efecto del cambio de escala demográfica y la crisis económica, los movimientos tomaron un extraño sesgo gremial o de casta: defender a la «clase universitaria», pero no –como sería legítimo– sobre la base de su misión y competencia académica sino de su edad biológica, y erigir al estudiante de la UNAM en becario vitalicio de la nación. «Por mi raza hablará la huelga», proclamaba hace unos días una manta en las afueras de la UNAM. Vasconcelos se moriría de nuevo ante esa cruel distorsión de su lema.

En 1987 Gabriel Zaid escribió el artículo «UNAMegalomanía» [recogido en *De los libros al poder*] donde apuntaba el narcisismo de esa ciudad-estado que por razones mitológicas se siente –sin serlo ya, ni de manera remota– el corazón de la vida nacional. Premonitoriamente advertía que si la UNAM entrara en una huelga prolongada no pasaría gran cosa con la marcha del país, y sugería dos medidas de realismo radical: desincorporar a los institutos sacándolos del campus e incluso enviándolos a provincia, y entregar la universidad a las huestes del populismo improductivo y becario, es decir, perder lo perdido. Este último proceso ha estado ocurriendo ya, inevitablemente. Lo aprovechan algunos sectores del PRD que no han tenido empacho en azuzar el populismo universitario con vistas a las elecciones federales del 2000.

En estas circunstancias, tal vez lo único sensato es dar marcha atrás en el punto de las cuotas en espera del marco político nuevo que el país se dará a sí mismo en el alba del próximo sexenio-siglo-milenio. Entonces las revoluciones –suaves o duras– deberán pasar a la historia junto con el siglo que las veneró. Las reemplazará la democracia y el respeto a la ley. Con todo, el repliegue no debe ser completo: si la UNAM, en efecto, gravita mucho menos en la vida nacional de lo que los huelguistas imaginan, las autoridades y los estudiantes responsables deben oponerse a las peticiones de laxitud, falso espíritu autogestionario y politización militante, cuya instauración convertiría a la UNAM, definitivamente, en un centro vacacional para adolescentes fósiles.

Caricatura del 68*

La rebeldía, todos lo sabemos, es connatural a la juventud. Puede tener algo de ruptura creativa, de elemental afirmación, de entrada al escenario. Pero en torno al actual movimiento estudiantil, eco del 68, no se puede menos que recordar la frase inicial de Marx en *El 18 bru-*

*Junio, 1999.

mario de Luis Bonaparte: «Hegel dice en alguna parte que todos los grandes hechos y personajes de la historia universal se producen, como si dijéramos, dos veces. Pero se olvidó de agregar: una vez como tragedia y otra vez como farsa».

La repetición era previsible: la saga de esos días es su horizonte histórico y mitológico. Crecieron con ella, leyeron los libros canónicos y hasta vieron sus escenas dramáticas en televisión. Buscan emular a sus padres, cumplir sus designios más extremos y, si es posible, superarlos. Por eso los paralelos deliberadamente buscados son obvios: la constitución de un Comité Nacional de Huelga, seis puntos en un pliego petitorio, ambiente contestatario de relajo y fiesta, asambleísmo, radicalismo ideológico, reverencia icónica al «Che» Guevara. Es como pasar la película de nuevo, pero esta vez «hasta la victoria siempre».

Sin embargo, las diferencias entre 1968 y 1999 son igualmente obvias. Aquel movimiento estudiantil era nacional en sus propósitos: buscaba, así fuese errática e instintivamente, la libertad política general en el marco de un sistema autoritario. Un sector influyente –el de los líderes vinculados a las diversas organizaciones de la izquierda militante– perseguía algo más: la revolución socialista. Lo hacía por convicción profunda pero también por la ausencia de salidas institucionales. Con todo, el grueso del movimiento no actuaba movido por la ideología: protestaban contra un orden que bloqueaba las expresiones más elementales de la libertad. Fue, se ha dicho repetidamente, un inmenso *no* contra la simulación, la rigidez, el autoritarismo, la corrupción del gobierno posrevolucionario.

El actual movimiento estudiantil es un inmenso *no* contra todo y contra nada. Un estallido de nihilismo. Explicarlo en términos de clase, ver en estos estudiantes a los nuevos condenados de la tierra, los despojados del futuro, es una contradicción en los términos: ser universitario en México es, por principio, una condición de privilegio. El movimiento actual se enmarca en una circunstancia histórica distinta de la de 1968 y no leerla así puede significar su ruina. México está transitando a la democracia. Existe un fuerte partido de izquierda, el PRD, multitud de organizaciones cívicas e influyentes órganos de comunicación de esa misma tendencia. La izquierda no sólo ha salido de las catacumbas, superado el sectarismo y la proscripción: ahora gobierna algunos estados de la República y el Distrito Federal, y tiene –si se deslinda de posiciones revolucionarias– buenas probabilidades de gobernar el país a partir del 2000. En un sentido estricto, el lugar político del PRD es una conquista histórica del 68. La prueba es que la libertad y la democracia no son ya ni podrían ser una bandera del actual movimiento estudiantil.

Se dirá que el ideal de la educación pública gratuita es un objetivo nacional que justifica el movimiento. En un país como el nuestro el Estado debe cumplir, en efecto, con la misión de educar gratuitamente a los jóvenes que no pueden pagar sus estudios. Es sin duda una prioridad nacional, pero para colocarla en la agenda no era necesario un movimiento de huelga como el que se ha orquestado. En todo caso, si los estudiantes querían llamar la atención del país sobre este punto lo han logrado ya. Lo ideal sería que canalizaran su rebeldía dentro del PRD, creando una corriente joven y radical. Pero esa alternativa debe parecerles poco heroica. Se equivocan: cada minuto que pase su movimiento se desprestigiará y se revertirá contra el fin que declarativamente perseguía.

Porque la paradoja es que, puestos a repetir el 68, no han advertido la lección mayor de esa epopeya: la necesidad de salirse a tiempo. Prácticamente todos los líderes de entonces terminaron por admitir que su pecado fue la falta de autocontención. Quisieron todo y, en cierta forma, lo perdieron todo. Antes de Tlatelolco, aquella energía hubiese podido encontrar y crear cauces institucionales: el nacimiento de un partido político, un avance en la libertad de expresión. México habría adelantado tres décadas en su tránsito a la democracia. Pero el espíritu revolucionario prevaleció sobre los atisbos democráticos convocando los peores impulsos represivos del gobierno.

Si el libreto de este movimiento consiste en repetir aquél, no es imposible que en sus entrañas se esté gestando una oscura tentación de martirio: no sólo emular a Tlatelolco, sino superarlo. Las autoridades hacen bien en recalcar que en ningún caso caerán en esa provocación. Si el gobierno, en sus diversas instancias, muestra autocontención, el movimiento se extinguirá solo.

Los últimos nihilistas*

Basamos nuestra conducta en lo que consideramos útil. En estos días, lo más útil que podemos hacer es repudiar. Y por eso repudiamos... –¿Todo? –Todo.

Ivan Turgueniev, *Padres e hijos*.

Una institución peculiar enmarca en México las cuatro palabras de vibrantes erres –reforma, revuelta, rebelión y revolución– que han ca-

* Agosto, 1999.

racterizado a los movimientos estudiantiles en el mundo: la Universidad Nacional Autónoma de México. A pesar de su clausura durante buena parte del siglo XIX, la Universidad fue hija de la tradición, heredera de la Universidad Real y Pontificia creada en 1553. Cuando se restableció, en mayo de 1910, tenía 1,969 alumnos: estudiantes de preparatoria, medicina, jurisprudencia, ingeniería, arquitectura y un área humanística: Altos Estudios. Desde un principio, se concibió como una república platónica que de modo natural debía inducir en México la «sofocracia», el gobierno de los sabios. Por momentos, esta imagen ha correspondido a la realidad –con resultados ambiguos– pero, como ocurre con los platónicos de todos los tiempos, ha distorsionado también la comprensión de los universitarios sobre sí mismos y la institución en la que viven.

Hay muchas formas de aproximarse a la historia político-estudiantil de la Universidad. Una de ellas es la teoría de las generaciones de Ortega y Gasset. Como se sabe, Ortega pensaba que en términos de sociología del saber, el ciclo vital de las generaciones dura sesenta años y se divide en cuatro generaciones separadas quince años una de otra: la que inventa y funda un nuevo orden, la que lo consolida e institucionaliza, la que lo critica y, finalmente, la que rompe con él. Este esquema es particularmente útil para el análisis de la cultura mexicana desde el siglo XIX porque ésta ha tenido rasgos «familiares» de continuidad, aislamiento y centralización muy distintos de los procesos abiertos que se han dado en países anglosajones. En esa genealogía, la Universidad ha sido un tronco fundamental cuyas intrincadas ramificaciones llegan hasta nuestros días.

En su fundación confluyeron dos generaciones anteriores a la era reconstructiva de la Revolución mexicana: Justo Sierra –artífice de la consolidación porfiriana– y el Ateneo de la Juventud, que en el plano intelectual representó la generación de ruptura. Reivindicada y acosada por las facciones revolucionarias, la Universidad sobrevivió con dificultad hasta que en los años veinte una nueva convergencia generacional (Vasconcelos y los jóvenes de la generación de 1915) imprimió en el ideal sofocrático una misión redentora: «Por mi raza hablará el espíritu».* A partir de entonces, la Universidad fue labrando para sí un prestigio no sólo académico sino mítico, muy distinto del de sus homólogas en el mundo hispano o sajón. A diferencia de otros países, en México el saber –igual que el poder– parecía destinado a ser uno e indivisible.

* La obra definitiva sobre el tema es de Javier Garciadiego, *Rudos contra científicos. La Universidad Nacional durante la Revolución mexicana*, El Colegio de México, 1996.

Con el paso de Vasconcelos a la Secretaría de Educación Pública (1921), la Universidad quedó en manos de la generación de 1915, la primera del ciclo de reconstrucción «revolucionaria», nacida entre 1890 y 1905. También conocidos como la generación de los «Siete Sabios» –en realidad eran mucho más que siete–, estos jóvenes crearon el nuevo edificio institucional de México. La Universidad fue uno de sus principales campos de acción. Manuel Gómez Morin, tal vez su epígono mayor, fue director de la Escuela de Leyes en 1924 e introdujo en ella, por primera vez, los estudios sociales. Desde 1929 y sobre todo en la década siguiente, los científicos y humanistas de esta generación fundaron los primeros institutos de investigación, entre otros el de Física (Sandoval Vallarta), Sociales (Mendieta y Núñez), Estéticas (Manuel Toussaint), Historia (Martínez del Río), Escuela de Economía (Cosío Villegas y Silva Herzog). Habiendo estudiado en medio del tiroteo revolucionario, los hombres del 1915 eran reformistas por temple y naturaleza.

La inquieta generación universitaria que los siguió (nacida entre 1905 y 1920) fue revoltosa y rebelde, no revolucionaria. En 1929 los estudiantes se levantaron contra un sector de la generación del 1915 representado por Narciso Bassols, severo director de la Escuela de Leyes que tenía una postura crítica con respecto a la Universidad: la consideraba demasiado elitista, despegada de las necesidades reales del país. Los jóvenes pidieron su renuncia. En cierto momento, unos energúmenos –los ha habido en todos los tiempos– encerraron en un cuarto al secretario de la Universidad, Daniel Cosío Villegas, y amenazaron con tirarlo por la ventana. Finalmente tumbaron al rector Antonio Castro Leal («Ya se cayó el arbolito, donde dormía Castro Leal, / ahora dormirá en el suelo como cualquier animal»). Al poco tiempo, el presidente Portes Gil otorgó la autonomía. A fines de ese mismo año, esa generación –llamada del 29– fue la protagonista estelar del vasconcelismo. Integrada en su origen por oradores combativos, su primer epígono fue el gran líder Alejandro Gómez Arias, que en 1942 fundaría Radio Universidad. A partir de los años cuarenta, la generación dio al país grandes juristas, arquitectos, científicos e historiadores: profesiones de estructuración.

A lo largo de la década de los treinta la Universidad fue una isla de independencia frente a un Estado con tentaciones totalitarias. Durante el rectorado de Manuel Gómez Morin (octubre de 1933 a octubre de 1934) los universitarios lucharon por consolidar el carácter nacional y autónomo de su institución ante los gobiernos de Calles y Cárdenas, cuyo propósito permanente fue subordinarla e imponer en las aulas los dogmas antirreligiosos y socialistas en boga. Bien vista, aquella fue una guerra civil dentro de la generación de 1915, una querella entre el liberalismo clásico (que algunos consideraban conservador o reaccionario) y el marxismo. El primero, representado por el rector Gómez Morin; el segundo, por el jacobino ministro de Educación, Narciso Bassols, y el ideólogo de la educación socialista, Vicente Lombardo Toledano. Ambos, Bassols y Lombardo, actuaban en consonancia con el poder: si en su famoso «Grito de Guadalajara» de 1933 Calles proclamaba la necesidad de apoderarse de la conciencia infantil, Cárdenas, en su gira presidencial de 1934, apuntaba: «la educación superior … debe abandonar sus orientaciones a favor de las profesiones liberales [cuyos exponentes] ligados a la burguesía, no son sino materia prima para la formación de clases parasitarias». En ese año, el Estado abandonó la Universidad a su suerte: revirtió el decreto de autonomía, le cedió sus edificios más una pequeña suma a manera de finiquito y esperó el desenlace. La cohesión interna entre maestros y alumnos, una inteligente defensa de la libertad de cátedra (llevada a cabo sobre todo por Antonio Caso) y el valeroso liderazgo de Gómez Morin, salvaron el trance y conquistaron para la UNAM una legitimidad histórica definitiva. Siguieron años de altibajos en la relación con el gobierno, pero la creación en 1937 del Instituto Politécnico Nacional disminuyó la presión sobre la UNAM hasta hacerla manejable. A regañadientes, el gobierno había entendido que para construir la enseñanza técnica superior no había por qué erradicar las profesiones liberales ni coartar el libre ejercicio de la cátedra y la investigación.

En su mayoría, el estudiantado universitario era visto por el gobierno como vocero de «la reacción». Aunque la filiación católica de algunos derivó en ocasiones hacia una militancia con tintes fascistas, lo cierto es que tanto los batallones estudiantiles de Vasconcelos, como los jóvenes que en 1933-1934 cerraron filas con Gómez Morin, se concebían a sí mismos como herederos de la *verdadera* revolución, no la demagógica y corrompida de los generales revolucionarios, ni siquiera la de los promotores de una educación socialista que, en palabras de Jorge Cuesta, pretendían introducir una «nueva política clerical». En el fondo, aquel estudiantado era reformista. Sus facciones podían tener ideas divergentes sobre los problemas de México y sus vías de solución, pero en los hechos reivindicaban la Universidad liberal.

En 1945 se cerró una primera etapa. En la UNAM gobernaba uno de «los Siete Sabios», Alfonso Caso. Bajo su rectorado se expidió la Ley Orgánica de la Universidad. Al año siguiente, con el arribo de Miguel Alemán, el viejo proyecto sofocrático se volvería realidad. Las generaciones de 1915 y 1929 se hermanaban bajo el águila universitaria. El poder no combatiría más al saber, el saber no criticaría más al poder: con el retiro voluntario de los militares, los universitarios tomaban pacíficamente el poder. Y como emblema de reconocimiento y convergencia, en un gesto de paz definitivo, Alemán dotó a ese «Estado» platónico y paralelo de un territorio propio, la Ciudad Universitaria, donde los licenciados estudiaban para ser –como él, universitario por antonomasia– presidentes de la República.*

En 1952, cuando se inauguraron los primeros edificios de la Ciudad Universitaria, la Universidad tenía poco más de veinte mil estudiantes. Eran privilegiados, lo sabían y lo aprovechaban: la UNAM era el gran trampolín para saltar a las secretarías, dependencias o empresas de la *otra* república, la de verdad. Como era de esperarse, a lo largo de esa década apacible decayó la efervescencia política. Los movimientos sindicales que hacia el fin de la década conmovieron al país tuvieron cierto eco en la institución pero, en general, su vida cotidiana transcurría de manera tranquila. Fueron, a no dudarlo, los años dorados del humanismo liberal universitario. Hasta sus mitos se habían diluido: la UNAM no monopolizaba el saber humanístico del país (para entonces se habían consolidado El Colegio de México, el Fondo de Cultura Económica y varias otras empresas editoriales y periodísticas) y luchaba sanamente por superarse: fortaleció a sus institutos científicos, creó a los profesores investigadores de carrera, enriqueció su catálogo de publicaciones (las maravillosas colecciones de clásicos, la Biblioteca del Estudiante Universitario, la *Revista de la Universidad*), su oferta artística (la Casa del Lago, Radio Universidad, la antigua Escuela de San Carlos, la Filarmónica de la UNAM) y, en general, su labor de enseñanza, difusión cultural e investigación científica. Como la ciudad de México, la universitaria tenía una escala humana: los alumnos de una facultad podían conocerse por nombre. Hasta las costumbres iniciáticas de la UNAM –las famosas «perradas»– y la inocente rivalidad deportiva entre el Politécnico y la Universidad eran símbolos de una época rosa. La revolución –tanto la mexicana como la mundial– parecía un vestigio de la historia.

En las aulas universitarias de los años cincuenta estudiaba la tercera generación del ciclo, nacida entre 1920 y 1935: la generación de medio siglo. Su horizonte era cosmopolita, su temple irreverente. En la Universidad daría grandes escritores, filósofos, demógrafos, historiadores,

---

* Gabriel Zaid, «Los universitarios en el poder», en *El progreso improductivo*, Siglo XXI, México, 1979.

economistas y sociólogos: profesiones de rebelión artística y actitud crítica. Las escuelas del ala humanística –Filosofía y Letras, Ciencias Políticas y Economía– gravitaron sobre todo hacia la cultura francesa. Por esa vía, y legitimado académicamente por Sartre, el marxismo entró a la Universidad. * Los hombres de la generación del medio siglo (Enrique González Pedrero, Pablo González Casanova, Víctor Flores Olea, entre varios otros, fundadores de la revista *El Espectador)* cambiaron los paradigmas de la Escuela de Ciencias Sociales: en vez de diplomáticos o periodistas, comenzó a formar teóricos sociales contestatarios.

La Revolución cubana hizo el resto. Representó una auténtica mutación en la vida universitaria continental, tal vez la más profunda y costosa del siglo: la idea de la revolución como la única vía para el advenimiento de un orden próspero, justo e independiente, las bodas históricas de Marx y Martí, el sueño anfictiónico de Bolívar junto al prestigio icónico de aquellos jóvenes barbudos que en verdad se comprometían por los condenados de la tierra. Ese movimiento telúrico marcaría por tres décadas la vida política latinoamericana y llegaría hasta nosotros reproduciéndose, generación tras generación, no en las fábricas sino en las aulas, no en los campos sino en los campus. A partir de los años sesenta, los maestros de la generación de medio siglo comenzaron a hacer peregrinaciones frecuentes a la Meca cubana y ejercieron una efímera oposición al gobierno priista que finalmente, con algunas excepciones, los integró. No obstante, su actividad crítica persistió en cátedras y seminarios, en la configuración del catálogo de la editorial Siglo XXI, en la edición de revistas, suplementos, libros y ensayos. Eran revolucionarios de pizarrón: enseñaban la revolución, no la ejercían.

Para su sorpresa, muchos discípulos les tomaron la palabra, pasaron de la teoría a la práctica. Integraban la última generación del ciclo, la generación del 68, nacida entre 1935 y 1950. Como en los años treinta, el movimiento estudiantil de 1968 volvería a enfrentar a la Universidad con el Estado, pero la UNAM estaba a años luz de aquella pequeña institución dispersa en los edificios del Centro Histórico. Llevaba largas décadas en el centro de la vida nacional –tantas como el PRI–, tenía un gobierno y un territorio propios y, dato fundamental, había duplicado su población estudiantil en diez años: en 1969 contaba con cien mil estudiantes. Debido a la proliferación interna de organizaciones de izquierda, inspiradas casi todas por la Revolución cubana

---

* Gabriel Zaid, «De cómo vino Marx y cómo se fue», publicado originalmente en *Vuelta* 15, febrero de 1978, recogido en *De los libros al poder*, Océano, México, 1998.

(había cuarenta grupos hacia 1968), la UNAM constituía –al menos en su ala humanística– un Estado imaginario o potencialmente revolucionario dentro de otro que reclamaba para sí el monopolio legítimo de ese nombre. Tal vez con esta polaridad en mente, el gobierno de Díaz Ordaz buscó un mayor control de la institución y por ello orquestó en 1966 la caída del doctor Chávez. Dos años después, en el marco de una insurgencia estudiantil mundial, el gobierno aplicó en la ciudad de México la receta represiva que parecía haberle funcionado en las universidades de Morelia y Sonora. El movimiento alcanzó proporciones históricas. ¿Fue revolucionario o democrático? Las dos cosas. Es obvio que en sus núcleos fue lo primero, pero en su impulso masivo y sus métodos de lucha fue fundamentalmente una rebelión libertaria. La vocación revolucionaria –la búsqueda por vías violentas de un orden histórico nuevo, basado en una concepción filosófica marxista– sobrevino después de Tlatelolco, cuando el Estado priista masacró al universitario, y se afianzó luego del 10 de junio de 1971, cuando quedó claro que la vía de la disidencia estaba cerrada.

¿Qué hacer con la UNAM?, preguntó alguna vez Ramón Xirau a Cosío Villegas. «*otram*», fue su respuesta. La solución madura al agravio del 68 hubiese sido dual: una auténtica apertura hacia la democracia (es decir, la reforma política de 1978 adelantada, elecciones limpias, libertades políticas plenas) y una decidida descentralización de la Universidad: desincorporar las preparatorias, limitar su matrícula de ingreso, fortalecerla académicamente y crear una, dos, veinte universidades en el país. Se optó por lo contrario: ahondar la mitología universitaria, propagar la mentira de que todo mexicano puede ser egresado de la UNAM.

En 1970, la generación de medio siglo llegó al poder en México y la Universidad: Luis Echeverría y Pablo González Casanova –ambos nacidos en 1922– representaban una posible reconciliación de los dos Estados. Como en un neoalemanismo de signo ideológico opuesto, Universidad y gobierno establecerían vasos comunicantes: el gobierno abriría generosamente sus compuertas burocráticas a decenas de miles de egresados universitarios y adoptaría la ideología crítica de la generación de medio siglo (en esencia: vuelta al cardenismo, populismo nacionalista, estatismo económico); a su vez, la Universidad recibiría un incremento enorme en sus ingresos, el cual por una parte daría mayor viabilidad a un mundo académico mal remunerado, y por otra contribuiría a institucionalizar, en la vieja tradición priista, al movimiento estudiantil. La creación de los Colegios de Ciencias y Humanidades (CCH), por ejemplo, pretendía canalizar el agravio hacia una formación académica «comprometida» con la realidad social del país. En una medida lo logró. Pero la vasta inyección presupuestal a la Universidad (1,688 por ciento entre 1968 y 1978) y la nueva duplicación de la población estudiantil en esa década (en 1978 había más de doscientos veinte mil alumnos) tuvo efectos contraproducentes que en su momento, a mediados de los setenta, percibió y analizó Gabriel Zaid.

Se trataba, escribió Zaid en *El progreso improductivo,* de una vasta mutación social: lo que en el alemanismo había sido el destino de centenares de privilegiados (el derecho, basado en el capital curricular, a dirigir al país y enriquecerse, con banderas revolucionarias) se volvía un movimiento masivo de piramidación social, empobrecedor e improductivo en lo académico y costoso en términos económicos; el mayor acto de cooptación colectiva del siglo, financiado por el Estado con cargo a la deuda pública. Y lo más grave e imprevisto: buscando neutralizar al movimiento estudiantil, el gobierno populista –corresponsable del 68– no logró la indulgencia de los estudiantes y en cambio creó un Frankenstein: la Universidad revolucionaria.

Durante los años setenta, muchos miembros de la generación del 68 salieron, al menos parcialmente, de la UNAM. Un ala revolucionaria insurreccional se incorporó a las guerrillas rurales o urbanas y fue reprimida. Otra, de tintes maoístas, trabajó con mayor éxito en la organización militante de obreros, campesinos y colonos. Muy pocos, al menos en un principio, se integraron al gobierno. Aunque la crítica de los intelectuales del 68 fue no pocas veces dogmática, contribuiría a afianzar y legitimar la reforma política de 1978. Un verdadero parteaguas: por primera vez en la historia contemporánea de México, el Partido Comunista y otras organizaciones de izquierda optaban por la lucha democrática. Al hacerlo, reconocían –sin generosidad, tácitamente– la observación, en 1997, de Octavio Paz: «¿Dónde está la salud? Afuera. La plaza pública, no el aula ni el laboratorio, es el espacio de las luchas políticas».* Una década más tarde, Cuauhtémoc Cárdenas completaba el viejo proyecto del MLN [Movimiento de Liberación Nacional], que su padre había apoyado con tibieza: la unidad parcial pero duradera de ese receloso archipiélago de sectas que había sido, a lo largo del siglo XX, la izquierda mexicana.

Este sano desarrollo democrático, esta salida a la plaza pública y la libre discusión, fue producto de una alianza de generaciones pertenecientes al ciclo anterior: la de medio siglo (Cuauhtémoc Cárdenas, Porfirio Muñoz Ledo, Heberto Castillo, Ifigenia Martínez) y la del 68, que

* Octavio Paz, *El ogro filantrópico,* Seix Barral, 1990.

de ese modo cumplía, por vías reformistas no revolucionarias, con la misión de dar fin al orden político de la Revolución mexicana. Pero mientras la izquierda política –junto con la ciudadanía del país– avanzaba en un sentido democrático, la izquierda universitaria se volvía sobre sí misma, se aislaba y radicalizaba. Al margen de su intensa vida académica y su continua labor científica y artística, la UNAM se fue convirtiendo en una isla ideológica que vivía *en socialismo*. Y varias universidades del país la secundaban: señaladamente Puebla, Sinaloa, Guerrero, Morelia. En sus aulas se gestaba la primera generación del nuevo ciclo. La generación nacida entre 1950 y 1965, la generación «marquista», la del subcomandante Marcos.

El acontecimiento–eje del ciclo siguiente fue el 68. Pero ¿fundador de qué? El grueso de la generación de 1968, incorporado a la plaza pública, lo interpretó como el parteaguas de la democracia y actuó en consecuencia. Pero otro sector creyó que el 68 prendió la mecha de la revolución e hizo lo conducente. Al fracasar en la guerrilla se parapetó en la Universidad, donde lo esperaba ya una joven masa estudiantil dispuesta a fundar –por lo pronto en el seno de la propia UNAM, como un «territorio liberado» o un foco– el nuevo orden revolucionario, en el sentido marxista del término. Eduardo Valle, el famoso «Búho», uno de los líderes del movimiento del 68, previó con claridad el nacimiento de esta generación:

«El movimiento repercutió en los niños ... En las generaciones que vivieron el movimiento desde las aceras, viendo pasar a sus hermanos mayores, tomados de la mano de sus padres en las propias movilizaciones, los que oyeron relatos de los días de terror o los sintieron en su carne, en ellos está la revolución. El gobierno de este país deberá tener mucho cuidado con aquellos que en 1968 tenían diez o quince años.»

Por fuera de la UNAM –y de las universidades afines en el país– la cultura mexicana respondía cada vez menos a patrones generacionales. Al abrirse, una cultura abandona sus pautas endogámicas o sus obsesiones filiales –de fidelidad o parricidio– y se nutre de las influencias más variadas. Este proceso de liberación fue visible desde los años setenta en la creciente actividad intelectual destinada al público. Proliferaron los nuevos periódicos, suplementos, revistas, empresas editoriales en las que el patrón no era el Estado sino el lector. Fundadas por una gama de generaciones, la regla en estas empresas culturales era la libre discusión, incluso la agria polémica, pero no la obediencia ideológica, burocrática o tecnocrática. En una cultura democrática no convence quien puede más –por razones de dinero, prestigio, edad o poder– sino quien, a juicio del público lector, tiene razón.

La universidad de masas, por el contrario, se aferró como nunca antes a su mitología histórica –el «cerebro de la nación»– y desde esa imagen excesiva de sí misma alimentó su dinámica generacional con una misión revolucionaria. En santa alianza, los maestros marxistas del 68 y sus fervorosos alumnos reconstruyeron el paradigma intolerante y dogmático de la Universidad Pontificia. Hacia 1983, por ejemplo, la Facultad de Ciencias Políticas prescribía la obligatoriedad de tres cursos marxistas de economía política en sus cuatro carreras tradicionales además de treinta y cinco materias optativas con enfoques marxistas.* El caso se repitió con diversos matices en la Escuela de Economía y parcialmente en Filosofía y Letras.

Paralelamente a este desarrollo, como resultado natural del cambio de escala demográfico y presupuestal, tomó fuerza el movimiento sindical universitario que, sin saberlo, repetía las tesis lombardistas de 1933: el supuesto carácter clasista de la distinción entre trabajo manual e intelectual. Al margen de la legitimidad de sus demandas salariales, el nuevo sindicalismo postulaba una «universidad hacia afuera», una «universidad militante», y supeditaba los fines académicos a la «elaboración democrática de los grandes problemas del país ... en el marco de la lucha de clases».

Generosa y fanática, resentida e idealista, perdida en una feria de siglas, sectas y tendencias, empeñada en tortuosas e infinitas hermenéuticas de los clásicos marxistas y sus exégetas, ciega, recelosa o indiferente ante la crítica al «socialismo real» hecha desde los años setenta por disidentes de izquierda en todo el Occidente europeo, inmune incluso a la crítica radical que desde 1981 representó en los hechos el sindicato obrero Solidaridad en Polonia, la izquierda estudiantil universitaria se imaginaba –con métodos diversos y diferentes grados de radicalidad– como la vanguardia que guiaría a las clases populares a la construcción del socialismo. Primero había que tomar la Universidad, luego el país entero. En la medida en que la militancia derivó a la sociedad (organizando campesinos, obreros o colonos) adquirió eficacia y sentido de la realidad. Pero la que permaneció en el campus, exacerbó su ideología hasta el fanatismo.

Siempre hay lugar a la izquierda de la izquierda. El 23 de mayo de 1979 «La Cultura en México», suplemento de *Siempre!*, publicó un

---

* Jesús Julián Castro Rea, *Universidad Nacional, política y marxismo* (tesis profesional), UNAM Acatlán, 1983.

lúcido análisis sobre la izquierda universitaria: «La seudo (ultra) izquierda en su seudo (ultra) toma del poder universitario». Sus autores, Hermann Bellinghausen y Raúl Trejo Delarbre, distinguían siete rasgos de lo que llamaban «la enfermedad infantil del izquierdismo»: *espontaneísmo* («carencia de proyectos concretos y realizables»); *aislamiento* («una suerte de autismo ... al refugiarse en sus ínsulas la seudo izquierda piensa que toda acción suya es crucial para el país»); *intolerancia* («Mi razón es la razón ... proclividad a impedir la manifestación de ideas que no comparte»); *esquematismo* («el Estado es burgués», y la Universidad es «uno de sus aparatos ideológicos», por lo que todo avance democrático en educación superior sólo sirve para «refuncionalizar el Estado»); *adversarios equivocados* (al creer que «sus adversarios principales o inmediatos son grupos u organizaciones progresistas ... sirve como aliada, consciente o no, de la derecha»); *asambleísmo* («llevando la idea al extremo, la UNAM debería ser manejada por una enorme asamblea de trescientas mil personas –quizás en el Estadio Azteca»). La séptima crítica –*el lenguaje como cerco y pretexto*– apuntaba: «La seudo izquierda vive en un ámbito irreal ... Las palabras desempeñan una función mágica, dime cómo adjetivas y te diré qué tan puro eres ... Palabras que una vez fueron conceptos quedan sin su significado ... Tu ismo y mi ismo no siempre son lo mismo ... al rigor lo sustituye el furor».

La pregunta obligada es ¿por qué la *ultra* no derivó en una «guerrilla universitaria», según el concepto acuñado por Gabriel Zaid? Imaginemos a un universitario radical nacido en 1957. Antes de 1978 su incorporación a la guerrilla era tal vez impensable por razones de edad, y de la más elemental sensatez. En primer lugar, a diferencia de todas las experiencias guerrilleras latinoamericanas, la mexicana no contó con el apoyo de Castro (que aún ahora considera que como guerrillero Marcos es «todo un filósofo»). Pero además, para entonces el gobierno había borrado a los guerrilleros del 68. Cuando cumple veintiún años, un sector de la izquierda política y el gobierno pactan la reforma política. Y no cualquier gobierno: es la época dorada del *boom* petrolero, que dura hasta 1981, por lo menos. Hasta ahí las «condiciones objetivas» podían ser o parecer impropicias.

Pero en el sexenio de Miguel de la Madrid las condiciones cambian: desastre económico nacional, ascenso de la guerrilla en El Salvador, los sandinistas en el cenit. Esa fue, justamente, la lectura del futuro subcomandante Marcos que por esos años se interna en la Selva Lacandona. Pero aquel joven imaginario no era Marcos, y el contexto nacional e internacional contribuiría vertiginosamente a descorazonarlo: las reformas económicas y políticas de Gorbachov (1985), la democracia como prioridad nacional (desde 1986), el fortalecimiento de la izquierda partidaria que orientaría al Consejo Estudiantil Universitario (CEU) hacia cauces democráticos (1987), el liderazgo político de Cárdenas (muy claro desde 1988) y, para cerrar el ciclo, la catástrofe nunca imaginada: la caída del Muro de Berlín (1989), la derrota sandinista, la paz con los guerrilleros salvadoreños, la desaparición de la URSS. Para colmo, aun el contexto al interior de la UNAM parecía adverso a toda radicalidad: José Sarukhán, un rector proveniente del sector científico, continuaba el proyecto de superación académica y fortalecimiento de los institutos que en los años setenta había acometido con gran energía el rector Guillermo Soberón. Frente a esta realidad, la mayoría silenciosa entendió el sentido de la democracia y se incorporó a ella. Aquel joven seguramente es hoy un militante del PRD.

Según la teoría orteguiana, para entonces una nueva generación había llegado a la UNAM. Había nacido entre 1965 y 1980. Sus maestros eran algunos cincuentones residuales del movimiento estudiantil –que podían ser sus padres biológicos– pero, sobre todo, miembros de la generación sucesora del 68. ¿Cómo alimentar el socialismo real, si la realidad histórica lo desmentía? La sociología caía en descrédito. Aunque en Ciencias Políticas todavía se estudiaba *El capital* en tres semestres de Economía Política, el mundo se vaciaba de ideología. De pronto, desde las entrañas de la selva chiapaneca, un guerrillero universitario los reivindicó a todos: Marcos.

En un pedregoso lugar del sur de la ciudad de México, el zapatismo ha abierto una sucursal. Si Marcos fundó el nuevo ciclo revolucionario, la siguiente generación (nacida entre 1965 y 1980) tiene la misión de consolidarlo. Han hecho su aparición histórica en el movimiento estudiantil. No constituyen, ni siquiera remotamente, la mayoría del estudiantado. Pero en su desdén absoluto por la democracia esa condición minoritaria no les importa. ¿Quiénes son? Tal vez haya que distinguir entre los jóvenes universitarios cinco categorías: los rebeldes, los revoltosos, los reformistas, los revolucionarios y –para usar el concepto de Luis González– «los revolucionados».

Los contingentes de la huelga son una tribu revoltosa: sus actos son espontáneos, derriban bardas en los conciertos de rock, mientan madres en los juegos de los Pumas, echan relajo contestatario. También son rebeldes: no tienen visión histórica, pero están en contra de las autoridades universitarias y nacionales. Tal vez algunos líderes moderados sean reformistas: como muchos académicos respetables, tienen críticas fundadas contra la burocracia universitaria, y piensan legítimamente que la Universidad debe cambiar pero de manera gradual, racional y pacífica. Otros líderes son claramente revolucionarios, tal vez no en un sentido estricto, pero sí en una acepción que conviene tener presente en el México de hoy: las *revoluciones blandas* o *suaves*. El zapatismo es eso: no un movimiento cívico (porque está armado y es clandestino), no una guerrilla activa (porque su resistencia es pacífica). En nombre de un ideal irrecusable –la justicia histórica para los indígenas– han tomado una porción del territorio mexicano y tras esa fortaleza esperarán años hasta que la revolución se expanda. Lo mismo ocurre con la huelga universitaria. En nombre de la «educación popular», los huelguistas han secuestrado a la UNAM. [En febrero de 2000 la Policía Federal Preventiva desalojó a los huelguistas de las instalaciones de la Universidad.]

La mayoría del estudiantado –como ocurre en todas las situaciones revolucionarias: Rusia, China, Cuba o México– pertenece a la insípida categoría de los «revolucionados». Son los «pacíficos» de Morelos a quienes se refería Zapata en sus cartas instando a sus tropas a respetarlos; son los «pacíficos» de Chiapas, que apenas se mencionan en los comunicados de Marcos. Los que de verdad no tienen voz, porque siendo mayoría están en posiciones políticamente incorrectas. Y es que la «corrección política» ha jugado un papel crucial en el conflicto: lo ha legitimado.

La descripción que Hermann Bellinghausen hizo en 1979 de aquellos *ultras* corresponde punto por punto a estos *ultras:* son espontaneístas, autistas, intolerantes, esquemáticos, confusos, asambleístas y demagógicos. Pero ahora estamos en la era cultural zapatista, y cualquiera que critique al zapatismo o a los huelguistas es, por definición, un reaccionario antiindígena, un privatizador de la educación. No sorprende que en sus recientes crónicas del conflicto estudiantil [publicadas en *La Jornada],* Bellinghausen se entusiasme con lo que hace veinte años criticó: «Una ola de participación e inquietud cívica recorre la UNAM en sus niveles superiores y medio superior ... una aura de irreprimible primavera va ganando la movilización estudiantil ... La protesta se derrama ... el susto inicial, cercano al vértigo, va tornándose alegría y terrible esperanza».

La actual huelga estudiantil es una *revolución blanda,* efecto retardado del ciclo generacional de cultura revolucionaria que comenzó a partir de 1970. De cumplirse en sus postulados populistas, su primera víctima sería la propia UNAM. Y puede convertirse en una revolución dura. En un sitio de Internet unos activistas proclaman, entre otras cosas, la «toma violenta del poder», «democratizar el sur-este y sur-oeste mexicano dando el poder a la juventud indígena», cambiar la «entidad federativa» (sic) a «República Nacional Socialista Democrática Revolucionaria de México». Palabras, se dirá, «palabras que desempeñan una función mágica», pero palabras que pueden convertirse en actos.

Las *revoluciones blandas* serán un desafío político mayor para el próximo gobierno en México. El PRD, que alentó irresponsablemente la huelga en un principio, se engaña si piensa que podrá manipularla. De allí que importe tanto su deslinde, práctico y no sólo declarativo, con respecto a los huelguistas. Bastaría que, haciendo honor a la tercera palabra de sus contradictorias siglas, propusiera la salida natural: ya que la población de la UNAM tiene un padrón credencializado confiable y propio, ¿por qué no llamar a un referéndum sobre la huelga? [El referéndum se llevó a cabo, pero el ala radical del Consejo General de Huelga ignoró sus resultados.] Es una lástima que el PRD deje pasar estas oportunidades. De triunfar, los revolucionarios UNAMizarían al país (con todo y PRD), lo convertirían en una isla contracultural en un mundo globalizado. Pero no hay que temerles ni reprimirlos: hay que vencerlos con la razón y el derecho. Un régimen plenamente democrático tendrá el mandato legítimo de aplicar la ley, y lo podrá hacer con el apoyo del país entero.

En su célebre novela *Padres e hijos* (1862), Ivan Turgueniev creó a Bazarov, el primer nihilista de la literatura que para muchos fue el arquetipo del revolucionario. Un diálogo crucial representa la tensión de aquellas dos generaciones:

«–Ustedes están destruyéndolo todo, pero uno debe construir también...
»–Eso no es asunto nuestro ... primero hay que limpiar el terreno. Estaré de acuerdo con usted si es capaz de mostrarme una sola institución de la vida contemporánea, privada o pública, que no merezca el más absoluto y despiadado repudio.»

El ciclo revolucionario-estudiantil ha dado la vuelta completa: nació en Rusia con los nihilistas y ha terminado en México, con los últimos nihilistas. Pero el tiempo, aunque ellos no lo sepan, corre en su contra: una nueva generación –nacida entre 1980 y 1995– criticará muy pronto, desde las premisas democráticas vigentes en todas partes, el tinglado revolucionario que han escenificado. Y ya nació la generación siguiente: la que desmontará el teatro y renunciará definitivamente, aun en el discurso, al sueño revolucionario, esa pesadilla del siglo XX que sacrificó millones de personas concretas en el altar de las ideas abstractas.

Revoluciones blandas*

La Revolución –esa palabra mítica en la historia occidental y mexicana– ha reaparecido entre nosotros bajo un nuevo avatar, el último del siglo xx. No se trata sólo de una anomalía histórica sino de un peligroso anacronismo. Francia no ha sepultado su célebre revolución pero ha hecho algo mejor con ella: la ha desmitificado, ha deslindado valerosamente sus episodios macabros de sus actos libertarios. Al siglo xx le costó una guerra mundial liberarse de la «revolución» fascista y hace apenas una década dictó, en los hechos, su veredicto sobre los revolucionarios marxistas, desde los bolcheviques hasta los maoístas; no sólo no cumplieron su promesa de igualdad y fraternidad sino que asesinaron directamente y mataron de hambre a decenas de millones de sus respectivos ciudadanos. Los pueblos centroamericanos han desmentido en las urnas la falsa ecuación entre pobreza y revolución. Quieren prosperar así sea mínimamente, pero en un marco democrático. Cuba ha quedado sola, isla histórica y geográfica secuestrada por un dictador revolucionario. Pero bien vista, Cuba no está enteramente aislada: la acompañan grupos residuales de guerrilleros de diversas filiaciones en América Latina y –sorprendentemente– una nueva variedad de la revolución en México: la revolución blanda.

El zapatismo se ha vuelto, en esencia, una revolución blanda. No lo era en un principio, cuando declaró la guerra al gobierno y el ejército mexicanos y, en espera de que se levantara «el sótano de México», proclamó la inminente toma de la capital. No es una guerrilla activa, pero sus métodos y objetivos son los de una revolución en cámara lenta. Actúa mediante un chantaje político y moral al gobierno y la sociedad. Elige una causa histórica irrefutable y, a partir de ella, vindicándola, se atrinchera en un «territorio autónomo» hasta que las «condiciones objetivas» produzcan el parto de la historia, el «cambio estructural». Las concesiones fragmentarias que haga el gobierno no sacian, por principio, a los «revolucionarios blandos» porque su táctica consiste en postergar la solución. Ahora son los Acuerdos de San Andrés (que el gobierno, por cierto, debió haber cumplido desde hace tres años), mañana será la justicia social o la soberanía de México. En términos ideológicos, no se incorporarán a la vida democrática hasta que en México –y en el universo– se agote el capitalismo y el mercado, y reine la más perfecta igualdad.

* Noviembre, 1999.

419

En la toma de la UNAM por parte de los «ultras» hay dos revoluciones blandas convergentes: una vagamente posmarxista y otra puntualmente fascista. Para los representantes del primer género, la UNAM es el nuevo «territorio liberado» de México, (el primero es la parte de la Selva Lacandona controlada por el zapatismo). No constituyen un movimiento de resistencia civil (porque han tomado por la fuerza una institución pública y tienen en su contra el repudio mayoritario de la comunidad universitaria y la opinión pública). Cobijados bajo la bandera de la educación pública gratuita (aspiración legítima pero demagógica, dada la gratuidad efectiva de la educación universitaria), actúan como un foco irreductible en espera de un sacrificio colectivo: un Acteal en el Pedregal. En su vertiente fascista, la toma de la UNAM recuerda a la Italia de los años veinte: glorificación de la «vida peligrosa», frenética, impetuosa, violenta e intolerante, primitivismo ideológico, inanidad programática, desdén por la democracia –sus prácticas, sus principios, sus instituciones–. Sobre todas las cosas, el fascismo fue un movimiento de grupos juveniles. La juventud se elevó al rango de categoría social y la sola palabra adquirió un prestigio mítico. (De hecho, como se sabe, el himno fascista comenzaba con las palabras *Giovinezza! Giovinezza!/Primavera di bellezza»*). El propio Mussolini escribía en 1919 el elogio de «la juventud de las barricadas y las escuelas» en perpetuo movimiento, buscando «una revolución» que eliminara «todos los valores viejos, convencionales». Estaba describiendo un día en el campus de la UNAM.

En un principio la convergencia de estos movimientos parecía una hipótesis aventurada. Hoy está a la luz del día. Desde hace años el zapatismo había buscado infructuosamente la consolidación de un «frente» en la «sociedad civil» que aliviara su aislamiento y ampliara su radio de influencia política más allá de las redes del Internet y las publicaciones doctrinarias que les han sido afines. Había que establecer un «Aguascalientes» en la capital aunque fuera –como se intentó hace algunos años– en la Casa del Lago de Chapultepec. De pronto, con la huelga de la UNAM el zapatismo tiene ya una «Realidad» urbana con todo y su estética neorrealista-socialista (frente a la cafetería de la Facultad de Filosofía hay un mural que parodia la famosa «Escuela de Atenas»; Marx ocupa el lugar central y lo rodean Hitler, el «Che» Guevara, Flores Magón, Sor Juana, Zapata y el autorretrato del artista, aventajado alumno de historia). Los huelguistas van a la Selva Lacandona, los zapatistas dan el grito en la explanada frente a Rectoría. Y mientras los «ultras» ansían que el gobierno les conceda la gracia de la represión, el subcomandante Marcos sale de su letargo y proclama la exaltación de su biografía particular a historia nacional: cada universitario debe ser como él, revolucionario, neoindigenista, zapatista. Para su desgracia, no todos sueñan con emularlo. Hasta el propio Marcos ha tenido que reconvenir suavemente a sus jóvenes secuaces por no guardar las formas de la tolerancia en sus asambleas y golpear o marginar a los estudiantes moderados. Tal vez la distancia le impide ver entre ellos a los escuadrones juveniles cuyo ciego e irracional motor no es la justicia social sino ese otro lema de la Italia fascista: «*tutto osare*», atreverse a todo. En esta confluencia de revoluciones blandas hay grupos (minoritarios en sus propios ámbitos: Chiapas y la UNAM) que sirven de carne de cañón: los zapatistas que creen religiosamente en la causa anunciada por sus profetas, y los jóvenes que de buena fe expresan la frustración social de un México que lleva décadas sin atisbar un horizonte claro. Manipuladores y manipulados, todos ellos –Marcos y su cauda de mesiánicos zapatistas–; los ultras fascistas o posmarxistas y sus seguidores irreverentes, instintivos, relajientos, resentidos, rabiosos que habitan la súbita Comuna universitaria– constituyen una seria amenaza para el frágil edificio democrático que apenas hemos ido construyendo. El objetivo común de estas revoluciones blandas –tácito, inconsciente o declarado– es evidente. En él inciden los innumerables grupúsculos de la izquierda que desde las catacumbas han declarado «neoliberales» a los más honorables maestros de izquierda de la UNAM. Y seguramente intervienen también provocadores de la ultraderecha. El designio de todos es, ni más ni menos, provocar el aborto histórico de la democracia mexicana y convertir a México en una isla contracultural en medio de un mundo globalizado.

Los huelguistas de hoy reclaman al movimiento estudiantil del 68 como su patrimonio. Pero este México no es aquel, este gobierno no es aquel, estos estudiantes no son aquellos. Las revoluciones blandas no están dispuestas a someterse a la prueba elemental de un referéndum y, por otro lado, agreden, insultan, desdeñan y expulsan a sus críticos. Representan, en suma, una caricatura del movimiento del 68 y una copia de sus inconscientes modelos: los comités de salud pública, fascistas o comunistas.

Por fortuna, el siglo xx no ha pasado en vano. La democracia –la mayoría lo sabemos ahora– no es la revolución. La revolución es la antítesis de la democracia. La única salida histórica para la izquierda mexicana es la democracia, no la revolución. En las circunstancias actuales –para decirlo en los términos que tanto gustan a los ideólogos trasnochados– la revolución blanda es una «aliada objetiva» de la más recalcitrante derecha porque debilita a la institución más seria de la izquierda en la actualidad: el PRD. Los perredistas que a estas alturas no reconozcan esta realidad son suicidas políticos. Su mejor alternativa es erigirse en vanguardia de la recuperación pacífica de la UNAM, y contribuir a la rehabilitación y protección de esa institución cardinal de la historia mexicana, institución a la que –no está de más recordarlo– nuestra izquierda casi debe su existencia.

Plebiscito en la UNAM*

El plebiscito en la Universidad es un triunfo de la democracia en México. Está en la esencia de la democracia que la voluntad de la mayoría prevalezca sobre la minoría. Lo que hemos visto en los pasados nueve meses es justamente lo contrario: los paristas son una minoría que ha impuesto sus decisiones a la mayoría. Al hacerlo, han causado un daño muy serio a la UNAM, que desde 1910 ha sido una institución central de la cultura, la educación, la ciencia y las artes en México. Y algo más grave: los paristas han intentado socavar el avance democrático del país. Han sido intolerantes y profundamente destructivos. En la democracia los hombres discuten civilizadamente, razonan y escuchan, sobre todo escuchan. Los paristas sólo se escuchan a sí mismos.

Pero si una minoría universitaria quiso atentar contra nuestra naciente democracia, hoy la mayoría universitaria ha dado una cátedra abierta de valor cívico y patriotismo: ese es el valor histórico del plebiscito. Es hora de volver a las aulas.

Graffiti en el Periférico**

Para advertir que en el CGH hay un núcleo verdaderamente duro con un claro designio revolucionario no se necesitan dotes de analista político. Basta circular lentamente por el Periférico de sur a norte, a la altura de San Ángel. Allí permanecen grabadas las consignas que dejaron a su paso los huelguistas en una de sus ruidosas marchas. Entre las previsibles loas al «Che» Guevara, al EZLN y a la revolución, destacan a mi juicio tres joyas de sinceridad programática.

La primera casi no necesita comentarios: «Métanse por el culo su democracia». Argumento terminal, sin duda. Tras él, literalmente, no

* Enero, 2000.
** Enero, 2000.

cabe nada, menos aún palabras tan tersas como diálogo, tolerancia, civilidad, razón, derecho. Los paristas que sostienen aún la supremacía de *su* democracia lo hacen con perfecta convicción: representan una «voluntad general» que no pasa por el incómodo camino de las urnas sino por la vía directa del ardor revolucionario. Padecen la típica inversión –perversión– semántica señalada por Orwell en su novela *1984:* esclavitud es libertad, minoría es mayoría, plebiscito es fraude, etcétera.

La segunda es más reveladora: «Marchemos por el Sendero Luminoso del Marxismo-Leninismo-Maoísmo». Aunque en varias asambleas se han cobijado en la efigie de Stalin –ese papá bonachón que sólo asesinó a veinte millones de sus conciudadanos–, sus héroes específicos son el presidente Gonzalo –dirigente máximo de Sendero Luminoso, magna organización que colgaba campesinos disidentes– y Mao Zedong, el gran líder que superó a Stalin en la cifra de compatriotas exterminados. Esta inspiración básica explica la esencia del movimiento: es una caricatura de la revolución cultural, uno de los episodios del siglo xx que inexplicablemente ha retenido una cierta aura romántica a pesar de haber significado la muerte de millones de personas y la destrucción sistemática de una quinta parte del acervo cultural chino. Aquellos contingentes humillaban a sus instancias de autoridad; profanaban templos, estatuas, libros, instrumentos de arte, investigación y estudio; decidían qué obra de arte, trabajo científico u obra intelectual servía o no al pueblo. Aunque el relajo nihilista («Dios huelga con nosotros») y la iconoclastia («Por mi raza hablará la huelga») han sido una constante en las consignas de nuestros «guardias rojos», el paralelo con la revolución cultural china sólo se calibrará cuando se reanuden las clases. Los universitarios hallarán sus instalaciones dañadas. En un acto casi religioso de amor a su institución deberían dedicarse a repararlas.

La tercera consigna es la más preocupante: «Tendrán que matarnos a todos...» El tema del martirologio ha aparecido en la retórica zapatista pero en las consignas del CGH adopta un tono provocativo que invita, casi, a la represión. «El Pino», líder del 68, señalaba recientemente otra faceta de esta convocación a la violencia: la absurda comparación que los paristas han hecho entre sus fricciones con la policía y la masacre del 2 de octubre. Pareciera como si, en efecto, quisieran tener en Palacio Nacional a su nuevo Díaz Ordaz.

El momento, no nos engañemos, es gravísimo. Los sectores moderados del CGH tienen la palabra: o creen en la democracia anal, la revolución cultural y el suicidio provocado por un grupo de poseídos, o, por el contrario, optan por la democracia, la cultura y la vida.

VIII
Chiapas, redención o democracia

El subcomandante Marcos, Manuel Camacho Solís y Samuel Ruiz entre otros en la catedral de San Cristóbal de las Casas durante los diálogos de paz.

José Pérez Méndez*

«Quiero que haya democracia, que ya no haya desigualdad. Yo busco una vida digna, la liberación así como dice Dios.» El de la voz es José Pérez Méndez, campesino de veinticuatro años perteneciente al Ejército Zapatista de Liberación Nacional, preso no por el ejército mexicano sino por campesinos como él, habitantes del pequeño poblado de Oxchuc. Sus palabras son una clave para entender el sentido del levantamiento chiapaneco que está destinado a cambiar, y ha cambiado ya, la vida de México.

«México es el país de la desigualdad», escribió Humboldt a principios del siglo XIX. En muchas zonas del centro y el sur del país, su dictamen sigue siendo dolorosamente válido. Si viajara a fines del siglo XX lo completaría agregando: «México es el país de la antidemocracia», no de la opresión tiránica o del totalitarismo sino de un sistema que a través de fraudes electorales, corrupción y vastos sistemas de patronazgo, pervierte desde su raíz la democracia. La desigualdad ha recorrido los siglos. La antidemocracia pertenece al siglo XX. Ambos agravios lesionan la dignidad de José Pérez Méndez y de la mayoría de los mexicanos.

Chiapas es el escenario extremo de la desigualdad y la antidemocracia. Conquistadores, encomenderos, alcaldes mayores, mandones, hacendados, caciques, gobernadores, dueños de plantaciones cafetaleras, han sido los responsables de una antigua situación de miseria, humillación racial y despotismo político que con ligeras variantes ha llegado hasta nuestros días. Como si la historia mexicana fuese una escritura cifrada –lo ha sido en muchos momentos–, la sublevación ocurre en la tierra de fray Bartolomé de las Casas, el célebre defensor de los indios cuyo llamado –la humanidad es una– movió a Carlos V a promulgar en 1542 las Leyes de Indias que abolían la

* Enero, 1994.

427

servidumbre y la esclavitud en los territorios conquistados. Su espíritu también ha permeado los siglos. José Pérez Méndez pertenece a su remota grey.

Del agravio reciente no hay más que un responsable: el sistema político. Por largas décadas dio al país crecimiento económico, estabilidad y paz interna. Sin embargo, en 1968 mostró señales claras de rigidez y acudió a la represión. Es claro que el de México no es un régimen republicano, representativo, democrático, federal, como el que enuncia la Constitución vigente, sino una especie de monarquía sexenal, paternal, absoluta y centralista, con ropajes republicanos. No es menos cierto que los mexicanos gozamos de libertades cívicas reales y tangibles –de movimiento, asociación, creencia, pensamiento, expresión–, pero una de las libertades fundamentales –la libertad política– sigue obstruida por la ancestral cultura antidemocrática que el sistema ha propiciado y el gobierno de Carlos Salinas de Gortari no ha querido erradicar. México no es un país democrático. José Pérez Méndez tiene razón.

Hasta aquí Pérez Méndez es un insurgente de la estirpe mexicana, una síntesis de Zapata y Madero, aquellos dos caudillos de la Revolución mexicana que se levantaron en armas para reclamar la satisfacción de dos agravios concretos: la devolución de la tierra usurpada a las comunidades campesinas y la instauración de un régimen plenamente democrático. Sin embargo, en las palabras de Pérez Méndez despunta algo que ya no cuadra con la teoría de los agravios, un sustrato religioso que no tiene que ver con la democracia sino con la Teología de la Liberación: «busco la liberación, así como dice Dios». En este sentido, sin sospecharlo, el campesino en armas se ha vuelto un anabaptista del siglo XVI que acepta la prédica de la violencia como un medio legítimo para instaurar las enseñanzas de Jesucristo. O, más precisamente, un émulo de sus propios antepasados tzotziles, que en 1712 se levantaron en armas siguiendo a un profeta autollamado don Sebastián de la Gloria. Tras anunciar «la muerte del rey y de Dios» y el advenimiento de una virgen aparecida en la selva, De la Gloria y sus fervorosas tropas atacaron varios pueblos –entre ellos Ocosingo, uno de los escenarios de la guerra actual–, matando a la población y saqueando las haciendas e ingenios de los frailes dominicos. Como ahora, muchos de los pueblos indígenas de la zona –San Bartolomé, Comitlán, Zinacantán, Chamula, Chenalhó– se rehusaron a adoptar la nueva fe y a ser parte de aquel experimento teocrático que terminó, como el de los anabaptistas de Müntzer, no en la igualdad de los cristianos primitivos sino en una efímera y grotesca tiranía seudocristiana. Los nuevos profetas armados a los que sigue José Pérez Méndez se llaman comandantes.

Es probable que algunos estén vinculados con las llamadas «comunidades eclesiásticas de base», organizaciones de laicos ligados a la fracción de la Iglesia católica que ha «elegido la acción preferencial por los pobres» y que desde 1974 han desarrollado en Chiapas «células de acción» con miras insurreccionales. Su ideología es la Teología de la Liberación. «Quienes me enseñaron el catecismo, los que viven en el mismo pueblo, nos invitaron a la guerrilla», explica un compañero de Pérez Méndez. Pero estos nuevos soldados de la fe, los catequistas, pueden haber sido infiltrados y rebasados a su vez por guerrilleros profesionales, universitarios y urbanos, cuyo perfil hasta ahora es el de la típica guerrilla centroamericana.

Las proclamas iniciales de los comandantes no mencionaban otros fines que la destitución del «dictador», la derrota del ejército federal mexicano, la justicia social y la formación de un «gobierno libre y democrático», pero al paso del tiempo han ido revelando otra fe: «queremos el socialismo». Ante la pregunta obligada sobre el fracaso del socialismo real, sobre los millones de muertos que su estela de miseria y opresión dejó en tantos países, uno de los comandantes responde: «nuestro caso será distinto, aquí sí va a funcionar». Mientras la ciudad de México es el escenario de los arreglos entre el gobierno y la guerrilla de Guatemala; mientras en El Salvador, después de una guerra que ha costado decenas de miles de vidas, los guerrilleros aceptan la vía democrática; mientras en Nicaragua los sandinistas fracasaron en afianzar una legitimidad puramente revolucionaria y fueron desplazados por la legitimidad democrática a la que tendrán que apelar para volver al poder; mientras todo esto ocurre y en casi todo el mundo se ha reconocido el valor de la democracia, brota en Chiapas la guerrilla. ¿Cómo explicarlo?

Entre José Pérez Méndez y sus comandantes existe una diferencia esencial: el primero es un personaje del pueblo, los segundos son personajes que dicen representar al pueblo. Los comandantes no sólo hablan en nombre de todo el pueblo mexicano sino que se consideran los «herederos de los verdaderos forjadores de nuestra nacionalidad». Imposible negar que un sector del pueblo en Chiapas los considera así: la sola existencia de un ejército con años de preparación implica si no la simpatía al menos la tolerancia pasiva de personas que se identifican con las demandas de justicia, igualdad y democracia. Sin embargo, en los poblados de Chiapas que han atacado, otro sector del pueblo campesino tiene una opinión distinta: «no dejaremos que regrese el ejército zapatista», dijeron los indios tzeltales de Oxchuc. En los otros pueblos ocupados por los guerrilleros –Ocosingo y Altamirano–, la prensa reporta: «los rebeldes fueron obligados a replegarse en medio de muestras de repudio de la población». «Cuando vi a estos hermanos», dijo Pérez refiriéndose a los residentes de Oxchuc, «pensé que eran compañeros, pero resultó que no y entre quince de ellos nos apalearon.» Sus comandantes le habían dicho que el pueblo era uno solo: el que representaban los comandantes.

En su vida José Pérez Méndez ha sufrido toda suerte de vejaciones pero es seguro que no participa del culto intelectual a la violencia que profesan sus comandantes: la muerte redentora, los ríos de sangre, la «violencia cristiana». No es un culto de campesinos sino de universitarios, de poseídos dostoievskianos. Acuden a la violencia de las armas para luchar contra lo que llaman la violencia de la miseria, la violencia de la insalubridad, la del fraude, el desempleo y la enfermedad. Para los campesinos de Chiapas la miseria, la insalubridad, el fraude, el desempleo o las enfermedades son realidades terribles, insufribles si se quiere, pero no son la muerte misma. Sobre la muerte misma los campesinos quieren conservar la última palabra. Su vida es precaria pero exigen que sea respetada. Quizá por eso, contra las predicciones y los llamados de la guerrilla, un gran sector ha repudiado con su éxodo o con sus banderas blancas, la violencia de verdad, la violencia de la muerte.

Repudiar la violencia revolucionaria en México como vía para la justicia y la democracia no significa adoptar un inocente pacifismo frente a toda opresión, frente a toda injusticia. Madero, el más demócrata de los hombres que haya nacido en México, se lanzó en 1910 a una revolución, pero lo hizo después de agotar por siete años todas las instancias políticas. A plena luz, financiado por sí mismo, actuó, escribió, habló, recorrió el país, lanzó su candidatura de oposición y finalmente sufrió el fraude electoral. Sólo entonces se lanzó a una lucha breve, efectiva y casi incruenta. Al poco tiempo, tras la satisfacción de su agravio, se celebraron las elecciones más limpias y unánimes de la historia mexicana. Madero triunfó por una amplia mayoría e inauguró el único periodo de democracia plena que ha conocido el país. «Estoy más orgulloso de mis triunfos en el campo de la democracia que en los campos de batalla», solía decir. ¿Están los comandantes del EZLN –que hablan tanto de democracia– en un caso similar? ¿Quiénes son? ¿Agotaron, como Madero, las opciones pacíficas? ¿Ignoran que Emiliano Zapata se opuso expresamente a la propiedad colectiva de la tierra que ahora los comandantes proponen usando su nombre y su efigie? ¿De dónde proviene el financiamiento de su lucha? ¿Qué significa para ellos la experiencia y el sacrificio de los guerrilleros en los años setenta? ¿Es realmente el neoliberalismo un enemigo que sólo se combate con las armas? Y si así es, entonces ¿por qué hubo guerrilla en los setenta contra un régimen que nada tenía de neoliberal? ¿Piensan que la opción pacífica de las personas de izquierda que ahora militan en el PRD fue equivocada? La conclusión es inescapable: a los comandantes no les importa la democracia ni la justicia, les importa el poder sostenido por las armas.

Cualquiera que sea el desenlace de la crisis chiapaneca, los mexicanos tendremos que acostumbrarnos a vivir en una zozobra de la que por mucho tiempo nos creímos inmunes. Sólo hay un medio para librarnos paulatinamente de ella. Si en el municipio que habitan hombres como José Pérez Méndez hubiese autoridades elegidas por el pueblo y no nombradas por el centro y los caciques locales, personas como él podrían elegir entre las diversas vías la que más les convenciera para alcanzar la justicia social que urge tanto. Esta reforma democrática de abajo hacia arriba y de la periferia al centro no es una utopía: bastaría respetar el voto en todos los niveles. Por desgracia, aun si se lo propusiera, el sistema tiene un inmenso problema: frente a amplios sectores de la población, carece de legitimidad para arbitrar las elecciones porque desde 1929 ha sido juez y parte. A eso se han debido los continuos conflictos postelectorales de los últimos años. La única salida visible de este gobierno está en convencer a la ciudadanía de que esta vez las elecciones serán impecables y el triunfo corresponderá a quien gane. ¿Cómo lograr –en caso de que eso se pretenda– este proceso de convencimiento? Quizá la fórmula sería un pacto de transición democrática entre los partidos. Más aún entre los candidatos.

No nos engañemos: Chiapas no vive la revuelta campesina espontánea, libertaria, indígena, circunscrita, zapatista, maderista de José Pérez Méndez, sino la revolución de los comandantes. No creo que su llamado mueva a los mexicanos. Si la paz prevalece, en el fondo la deberemos al milagro histórico del mestizaje que melló las aristas de la desigualdad étnica y que por desgracia no ocurrió en Chiapas. Y sin embargo, la genuina mención de las palabras justicia y democracia en labios de José Pérez Méndez muestra que el agravio insatisfecho que muchos advertimos hace una década ha estallado finalmente. ¿Qué hacer? A la larga muchas cosas. Entre ellas un cambio verdaderamente solidario del México moderno hacia el México tradicional, el de los humildes. Pero, por lo pronto, hay que asegurar la más absoluta equidad y limpieza en todos los tramos y aspectos del proceso electoral. Desde hace años la democracia ha sido el único camino posible de reconciliación nacional. Hoy significa algo más: la vía de la salvación.

¿Cuál habrá sido la suerte de José Pérez Méndez? No lo sé. Espero que su vida haya sido respetada, espero que alguna vez discutamos en los portales de Oxchuc, espero construir con él un país más digno.

Una salida: la democracia*

Chiapas es el Perú de México. Con su vecino Yucatán, ambos estados abarcan casi toda la zona histórica de los antiguos mayas que se encuentra en México. A diferencia del resto del país, en ninguno de esos estados se dio con éxito el proceso del mestizaje, que a través de los siglos atenuó o disolvió las tensiones étnicas. Desde tiempos de la Conquista, los mayas y los españoles levantaron entre sí inmensos muros de recelo que condujeron a las dos únicas guerras propiamente étnicas que registra la historia mexicana: la rebelión de los tzeltales en Chiapas en 1712 y la guerra de castas en Yucatán entre 1847 y 1850. Ambas fueron guerras de exterminio en las que la población indígena se propuso inútilmente revertir la Conquista y acabar con los blancos que los oprimían, humillaban y explotaban. Con tenues paliativos, esta situación ha llegado hasta nuestros días. Un despotismo peculiar de origen étnico caracteriza hasta el día de hoy el trato de la autoridad en todos los niveles, hasta en las familias. En casi todos los indicadores sociales o económicos, Chiapas está muy por debajo del promedio nacional: de su población total (tres millones doscientos mil), el cincuenta y nueve por ciento es campesina y gana menos de dos mil quinientos pesos al mes; buena parte de ella pertenece a varias culturas indígenas; sólo el cuarenta por ciento tiene agua en sus casas, el treinta y tres por ciento carece de luz y menos de la mitad cuenta con drenaje. Con estos antecedentes parecería que estamos frente a una sublevación indígena o campesina como las que ocurrieron durante los tres siglos de dominación española, o, más cercanamente, a una revuelta agraria como la que encabezó el caudillo cuyo nombre ha adoptado la guerrilla: Emiliano Zapata. Dentro y fuera de México sobran las voces que lo consideran así, pero una cosa son los antecedentes históricos de la sublevación y otra su naturaleza.

A diferencia de las revueltas campesinas clásicas como la de Zapata –libertarias, circunscritas geográficamente, reactivas a un agravio concreto de índole agraria cuya satisfacción termina con la violencia–;

* Enero, 1994.

a diferencia también de las revueltas indígenas de la Colonia, que eran espontáneas, reactivas y autóctonas; esta es una guerra largamente premeditada, que recoge la experiencia guerrillera de los años setenta en México y de los ochenta en El Salvador y Nicaragua, que no tiene un liderazgo campesino, ni indígena, y que se propone fines distintos de los de Zapata: aquel caudillo campesino quería la devolución de las tierras usurpadas por las haciendas a los pueblos campesinos y las comunidades indígenas. Nunca quiso, como los comandantes actuales, tomar la capital del país e implantar el socialismo. Esta fe de los comandantes en la vigencia del socialismo recuerda a los movimientos mesiánicos que postergaban la fecha del fin de los días una y otra vez. Así se colocaban en una posición irrefutable. Pero su afirmación es también contradictoria con los supuestos propósitos democráticos que anuncia su proclama inicial; ¿en qué votación ha decidido el pueblo mexicano que quiere ir al socialismo? En este sentido, difícilmente Emiliano Zapata hubiese simpatizado con los nuevos zapatistas. En la sublevación de Chiapas hay una clara estratificación. En la base de la pirámide guerrillera están los indios y los campesinos, son una parte de la población pobre de Chiapas, una parte nada desdeñable. Aunque luchan por la satisfacción de agravios reales y concretos –desigualdad social y económica, opresión política–, los impulsa también un factor religioso: la prédica de miles de «catequistas». Estos soldados de la Teología de la Liberación creen, y hacen creer, en el uso de la violencia para instaurar las enseñanzas de Jesucristo y lograr la perfecta igualdad en la tierra. Sobre este tema, vale la pena recordar al filósofo polaco Leszek Kolakowski: «Por más intensa que pueda ser nuestra condena de la avaricia, la explotación, la crueldad –y ésta, por supuesto, es perfectamente compatible con el mensaje de Cristo–, esta condena no apunta a la idea de una sociedad perfecta o a una fraternidad que pudiese establecerse mediante la violencia».

Los indios ponen el fervor y los muertos, los «catequistas» la prédica, pero en la cúspide de la pirámide, sobre unos y otros, están los comandantes, sin duda guerrilleros profesionales. ¿Cuáles son sus fuentes de financiamiento? Su ideología no es, por supuesto, la Teología de la Liberación. Los comandantes no leen los Evangelios. Sólo Dios sabe cuáles son sus evangelios.

Como desafío militar nacional, la guerrilla no prosperará. El país es demasiado amplio, urbano y –hasta cierto punto– desarrollado para un escenario de violencia social generalizada. Con todo, cualquiera que sea el desenlace, la sublevación de Chiapas cambiará el destino de México. La lección es clara: si los mexicanos queremos seguir avanzando hacia la modernidad, debemos inventar con urgencia formas de apoyo social e intercambio económico realmente eficaces con los mexicanos más humildes en varios estados de la República. Pero para que esta lección fructifique en la práctica, se requiere una condición previa: la democracia.

A través de los siglos, México ha vivido una tensión histórica entre la gravitación del pasado y el llamado del futuro. La mayor parte de México ha optado decididamente por el futuro. Ningún régimen electo democráticamente podría revertir este proceso. En Chiapas, los indígenas –rebeldes y pacíficos– hablan desde un pasado remoto pero no desean permanecer en él. Por el contrario, desean lo mismo que el resto de la nación. Chiapas es el último furgón que quiere avanzar más rápido. Si México aprovecha este momento plástico para desencadenar una reforma política tan profunda como la reforma económica, la fuerza moral de la sociedad desarmará a los guerrilleros y los devolverá a donde pertenecen: un salón adjunto al de los dinosaurios del PRI en el museo de la historia.

Casandra en Chiapas*

Husmeando alguna vez en el desordenado archivo de Daniel Cosío Villegas, encontré un apunte suyo, apresurado y a lápiz, en el que copió una frase de Renan: «El deber de Casandra es el más triste que pueda recaer sobre los amigos de la verdad: los espíritus estrechos acusan a los clarividentes de desear las desgracias que prevén y anuncian». El clima político de estos meses me ha hecho recordar el destino de Casandra.

No deseo lo que preveo, más bien preveo lo que no deseo. Y lo que no deseo es que caigamos en una doble alucinación colectiva: lo de Chiapas fue una pesadilla pasajera; vivimos ya el parto de la democracia. A juzgar por la prensa –no se diga por los medios de comunicación masivos–, la erupción de Chiapas, que llegó a los periódicos de todo el mundo, se ha vuelto un asunto estatal, local. ¿No lo dijo el presidente? Tres tristes moscas municipales en un océano de Solidaridad. Luego advino el Pacto de Civilidad en el que todos los partidos que cuentan se comprometen a respetar las elecciones. Hemos escalado la cuesta de enero. Mexicano: has llegado a la región más transpa-

* Enero, 1994.

434

rente de nuestra historia política. El estallido de Chiapas ha revelado algo que nos habíamos negado a ver. Con todos los matices que se quiera, el origen del levantamiento en Chiapas tiene siglos y sólo se entiende con perspectiva histórica. Entre los múltiples factores de toda índole que han incidido en las rebeliones indígenas, quizás el de la discriminación étnica es el más poderoso. En el cuerpo histórico de México nadie usa la palabra «mestizo» para referirse específicamente a una persona por la obvia razón de que casi todos los mexicanos son mestizos. En Chiapas, en cambio, los mestizos y los criollos tienen nombres de guerra: ladinos y coletos. Quien vea con detenimiento el mapa del pasado podrá extraer una lección: en cada sitio donde persistió la división racial brotaron rebeliones. En el noroeste, los yaquis defendieron siempre el «Valle que Dios nos dio»; en Nayarit, la guerra del «Tigre de Álica» y su ejército de indios duró veinte años (su propósito era restaurar el antiguo imperio indígena); la guerra de castas en Yucatán brotó a mediados del siglo XIX y sólo se apagó a principios de éste; los indios de la Huasteca en San Luis Potosí fueron igualmente tenaces en su rebelión; y en el escenario del conflicto actual (para no hablar de la guerra de 1712), el mismísimo Benito Juárez tuvo que enfrentar a partir de 1869 la rebelión de los tzotziles y tzeltales, a quienes un autor de la época –Emeterio Pineda– consideraba «excelentes hacheros, certeros tiradores ... los más numerosos y los más temibles entre los indios chiapanecos». Aquella rebelión tuvo, como ésta, motivaciones complejas: mezcla de heterodoxia religiosa con afirmación étnica, de reclamo agrario con mesianismo político, de espontaneidad indígena con dirigencia urbana (había un pre-subcomandante Marcos entre los líderes, el ingeniero Fernández Galindo, que despojado de su vestimenta de ladino «se cubría con una chamarra negra, un taparrabo y un sombrero de palma»). En los momentos álgidos de la guerra, participaron seis mil indios, bien organizados y pertrechados no sólo con armas sino con tambores, clarines y víveres. A fin de cuentas, no menos de ochocientos indios y doscientos blancos murieron en diversas batallas. En 1873 México ganó la paz, Chiapas una o dos escuelas para redimir a los indios. ¿Será este el destino de esta guerra? Ojalá no lo sea; México necesita la paz, pero Chiapas merece mucho más. En cualquier caso, estamos muy lejos de una solución genuina al justificado agravio de los indios chiapanecos.

El país requiere instrumentar nada menos que una especie de plan solidario en el que no sólo participe el gobierno y sus agencias sino la sociedad civil. No debe ser un plan temporal sino permanente, y sólo en su primera etapa debe circunscribirse a Chiapas. Fue un eminente chiapaneco, Emilio Rabasa, quien escribió: «En México los indios están dentro de la nación: cuando ésta avanza los lleva consigo. En Estados Unidos cada avance de la nación empuja a los indios a un nuevo destierro. Si el avance de México es lento, debe tenerse en cuenta que México no ha arrojado la carga para ir aprisa».

El medio y el fin de este largo proceso de avance inclusivo se llamó mestizaje. Con todo, hay vergonzosos manchones en esa historia, reservaciones tácitas, indios arrojados por la borda. Chiapas es uno de esos casos. México –sociedad y Estado– no puede ser fiel a sí mismo si no se reconoce en esos indios y no encuentra vías inmediatas y prácticas para apoyarlos. Porque una cosa es clara: no son tres municipios los agraviados, son los indígenas de nuestro país.

La segunda alucinación, la del triunfalismo democrático, me recuerda los días inmediatos a la «Entrevista Díaz-Creelman». ¿No dijo entonces el presidente que el país estaba listo para la democracia? ¿Y qué ocurrió meses más tarde? ¿Se arrepintió de sus palabras, o nunca las creyó de verdad? No se trata de negar el valor del Pacto de Civilidad en todos sus términos, pero lo importante es verlo en la práctica. Y en la práctica inmediata, no es el mejor signo de los tiempos el que el mismo día de la histórica sesión del Instituto Federal Electoral, el secretario de Gobernación (que se ha declarado apartidista e imparcial) y el presidente de la Suprema Corte de Justicia (que según prescribe Montesquieu, si no recuerdo mal, debiera ser independiente del Ejecutivo) asistieran a una reunión del PRI en la que el presidente, en el más puro estilo presidencialista, profetizó, no el triunfo de la democracia, sino el del PRI.

«Que no se diga a Su Majestad que basta el temor del castigo para conservar la tranquilidad en estos países, porque se necesitan otros medios. Hace falta atender a la suerte de los indios...» Las palabras del célebre obispo de Michoacán, Antonio de San Miguel, escritas a fines del siglo XVIII, parecen formuladas para nosotros. «Estamos durmiendo bajo la fresca pero dañosa sombra de un árbol venenoso ... no hay que engañarnos, vamos a un precipicio.» Las palabras de Francisco I. Madero ilustran también nuestra circunstancia. No es verdad que Chiapas sea un fenómeno local e intrascendente. Tampoco es verdad que una promesa democrática en teoría sea una realidad en la práctica. Para ello se requiere el convencimiento pleno de que las cosas no pueden de verdad seguir igual; de que las cosas, en verdad, deben cambiar. A riesgo de que se crea que deseo lo que preveo, prefiero prever lo que no deseo: el gobierno no querrá en verdad cambiar. Si es así, la historia, dolorosamente, se lo cobrará.

Mentiras piadosas*

«Los ojos de la filantropía, hechos a ver de cerca su propia belleza moral, son generalmente incapaces de ver siquiera el objeto de su solicitud.» Esta reflexión del jurisconsulto y novelista chiapaneco Emilio Rabasa (1856-1930) es el epígrafe perfecto para describir uno de los riesgos mayores de nuestra actitud frente al conflicto de Chiapas. Las buenas conciencias nacionales y las malas conciencias europeas se desgarran las vestiduras por los indios mexicanos y denuncian los quinientos años de explotación a que los han condenado los sucesivos regímenes del virreinato, el México independiente y el México revolucionario. Esta versión no sólo distorsiona la verdad sino que incurre en algo mucho más grave: niega nuestra mejor aportación a la historia occidental, niega lo mejor de nosotros mismos, nos niega como nación.

Los chilenos de hoy no se ven en el espejo de su pasado indígena por la sencilla razón de haberlo aniquilado. Muchos de ellos están orgullosos de esta labor de «limpia». «Nos salvamos de la enfermedad racial que padecen ustedes y el Perú, por eso a los peruanos en la guerra de 1879 los abríamos en canal», son palabras de una mujer chilena que escuché con asco en Santiago, en 1979. Los bravos araucanos, último bastión de resistencia, se incorporaban a la nación chilena en 1882 pero ya en proceso de extinción por obra de la guerra y la tuberculosis. Algo similar podría decirse de los indios de Argentina. Poco numerosos, fueron asimilados por la mezcla étnica o muertos en una guerra de franco exterminio. En 1875 había cuarenta mil indios en Argentina; cincuenta años más tarde no llegaban a veinte mil.

En el mismo tránsito por Sudamérica que realicé en 1979, cierta tarde en un mercado de Cuzco escuché la melodía más triste que pueda imaginarse. La interpretaba un niño que acompañaba a su padre o abuelo al pie de un montículo prehispánico sobre el cual se erguía una construcción española. Había una correspondencia entre el dolor de la flauta andina y la evidencia de una cultura aplastada por otra. Mucho tiempo después, leyendo la obra admirable de David Brading –*Orbe indiano*– entendí esa y otras claves históricas que distinguen la vida de México y el Perú.

La conquista del Perú fue más larga, más brutal, menos completa, menos profunda que la de México. Comenzó en 1523 con el traumático asesinato del emperador Atahualpa (indefenso y convertido ya al cristianismo) y concluyó cuatro decenios más tarde, tras una serie

---

* Febrero, 1994.

interminable de guerras civiles, con otro asesinato traumático: el degüello público, ante miles de dolientes indígenas, del último emperador, Túpac Amaru. A estas heridas que nunca terminaron por cicatrizar, se aunaron otros rasgos distintivos: por parte de los conquistadores, un celo evangelizador mucho menor que el de México y una conducta puramente mercantilista; por parte de los indígenas, una resistencia mayor a la conversión, un recuerdo más vivo (en vestidos, insignias, retratos, obras literarias) de los emperadores incas. Al conquistador Pizarro (hombre más rudo e ignorante que su paisano, y quizá pariente, Cortés) y a los primeros gobernantes del Perú, les importaba ante todo extraer el metal de las minas Potosí y Huancavélica. Sus contrapartes mexicanas, comenzando por Cortés, no eran ángeles, pero actuaron como fundadores de un nuevo orden cristiano. En Nueva España, la colonización se apartó menos de las Leyes Nuevas y la filosofía humanista de fray Bartolomé de las Casas. En el Perú, los conquistadores se levantaron en armas contra la legislación tutelar y fincaron su dominio en las ideas de Juan de Matienzo (discípulo del rival de Las Casas, Ginés de Sepúlveda): «los indios naturalmente fueron nacidos o criados para servir, y les es más provechoso el servir que el mandar, y conócese que son nacidos para esto porque, según dice Aristóteles, a estos tales la Naturaleza les creó más fuertes cuerpos y dio menos entendimiento y a los libres menos fuerzas en el cuerpo y más entendimiento».

Otro factor que operó en el contraste fue la diversa geografía de los dos países: los españoles se concentraron en las costas y las minas y mostraron poco interés en colonizar el frío altiplano andino. En esas difíciles tierras, los indios siguieron representando una mayoría casi intacta. En cambio la meseta central de México, menos alta y más benigna que la andina, fue el laboratorio donde se dio una experiencia social poco común en otras zonas del imperio español: el mestizaje.

En México hubo también zonas de conquista con pautas «peruanas». La más notable de ellas, a pesar de su pobreza, fue la península de Yucatán. A diferencia de los aztecas, los mayas –divididos para entonces en una multitud de pequeños señoríos– no divinizaron a los españoles y los combatieron por largos años. La victoria española tuvo la forma de una alianza entre los descendientes del primer conquistador (Francisco de Montejo) y los caciques de los «reinos» más poderosos. Muy pronto, los conquistadores comprendieron que aquella inmensa piedra calcárea –seca, llana, selvática en algunas zonas– no sólo carecía de minas o tierras sino de agua. Lo único que sobraba era la mano de obra indígena, de allí que su explotación llegara a extremos de duración e intensidad distintos del resto del país. Estos factores, aunados a la dispersión, levantaron un muro de resentimiento entre los indios y los blancos. Mientras que en el resto de México el idioma español avanzaba, el maya en Yucatán no sólo perduraba sino que se convertía en la lengua materna de la endógama minoría criolla. Igual que los indios del Perú, los mayas conservaron subrepticiamente muchas de sus ceremonias y creencias paganas, entre ellas un libro cuya concepción cíclica profetizaba la futura derrota y desaparición de los españoles. La tensión estallaría finalmente en la guerra de castas.

Aunque Yucatán fue siempre un caso límite, los mayas no fueron el único grupo en oponerse a la presencia española. Los aztecas que en 1521 se arrojaban, con sus esposas e hijos, a las acequias de la ciudad, serían el ejemplo arquetípico de resistencia. Los legendarios indios «chiapas» seguirían su ejemplo: se arrojaban al cañón del Sumidero antes que rendirse. La rebelión chiapaneca de 1712 fue una querella étnica muy parecida a la de Yucatán. Los mixes, en Oaxaca, nunca fueron vencidos. En el norte del país, la pacificación de los nómadas chichimecas duró cuatro décadas (1550-1590) y varios grupos indígenas subsistieron relativamente aislados a lo largo de la Colonia: huicholes, tarahumaras, seris, tepehuanes. Con todo, la versión de la Conquista de México como una representación generalizada de la biografía de Cuauhtémoc es parcial e inexacta.

En el otro extremo de la experiencia yucateca y chiapaneca, varias naciones indígenas recordarían la Conquista como una época dorada. Sin la participación de los cempoaltecas, huejotzincas, texcocanos, pero sobre todo de los tlaxcaltecas, los quinientos hombres de Cortés habrían sido literalmente devorados por las decenas de miles de guerreros aztecas. En pago a su contribución, los tlaxcaltecas obtuvieron trato de aliados libres, no de siervos: siguieron luchando al lado de los españoles en la guerra contra los chichimecas, colonizaron el norte del país y fundaron varias ciudades (Querétaro, Saltillo, San Luis Potosí) a las que imprimieron costumbres que eran claramente visibles aún en tiempos porfirianos. Otra nación privilegiada fue la otomí. A pesar de su pobrísima situación posterior y actual, no hace mucho su memoria colectiva retenía aún las gestas de sus ancestros: guiados por el conquistador otomí don Pedro Martín del Toro (a quien las pictografías otomíes del siglo XVII representaban coronado y vestido a la usanza española), habían peleado en la «Gran Chichimeca» y fundado varias ciudades mineras en el corazón del país (Guanajuato, Sombrerete). Los propios aztecas se habían repuesto del trauma de la Conquista y hacia mediados del siglo XVI colaboraban en la represión de rebeliones indígenas en el occidente de México conocidas como la «guerra del Mixtón». En todos esos casos, los conquistados se habían vuelto conquistadores.

Entre esos dos polos, el de los indios arraigados en su cultura y los indios «españolados», la pauta general de la historia mexicana se resume en una palabra que distingue nuestra experiencia de la de los otros países de América: convivencia. Este contacto (difícil, injusto, cruel, desigual, pero efectivo y vivificante) entre los indios y los descendientes de los conquistadores terminaría por suavizar en México las aristas del conflicto racial que todavía marcan las historias de Perú, Yucatán y Chiapas. La convivencia fue el fruto mayor de la Conquista espiritual y representó el triunfo de dos valores éticos cuya fervorosa defensa había ocupado a fray Bartolomé de las Casas frente a los grandes teólogos de España: la igualdad última de los indios con respecto a los españoles y su libertad natural. Aunque la servidumbre y la esclavitud no desaparecieron, en la mayor parte de Nueva España su práctica no tuvo, ni remotamente, la severidad de las posesiones anglosajonas, ni siquiera la que hasta muy entrado el siglo XVIII prevalecía en Perú. Con la convivencia apareció poco a poco una disposición a tolerar, comerciar y compartir, representada por el advenimiento de un nuevo tipo social y humano: el mestizo.

La conclusión, por lo que respecta a los primeros trescientos años de la historia poscolombina, es inexplicable: no obstante el dolor de la Conquista y el efecto atroz que sobre la población indígena tuvieron las plagas y enfermedades, el México que nacía a la Independencia en 1821 había logrado para las generaciones futuras una pauta de relación humana casi milagrosa si se tiene en cuenta la disparidad de sus componentes y el modo en que esa disparidad se enfrentó en otros países del tronco hispano (para no hablar del obvio contraste con la política de exterminio y exclusión de Norteamérica). Contra la versión romántica de las buenas conciencias, esa pauta de relación se afianzó gracias a la legislación liberal del siglo XIX, avanzó aún más en el México revolucionario, y ahora mismo sigue operando en los rasgos físicos, espirituales, morales y en la cultura toda del mexicano. Es el México mestizo nuestro mejor aporte al mundo occidental, lo mejor de nosotros mismos, lo que nos constituye como nación.

Chiapas, como otros enclaves de nuestro país, es una excepción histórica a la que debemos en efecto pedir perdón y actuar en consecuencia mediante una reversión inmediata y profunda de la explotación a la que se le ha sometido. Pero esa reversión no puede fincarse en la mentira y, menos aún, en la asunción autolesiva de una culpa histórica que como país no nos pertenece.

Redención o democracia*

Hay una premisa tácita en las actitudes románticas del indigenismo mexicano en esta y todas las épocas: tratar a los indios como naciones que requieren de una tutela permanente. Es la antigua huella de las benévolas Leyes de Indias. Como ha explicado Silvio Zavala en su libro clásico *Filosofía de la Conquista,* la legislación española evitó desde el origen de la Colonia los extremos de crueldad que la servidumbre y la esclavitud alcanzarían en el mundo anglosajón. Gracias en parte al legado de los grandes misioneros, la cultura mexicana nació relativamente abierta a la mezcla, la variedad, la tolerancia; una cultura en la cual los indios no eran las «criaturas del infierno» que refiere la literatura norteamericana, sino seres de razón, con la misma calidad que cualesquiera otros ante Dios. Uno puede burlarse ahora de esta distinción, pero fue nuestra vacuna histórica contra el racismo.

La protección física, social y hasta teológica de los indígenas tuvo otros efectos, menos agradables. Ya en el siglo XVII los observadores más honestos y acuciosos de la realidad mexicana advertían sus inconvenientes. El origen de la postración de muchos indígenas, sostenía hacia 1799 el futuro obispo de Michoacán, Manuel Abad y Queipo, estaba justamente en aquella legislación protectora. «Aislados por su idioma y por su gobierno, el más inútil y tirano», escribió Abad, «se perpetúan en sus costumbres y supersticiones que procuran mantener misteriosamente en cada pueblo ocho o diez indios que viven a expensas del sudor de los otros, dominándolos con el más puro despotismo». En esta circunstancia, los privilegios concedidos en las Leyes de Indias no eran sino: «armas que jamás han servido para proteger a aquellos a cuya defensa se destinaban y que los ciudadanos de otras castas emplean diestramente contra los propios indígenas».

La solución era la libertad: el gobierno debía adoptar «por primera vez ideas liberales y benéficas en favor de las Américas y sus habitantes». Entre estas medidas estaba la abolición de la legislación que introducía diferencias entre las personas; la división gratuita y el dominio legal de tierras entre indios; una ley agraria que fraccionara en parcelas individuales la gran propiedad territorial; «libre permisión de avecindarse en los pueblos de indios a todos los de las demás clases del Estado». En suma, para atenuar las terribles diferencias étnicas y sociales, y sacar a los indios de su «abatimiento y miseria», Abad no propuso el

* Febrero, 1994.

441

fortalecimiento de un Estado protector sino justamente lo contrario: «concederles a los indios los derechos de ciudadano».

Esto es justamente lo que hizo el liberalismo en el siglo XIX: otorgarles la plena igualdad jurídica, al grado de hacerlos sujetos del sufragio universal. El pensamiento conservador del siglo XIX y la ideología social del XX han atribuido una ceguera mayúscula y una irresponsabilidad mayor a esta legislación. Las medidas liberales, es verdad, provocaron atropellos terribles y fueron la raíz de no pocas rebeliones. Muchos indígenas se levantaron para defender sus tierras comunales. Con todo, cabe preguntar, ¿era preferible la alternativa tutelar?

Una respuesta la da ahora mismo la experiencia norteamericana. En Estados Unidos existen todavía trescientas reservaciones. La mitad de la población está desempleada; el noventa por ciento vive del *welfare state;* tres cuartas partes gana menos de siete mil dólares al año, el alcoholismo es una segunda naturaleza tanto como la adicción a una estricta economía de subsistencia y un rechazo tenaz a participar en el mercado. No ha sido dinero lo que ha faltado a ese régimen tutelar, ni escuelas, ni exenciones impositivas. Lo que ocurre es que los indios de Norteamérica han vivido en una prisión centenaria que ha ahogado en ellos, quizá para siempre, no sólo la llama de la iniciativa sino de la esperanza. Resulta paradójico comparar su suerte con la de los negros. En los últimos cincuenta años del siglo XIX, la población indígena de Norteamérica se estancó en trescientas mil personas. En el mismo periodo, la recién liberada población negra, a pesar de las humillaciones vergonzosas que sufrió entonces y padece hasta el día de hoy, pasaba de tres a nueve millones.

En el contexto moderno de los últimos ciento cincuenta años, el régimen de aislamiento y tutela (oficial, religiosa) ha llevado a la psicología de la reservación. Desde tiempos de la Colonia muchos indígenas escaparon de sus lugares de origen, de la pobreza, de la opresión a la que los sometían no sólo las autoridades centrales sino sus propios caciques y hasta los sacerdotes que fincaban en ellos su capital espiritual (y a veces económico). Su destino no fue el paraíso sino los obrajes, las haciendas y las ciudades, sitios donde la vida era difícil pero más libre y menos pobre. El siglo XIX simplemente generalizó el proceso y aceleró la integración mestiza. ¿Qué otro país en América puede ufanarse de haber tenido un presidente indio y tras él una larguísima lista de indígenas notables, plenamente integrados a la construcción nacional? De haber prevalecido el régimen tutelar, Juárez no sólo hubiera muerto: ni siquiera sobreviviría su recuerdo.

Es justamente la ausencia de este largo proceso de liberación práctica, lo que explica la situación de Chiapas. Todavía en 1892, por la falta de caminos (mucho más importantes, decía Molina Enríquez, que las escuelas), había indios tamemes en la sierra. Cualquier solución que implique un acotamiento físico, social, político, nacional, del indio no es la solución. El acotamiento, se dirá, existe de hecho. Es dolorosamente cierto que a estas alturas muchos indígenas, quizá la mayoría, no puedan intentar siquiera la huida hacia la modernidad. ¿Qué hacer? Llevarla hacia ellos. Para los aspectos económicos de este problema no puedo menos que remitir al lector al libro fundamental de Gabriel Zaid: *El progreso improductivo*. Allí se proponen y razonan modelos claros de acercar la modernidad al México tradicional (como la oferta de medios de producción pertinentes para la vida y las necesidades prácticas de los campesinos).

Pero tanto o más que la economía importa el valor que aparece una y otra vez en los comunicados, las entrevistas y las frases sueltas que nos llegan desde Chiapas: la dignidad. Lo que los indígenas chiapanecos piden no es piedad folclórica sino un acto de respeto definitivo y definitorio. Piden lo que les corresponde, antes que como indígenas, como seres humanos: atención a sus demandas legítimas, libertad para nombrar a sus autoridades y libertad para removerlas, representación política en su estado, autonomía municipal y, sobre todo, justicia; no «justicia social» –dádivas grandes o pequeñas en especie o en efectivo, pero siempre con precio electoral– sino justicia sin más. Castigo a quien atropella, reparación a quien ha sido atropellado.

Que México se vea parcialmente en la imagen de su pasado indio, en la huella viva de las culturas precortesianas y hasta en las culturas indias que sobreviven, se lo debemos a la Revolución. Pero si se subraya más de la cuenta esta identificación, se desemboca en el *apartheid*. Los indios de Chiapas han dado muestras suficientes de que no lo quieren. Una de las muchas revelaciones de este año crucial es el contenido modernizador de su mensaje. A pesar de las tensiones mesiánicas –desconcertantes, peligrosísimas– que la Teología de la Liberación ha inducido en ellos, los indígenas no quieren redención, quieren democracia. A cambio de ella y del respeto que traerá consigo, tenemos el derecho pleno de exigirles que digan, definitivamente, adiós a las armas.

Carta al subcomandante Marcos*

Subcomandante insurgente Marcos
Ejército Zapatista de Liberación Nacional
Montañas del sureste mexicano, Chiapas

Marcos, con rostro, con nombre:

«Para el subcomandante insurgente Marcos, con la esperanza de que nunca olvide los Sentimientos de esta nación.» Así rezaban, si no recuerdo mal, las líneas manuscritas en el libro que le mandé en febrero y cuyo acuse de recibo advertí, en efecto, «bajo el discreto disfraz de una carta de presentación de comunicados» en la que equiparaba usted el cerco de la Selva Lacandona con el sitio de Cuautla. Ahora, tras haber leído su generosa carta fechada el 6 de julio (*La Jornada*, 20 de julio), me pregunto: ¿encarna usted esos sentimientos o los olvida?

Las dos cosas, digo yo. Durante los primeros días de la sublevación reprobé por entero sus medios y dudé de sus fines. Las insistentes alusiones a la «mexicanidad» del movimiento aumentaban mi sospecha de que el EZLN pudiera ser sólo una anacrónica versión de la guerrilla centroamericana, o algo peor. Sin aprobar nunca sus medios –sigo sin aprobarlos ahora–, pronto dudé de mis reservas con respecto a la inspiración de sus fines. Muchos de sus comunicados y casi todos los testimonios orales de sus compañeros me conmovieron. He terminado por creer que si bien su movimiento se inscribe en la tradición revolucionaria del siglo XX –naturalmente, de inspiración marxista–, su raíz y su razón están en México.

Hasta ahora y en este sentido, es usted más insurgente que subcomandante. Las analogías existen: ¿cómo se llamó la obra del caudillo mexicano que vive muchos años cerca de los indios, conoce su idioma, se levanta en armas con ellos, toma tres ciudades y planea tomar la capital? ¿Cómo se llamó el libreto del otro caudillo que plantea rigurosamente su estrategia militar, respeta a la población civil, logra la adhesión de centenares de sacerdotes, resiste con «algazara y bailes» el cerco del supremo gobierno, alcanza la celebridad internacional y la lealtad de sus huestes que dan por él «todo su corazón»?

Aunque el paralelo se puede llevar hasta la minucia intrascendente (Hidalgo tenía los ojos claros y Morelos un gran sentido del humor), lo que usted ha llamado el «resguardo histórico» del zapatismo rebasa, por supuesto, su propia biografía. Como un capítulo de la Sagrada

---

* Julio, 1994.

Escritura de la Historia que por momentos parece escribirnos, la insurrección estalló en San Cristóbal de las Casas, sede espiritual de la promesa misionera de igualdad, libertad y justicia que fundó a este país. Aquella promesa cristiana se expresó, siglos después, en los «Sentimientos de la Nación»: «hagamos la declaración –dijo Morelos, antes del Congreso de Chilpancingo– que todos somos iguales pues del mismo origen procedemos ... que no es racional ni humano, ni debido que haya esclavos, pues el color de la cara no cambia el del corazón ni el del pensamiento». La promesa siguió su camino histórico. De pronto, en el momento en que nuestro país parecía haber accedido a la modernidad plena, desde aquella vieja diócesis fundada por fray Bartolomé de las Casas, la promesa vuelve bajo la forma de una admonición armada: «Ahora tendrán que compartir nuestra suerte, para bien o para mal. Tuvieron antes la oportunidad de volver los ojos y hacer algo contra la gigantesca injusticia histórica que la nación hacía contra sus habitantes originales».

Aunque su veredicto es injusto con el mestizaje mexicano que nos distingue de los pueblos que segregaron mayoritariamente a los indios o los exterminaron, usted tiene razón: no es racional ni humano ni debido que persista el agravio histórico contra «los más antiguos pobladores de este país que ahora se llama México». La promesa de Las Casas y de Morelos sigue vigente, viva, y, hasta cierto punto –sólo hasta cierto punto–, incumplida. En todos estos aspectos, usted no ha olvidado los sentimientos de esta nación.

Hay, sin embargo, un aspecto central en el que –más subcomandante que insurgente– actúa usted de espaldas a esos sentimientos. Me refiero a su recurso a las armas. No soy un pacifista bobo, pero creo que el campo específico donde florece la legitimidad histórica es la política, la cultura y la moral, no la guerra. El conflicto del Medio Oriente sobre los «derechos históricos» de dos pueblos a un solo territorio, y las masacres que ocurren en la antigua Yugoslavia en torno a los «derechos históricos» de varias naciones, religiones y etnias, son pruebas palpables que se presentan ante nosotros como una admonición aún más grave y profunda que la que proviene de Chiapas: una admonición de paz.

La prevención contra el abuso violento de la historia está en la propia historia mexicana. Si Morelos hubiera hablado de «las pasiones de la nación» o de «los instintos de la nación», sus palabras en Chilpancingo hubiesen cantado al subsuelo de nuestra violencia sacrificial, a los ríos de sangre que recorren nuestro pasado, a los gritos de una supuesta violencia redentora. Pero sus «sentimientos» eran otros: «que no hay motivo para que las que se llamaban castas quieran destruirse unas con otras, los blancos contra los negros y éstos contra los naturales, pues sería el yerro mayor que pudieran cometer los hombres y en la presente época la causa de nuestra total perdición espiritual y temporal». Dirá usted que Morelos era fundamentalmente un soldado y como tal actuaba. Yo pienso que ante todo era un sacerdote con un proyecto republicano de independencia y un mensaje moral, y atribuyo su derrumbe justamente a la tensión irresuelta entre este impulso amoroso de concordia –su verdadero sentimiento– y un destino militar que a la postre desembocó en una forma del suicidio. En el Congreso de Chilpancingo sus sentimientos se habían hecho ley, pero inmerso en la guerra el Congreso fracasó. ¿Cómo olvidar la final retractación de Morelos, su abjuración casi, ante el horror de una devastación irreparable?

Créame que no pretendo darle lecciones de historia ni quiero entrar en argumentos abstractos sobre la inconveniencia de usar medios violentos para alcanzar fines legítimos. Apunto que en México –y ya podemos decir, en todo el mundo– la pasión revolucionaria ha conducido al martirio de los hombres y los pueblos, no a la libertad, la igualdad y la justicia. Apunto también que en México y en el mundo esos fines se han alcanzado –en la medida de lo posible– por la vía de la presión cívica, la inteligencia y la política. Por otra parte, está el problema casi teológico de la «licitud». En tiempos de Fuenteovejuna había una autoridad máxima que juzgaba la licitud de una insurrección popular: la Iglesia. ¿Quién juzga la licitud en nuestro tiempo? ¿Ante quién son ahora responsables los que toman las armas? Ante sí mismos, ante nadie. Por eso las sociedades han progresado de la autoridad fincada en la legitimidad tradicional o la puramente carismática a la autoridad basada en la razón democrática. Ni la Revolución, ni la Historia, ni la Fe, ni el Aura personal son ya fuentes de legitimidad: la única fuente está en los votos. Lo cual nos lleva a su tema, el mío y el de todos los mexicanos.

Con las armas en la mano, ha dicho usted «que el Ejército Zapatista de Liberación Nacional no busca que gane un partido o que gane otro ... busca que haya justicia, que haya libertad, y que haya democracia para que el pueblo elija a quien mejor le acomode su entender y que esa voluntad, cualquiera que sea, reciba respeto y entendimiento de los mexicanos todos». Más recientemente, ha declarado: «como señal clara de que seguimos en el camino del dialogo y la posibilidad de un tránsito pacífico a la democracia, está el hecho de abrir los territorios controlados al proceso electoral». No desconfío de su sinceridad ni desestimo el avance que suponen esas medidas en una situación de beligerancia, pero considero que se encuentra usted inmerso en una contradicción política e histórica. Mi tesis es simple: no hay más tránsito a la democracia que el tránsito pacífico. Transitar por la vía violenta es, por definición, no transitar.

La democracia es un valor relativamente nuevo en México. Tanto en su doble vertiente autoritaria –la indígena y la española– como en su vertiente revolucionaria, la cultura política mexicana creció (con el paréntesis liberal al que usted, por cierto, se refiere muy poco en sus comunicados) ajena a esa forma de gobierno que supone rasgos de convivencia infrecuentes entre nosotros: respeto al adversario, paciencia ante sus triunfos, generosidad ante sus derrotas, fundamentación de las ideas propias, atención a las ajenas, sentido crítico y autocrítico, limpieza de sufragio y, sobre todo, tolerancia, no en la acepción mexicana del término (soportar, aguantar) sino en el sentido celebratorio de la diversidad humana condensado en la fórmula «un hombre, un voto». Es obvio que el principal responsable de la adulteración de la democracia ha sido el PRI, que sin usar siempre la violencia de las armas ha utilizado armas que violentan no sólo la libre voluntad sino la dignidad de los mexicanos. Pero no es con las armas como hay que derrotar, a estas alturas del siglo y en un mundo democrático, a un dinosaurio en extinción, por más dañino que sea. El doctor Salvador Nava nos mostró el camino correcto: la lucha cívica, la resistencia civil, la discusión pública.

Se ha dicho que tenemos en Madero el mejor ejemplo del uso legítimo de la violencia para fines democráticos. Con toda la admiración que siento por aquel hombre, pienso que su caso refuta la eficacia democrática de la vía armada, no sólo porque a fin de cuentas no consolidó el régimen que predicaba sino porque para alcanzarlo sus huestes incurrieron en extremos que viciaron el proceso de raíz. Un ejemplo entre muchos, que quizás usted ignore: al mismo tiempo en que los revolucionarios proclamaban su triunfo sobre el régimen porfirista, la tropa maderista entró en Torreón y degolló a quinientos chinos al grito de ¡Viva Madero! «La solución final» en tierra azteca. ¿Se ha imaginado usted a las tropas zapatistas –no todas puras, no todas indígenas– imponiendo la democracia con las balas? No me sorprendería que la primera víctima fuese usted mismo: es demasiado inteligente para no saber que las revoluciones devoran a sus propios hijos; es demasiado inteligente para ignorar que del fondo de un fusil no sale la democracia, menos si quien lo apunta no es un individuo con nombre y rostro –sujeto original de toda práctica democrática– sino un hombre que esconde su nombre tras un pasamontañas. Del fondo del fusil sólo sale la muerte. Y la muerte, señor subcomandante, no es un sentimiento de esta nación.

Pero en Chiapas –ha escrito usted– la muerte es una realidad más viva que la vida. Los muertos, «sus muertos, tan mortalmente muertos de muerte "natural", es decir, de sarampión, tosferina, dengue, cólera, tifoidea, mononucleosis, tétanos, pulmonía, paludismo…», no eran nombrados siquiera en la contabilidad nacional, menos en la memoria, menos en la conciencia. Catorce mil quinientos por año, ha dicho usted. Por eso «dicen los viejos que el viento, la lluvia y el sol están hablando de otra forma a la tierra, que de tanta pobreza no puede seguir cosechando muerte, que es la hora de cosechar rebeldía».

La situación indígena en Chiapas, la situación indígena en el país, la situación de pobreza, injusticia, desigualdad, insalubridad, enfermedad, no pueden esperar un minuto más. Los sentimientos y los actos de esta nación deben volcarse a construir, en un nuevo marco democrático, un proyecto nuevo de convivencia, apoyo e intercambio entre el México moderno y el tradicional. No se requieren, créame usted, nuevas leyes. (¿Sabe usted qué país latinoamericano se ha dado a sí mismo más constituciones? Haití.) Se requiere ante todo evitar el incendio que amenaza con sacar a flote los peores instintos y pasiones de la nación. Provocar el incendio a estas alturas, o no impedirlo, sería «el yerro mayor que pudieran cometer los hombres y en la presente época la causa de nuestra total perdición espiritual y temporal».

Ustedes han dicho que optaron por «devolver a la muerte su sentido». ¿No fueron suficientes los muertos que ya provocó la sublevación y de los que ya nadie, ni ustedes, hablan? ¿No es mejor, en medio de tanta muerte, devolver a la vida su sentido? Se sorprendería usted de la multitud de ideas asequibles que ingenieros y economistas independientes han desarrollado para apoyar la vida campesina sin violentar su cultura. Por limitaciones teóricas, el espíritu misionero ha recurrido con frecuencia al marxismo y sus vertientes en busca de soluciones para la economía campesina e indígena, sin advertir que al margen del capitalismo hay modelos intermedios, prácticos, para apoyar la vida de esos hombres y mujeres (como la oferta de medios de producción pertinentes para las necesidades de los campesinos), soluciones que complementan su liga con la tierra, que no les imponen el progreso desde afuera sino que lo favorecen desde dentro. ¿Quién va a propiciar estas soluciones en una situación de guerra? Nadie, y el Estado menos que nadie. En un México aislado, desgarrado y en quiebra, o en un México tiránico, perderíamos todos, pero los primeros que perderían son los que han perdido siempre, «los más antiguos pobladores de este país».

Hay otra muerte, Marcos, una muerte que usted ha dicho repetidamente que no teme, pero que ni yo, y creo que ni la mayoría de los mexicanos, queremos: es la muerte de usted, de ustedes, solos, aislados en las montañas. No menosprecio su capacidad militar, ni la de los suyos, pero a veces siento que podrían terminar como aquel grupo de guerrilleros judíos del año 73 d.C. Cercados y exhaustos en la fortaleza de Masada, terminaron dándose la muerte por propia mano, uno tras otro antes que rendirse al «Supremo gobierno». La historia abunda en estos ejemplos de mesianismo suicida. Algo de esto parecen decirnos sus palabras: «No nos abandonen, hermanos, tomen nuestra sangre de alimento ... no nos dejen solos, que no todo sea en vano». Visión horrible, visión atroz: un Cristo chiapaneco, colectivo, que muere para salvarnos. Los mexicanos no queremos tomar su «sangre de alimento».

¿Cómo conjurar entonces el peligro? ¿Cómo encauzar para la vida (no en las calendas griegas, ni en los discursos, siempre fáciles, y más fáciles en una Convención) este coraje cívico que ustedes han desatado, hacia los fines de justicia, libertad y democracia que todos queremos? ¿Cómo acercarnos? Usted dice: asistiendo a la Convención Nacional Democrática. Pero se trata de una nueva contradicción en los términos, en cada uno de los términos: esta nación ha convenido en expresarse democráticamente en otro sitio, de otra forma: el 21 de agosto [de 1994] en las urnas. Si sobreviene el fraude, la movilización cívica nacional y la presión internacional lo revertirán de inmediato. El partido de Estado está herido de muerte. En esas circunstancias, permítame entonces expresar mis razones. Usted ha escrito que «si aparece finalmente a la hora de la hora, en el momento oportuno, el hombre» que desde una posición civil pueda encabezar la transición, ustedes lo apoyarían. Pues bien, quizás ese hombre podría ser usted. Ignoro si el proyecto vital encuadra con su vocación, pero algunos lo vemos encabezando a la nueva izquierda de México: imaginativa, creativa, antidogmática, tolerante, práctica, flexible (y sí: moderna); una izquierda que comience por proponer vías de solución al problema indígena. De solución, no de salvación: vías humanas, no divinas.

En usted, que optó por la lucha armada desde 1983, más que en nosotros, que optamos por la lucha cívica ese mismo año, está la decisión. Por el camino de la paz contribuiría usted decisivamente a la regeneración nacional. Habiendo bordeado el abismo –porque la anarquía es un abismo del que no nos repondríamos en treinta años–, México hallaría el punto de concordia entre el pasado tradicional que gravita sobre nosotros y el futuro que no podemos ni debemos esquivar. Si antes de la Convención o en ella anuncia usted el abandono de la vía violenta, si encara a la nación con rostro y con nombre, si convence a los zapatistas que pueden hacer lo mismo sin menoscabo de la dignidad y con la admiración activa de los mexicanos, la sociedad civil y la opinión mundial serán su mejor «resguardo histórico». ¿Serviría mi presencia en ese caso? Cuente con ella.

Faltan dos semanas para la Convención. Hay tiempo para reflexionar y dialogar. Si rompe usted la Sagrada Escritura que nos impele al fracaso y al martirio, muchos mexicanos buscaremos el cumplimiento de aquella antigua promesa cristiana que fundó a México. Así, juntos celebraremos, con «algazara y bailes», no el cerco de la muerte sino un horizonte de nueva vida. Y San Cristóbal será la capital sentimental de esta nación.

Salud e historia, recuerdo que apunta hacia el futuro. Con la esperanza de paz puesta en las montañas del sureste mexicano, E.K.

Carta al obispo Samuel Ruiz*

Muy estimado don Samuel:

Pocos hechos en mi vida han puesto a prueba mis convicciones morales como la invitación a asistir a la Convención [Nacional Democrática convocada por el EZLN]. Ir o no ir, ese es el dilema. Usted recuerda que inmediatamente después de publicar mi respuesta al subcomandante Marcos, fui a San Cristóbal de las Casas para entrevistarme con usted y con él. Usted recuerda que permanecí dos días esperando la confirmación de mi visita a la selva, que nunca llegó. Mi intención, como explicaba mi carta, era dialogar y reflexionar con el subcomandante sobre el problema histórico que preocupa a la mayoría de los mexicanos: los medios para alcanzar la democracia. No pude verlo. Me adujeron razones de fuerza mayor que no tengo por qué no creer y respetar.

En cambio, pude hablar con usted y conocer de cerca al extraordinario grupo de mediación que trabaja al lado suyo en la diócesis. Estoy convencido de que todos ejercen la virtud cristiana fundamental para Chiapas y para México en este momento: la caridad. Su compromiso con la causa de una paz con dignidad recoge la aspiración generalizada del pueblo mexicano. Su compromiso con la causa de la

* Agosto, 1994.

450

democracia refleja los mejores momentos de la Iglesia en la lucha contra los regímenes autoritarios de fines del siglo XX.

Como hice con ustedes, hubiera querido dialogar y reflexionar con los zapatistas. Con máscara o sin ella, con nombre o sin él, hubiera querido conocerlos. No lo logré, ni he obtenido respuesta a mis reflexiones escritas. No dudo sobre la raíz y razón de su movimiento, y de hecho las apruebo. Dudo sobre el medio que eligieron para alcanzar sus fines, y de hecho lo repruebo. La raíz y razón de mi duda no es trivial: creo que en la historia del mundo moderno, en la historia de México, y en este momento de nuestra historia, no hay otra vía posible, ni admisible, para transitar a la democracia que la vía pacífica.

Esta convicción parte de una honesta revisión de nuestra historia y de nuestra circunstancia. Para salvarla, el doctor Salvador Nava utilizó el medio correcto: la inquebrantable resistencia civil. Horas antes de morir me escribió una carta que conservo como una reliquia. En ella me llamaba a perseverar en la lucha democrática que en tantos momentos nos había vinculado. ¿Cómo estar ahora a la altura de aquel mandato moral? He llegado a una conclusión: no puedo avalar con mi presencia un acto convocado desde las armas.

Mi desacuerdo con varios aspectos de la convocatoria (considerandos, bases, métodos, agendas) será objeto de reflexiones que haré públicas. En una cosa estoy plenamente de acuerdo: la necesidad de transitar a la democracia y la inviabilidad del partido de Estado.

Hace muchos años pensé que la democracia era el único camino de salvación nacional. Hoy lo creo más que nunca. El sueño maderista terminó ensangrentado. El sueño vasconcelista terminó ensangrentado. El sueño libertario de 1968 terminó ensangrentado. Para que nuestro sueño no termine ensangrentado es preciso renunciar a la vía violenta y derivar de esa renuncia la fuerza moral para alcanzar la victoria. Contra la razón y el derecho, el PRI se ha apropiado de la vida pública mexicana. Con la razón y el derecho, la sociedad debe expropiarla. El único fin es la democracia, los únicos medios son el voto y la resistencia civil.

Vía pacífica, única vía*

La frase «vías pacíficas de tránsito a la democracia» a que alude el segundo tema de la Convención Nacional Democrática, supone que

* Agosto, 1994.

hay vías violentas y revolucionarias para alcanzar el mismo fin. La experiencia histórica sugiere que la violencia revolucionaria no ha sido jamás una vía para transitar a la democracia. Es obvio que hay circunstancias que justifican el empleo de la violencia como vía de independencia (las guerras de descolonización), o de libertad política (como la célebre teoría del tiranicidio formulada por el padre Mariana en el siglo XVII). Pero la independencia nacional, la libertad y la democracia son cosas distintas.

La Revolución francesa destruyó la monarquía pero no construyó la democracia: abrió una era de libertad pero habilitó a Napoleón y preparó la interminable secuela de los bonapartismos. Todas las revoluciones socialistas de la historia, desde la de 1848 hasta la sandinista, creyeron en la violencia como «partera de la historia» (Marx), pero la criatura que vería la luz no fue la democracia sino un régimen que en la práctica –no en la inefable pureza de las ideas– la negaba. ¿Acaso se piensa que el tránsito de Alemania, Italia o Japón a la democracia se debió a la segunda guerra mundial? Obviamente no, porque el designio de esos países era imponer al resto del mundo un régimen cerrado.

La verdadera lección histórica es la inversa: los regímenes autoritarios o totalitarios transitan a la democracia cuando los hiere de muerte aquello que Vaclav Havel llamó «el poder de los que no tienen poder», el poder de las palabras, de los actos cívicos, de la resistencia civil. El modelo, por supuesto, está en Gandhi, que sin disparar un tiro doblegó al imperio británico. Es el caso de todos los disidentes del Este: el propio Havel, Adam Michnik y desde luego Sajarov, para citar a los más conocidos. La paradójica fuerza de su impotencia y la poderosa fuerza de sus razones minaron el edificio del comunismo hasta que dentro del aparato apareció un hombre que decidió enfrentar la verdad: Gorbachov. Este Antilenin perfecto, y quizás involuntario, ejecutó una doble liberación: la de los países satélites y la de los ciudadanos satélites. ¿Por qué lo hizo? La URSS no sufría acoso bélico directo del exterior. A pesar del desastre en Afganistán, su ejército seguía siendo uno de los más poderosos del mundo. A pesar de Chernobyl, la planta nuclear estaba intacta. Puertas adentro, muchos rusos creían en su supremacía mundial y puertas afuera nadie preveía la inminencia del derrumbe. Con enormes costos, la URSS podía haber mantenido el *statu quo* por algunos años. No lo hizo porque un hombre honesto del sistema, rodeado de otros hombres honestos del sistema, acosados por la acción cívica y la palabra de muchos hombres honestos que actuaban fuera del sistema, decidió encarar la realidad y cambiar del único modo posible: radicalmente y en la paz. Así murieron el Partido Comunista de la Unión Soviética (PCUS) y sus congéneres. Finalmente, conviene recordar dos ejemplos recientes de tránsito pacífico, notables por las circunstancias adversas de las que ambos partieron: Chile y Sudáfrica.

Nuestro Gandhi moderno se llamó Salvador Nava. Quiso reformar al PRI desde dentro y no pudo. Sufrió torturas, encarcelamiento, vejaciones sin nombre. Al final de su vida, y a sabiendas de padecer un cáncer incurable, se empeñó en la lucha cívica que todos recordamos y que culminó con aquella larga marcha que, partiendo de San Luis Potosí, se proponía llegar al Zócalo. ¿Alguien imaginó entonces a Nava con pistola? Nadie, nunca. Su fuerza era moral. Con ella derrotó temporalmente al sistema en San Luis Potosí. De haber sobrevivido, Nava hubiese reformado de manera irreversible la vida política de su estado.

La experiencia histórica del PAN y la tenacidad política del PRD son variantes encomiables del mismo tema que Nava representó entre nosotros: la democracia por la vía de la resistencia civil y la presión pacífica. Quienes creen que existe una vía violenta para construir la democracia no hacen más que transferir la pasión revolucionaria –vieja y desgastada, aunque anide en espíritus juveniles y efervescentes– a un campo cívico que no le corresponde. Con el respeto debido al subcomandante Marcos, como constructor de la democracia me quedo con el ciudadano Nava.

Posdata a Marcos*

Me doy cuenta del carácter absurdo de esta carta. Ha pasado el tiempo de la literatura como subgénero de la guerrilla. No ha llegado aún, por milagro, la hora del plomo, pero el ejército mexicano y los rebeldes que usted acaudilla ocupan angustiosamente un mismo palmo de terreno. Por lo demás, ignoro si permanece en las montañas del sureste mexicano, no sé si tendrá ganas o tiempo de leer estas líneas que ahora le escribo recordando aquellas que hace meses recibí de usted, a sabiendas de que tampoco encontraré «argumentos irrebatibles» para convencerlo de una idea que comparto con muchos mexicanos y que sólo puedo plantear, como decía usted entonces, porque la «siento al nivel del pecho». Me refiero a su incorporación a la vida política como el posible líder de la izquierda mexicana.

* Febrero, 1995.

Sus idólatras, los intoxicados de ideología, los fanáticos de siempre, desean en el fondo de sus pequeños y resentidos corazones que esa incorporación no ocurra, ya que les echaría a perder la febril e irresponsable epopeya de la que se sienten coprotagonistas: el mismo viejo y gastado libreto de Eisenstein que debe culminar en el asalto al Palacio de Invierno (el Nacional, en nuestro caso) o, siguiendo la tradición mexicana, en el sacrificio, en el martirio... de los otros.

Aunque usted ha contribuido decisivamente a este anacrónico estado de exaltación revolucionaria y aunque la veta mesiánica de sus escritos, Marcos, me repugna tanto como la veta suicida que con demasiada frecuencia aparece en ellos, he creído que usted es también –compleja, contradictoriamente– un hombre realista y práctico, un Quijote quizá –como afirman que dijo su padre–, pero que no cuadra del todo con el original, un hombre que sin renunciar a sus ideas tiene los pies en la tierra. Sus idólatras, los Marcos de plazuela y pizarrón, son otra cosa. Su ilusión secreta es convertirlo en icono, un «Che» Guevara mexicano, ponerle el nombre de Marcos a un auditorio de la Universidad y ser oradores en la ceremonia luctuosa.

Sus enemigos piensan que un desenlace político es tan imposible como indeseable. Usted los conoce y conoce sus argumentos: Marcos es un guerrillero como cualquier otro en la reciente historia centroamericana. No hay matices, paliativos o diferencias: desde el 1º de enero de 1994 la abierta ilusión de estas personas es el «exterminio» del movimiento zapatista, o cuando menos su disolución, y la recomposición del sistema político mexicano. En ambos casos están equivocados.

Entre esos dos extremos que se identifican y tocan están, desde luego, los indígenas con quienes ha vivido usted más de diez años. Está también una franja crítica tan amplia como diversa: la de aquellos que desde un principio condenaron por entero los medios de su movimiento, pero que respetan algunos de sus fines declarados, dos sobre todo: democracia para México y justicia para los indios. La ilusión sincera de este sector es la gestación de un cambio definitivo, algo que otorgue sentido al sacrificio de los mexicanos que han muerto a raíz del levantamiento y al de los muchos millones que ven morir lentamente sus esperanzas de una vida modesta pero digna en un país de paz y concordia. Esta franja espera de usted un acto de creatividad histórica: el sacrificio del mito, el nacimiento de un líder.

Yo no pertenezco, por supuesto, al coro de «todos somos Marcos», pero no me disgustaría que una parte de México –la que libremente lo elija así– se viera representada por las ideas de un ex guerrillero antes apodado Marcos y ahora apellidado Guillén. No me atrae en absoluto, pero tampoco me horroriza, su pasado: su probable educación jesuítica, su tránsito por la fanatizada UNAM de los setenta, su experiencia en Nicaragua. Jesuitas fueron muchos guerrilleros centroamericanos, sembradores de muerte, pero jesuitas fueron también los criollos que fundaron nuestra nacionalidad en el siglo XVIII, como Clavijero; aquella Facultad de Filosofía de los años setenta era, en efecto, el claustro donde se leía al enloquecido Althusser y oficiaban profesores de estética que terminarían por cantar loas a la estética criminal de Sendero Luminoso, pero me imagino que los horizontes intelectuales de usted eran más amplios; y en San Juan del Río Coco, Nicaragua, a aquel mexicano que con toda probabilidad es usted, se le recuerda menos como un aprendiz de guerrillero que como un impulsor práctico de obras de salud.

Aunque estoy casi a ciegas para caracterizar a su persona antes del 1° de enero de 1994, prefiero poner a un lado, por un momento, el fundamentalismo revolucionario de su tesis de licenciatura y escuchar en cambio el testimonio de una amiga suya de la Facultad. No es comandante, ni guerrillera, ni vive en una comuna, se define como «pequeña burguesa, a mucha honra». En su recuerdo, usted es un personaje «entrañable», flexible ante los fanáticos, humorista ante los solemnes, buen lector en francés, hombre caballeroso, metódico, diferente. Una pintura no muy distinta de la que, tras entrevistarlo, publicaron varias revistas internacionales, insospechables de parcialidad: un pragmático en la selva.

Recorro en retrospectiva sus actos de la etapa guerrillera y creo (mejor dicho, quiero creer) que al paso de los meses propendieron más a la política que a la insurgencia, a la reforma que a la revolución. Muchos de ellos me parecieron equivocados: el antidemocrático voto de más del noventa por ciento contra los acuerdos en la época del comisionado Camacho; la Convención Nacional Democrática que, arrogándose una fantasmagórica soberanía, reunió a unos cuantos miles en un país donde al poco tiempo votarían millones; la peregrina propuesta de refundar el país con todo y constitución; la ceguera ante el voto contra el voto y el repudio a la violencia que significaron las elecciones del 21 de agosto; la muy publicitada «ruptura del cerco» cuando el presente gobierno les ofrecía diálogo. Con todo, me he negado a ver en esos actos el residuo de una sutil estrategia maoísta que advierten otros observadores. Para mí está claro que, a pesar de vivir en la selva, usted interpretó correctamente la caída del Muro de Berlín. Quizá por eso en sus comunicados no habla ya de socialismo y apela en cambio al «resguardo histórico» del pasado mexicano. Su regaño a los peregrinos del PRD que lo visitaron en el santuario de Guadalupe Tepeyac apuntaba en el mismo sentido de realismo y crítica.

Si mi interpretación de su biografía como un tránsito de la revolución a la reforma resulta falsa, si usted es simplemente un caudillo en santa guerra ideológica, el veredicto histórico le será adverso y para México resultaría desolador. Pero si, dando una muestra más de imaginación política, da usted visos de estar en disposición de acogerse a una amnistía amplia, generosa y digna (única admisible), estaríamos entonces frente a un horizonte nuevo. La sociedad ejercería una gran presión cívica sobre el gobierno para hacer cumplir estrictamente los términos de la amnistía y proteger su vida y la de sus compañeros. En Israel han dicho que «negociar es ceder cosas que duelen a cambio de cosas que se valoran más», y con esa actitud se han sentado a la mesa de negociaciones con los palestinos. No veo por qué dos grupos de mexicanos a quienes no separa el odio religioso, nacionalista y ni siquiera étnico, estén impedidos a negociar.

La democracia en México requiere de la transformación del PRI en un verdadero partido. Requiere también de una izquierda que abandone el torcido tronco que la moldeó. Una izquierda como la actual, adocenada, anticuada, podrá llenar el Zócalo de cuando en cuando, pero no alcanzará la mayoría de los votos en elecciones estatales o federales, porque los mexicanos no se mueven por impulsos de negatividad reactiva, ni menos por una añeja retórica revolucionaria. Quieren proyectos y la izquierda no los tiene. A pesar de su apoyo a Cuauhtémoc Cárdenas, usted sabe la verdad: cumplió en su hora, pasó su hora. Un liderazgo nuevo, autocrítico, propositivo, responsable, un liderazgo como el que representó en su momento y su ámbito Salvador Nava, no sólo consolidaría por primera vez en nuestra historia a la izquierda como fuerza genuinamente democrática sino que aceleraría en cuestión de años, quizá meses, la derrota histórica del PRI.

El camino a seguir está en la lucha política electoral y sólo en ella. Los gobiernos municipales, los gobiernos y legislaturas estatales, el gobierno del Distrito Federal, las cámaras y hasta la mismísima presidencia en el año 2000 pueden pasar a la oposición. ¿No es esto ya, confusa pero tangiblemente, el tránsito a la democracia? Para que la izquierda juegue su papel necesita reformarse, lo cual implica, como usted escribió alguna vez, «que aparezca el hombre». Pero su desplante de abnegación, «Marcos», ya no funciona: ese hombre debería ser Rafael Sebastián Guillén Vicente.

Termino con la misma sensación del comienzo: la de haber escrito una carta absurda, o peor aún, inútil. A la pesadilla horrenda de un nuevo Tlatelolco prefiero oponer la visión de un viaje al origen, al 68, donde comenzó su propia biografía, Rafael. Lo veo pasando la película de nuevo. Libre del anonimato, los desplantes y el pasamontañas, opta usted por un destino diferente y echa a andar una doble caravana: una parte hacia la ciudad y va a ejercer la democracia en todos los foros de la vida pública; otra se enfila al campo, hacia Chiapas, como Marcos hace poco más de una década, pero no lleva consigo estrategias de guerra sino planes para apoyar en la práctica la vida de los indios: una cruzada en la que todos nos descubrimos iguales y solidarios. No.«todos Marcos», todos mexicanos.

Salvar a los indios... de los indigenistas*

Un fantasma recorre México: el fantasma del indigenismo. En lo que tiene de genuina afirmación de los indios, es un síntoma de esperanza. Hay una extraña recurrencia del fenómeno a fines de cada siglo, como si el país quisiera alejarse una y otra vez de su raigambre indígena, y ésta volviera a irrumpir dramáticamente en el escenario nacional. Los tumultos de 1692 en la ciudad de México, las huestes de Hidalgo que recorrían el Bajío como una antigua caravana azteca, los zapatistas en Sanborns o los fieros yaquis del ejército de Obregón, desfilando con sus tamborcitos por las calles de la catrina y temerosa ciudad. En todos esos casos, la *aparición* indígena derivó hacia un proceso de autoconocimiento complejo y enriquecedor. En el siglo XX, dio pie a una política indigenista que alcanzó logros no despreciables. La revuelta actual ha resultado mucho menos violenta que las anteriores. De hecho, en sus mejores instancias adopta formas de civilidad casi gandhianas. Nadie en su sano juicio puede negar la justificación de su querella histórica: pretenden lograr una vida digna y autónoma, en un marco de respeto a su cultura e identidad.

Por desgracia, sus propósitos pueden frustrarse no sólo por obra de los intereses creados nacionales o locales, sino por defectos en la formulación misma de sus demandas y estrategias. Es el caso del documento final aprobado en el reciente Congreso Nacional Indígena. Más que un proyecto práctico y sensato, es una mezcla de buenas intenciones y de posturas maximalistas que disimulan apenas sus orígenes ideológicos. ¿Fue concebido por los propios indígenas o inducido por los indigenistas?

* Octubre, 1996.

Hay de indigenistas a indigenistas. El noble linaje intelectual que parte de Sahagún, continúa con los criollos del Barroco, los jesuitas de la Ilustración, los bibliófilos del siglo XIX (José Fernando Ramírez, por ejemplo) y termina, pasando por Manuel Gamio y el padre Garibay, en Miguel León-Portilla, nos ha ofrecido a los mexicanos uno de nuestros espejos más fieles. Pero en México han prosperado otros indigenismos vulgares y militantes que transfieren al problema indígena categorías ajenas de pensamiento y acción que sólo contribuyen a confundirlo y a aplazar aún más su urgente solución. En el caso del indigenismo actual, hay una especie de inoculación ideológica –vagamente marxista, separatista– transmitida por la vía de grupos universitarios que, enamorados de sus buenos sentimientos, marchan por las calles, levantan los puños, repiten consignas, firman manifiestos, escriben profecías milenaristas que venden como ciencias exactas. Creen que para mejorar la realidad basta decretar la justicia universal. Ven el mundo dividido entre oprimidos y opresores, entre indios y gachupines. Ellos se sienten indios simbólicos o, por lo menos, gachupines buenos. Son la mano negra en el documento del Congreso.

En su parte medular, el texto habla del «derecho a la libre determinación de los pueblos indígenas» y la constitución de «Regiones autónomas pluriétnicas» con «personalidad jurídica, gobierno, recursos y cuerpos de seguridad propios»; estas «Regiones» controlarían su «territorio, comprendido el suelo, subsuelo y espacio aéreo», podrían celebrar «acuerdos y tratados con el Estado Mexicano» e impartir «justicia interna, según sus propias autoridades y sus propios sistemas y normas jurídicas».

Tomada al pie de la letra, se trata de una nueva configuración política y jurídica para el país, difícilmente compatible con el orden republicano y federal que ha constituido legalmente a México desde 1824. ¿Cómo se trazarían los territorios de los indios? ¿Llegaríamos a tener una Babel de treinta y dos estados, 2,403 municipios y cincuenta y seis regiones autónomas? ¿Cómo conciliar el modo de gobierno municipal con el tradicional? ¿Podrían las nuevas regiones decretar alcabalas o derechos de tránsito? Si la mayoría no indígena del país (noventa por ciento) vota por utilizar en un determinado sentido el suelo, subsuelo o espacio aéreo de una «región autónoma», ¿la minoría que habita en ella tiene derecho a impedírselo? ¿Recurriría para ello a sus «cuerpos de seguridad»? Si en una misma región viven indios de culturas diversas (minorías dentro de esas minorías), ¿quién les garantiza sus derechos?, ¿tendrían ellos también el derecho a formar «subregiones autónomas»? ¿Qué ocurre si una «región autónoma» quiere llevar su autonomía al grado de la secesión? ¿Qué pasa si sus costumbres jurídicas incluyen la pena de muerte?

Junto a los ecos de separatismo nacionalista y redentorismo marxista, resuenan temas feministas. Se decreta, por ejemplo, «la igualdad de la mujer indígena, su derecho a no ser violentada física, sexual ni económicamente, la equidad en su acceso a los medios de producción, la propiedad y el usufructo de la tierra, la libertad para decidir sobre su cuerpo». Propósitos admirables, sin duda, pero ¿qué pasará cuando entren en conflicto con las «tradiciones, usos y costumbres» que se invocan repetidamente en el documento? ¿Se piensa acaso que las comunidades indígenas de México son, o fueron alguna vez, una Arcadia del feminismo?

En términos políticos, se trata de inducir en México un problema de irredención similar al de los vascos o palestinos. En todos esos casos, los conflictos y diferencias son a tal grado abismales que vuelven pertinente hablar de «autodeterminación». No es la situación de México. Si algo caracteriza a nuestro pasado, por oposición al de esos pueblos y aún a países de América donde los indígenas fueron exterminados o puestos en reservaciones, es la dilatada convergencia llamada mestizaje. No sólo la demografía da cuenta de lo exitoso del proceso: también el lenguaje, la religión, la familia, los valores todos del mosaico mexicano. México ha sido el lugar histórico de una construcción hecha con manos y sensibilidades indígenas pero con conceptos y contenidos occidentales.

Esto no quiere decir que el destino fatal del indio sea o deba ser el mestizaje cultural. Lo que es preciso asegurar es el respeto a quienes quieran optar por ese camino, tan irrestricto como el que se debe a quienes prefieran permanecer fieles a sus usos y tradiciones. Visto así, el problema atañe más al régimen interno de las comunidades –a su tránsito del caciquismo a la democracia– que a su relación con «el exterior», asunto que parece obsesionar a los redactores.

Sin duda hay formas de autonomía cultural y administrativa que podrían y deberían funcionar en el caso mexicano. Pero antes de delinearlas (y mucho antes de aprobar autonomías territoriales que podrían volver al país un rompecabezas), sería bueno que los legisladores reflexionaran sobre la miserable condición de esas «regiones autónomas» que son las reservaciones indias en Estados Unidos. A pesar del subsidio sustancial que reciben, su aislamiento no se ha traducido en progreso y dignidad sino en alcoholismo, desánimo y suicidio. Sólo algunas de ellas han salido adelante manejando sus propios complejos turísticos –parques de recreo, casinos–, pero el documento mexicano, tan prolijo en términos jurídicos, está penosamente ayuno de propuestas económicas, no se diga empresariales. Como si toda la riqueza fuese natural y toda actividad económica se redujera al trabajo del suelo y el rentismo del subsuelo (o de plano la utopía, con el uso de los satélites y el espacio aéreo).

El verdadero problema no está en imaginar 56 países «autodetermi nados» sino en mejorar, con los recursos de la vida moderna, las miserables condiciones de la población premoderna. Temas vastísimos como la oferta pertinente (no corrupta, burocratizada o «solidarizada») de medios de producción y conocimiento que apoyen la vida práctica de las comunidades, la multiplicación del presupuesto de los municipios o la creación de empresas indígenas, no aparecen siquiera en las conclusiones. Es natural: huelen a palabras feas, como mercado, neoliberalismo, etcétera.

Prácticamente todos los indios son pobres, pero no todos los pobres son indios. Casi todos los mexicanos tienen un origen indígena, pero menos del diez por ciento son indígenas. Las soluciones para los indios mexicanos pueden oponerse a los intereses legítimos de los mexicanos no indios, incluidos desde luego los no indios pobres. ¿Cómo aliviar los agudos problemas sociales de México, acatando a las mayorías pero sin atropellar a las minorías? La solución no está en negar nuestra historia institucional para retrotraernos a un mapa de fueros y exclusividades. Sería tan absurdo como decretar la vuelta de la monarquía. La solución está en dar contenido pleno, entre todos los mexicanos, a las reglas de la división republicana, federal, municipal y democrática del poder.

Neoindigenismo: fundamentalismo*

Para Alfonso Romo

El indigenismo está a la orden del día. Este hecho, palpable en un sector militante de la prensa, la academia y la oferta editorial, es positivo al menos por dos razones: contrapesa la tendencia a la homogeneidad cultural que caracteriza al proceso de globalización en el que estamos inmersos y es, ante todo, una urgente señal de alerta sobre la antigua condición de miseria y marginalidad en la que vive el diez por ciento de la población del país, los pobres entre los pobres: los indios de México.

* Febrero, 1998.

Pero junto a esta reivindicación sana y necesaria de la causa indígena, se está configurando un proceso político e intelectual que debería preocuparnos. Me refiero a la formación de una nueva ideología, en el sentido clásico del término, como un remedo de religión y una «conciencia falsa de la realidad». Se trata de una exacerbación del indigenismo que podría llamarse «neoindigenismo». El hecho de que la postulen varios antropólogos no sorprende: persiguen intereses gremiales al considerar al indígena como el verdadero o profundo sujeto histórico de México. Que la prediquen obispos, sacerdotes y catequistas en Chiapas tampoco es extraño: la realidad particular que han confrontado no es muy distinta de la que encontró, hace cuatrocientos cincuenta años, fray Bartolomé de las Casas. Que la propague *urbi et orbi* el subcomandante Marcos, revela su genio de comunicador posmoderno: con un solo golpe de Estado (ideológico) se deshizo del fardo marxista y adoptó al neoindigenismo como un código inexpugnable de legitimación. Que la articulen, en fin, representantes genuinos de los propios indios en congresos estatales o nacionales es francamente alentador: representa una defensa legítima de la dignidad herida y revela una voluntad de participación política que deberá traducirse en beneficios rápidos y tangibles para sus comunidades.

Acotada así, la nueva ideología tiene sentido. Pero ahora la asumen, con el ardor de una nueva fe, filósofos, sociólogos, historiadores, politólogos, editorialistas, que en vez de servir a la verdad objetiva con fundamentos y razones, se han vuelto los profetas del neoindigenismo. El movimiento comenzó en México pero tiene ya fuertes ramificaciones en el mundo, sobre todo en Europa. Gracias a la invaluable colaboración del gobierno priista en sus niveles estatales y locales, a los grupos reaccionarios en la sociedad chiapaneca y a sus respectivas tropas de choque, la ideología neoindigenista ha logrado convertir a México en la capital mundial del lavado de conciencia. Ahora sucede que un alemán, un italiano, un francés o un español pueden transferir cómodamente sus culpas históricas a México, nueva meca de la discriminación, la opresión y el racismo.

En el centro del credo neoindigenista hay un artículo de fe: Nueva España y México comparten una misma actitud colonizadora de intolerancia racial y de racismo excluyente con respecto a los indios. Este viejo conflicto entre las etnias y el Estado estaría, supuestamente, en la base de una especie de malformación nacional. Se ha llegado a afirmar con todas sus letras, que México no ha logrado ser plenamente una nación debido al trato discriminatorio que dio siempre a sus indios.

El neoindigenismo lleva a un rango absoluto lo que ha sido particular, parcial o relativo. Es cierto que la conquista fue brutal, es indudable que hubo amplias zonas de resistencia a la colonización española, es conocida la lucha centenaria de las comunidades por defender sus derechos a la tierra, es admirable la tenacidad con la que muchas culturas se preservaron como tales en un medio que propendía, a menudo violentamente, a la homogeneidad. Pero lo que el neoindigenismo deja de lado es *la otra historia:* la vasta convergencia de etnias y culturas; la conquista como fenómeno espiritual; el carácter relativamente paternal de la dominación ibérica, comparada con cualquier otro caso de colonización; la acentuación positiva de ese carácter en México, donde las Leyes de Indias y el legado de Bartolomé de las Casas, Motolinia, Vasco de Quiroga dejaron una huella más honda que en otros dominios de la Corona; la opresión tripartita que en las comunidades ejercían el gobernador español, el señor cura y el cacique indígena; el persistente escape de los indios de esas colectividades hacia los obrajes, las haciendas o las ciudades donde la vida no era menos difícil pero sí más libre; la voluntad de las indias –referida por varios virreyes– de tener hijos con criollos, mestizos o negros, no por amor seguramente ni por traición a su raza, sino por el impulso de salvar a su progenie de una condición sin horizontes. Lo que el neoindigenismo desdeña, en el fondo, es el movimiento social de larga duración más original, importante y característico de la historia de México: nada menos que el mestizaje.

Con este olvido se propaga una distorsión gigantesca que este país no merece. México tiene muchas zonas vergonzosas en su pasado y su presente, pero en su trato hacia los indios fue más sensible o, si se quiere, menos destructivo, que cualquier otro país de América. Es verdad que en la segunda mitad del siglo XVI sobrevino la catastrófica muerte de millones de indígenas, pero la causa directa no fue el exterminio sistemático sino la obra terrible de epidemias contra las cuales los indios no tenían defensa inmunológica. México no consintió siquiera que en el corazón de su territorio se formaran, como en el Perú, dos sociedades apartadas y antagónicas; una blanca y otra india.

El mestizaje es un fenómeno de complejas raíces culturales. A diferencia del mundo puritano que se horrorizaba del contacto con el indio, la mentalidad tomista española propendió casi siempre a la mezcla, la asimilación, la variedad, porque consideraba al indio como perteneciente al mismo reino natural y espiritual. De ahí que la propia Corona recomendara a los españoles concertar matrimonio con los indígenas. Con todo, el proceso no fue fácil: por dos o tres siglos, el mestizo fue un ser inseguro y resentido, por razones religiosas más que raciales; no su color sino su origen casi siempre ilegítimo le vedaba el ascenso y la estima social. Gracias a la legislación liberal del siglo XIX

–tan vituperada como incomprendida por los neoindigenistas– el mestizo y el indio se igualaron al criollo ante la ley. Y con el tiempo integraron lo que Justo Sierra llamó «la familia mestiza».

El mestizaje en México es tan evidente que no se aprecia, salvo allí donde hizo falta: en Yucatán, escenario de la guerra de castas durante el siglo pasado, o en Chiapas, que ha sufrido levantamientos de origen étnico cada fin de siglo desde el XVII. Fuera de esos sitios, aún en zonas densamente indígenas como Oaxaca, las revueltas masivas existieron en efecto, pero fueron casi siempre efímeras, acotadas, excepcionales. Con ricos matices y variantes en el mosaico mexicano, con acentos que dependen de la diversa presencia española e indígena en cada región, el mestizaje está presente en todos los aspectos materiales y espirituales de nuestra vida cotidiana: el lenguaje y la canción, la cocina y la toponimia, la religión y el arte. En Perú sigue usándose la palabra derogatoria «cholo», pero a excepción de los enclaves indígenas de México –notablemente Chiapas– la desaparición casi total de las palabras tradicionales de connotación étnica es prueba fehaciente de que la realidad discriminatoria que denotaban ha ido desapareciendo. El mejor homenaje al mestizaje mexicano ha sido la arcaización del propio término: nadie usa la palabra «mestizo» por la sencilla razón de que desde el siglo pasado –y de manera cada vez más pronunciada– la población mexicana es mayoritariamente mestiza.

En el malestar de nuestra era posmoderna, en el naufragio de muchos valores, en la confusión de este momento del país, se pasa por alto el milagro que significa la cohesión del México mestizo. Unos parecen despreciar ese «nosotros» cuya formación tomó siglos y se afianzó a raíz de la Revolución. Son quienes vislumbran un futuro de globalización a ultranza, un mundo de autómatas sin identidades nacionales. Otros lo desestiman por la razón inversa, y sueñan con una vuelta al edén subvertido (que en realidad nunca existió), una constelación de colectividades culturales y étnicas detenidas en el tiempo, amuralladas en el espacio, contradictoriamente protegidas y autónomas, fieles a sus usos y costumbres pero «integradas al sistema global», asidas firmemente a sus derechos consuetudinarios pero votando en congresos republicanos, practicantes de la magia y de la ciencia.

Hay un justo medio: a partir del reconocimiento claro de la unidad nacional es deseable la más amplia diversidad. De hecho, nuestro país ha logrado un equilibrio notable entre ambos impulsos históricos llegando a crear una nación más sólida y profunda (y, desde luego, menos «malformada») que muchas otras. Por eso debe salir a conquistar el exterior, y también abrirse a él, sin miedo a perder la identidad en el tránsito. Y por eso mismo también puede propiciar la autonomía responsable de sus comunidades indígenas. ¿Qué autonomía? Una que en su fuero interno se organice con absoluta libertad, pero que respete la herencia histórica común: el suelo y subsuelo de México, su sistema republicano, su pacto federal, su división municipal y, sobre todo, los derechos y libertades de las personas.

Los indígenas tienen pleno derecho a reclamar la autonomía, pero en sus municipios –los actuales, o los nuevos que deben crearse, sobre todo en Chiapas– deben garantizar la posibilidad individual de disentir, de cambiar, de escapar. Los nuevos profetas de la autonomía indígena parecen más inclinados a favorecer una reconstitución ideal de una antigua República de Indios que a imaginar el funcionamiento de unidades viables, que logren conciliar el mapa político moderno de México con los mapas tradicionales, ahí donde éstos persisten o quieran persistir. Esta conciliación debe verse en términos concretos –en cada estado, en cada municipio– e instrumentarse con suma cautela si no se quieren crear uno, dos, tres, mil Acteales.

Porque una cosa es propiciar estas autonomías con ideas prácticas que mejoren su vida, y otra muy distinta es perderse en un laberinto jurídico como si la realidad se cambiara con leyes –o predicar el esquema redentorista de una vaga e ilusoria nación «reindianizada»–. Al hacerlo, el neoindigenismo mexicano –alianza *non sancta* entre un sector de la izquierda huérfano de su ideología original y una Iglesia católica milenarista, volcada hacia la Teología de la Liberación– corre el riesgo de legitimar una especie de fundamentalismo que no sólo alimentará las tensiones étnicas en México sino que las inducirá, las creará de hecho, allí donde con toda probabilidad no existían. Y, lo peor de todo, acaso involuntariamente arrojará aún mayor confusión sobre el verdadero, el lacerante problema de México, que no es étnico sino social y económico: la pobreza, esa condición que no respeta las diferencias de raza, ni se explica mayormente por ellas y menos aún se combate enardeciéndolas.

Últimos títulos

Amor propio
  Gonzalo Celorio

El viaje sedentario
  Gonzalo Celorio

Las confidentes
  Angelina Muñiz Huberman

México, ciudad de papel
  Gonzalo Celorio

Poeta Ciego
  Mario Bellatin

El bosque de la serpiente
  Andrés de Luna

El diván del taimado
  Gilberto Guerrero

De la infancia
  Mario González Suárez

Una ciudad mejor que ésta.
Antología de nuevos narradores mexicanos
  Compilada por David Miklos

Un asesino solitario
  Élmer Mendoza

Salón de belleza
  Mario Bellatin

Porque parece mentira la verdad nunca se sabe
  Daniel Sada

Y retiemble en sus centros la tierra
  Gonzalo Celorio

Los dientes eran el piano
  Hugo Hiriart

El libro de las pasiones
  Mario González Suárez

La creación del sol y de la luna
  B. Traven

Galaor
  Hugo Hiriart

Lugar a dudas
  Guillermo Sheridan

Un tipo de cuidado
  Francisco Hinojosa